毛泽东

人生之旅的哲学诠释

杨信礼／著

Maozedong Rensheng Zhilü De
Zhexue Quanshi

人民出版社

目　录

中　篇

毛泽东人生哲学的升华与发展

下　篇
毛泽东对人生诸问题的辩证思考

引　言

　　在古老的华夏大地上，曾最先响起过人类始祖铿然有力的足音；在中华民族漫长悠远的发展历程中，曾出现过多少千古风流人物。孔丘、孟轲、老聃、庄周、屈原、贾谊、阮籍、嵇康、李白、杜甫、韩愈、柳宗元、欧阳修、苏轼、张载、朱熹、王阳明、王夫之等历代圣贤先哲，或以其才华横溢的文学建树，或以其苦心孤诣的理论创造，构建、铸成、延续、弘扬了中华民族的优秀文化传统，使中华民族的文化血脉历久弥新、薪火相传；秦始皇、汉武帝、唐太宗、宋太祖、成吉思汗、康熙皇帝等稀世君王，则以其恢宏的气魄和卓越的治略，建立了彪炳千秋的赫赫功业。然而，这些历史的匆匆过客，或长于道德文章而阙于事功武略，或偏于治功勇力而逊于文采风骚，内圣外王、修齐治平、德功言俱立似乎成为历代士子文人、文宗政要孜孜以求而又可望而不可即的光荣梦想。

　　诞生于19世纪末、辉耀于20世纪的毛泽东，却是文韬武略兼备、内圣外王合一的旷古未有的伟大人物。他思想深邃，道德高尚，功业卓越，使历代学士文人的梦想变为现实。

　　毛泽东谙熟中国朝代兴衰、江山易姓的历史掌故和经验教训，洞悉社会发展的因由规律与必然趋势，了解民众疾苦和愿望要求，学习马克思主义真谛，吸取传统文化精髓，立足中国现实，总结革命经验，在把马克思主义基本原理同实际相结合、探索中国革命和建设道路的过程中，创立了中国化的马克思主义——毛泽东思想，树立起了千秋飘扬、鼓舞中国人民昂扬奋进的旗帜。

毛泽东是注重实践的政治家。在长达半个多世纪的革命生涯中，为了民族的独立、人民的解放和国家的富强，为了广大人民的自由、平等和民主权利，领导人民进行了威武雄壮的新民主主义革命、社会主义革命和社会主义建设，实现了深刻的社会大变革，创建了新中国，中华民族洗雪了近代以来的百年耻辱，重新崛起于世界东方，自立于世界民族之林。

毛泽东是目光远大的战略家。他善于通观全局，洞悉规律，通达古今，统合内外，鉴往知来，以其军事上的雄才大略和深谋远虑，胜利地指挥了伟大的中国革命战争，博得了杰出的战略家、军事家的美誉。

毛泽东是品行高洁、人格伟岸的道德实践家。他一生勤奋不辍，致知力行；关心国事民瘼，与人民呼吸相通。他终生为人民谋幸福，却菲薄自己的饮食起居；他为人民带来了和平与安宁，却将自己的六位亲人奉献给了革命；他超越了功名利禄、富贵贫贱、穷达得失的忧患心态，而又倾心体味致知、力行、审美的人生。

毛泽东是一个个性丰满的多面体，集思想家、政治家、军事家、文学家于一身，是智仁勇一体、真善美合一的人格典范。毛泽东，这位从穷乡僻壤中走出来的农民的儿子，他的思想、人格和事业改变了中国现代历史的发展进程，影响了几代人的思想、情感和生活。他的思想与事业的价值，已超越了特定的时代和国界，具有广泛而久远的世界历史意义。

杰出人物的诞生和成长，是社会历史的造化和现实实践的选择，是经济政治状况、社会文化氛围、历史必然规律、民众意愿要求等各种因素交互作用而构成的时代大势的产物。时势造就英雄，而英雄又以其人格魅力和卓越才干影响时势。而杰出人物的产生和活动，除了受历史必然性的陶铸和催发，顺乎历史潮流、合乎民众愿望、经受实践磨砺等原因之外，亦取决于其思想意识、气质胸襟、心性品格和个人魅力。杰出人物在深刻体认社会历史规律和人生本质价值的基础上所形成的人生哲学，对其思想事业发挥着恒久而深巨的规范、激励和调适作用。人们敬仰毛泽东的高尚人格，称颂毛泽东为中国人民乃至整个人类留下的丰厚精神遗产和建树的功绩事业，追寻毛泽东从一个农家少年成长为一代伟人的闪光足迹，阐扬毛泽东的思想对于现当代中国的指导意义。在毛泽东的生前身后，其哲学思想、政治思想、经济思想、军事思想、伦理思想成为人们持续关注和研究的对象。而为了展现毛泽东毕生致力于争取民族独立、国家富强、人民解放与幸福的崇高事业的内在驱动力，破译毛泽东无与伦比的高尚人格的内在建构，诠释毛泽东关于人生本质、目的、理想、价值、意义的博大精深的理论体系，确指毛泽东待人律己、褒贬人物的价值取向和规范尺度，还应当加深对于毛泽东人生哲学的研究和解读。

毛泽东洞悉历史，立足现实，吸取传统文化之神髓，凝聚时代精神之菁华，沉思社会人生之本质，构想人生向上之途程，形成了独特的宇宙人生意识，并概括升华为深沉凝重、规心范行的人生哲学。这种人生哲学作为立场观点、思维方式、价值尺度、目标鹄的、行为规范、生活态度、道德情感，沉淀在毛泽东的心灵深处，构成了其献身革命、建功立业的深厚思想心理基础，并激励驱策他走上了坎坷崎岖、艰辛备尝的悲壮人生之旅。只有研究毛泽东的人生哲学，才能全面理解和把握毛泽东的思想，全面展现毛泽东的内心世界，科学认识和恰如其分地评价毛泽东。

毛泽东不是天生的圣贤豪杰。他与平凡人一样，也有自己对于人生的思索，有自己思想发展和情感变迁的心路历程。他从早年开始，就为探求宇宙真理和人生真谛而泛观博览、上下求索，并矻矻以求，至老不辍。他在成为一个马克思主义者和党的杰出领袖之后，在领导中国革命和建设的过程中，既领略过因获得巨大成功而从内心生发出的由衷欢乐，亦品尝过挫折失误所带来的酸楚和痛苦。在毛泽东的一生中，正确与错误、成功与失误、幻灭与升华交汇互织。毛泽东的人生哲学以立足现实、奋斗向上为基本格调，呈现出一种与时偕行、生生不息、创化进取的生动气象。我们要用发展的而不是停滞的、变化的而不是凝固的、联系的而不是孤立的观点审视毛泽东的人生哲学，发掘其历史与逻辑相统一的基本线索，探寻毛泽东与近现代中国社会、与历史文化传统、与中国革命和建设实践的联系，并从这种联系中体味他对于现代人生的启示。同毛泽东的整个思想事业有两面性一样，毛泽东的心性品格和人生意识也是一种矛盾体。对于毛泽东的人生哲学，应采取实事求是的科学态度，既要深究细研，深入发掘和大力弘扬其中具有正价值的、积极正确的因素（这无疑是毛泽东人生哲学的主要方面），展示毛泽东博大的胸臆、丰富的心灵和伟岸的人格，同时也要客观分析毛泽东人生观念和心性品格消极的一面；既不溢美过誉或为尊者讳，亦不要因其瑕瑜互现而否定毛泽东人生哲学的巨大价值。毛泽东独具特色的人生哲学和富有浪漫传奇色彩的人生阅历给后人以强烈的心灵震撼和持续的道德激励，毛泽东个性品格上的不足和人生途程中的失误则会给后人以训谕和劝诫。

毛泽东对于人生有着精深独到的见解，并竭诚按照自己的人生观念而进德修业，慎思力行，但他并没有写出专门的人生哲学著作，他对于人生的反思、审视和设计凝聚于其道德人格，浸渗于其思想事业，散见于其文章、书信、诗词、讲话之中。为了研究毛泽东的人生哲学，就要从毛泽东的道德人格、功绩事业、言论著述等诸多方面入手，透过其表层构造，发现其深刻意蕴。

本书分为上、中、下三篇。上篇揭示毛泽东早期人生哲学产生的社会历史条件与思想文化背景，疏理早年毛泽东的心路历程以及早期人生哲学的演进轨迹，对毛泽东探索宇宙、社会、人生之真理，实现世界观人生观的转变，选择和信仰马克思主义，走上共产主义人生之路的内在驱力作出哲学层面的诠释。中篇揭示毛泽东人生哲学实现创造性转换的社会背景、理论渊源与实践基础，阐发毛泽东在人生本质、人生理想、人生目的、人生价值、人生境界、人生态度等问题上的见解与主张。下篇着重探讨毛泽东关于交友处世、道义功利、顺境逆境、爱情婚姻、生死感怀等人生问题的思想、情感与实践，展示毛泽东极富魅力的生活样式、奋发刚毅的意志品格和令人回肠荡气、一唱三叹的内心世界。

毛泽东的人生哲学既是他对自我之完善、实现和超越的心灵体验与理性积淀，又是近现代中国社会动荡、冲突、矛盾、发展的必然结果；既是毛泽东对传统人生哲学的扬弃，对马克思主义人生哲学的认同、践行与发展，又是近现代中华民族的历史运动、社会结构、文化传统、价值取向、心理情感以及时代精神的哲学反映。民族传统、时代精神、社会运动造就了毛泽东，而毛泽东又影响了现代社会整个中华民族的思维、行为、理性、情感、取向、态度。毛泽东作为中华民族空前的民族英雄，是民族之我与个体之我的结合体，他的名字已经超越了个人称谓的意义，成为整个中华民族的精神象征。因此，只有了解了中华民族的历史与现实，才有可能如实地认识毛泽东；我们也只有认识了毛泽东，才能清晰地认识我们民族的思维方式、价值取向、历史积淀和现实运动。毛泽东的人生哲学是一座意蕴宏富的理论宝库，毛泽东的个性品格和心灵世界中潜存着丰富的文化遗传基因和新人格建构的生长点。研究毛泽东的人生哲学，是一项充满理论诱惑力和富于人生情趣的事业。那么，就让我们深入毛泽东人生哲学的理论大厦，畅游毛泽东的心灵世界，发微洞幽，探奇寻胜，做一次人格之美的巡礼吧！

上　篇

毛泽东早期人生哲学的演进轨迹

第一章　毛泽东早期人生哲学产生的 社会背景

毛泽东早期的思想和活动，在其一生的思想事业中占有重要地位。他天资聪颖，富于正义感和同情心；他忧国忧民，不懈探求拯救民众和振兴国家的真理与道路；他资质隽秀，才华横溢，智仁勇、真善美俱得发展；他富有魅力，是湖南第一师范学校乃至整个湖南青年学生界的领袖人物；他热心国事，在湖南驱张运动和自治运动中表现出了敏锐的洞察力和卓越的智慧才干。在毛泽东的这些内在品质和现实活动中，有一种关乎人生目标鹄的和价值取向的大智慧在发挥着规范和调适作用，这就是他早年所体悟和遵从的人生哲学。人生哲学作为关于人生观的学说，是一定的社会历史条件、社会关系和社会实践的产物。近代中国内忧外患、中西文化碰撞交融、启蒙运动高潮迭起的广阔历史背景，荆楚之地刚毅不屈的民众性格和经世致用的士人学风，中国古代源远流长的人生哲学传统，当年思想界、学术界的精神导师和奋发向上的青年同道，都对毛泽东早期人生哲学的产生和嬗变发生了引导规范、潜移默化的作用。

一、风云际会的近代中国

近代以来的中国，是一个正处于各种矛盾纠结缠绕、阶级冲突和民族冲突深刻激烈的国度。封建社会已到了穷途末路，封建主义与人民大众的矛盾日渐加深；西方国家走上了资本主义的发展道路，并以坚船利炮打开了中国闭关自守的大门，中华民族面临亡国灭种的深重危机。农业文明与工业文明、中国文化与西方文化的相遇，醒世觉民、保种自强的启蒙观念悄然兴起，民众主体意识和民族主体观念日益浓厚，构成了古今中外在共时空中交汇互融的独特景观。这一千载难逢的历史际遇，是毛泽东思考宇宙、社会、人生，形成其早期人生哲学的社会历史条件。

1. 封建王朝的式微和民族危机的加剧。近代中国经历了一个从封建专制制度没落腐败到半殖民地程度日趋加深的苦难历程。清王朝建立初期，即实行愚昧落后的闭关锁国政策，对内实行无以复加的阶级统治和民族压迫，对外以天朝大国自居，闭目塞听，不愿意了解外界新事物，不接触外界新的思想文化和科学技术，安于现状，陈陈相因，这就延缓甚至阻止了自然经济的解体过程，使中华民族处于停顿呆滞、暮气沉沉的死寂状态。在世界形势瞬息万变、科技发展日新月异之时，中国内部却朝野昏蒙、沉梦未醒，这就丧失了与世界先进国家进行思想文化、科学技术交流的机遇，而逐渐成为时代的落伍者。自嘉庆（1796—1820）之后，清王朝政局动荡，吏治腐败，民族矛盾和阶级矛盾日趋尖锐，封建统治已呈现出无法挽救的衰颓之势。而西方资本主义世界从18世纪末至19世纪初，则进入上升发展时期。以英国为首的资本主义国家竞相涉足中国，试图把中国变成其原料产地和商品倾销市场，并对中国发动了可获取高额利润的鸦片侵略。清廷官吏与侵略者内外勾结，吞食鸦片，受贿贪赃。鸦片输入导致白银外流、银根枯竭、官僚腐败、军纪涣散，中华民族的生存受到了严重威胁。统治阶级内部以林则徐为代表的抵抗派在人民支持下开展了成效显著的禁烟运动，给英国的资本主义侵略者以沉重打击。英帝国主义者为了保护其可耻的鸦片贸易，于1840年6月发动了对中国的武装侵略。腐败无能的清政府对于帝国主义的侵略采取妥协投降、卖国求安的政策，压制、打击、破坏人民的抵抗运动，最终导致了鸦片战争的失败，并于1842年8月与英国侵略者签订了第一个不平等条约——《南京条约》。条约规定中国向英帝国主义割地赔银，开放通商口岸，中国无权决定英商进口货税；为英国侵略者效劳的奸细无罪，被监禁者加恩释放。《南京条约》破坏了中国的领土完整和海关、司法主权，开创了以条约的形式使资本主义侵略和奴役合法化的恶劣先例。此后，英国和其他蜂拥而至的资本主义国家胁迫清政府签订了一系列不平等条约，使中国主权丧尽，经济萎缩，民生凋敝，逐步变为资本主义列强的半殖民地，瓜分豆剖、亡国灭种的民族危机阴云笼罩神州大地，凌侮着每一个有血性的中国人的心灵。1894 年中日甲午战争之后，清政府又与日本签订了《马关条约》，帝国主义的侵略狂潮深入中国内地，民族危机达到了前所未有的程度。

2. 近代工业的产生和阶级关系的变动。西方资本主义国家的侵略刺激了中国资本主义的发展，加速了中国社会的变动和封建制度的崩溃。早在明朝万历年间（1573—1619），在中国封建社会内部，就已经出现了资本主义经济的萌芽。如果没有外国资本主义的影响，中国也将会随着商品经济的逐步发展而缓慢进入资本主义社会。西方资本主义的侵入，打断了中国社会的自身发展进程，促进了中国社会经济的畸形发展和阶级结构的新变化。从经济上来说，外国资本主义的侵入，破坏了中国自给自足的自然经济，破坏了城市手工业和家庭农业，逼迫广大农民和手工业者与生产资料相分离，造成了大批劳动后备军；同时也刺激一部分地主、官僚、商人投资近代工商业。从 19 世纪 60 年代开始，封建统治阶级为了自强自救，创办了一批军事工业和新式企业，引进了一些西方近代科学技术，对民族资本主义经济起了刺激和引发作用。19 世纪 70 年代以后，民族资本主义经济开始出现并获得了一定的发展。然而，帝国主义侵略中国的目的，并非要使中国发展资本主义，而是要把中国变成其倾销商品、攫取原料、提供廉价劳动力的半殖民地和殖民地。帝国主义和中国内部的封建势力对中国民族资本主义的发展百般遏制。外国侵略者经营的大企业在工商界占有垄断地位，并与中国强大的封建势力相依并存。民族资本主义遭受外国资本主义和本国封建势力的双重压迫，缓慢地走着自己的艰辛创业旅程。近代民族工业的发展也导致了中国内部阶级结构和阶级关系的新变动。鸦片战争之后，随着民族工业的发展和新的资本主义生产关系的出现，产生了中国的资产阶级和无产阶级。中国民族资产阶级一方面深受帝国主义和封建主义的压迫，为了发展资本主义，有反帝反封建的革命要求；另一方面又同帝国主义有着政治、经济方面的联系，在经济上和政治上不占主导地位而软弱无力，缺乏彻底革命精神，具有革命和妥协的两重性。尽管他们在领导旧民主革命的过程中，出现了一批品行高洁、气魄宏大、不屈不挠、奋斗牺牲的先进人物，但由于阶级的二重性格和时代的局限，不能领导中国革命走向胜利。诞生于外国资本和民族资本经营的近代企业中的中国无产阶级，深受帝国主义、封建主义、官僚资本主义的三重压迫，中国无产阶级代表新的生产力，是最先进、最革命的阶级。然而，在旧民主主义革命时期，它尚未形成一种独立的阶级力量，不是革命的领导者，只是作为资产阶级的追随者而参加革命。中国的农民在帝国主义和封建势力的压迫盘剥下，濒临破产境地，具有强烈的斗争精神，是反帝反封建的主体力量，但由于没有无产阶级的领导，其举行的多次起义均告失败。近代中国是各种矛盾交织纠结的焦点，中华民族同帝国主义的矛盾、人民大众同封建势力的矛盾日趋尖锐激烈，并上升为中国社会的主要矛盾。变法更新、救亡图存成为近代中国社会政治运动的主题。

3. 生活方式的变迁和价值观念的冲突。众所周知，封建专制制度是建立在自然经济的基础之上的，家长统治是封建制度的突出表征，家长制是皇权统治的缩影，皇权统治则是家长制的放大和扩展。家庭的权力操于家长一人之手，国家权柄集于皇帝一人之身，家庭中的其他成员相对于家长来说，专制国家的所有臣民相对于皇帝来说，在经济上、政治上没有自主权利和独立地位，因而也就没有自己的确定利益和独立价值。地主阶级为了维持其在经济上和政治上的特权地位，根据自己的利益要求，把三纲五常等封建道德加以神化和形上本体化。下层一般民众丧失了自己的道德、价值与利益主体地位，封建君主作为由上天所立的人间的最高统治者，便成为价值和利益的主体与化身。在这种钳口箍心的封建道德束缚下，人民的主体地位、自我意识和主体价值观念几乎丧失殆尽，渐次形成了一种依赖心理和以己属人的道德。而人民的主体地位丧失得愈彻底，专制君主的权势便愈扩大；人民的主体价值丧失得越净尽，专制君主对于人民的剥夺便愈酷烈。

近代以来，西方列强的坚船利炮，无情地击碎了中国人仰赖圣君贤相赐予阳光雨露和富足安宁的幻梦。与自然经济分崩离析、专制统治威风扫地、列强侵略创深痛巨相生随，旧有的价值观念体系也陷落破碎了，人们逐渐将对于价值的思索与关注从专制国家和君主转向自身。民族资产阶级为了摆脱帝国主义、封建势力的压制和束缚，争得生存空间和发展资本主义的条件，也要求重新审视以往的价值观念体系，重估一切价值，为争取自由平等权利而同帝国主义和封建势力作斗争。毋庸置疑，他们所要求的自由平等，只是剥削劳动者的自由和发展资本主义的平等，并非争取一切阶级的自由平等权利。但这种要求和愿望的表达与普遍化，却极大地促进了中国人民自我意识的觉醒以及对自身主体地位和价值的体认。在新旧两种价值观念体系的交汇互织和竞争抵抗中，封建的道德和价值观念日益暴露出其虚伪荒谬的性质，确认自我的主体地位、重视自我的独立价值的观念逐步在人们心目中确立起来。

4.中西文化的交流和启蒙运动的深入。18世纪末和19世纪初，清王朝的腐败使地主阶级和农民阶级的矛盾日益加剧，外国资本主义势力的侵入和变中国为其殖民地的鸦片战争，使中华民族与帝国主义的矛盾日益尖锐。西方资本主义在进行经济、军事侵略的同时，也加紧了文化渗透，西方的科学技术、资产阶级政治制度和意识形态逐渐被介绍到中国来。在国难时艰的刺激下而觉醒的先进的中国人，为了革新政治、救亡图存，也走上了寻求真理、醒世觉民、革故鼎新的艰辛历程。中西文化在空间上是并存的，但在时间上则有古与今、落后与先进的继时性区别。在学习、接受西方思想的同时，传统的文化基因、思维方式和价值观念像无法摆脱的梦魇纠缠着人们的思想心绪，人们在寻求真理、探索救国拯民道路的时候，不可回避地要对中外古今文化作出辨析和抉择。由于人们所处的地位、所代表的阶级不同，因而对中西古今的关系会作出不同的解释。尽管如此，中西文化的交汇互融和思想启蒙运动，已成为一股澎湃激荡、不可阻挡的时代潮流。

在中国封建社会急剧衰败，开始沦为半殖民地半封建社会的历史转折时期，龚自珍和魏源作为从封建统治营垒中分化出来的地主阶级的改革派，是最先从天朝大国的迷梦中醒来并审视世界的中国人。龚自珍感于内忧外患的艰难国运，志趣不在于考证群经，而是注重经世致用之学，以开通风气、救亡图存为己任。他痛彻淋漓地揭露封建专制制度的黑暗腐朽：贫富两极分化，社会危机四伏；高居政要的达官显贵，只知禄位容服，不顾国计民生；社会平庸因循，人才之源枯竭，以致"左无才相，右无才吏，阃无才将，庠序无才士，陇无才民，廛无才工，衢无才商"。①造成人才枯竭的直接原因是以资格用人，腐朽官僚"豹踞而鸮视，蔓引而蝇孳"②，束缚才智之人。而更为深刻的原因则是君主专制制度"去人之耻，以崇高其身，一人为刚，万夫为柔"，"震荡摧锄天下之廉耻"，以维护君主一人的绝对权威。为了救治封建专制制度的痼疾沉疴，龚自珍倡言发扬主观奋斗精神，依靠心力的作用，更法革新，改造社会。他说："天地，天所造，众人自造，非圣人所造。……众人之宰，非道非极，自名曰我。"③"心无力者，谓之庸人。报大仇，医大病，解大难，谋大事，学大道，皆以心力。"④龚自珍否定圣人创世，肯定众人的作用，主张摆脱"天道""太极"的支配与束缚，自我主宰，自尽心力，更法革新，改造现实，开辟人皆平等、自主其身、政治清明、人才辈出的盛世。这种思想透露出了近代中国人的自我意识开始觉醒的重要信息。魏源提出了"变古愈尽、便民愈甚"的改革思想，将经世致用的学术主张具体化为学习西方国家的先进技术，发展民族工业，"师夷长技以制夷"。⑤虽然龚、魏二人的思想尚未超出封建主义的思想体系，但他们的进步主张无疑是早期改良派和维新变法运动的先声，开启了近代启蒙运动的先河。

19世纪60年代之后，统治阶级内部分化为洋务派和顽固派。顽固派奉行天道不变的形而上学思维方式，固守祖宗之法和纲常名教。洋务派则标榜洋务新政，并在与西方世界的接触中进而分化出一批初具资产阶级思想的知识分子。他们不满足于坚船利炮等器用技艺，不满钳制工商业发展的统治政策，主张变法强国。从18世纪70年代到80年代是早期改良思潮的酝酿时期。马建忠、薛福成、王韬等人从因时而变的历史必然性出发，首倡工商立国，发展近代机械工业，要求放松对于工商业发展的限制和束缚。但他们主张变器不变

---

①　龚自珍：《乙丙之际箸议第九》。
②　龚自珍：《乙丙之际塾议三》。
③　龚自珍：《壬辰之际胎观第一》。
④　龚自珍：《壬辰之际胎观第四》。
⑤　魏源：《海国图志叙》。

道，"取西人之器数，以卫我尧舜禹汤文武周孔之道"。^① 这种变器卫道的思想，是早期资产阶级改良派脱胎于洋务思想又不能与之决裂、希冀变法图强又不愿从根本上触动封建上层建筑的矛盾心理和二重性格的反映。从 19 世纪 80 年代至 90 年代，是早期改良思潮的发展时期。郑观应（1842—1921）等人认为，中西之学各有体用本末，西学之体是资本主义国家的民主代议制度和思想原则，西学之用是资本主义的物质文明和科技成就。但中学与西学相比，则是中学为本而西学为末。要使国家富强，必须"主以中学，辅以西学"。^② 郑观应承认西学亦有其本身的体用，主张既要学习西学之体，又要学习西学之用，输入西方民主政治的新内容，这对于开启此后的变法维新运动，发挥了重大的作用。

19 世纪 90 年代，随着资本主义势力的生长，改良派的变法维新运动获得了一定的社会基础，从而进入其成熟时期。康有为、谭嗣同、梁启超、严复等人自觉向国人介绍近代西方资产阶级的新观念，宣扬自由、民主、平等、博爱学说，力图冲破封建主义在政治、经济、文化上的专制统治，培养国民独立、自由、民主、理性之德。尽管康梁等人已初步认识到思想启蒙的作用，但在戊戌变法以前和变法过程中，却没有将此作为主要任务。依赖君主推行新政，筹谋君主立宪政体成了他们关注的中心。当变法维新运动几近高潮时遭到顽固派的联合打击而烟灭灰飞，梁启超才痛定思痛，认识到"新民"对于政治变革的关键性作用，并成为风靡一时的资产阶级新观念、新学说的倡导者和鼓吹者。

19 世纪 90 年代以后和 20 世纪初期，民族资本主义有了进一步的发展，资产阶级民主观念广泛传入，民主革命思潮勃然兴起，革命替代改良成为时代潮流。资产阶级革命派主张通过革命推翻封建专制制度，建立民主共和的政治制度。然而，由于革命者偏于武装斗争而忽视思想启蒙，民主共和观念并未在大多数国民心中得以确立，政治革命并未得到人民群众的广泛理解和支持。辛亥革命虽然推翻了清廷，建立了民国，但封建专制统治仍然存在，民主政治并

---

① 薛福成：《筹洋刍议·变法》。

② 郑观应：《盛世危言·西学》。

未变为现实。

辛亥革命失败后，在国家内忧外患的严重情况下，一些激进的资产阶级和小资产阶级民主主义知识分子从严酷的现实中痛切地认识到，革命之所以失败，原因在于没有唤起多数国民的主体自觉，没有养成国民的民主意识和科学精神。要实现真正的民主政治，必须大力宣扬民主主义，打破封建专制思想对人们头脑的束缚；倡言科学精神，破除迷信、愚昧和盲从心理。以 1915 年 9 月陈独秀主编的《青年杂志》（从第 2 卷起更名为《新青年》）创刊为标志的新文化运动，高举民主与科学两面旗帜，以彻底反传统的姿态，抨击孔教、礼法、贞节、旧伦理和旧政治，反对旧艺术、旧宗教。民主与科学是对近代西方文明的深度概括，以民主与科学为标志的新文化运动是西学东渐和中西文化交汇互融以来声势最大、波及面最广泛、影响最深远的一次思想启蒙。新文化运动以 1919 年的五四运动为标志划分为前后两个时期。在此之前，新文化运动基本属于资产阶级性质的思想启蒙；在此之后，民主与科学的口号被注入新的内涵，唯物史观被广泛传播、理解和接受，劳工神圣和平民政治成为许多人心目中的社会观念和政治理想。许多真诚的革命民主主义者正是在"五四"大潮的激荡驱策之下，接受了马克思主义的唯物史观，走上了共产主义道路。中国自近代以来兴起的启蒙运动，经历了地主阶级改革思潮、资产阶级改良思潮、资产阶级政治革命思潮、资产阶级文化革命思潮，以及马克思主义在中国的广泛传播这几个阶段。这些阶段呈现出前后相继、环环相扣的景观，表现为由器用技艺、政体制度到思维方式、道德观念的跃迁。而马克思主义在中国的传播、植根和成长则表现为科学的思想理论、社会制度和现实实践三位一体的运动过程。启蒙运动的激荡推移和发展上升，极大地解放了中国人的思想，促进了民主意识与科学精神的增长。中国近代经济、政治、文化状况是当时人们思考社会人生问题的背景舞台，也是早年毛泽东建构其人生哲学的基础与坐标。

二、得天独厚的生活环境

荆楚山水雄奇壮美，人杰地灵。1893 年 12 月 26 日，毛泽东诞生于湖南省湘潭县韶山冲的一个农民家庭。湖南是一片英才辈出、遐迩闻名的土地。它地处波涌连天、浩浩荡荡的八百里洞庭之阴,它千峰竞秀,万壑争流,芙蓉万里,水碧沙明,素以荆蛮山国而名世。湘、资、沅、澧四条江河竞流并注,汇入烟波浩渺的洞庭湖。两千多年前,此地属于楚国,与毗邻的秦国势不两立。尔后虽被秦所灭,但荆楚之地人民的复仇精神和反抗意识并未因此泯灭,"楚虽三户,亡秦必楚"的古谚世代流传。这片雄奇壮美的清泡之地启迪了一代代人的心智灵光,哺育了一辈辈济世豪杰和历史文化名人。

湘潭县地处湘中,清末隶属于长沙府,是一个面积 15600 多平方公里、人口近百万的大县。湘潭县城是湘、粤、赣三省水陆交通枢纽,19 世纪末叶,逐渐成为帝国主义势力向内地渗透的中转市场。1905 年,被辟为寄港地,英国太古公司、日本怡和公司造置一批浅水轮,专驶湘潭、长沙等地。帝国主义的经济入侵加速了自然经济的解体,刺激了商品经济的发展,同时也给湖南这片土地带进了一些新的思想观念。

韶山在湘潭、宁乡、湘乡三县交界处,这里群山簇拥,层峦叠嶂,其中一峰突兀,高耸云霄,为诸山之祖,这就是韶峰。若"跻其巅,俯视群山,若子孙;南岳、洞庭望之若既"。相传虞舜偕群臣妃姬南幸至此,为这里的旖旎秀丽风光而痴迷,令侍从"奏箫韶九成",引得"凤凰来仪"。音召凤至,韶山因此而得名。

韶山冲位于韶山之阴,由南迤逦北向,冲里的一条小溪清澈澄净,曲折跌宕,四季流淌。韶山冲东北距长沙 90 千米,东南面距湘潭县城 45 千米,地势偏僻,民风古朴。韶山冲居民以毛姓为主,有李、钟、周、邹、彭、庞诸姓。毛氏家族原籍江西,元朝至正年间(1341—1367),其始祖太华公从江西吉州龙城(今江西吉水县内)迁至云南澜沧(今云南省澜沧拉祜族自治县内)。明洪武十三年(1380),太华公因军功封官入湘,长子清一、四子清四随往,居住于湘乡县城北门外绯紫桥。十余年后,清一、清四移居韶山。从此,毛氏家族便在这里生息繁衍,辛勤劳作。从太华公算起,毛泽东是毛氏家族的第 20 代子孙。毛泽东出生在这片风景秀丽、富有浪漫情调的土地上,并在此度过了自己的童年和青少年时代。壮美的荆楚山水对其性情的陶冶和节操的培养,无疑起了潜移默化的作用。

坚忍刚毅的民众性格和忧时济世的湖湘士风。毛泽东是在中国的土地上成长起来的伟大人物，与中国人民血脉相连，与中国社会密切相关。毛泽东诞生和成长于农家。下层民众的思维方式、价值取向、行为方式、风俗习惯、性格气质以一种隐性的、无文的文化样式，给予毛泽东深刻的影响，并成为他思考社会人生问题的思想情感基础。湖南乃至中国民众坚忍刚毅、不屈不挠的意志品格，诚实敦厚、质朴善良的道德情操，向往自由、反抗强权的斗争精神，人皆平等、友善和谐的大同理想，否极泰来、苦尽甘来的乐天信念，乃至青天意识和英雄救世观念，无不在毛泽东早年的思想情感世界中形成深厚的文化积淀。

湖南是"荆蛮山国"，民风质朴务实。湖南也是历史上失意政要和落魄文人的流放聚集之地。这些人大都具有强烈的叛逆性格和深沉的忧患意识。湖南这种特殊的士风民俗对于文化的渗透和塑造是顽强而执著的。湖湘文化在其历时久远的发展过程中，形成了自己卓尔不群的特质和风气。南宋建元之乱后，福建崇安人胡安国、胡宏父子由湖北迁入湖南，避居衡山，创建碧泉书院，著书立说，聚徒讲学，开创湖湘学派。胡宏高足、四川广汉人张栻把胡氏父子之学传到长沙，主讲于岳麓书院，培养了许多经国济世之才。明清之际的王夫之弘扬岳麓书院的文化传统，以其卓越的唯物论辩证法思想丰富了湖湘文化的内涵。近代以来，岳麓书院培养了一大批政治家、思想家、军事家和教育家，如魏源、曾国藩、左宗棠、郭嵩焘、谭嗣同、唐才常、杨昌济等人，他们共同构成了承载湖湘文化的学士群体，并以其学问道德和现实功业展示了湖湘文化的特质和湖湘士人的风格。这种士人学风作为一种治学态度、价值取向和行为方式，强烈地引导着人们的致思方向，控御着人们的情感，规范着人们的行动。在哲学上，湖湘士风表现为主张心统贯万事万理，是万物的主宰，注重品行气节，追求精神生活，崇尚矛盾斗争、推故致新、变动无穷的辩证法；在政治上，湖湘士风表现为重视民族气节，关心国事民瘼；在学术上，湖湘士风表现为注重实学，不尚空谈。胡宏批评学者多寻空言、不究实用的空洞疏阔态度，倡言实学实功，主张知行互发并重，告诫弟子留心经邦济世之学。正是这种主张自我主宰、肯定斗争动变、注重实事实功的文化传统，使湖南英俊沉毅之才遍地皆是，学问道德、文治武功兼具者代不乏人。岳麓书院大门上的两副楹联，真实反映了湖湘文化的巨大影响以及湖南英才辈出的盛况。其中一副是："惟楚有材"，"于斯为盛"；另一副是："千百年楚材导源于此"，"近世纪湘学与日争光"。毛泽东作为沐浴湖湘文化成长起来的知识分子，也耳濡目染湖湘士人的学术风范。他高扬自我的主体地位，培植崇尚动斗、勇猛无畏的性格，奉行自我主宰、立足现实的人生态度，去虚就实，戒浮泛重潜在，推崇实学实事，立志救国救民。这些思想认识和道德品格，都可以从湖南的民众性格和湘学士风中找到情感和思想的源头与端倪。

严父慈母的双重影响与对立互补的家庭格局。家庭是社会的细胞，社会个体一般是在家庭中开始其生命和心路历程的。家庭氛围对于人的心理的最初影响，构成日后心性品格和思想行为发展演进的始基与起点。幼年毛泽东生活于"严父慈母"的典型家庭环境中。父亲毛顺生（1870—1920），是一位精明能干的农民。他读过几年私塾，17岁开始料理家政。虽然家底微薄，但他克勤克俭，精打细算，经营有方，使家业日益发达。同时，毛顺生也非常严厉、刻薄、自私和专横。1936年，毛泽东在同美国进步记者埃德加·斯诺谈话时回忆道："他是一个严格的监工，看不得我闲着；如果没有账要记，就叫我去做农活。他性情暴躁，常常打我和两个弟弟。他一文钱也不给我们，给我们吃的又是最差的。"毛顺生常常无理责备毛泽东"不孝"和"懒惰"，有时甚至施以体罚。这激起了毛泽东强烈的逆反心理和反抗精神。"父亲喜欢责备我不孝和懒惰。我就引用经书上长者必须仁慈的话来回敬。他指摘我懒惰，我就反驳说，年纪大的应该比年纪小的多干活，我父亲年纪比我大两倍多，所以应该多干活。我还宣称：等我到他这样年纪的时候，我会比他勤快得多。"[1] 毛泽东对于父亲的不满日益增加，家庭内部的斗争时有发生。有一次，毛顺生设宴招待生意场中的人，让毛泽东殷勤待客。毛泽东

---

[1] 埃德加·斯诺：《西行漫记》，董乐山译，三联书店1979年版，第106—107页。

不满父亲只顾自己发财、不管他人的自私行为，也非常厌恶那些繁文缛节，因而不愿听命逢迎。父亲当着客人的面骂他"懒而无用"。毛泽东的自尊心受到了很大伤害，便当众跟父亲争吵起来。毛顺生更加恼怒，要动手打他。毛泽东跑到一个池塘边，恫吓父亲说：若再迫近一步，他就投水。毛泽东生动地描写了这一戏剧性情节："在这种情况下，双方都提出了停止内战的要求和反要求。父亲坚持要我磕头认错。我表示如果他答应不打我，我可以跪一条腿磕头。战争就这样结束了。我从这件事认识到，我如果公开反抗，保卫自己的权利，我父亲就软了下来；可是如果我仍温顺驯服，他反而打骂我更厉害。"① 父亲的严厉态度使毛泽东勤快干活，仔细记账，养成了刻苦耐劳、精明强干、沉着老练的性格。父亲专横武断、唯我独尊的家长制作风，则引起了毛泽东的愤恨和不满，激发了毛泽东的叛逆精神和反抗意识。

与毛顺生相反，毛泽东的母亲文七妹则是一位心地善良、性情温和、聪明贤惠、勤劳俭朴的农家妇女。她抚育子女，操持家务，艰辛备尝；她博爱慈祥，慷慨厚道，悲天悯人。每逢荒时暴月，她就把家里节省下来的粮食悄悄送给饥寒交迫的乡亲。她同情众庶、周济穷困的动人故事至今仍在韶山流传。1919 年 10 月，文氏不幸逝世，毛泽东从长沙昼夜兼程，奔丧韶山。他在母亲灵前，对着摇曳黯淡的油灯，缅怀母亲的高风亮节和慈祥面容，执笔泣成一篇哀恸凄绝的《祭母文》：

呜呼吾母，遽然而死。寿五十三，生有七子。七子余三，即东民覃。其他不育，二女二男。育吾兄弟，艰辛备历。摧折作磨，因此遘疾。中间万万，皆伤心史。不忍卒书，待徐温吐。今则欲言，只有两端：一则盛德，一则恨偏。吾母高风，首推博爱。远近亲疏，一皆覆载。恺恻慈祥，感动庶汇。爱力所及，原本真诚。不作诳言，不存欺心。整饬成性，一丝不诡。手泽所经，皆有条理。头脑精密，劈理分情。事无遗算，物无遁形。洁净之风，传遍戚里。不染一尘，身心表里。五德荦荦，乃其大端。合其人格，如在上焉。恨偏所在，

---

① 埃德加·斯诺：《西行漫记》，董乐山译，三联书店 1979 年版，第 106—108 页。

三纲之末。有志未伸，有求不获。精神痛苦，以此为卓。天乎人欤，倾地一角。次则儿辈，育之成行。如果未熟，介在青黄。病时揽手，酸心结肠。但呼儿辈，各务为良。又次所怀，好亲至爱。或属素恩，或多劳瘁。小大亲疏，均待报赉。总兹所述，盛德所辉。必秉悃忱，则效不违。致于所恨，必补遗缺。念兹在兹，此心不越。养育深恩，春晖朝蔼。报之何时，精禽大海。呜呼吾母！母终未死，躯壳虽鬈，灵则万古。有生一日，皆报恩时。有生一日，皆伴亲时。今也言长，时则苦短。惟挈大端，置其粗浅。此时家奠，尽此一觞。后有言陈，与日俱长。尚飨！①

　　毛泽东的这篇《祭母文》，脱尽风俗，语句沉着，笔力矫健，皆是至性流露。他高度赞扬了母亲的荦荦盛德，同时也透露了对母亲在三纲之末（夫为妻纲）压抑下经受的精神苦难，并表达了报母深恩、秉母美德、补苴遗恨的心境。当时，毛泽东还含泪给同窗好友邹蕴真写信，说世上共有三种人，即损人利己的人、利己而不损人的人和损己而利人的人。而他的母亲文氏夫人属于第三种人。毛泽东在母亲的影响下，也自觉主动地周济穷困，同情下层人民。扶危济困、普度众生的博爱慈悲意识，在毛泽东年幼的心灵上留下了深刻的印迹。父母亲截然相反的性格和家庭生活格局，使毛泽东体味到了反抗压迫的意义，学到了同情众庶的精神，并由之生发了普度众生的拯救意识。及稍长，毛泽东通过阅读描写造反故事的传奇小说，发现了农民遭受的压迫和剥削。他在东山高等小学堂读书时，备受富家子弟的鄙薄和排斥，"精神上感到很压抑"②。在北大图书馆当助理员时，卑下的地位再次伤害了他的自尊。为了改变这种低下的社会地位，唯一能够依赖的便是冲决等级名分、超越现实自我的顽强意志。这种意图和努力表现在情感心态上，便是奋发向上的主观战斗精神和创造欲望、激烈的批判现实和反权威意识、尽善尽美的人格设计与社会理想。毛泽东早年从家庭压抑的感知发展到社会压抑的认识，从家庭的反抗意识发展为社会反抗精神，从同情众庶的质朴情感发展到改造社会人生的

---

① 《毛泽东早期文稿》，湖南人民出版社 1990 年版，第 410—411 页。

② 埃德加·斯诺：《西行漫记》，董乐山译，三联书店 1979 年版，第 113 页。

高远理想，并从家庭与社会、个体与群体的交错点上思索社会人生问题，确定自己的人生路数和价值取向。而严父慈母的逆向性格组合对毛泽东的反抗意识以及同情精神的双重引发，无疑构成了青年毛泽东的人生观的起点和初始框架。

三、历久弥新的文化传统

文化既是人类在自身自然和外部自然基础上改造主客两界的创造性活动方式，又是这种创造性活动的物质与精神成果。文化本身是一个有层次、有结构的动态系统，它既是实体，又是属性；既是结构，又是过程。从其内容来看，有物质的文化、制度的文化和精神的文化。在精神文化中，最重要的是思维方式和价值观念。从文化所面对的问题来看，可分为人和自然的关系、人和人的关系以及人与自身的关系。无论从文化的内容或文化面对的问题来看，人的问题渗透于文化的所有领域和一切方面，关于人的本质、意义和价值问题是文化所关注的中心问题。任何一种文化都是一个动态的发展系统，具有历史继承性和累积性。每一代人都是在前代人留下的文化累积的基础上开始其新的创造性活动。每一个文化系统中所包含的文化要素，有些与原系统密不可分，与原系统共存亡，有些则可以与原系统分离，经过拯救和改造而纳入新的文化系统。中华民族的文化传统主要是在漫长的封建社会中形成的，它作为一个整体已不能适应近代和现代社会的状况，但其中也有不少具有人本倾向和人民性的因素，正是这些思想精华才使传统文化经千年而不衰，成为一种历久弥新的宝贵财富，为历代思想家所理解、接受和弘扬。即使是在天崩地坼、动荡不定的近代社会，传统文化非但没有断绝，反而被以新的眼光看世界的思想家、革命家所重新发现和创造性地运用。

毛泽东是在旧学和新学的双重影响下开始其早年思想行程的。而与新学相比，毛泽东的旧学根底显得更为厚重。他以中华民族的文化传统为其思维框架和价值坐标来审视、理解、吸收外来文化，与心醉欧风美雨、轻若转蓬、数典忘祖、彻底抛弃传统的激进主张大相径庭。毛泽东八岁即进私塾读书。除了学习发蒙课本《三字经》，还点读了《论语》《孟子》《左传》《史记》《纲鉴易知录》等。1913年至1918年，毛泽东先后在湖南省立第四师范和湖南省立第一师范学习，他立志向学，泛观博览。从毛泽东在师范学校学习时写的《讲堂录》和《〈伦理学原理〉批注》来看，他涉猎的古代典籍极为广泛，其中有《诗经》《尚书》《礼记》《易经》《左传》《老子》《论语》《孟子》《墨子》《庄子》《荀子》《孔子家语》《河南程氏遗书》《朱子语类》《王文成公全书》等。毛泽东在早年发表的文章和致友人的书信中，对中国的古代典籍也是广征博引。从中可以看出，中国传统文化，尤其是儒、道、墨三家的学说对毛泽东早年思想心理有至深至切的影响。

在中华民族文化发展史上，具有悠久的唯物主义和辩证法思想传统，许多圣贤先哲以人观天、以天证人，仰观俯察、探赜索隐，关注现实人生和人伦日用，鄙薄彼岸世界和天帝鬼神。因此，中国传统文化是一种以人为本的文化，它没有如欧洲中世纪那样以神为本的文化的宗教色彩。从外域传入中国且被中国化的佛教文化虽然试图跻身统治国人思想的意识形态领域，但从整个传统文化发展的长河来看，只不过是在平稳的大流中溅起了几朵浪花，并未从根本上改变传统文化的性质。再之，中国的佛教也未能彻底断绝同尘世众生的联系，人们往往是基于摆脱现世人生的苦难而学佛，且以苦海慈航、普度众生为指归。传统文化从根本上来说是一种人本主义文化，传统哲学本质上是一种人生哲学。

儒家思想是反映统治阶级的根本利益，在封建士大夫阶层中世代传续，并渗入国人思维方式、情感态度和行为范式中的一种学说，它在春秋战国时期即为显学。自西汉以来，上升为统治阶级的治国指导思想而雄踞独尊地位。儒家人生哲学着意高扬人的类价值。天与人一体同构，人作为类的整体与天地万物一样，是阴阳二气交感化生的产物。但人又与万物不同，它禀受了天地的精轻清秀之气而生，不仅有气有生，而且有知有义，具有灵明之心和道德之性。人能够体合天地之心，弘扬天地之德，合天道，赞化育，是天地间一切存在物中的最高存在者。人生的最高理想和价值就是体合天地的生生之德和刚健之性，发明和扩充内心的仁心善性，并将之贯彻于视听言行、立身行事的一切活动中，达到天人合一、大德敦化的境界。

在儒家看来，人生价值的实现和理想人格的完成是一个由内圣而外王的过程。内圣是格物致知、正心诚意，属于修身之事；外王即齐家、治国、平天下，是道德与政治践履之事。内圣与外王，修身与齐治平不可或缺。否则，其人格就是残缺的，不完善的。此外，切近现实、推崇躬行的致思路数，高扬道德精神、坚守主体人格的价值取向，刚健进取、自强不息的超越意识，执两用中、与时偕行的原则方法，天人一体、仁民爱物的胸臆气度，抨击苛政、推崇大同的社会理想，也是儒家人生哲学的重要内容。

在儒家学派的发展流衍过程中，呈现出与封建意识形态日渐趋同的倾向，先秦儒家中那种生动鲜活的人文主义和民本主义倾向逐渐被封建的三纲五常所束缚，臣对君、幼对长、下对上的愚忠和盲从成为封建正统思想。原始儒家和被改制了的儒家、本然的孔子和被历代统治者乔装打扮的孔子是有所区别的。

毛泽东与其他沐浴新文化雨露阳光成长起来的知识分子一样，具有反传统的胆识和精神，对于"孔老爹"痛加嘲讽和鞭笞。然而从其书信文章中可以看出，他所否定的是以己属人的封建道德，抨击的是窒息人的心性灵明的三纲五常，对于儒家人生哲学中关于价值、理想、路向、态度等问题的合理因素非但不拒斥，反而进行改造和利用，成为自己人生哲学体系中的有机构成部分。

墨家学派的创始人墨翟及其门徒，主要是来自社会下层、出身于独立手工业者的士人。墨家学说反映了个体小生产者的利益、愿望和要求，其人生哲学主要有尚力非命的创造精神、兼爱交利的人生理想、义利统一的价值观念和以自苦为极的生活态度。

墨子认为，天地间根本不存在什么"命"，国家之治乱安危，人之贤与不肖，皆系于人力，而不决定于命。禹汤文武当政之时，天下百姓饥者得食，寒者得衣，劳者得息，乱者得治，原因不在于命，而以其为力。如今一些贤良之人上得王公大人之赏，下得其万民之誉，也不是由于命，而是因其为力。从公卿大夫治政听狱到农夫妇人耕稼树艺、纺织绩纴，各尽职尽力而不敢怠惰，其原因在于"彼以为强必治，不强必乱；强必宁，不强必危"，"强必贵，不强必贱；强必荣，不强必辱"，"强必富，不强必贫；强必饱，不强必饥。"① 若相信命运，为政者怠于政事，在下者惰于耕织，就会导致天下纷乱和财用枯竭。人"赖其力则生，不赖其力则不生"②。墨家主张强力从事，否定天命，表明个体小生产者体察到了在奴隶社会解体过程中主观努力对于自身处境的决定作用，表达了下层劳动者以自己的努力冲破传统天命观念的束缚，改变低下地位的愿望，并触及了人的创造性本质的认识问题。

墨家学派以兼爱为人生的最高理想和最高准则，兼爱是不分贵贱尊卑、不论亲疏遐迩，对一切人无所不爱，不分人我，视人如己，为人犹己。墨家也谈仁义，但与儒家不同的是以利言仁，以利民释义。"仁人之所以为事者，必兴天下之利，除去天下之害，以此为事者也"。③"万事莫贵于义"。④"今用义为政于国家，人民必众，刑政必治，社稷必安。所为贵良宝者，可以利民也。而义可以利人，故曰：义天下之良宝也。"⑤ 兼爱理想的最高实现是无偏无私，廓然大公，泛爱天下一切人，时刻准备为天下之人兴利而除害。只要能够利天下，即使艰辛备尝，甚至牺牲生命，也在所不惜。对此，当时和以后的典籍均有所记载："墨子兼爱，摩顶放踵，利天下，为之。"⑥ 墨子"以绳墨自矫，而备世之急"；"日夜不休，以自苦为极"⑦。墨子一生，恓恓惶惶，刻苦力行，奔走救世，以至"腓无胈，胫无毛"。⑧ 墨子的高足禽滑厘，也是"手足胼胝，面目黧黑，役身给使，不敢问欲"⑨。"墨子服役者百八十人，皆可使赴汤蹈火，死不旋踵。"⑩ 儒家讲仁是由己推人、由近及远、爱有差等，墨家讲兼爱则无内

---

① 《墨子·非命上》。
② 《墨子·非命上》。
③ 《墨子·兼爱中》。
④ 《墨子·贵义》。
⑤ 《墨子·耕柱》。
⑥ 《孟子·尽心》。
⑦ 《庄子·天下》。
⑧ 《庄子·天下》。
⑨ 《墨子·备梯》。
⑩ 《淮南子·泰族训》。

外远近，无等级差别；儒家讲爱人主要是指启迪人的道德之心，墨家讲兼爱则是以物质利益利人。墨家人我一体、兼爱交利的主张，立意比儒家的仁更为高远。尽管这种高远理想在阶级社会中不可能实现，但它作为一种人生目标和理想，却有开阔胸臆、提高人的精神境界的意义。尽管墨家学派中道而衰，但这种以兼爱交利为核心的理想观念并未因之断绝，我们从儒家建构的天下为公的大同世界和后世许多思想家高远的社会理想中仍可以看到以兼爱交利为核心的墨家人生哲学的遗传基因。

在义利问题上，墨家主张兼重义利、义利统一。利就是义，判断一种行为义或不义的标准，即在于这种行为是否有利。墨子所说的利，不是一己私利，而是"天下之利"①，"国家百姓人民之利"。②后期墨家将利界定为"所得而喜"，将害界定为"所得而恶"③，并主张舍小利而取大利，取小害而避大害。墨家学派为了实现兼爱天下、泽被万民的理想，日夜劳作而不休，虽形容枯槁而不舍④，在"天下莫为义"的情况下，墨家学派非但不沮丧不懈怠，反而认为履行仁义"不可不益急"⑤，表现了其坚忍卓绝、自苦为极、"为人太多"、"自为太少"、"为群忘己"、积极救世的牺牲精神。

在春秋战国时期，墨家与儒家并称显学，"墨翟声名炳耀，几与仲尼相埒，其徒属之众，亦几与洙泗并肩"⑥，"世之显学儒墨也。"⑦"孔墨徒属弥众，弟子弥丰，充满天下。"⑧秦汉以后，随着大一统封建专制政权的建立和巩固，墨学竟至衰微湮没。究其原因，主要在于墨家慢差等的平等思想与封建主义的专制统治和等级制度相忤逆，其兼爱学说与定于一尊的儒家爱有差等的伦理观念相悖离，其非攻之论不利于攻城略地、侵吞兼并的扩张政策，"以自苦为极"的

---

① 《墨子·兼爱中》。
② 《墨子·非命上》。
③ 《墨经·经上》。
④ 《庄子·天下》。
⑤ 《墨子·贵义》。
⑥ 《墨子引得·序》。
⑦ 《韩非子·显学》。
⑧ 《吕氏春秋·尊师》。

殉道精神不适合于封建统治阶级奢侈享乐的欲求，其清醒的科学理性精神与专制政治统治下的迷信盲从等非理性倾向相抵牾。尽管墨子思想被排除在国家统治思想范围之外，然而，其科学精神和平等意识以及尚力非命的生活态度，却一直流传于民间，墨子思想并未在中国文化史中消失。

墨学在沉寂千余年之后，在近代随着西方文化的传入、中西文化的交汇和启蒙运动的深入而重放异彩。从鸦片战争到洋务运动时期，主要强调墨学重器用技艺的致思倾向，意在表明西学源于墨学，表现出一种自我中心的文化心态；在戊戌维新和辛亥革命时期，意在寻求墨学与西学的相通之处，倡导以墨学兼爱交利的伦理精神而救世。无论是改良派还是革命派，都十分推崇墨家的人生理想和以自苦为极、牺牲奋斗、积极救世的精神。谭嗣同"深念高望，私怀墨子摩顶放踵之志"；①唐才常主张用墨学移风易俗，救治人们的自私自利之心；梁启超认为墨家轻生死、忍苦痛的献身品格和勇武精神，可以振精神之颓，起中国之衰。资产阶级革命派更是高扬墨家的伦理精神，将墨子称为博爱、平等的伟大思想家和实践家。在新文化运动中，启蒙思想家则以西方的价值观念为尺度，选择墨子的理性精神、平等观念、强力从事的生活态度作为新的文化建构的基础和生长点。陈独秀盛赞"墨家兼爱、庄子在宥、许行并耕"三者是人类最高的理想和我国的国粹。②鲁迅把奋斗救世、自苦为极的墨翟以及怀有墨学精神的人物视为埋头苦干、舍身求法的人，视为中华民族的脊梁。墨学之在近代复兴，是近代自由民主和科学理性精神与传统价值观念交汇互融的结果，是由于积贫累弱、被动挨打的痛切感受而产生的崇尚武备、救亡图存的需要，是为了矫治各私其私、民心涣散的恶劣世风，培养人民克己为人的社会公德。在新文化运动中成长起来的毛泽东在墨学复兴的浪潮中接受墨家人生哲学的影响，以禹墨为本、周孔为用的湘士学风也给毛泽东直接的教育和熏陶。毛泽东与蔡和森以及新民学会的其他一些会员，都接受了墨家人生哲学中许多有积极意义的思想，将墨子的兼爱、交利、强力行事、自苦为极作为自己

---

① 谭嗣同：《仁学·自叙》。

② 见《新青年》第3卷第3号，1917年5月。

视听言动的格准、原则和楷模。

道家学派的人生哲学以老子和庄子为代表。老子和庄子作为春秋战国时期的思想家，都以冷峻的理性眼光观照现实，批判现存的社会制度和社会生活，并在此基础上建立自己的社会、人生理想。但二者在人生哲学上又有重大差异。老子试图通过绝圣弃智、清心寡欲，回到小国寡民的社会，限制个人的生活欲望而维护社会的和谐宁静，因而老子是一个救世主义者。庄子则认为，世不可救，只能救人，其人生哲学是探求人如何摆脱世俗的桎梏而获得精神上的逍遥，在现实中"游世"自得。首先，庄子反对世俗生活对人生的桎梏，认为仁义道德诱发人的爱利贪欲，破坏人的素朴天性，致使人们为求得善名而残生伤性，是非之辨使人们"其寐也魂交，其觉也形开，与接为构，日以心斗"，竭劳神明，"莫使复阳"。① 在现实生活中，人处处为形所役，为物所累，这是不符合人的本性的。庄子肯定和突出人的个体存在，对于牢笼个人身心的现实社会持批判和否定态度，向往物物而不物于物的独立不羁、自由自在的理想人生。其次，通过"齐物""无己"而"游心"，超脱世俗之累，获得精神的逍遥。对于桎梏人生的世俗之物，庄子既无法控御，亦无力抗拒和消除，因而他就把生死、存亡、穷达、富贵、贤不肖、毁誉、饥渴、寒暑等一切人生遭际视为"事之变，命之行"。② 他在现实生活中找不到人生自由，便只有逃避现实，以玄想的方式向主体本身寻找内心自由，即"逍遥游"。若对世俗之物有所依赖，必为外物所役使拖累，因此就得不到逍遥自由。若能超脱世俗的伦理、是非、名利、贵贱、死生、存亡等现实事变，甚至超脱了时间和空间，"出六极之外，而游无何有之乡"③，无所待于任何世俗实有之物，就能由"为物所役"进到物物而不物于物、不为外物所累、悠然自得、逍遥自在的精神境界。由此也可以看出，庄子的人生自由是超脱客观存在和规律而向主体内心追求的虚幻的精神自由，而不是通过认识必然和改造世界的社会实践活动而获得的现实自由。要逍遥游于无何有之乡是通过一种神秘的精神转变契机来实现的，一是齐

---

①　《庄子·齐物论》。

②　《庄子·德充符》。

③　《庄子·应帝王》。

是非、生死、万物，达到与道为一的精神境界。从这种精神境界来看，人生的一切遭际都归于虚无，一切差别和对立都消失了，人生界便成了无差别、无对立的无何有之乡，一切桎梏人之性灵的世俗之物都消失了，人也就超脱了纷纭世事和生死成毁，而进入超然宁静之域。二是"无己"。要作精神的逍遥之游，不仅要视所待者为虚无，还要否定主体自身，达到"无己"之境。这里的无己就是泯灭主体之我的是非之见和好恶之情，"堕肢体，黜聪明，离形去知，同于大通"。① 能够在世俗生活中求得保身全生、养亲（精神）"尽年"的身心两全，才是人生的最高境界。要达此境界，应虚己以游世，即超脱功名禄利的追求，摒绝智巧事为，游心于无为之业，不为是非功名所惑，胜物而不被外物所伤。这种处世态度具体表现在四个方面：一是"外化而内不化"②，既要与时俱化，随顺外在事物和人生遭际的一切变化，又要与道同体，"不与物迁"③，保持内心的超然与宁静。二是安命与逍遥。即随顺现实生活中不可消解和抗拒的必然命运，在此基础上追求精神的自由自在，逍遥放达，"自事其心"④，"乘云气，御飞龙，而游于四海之外"⑤，"与造物者为人，而游乎天地之一气"⑥。三是随俗与孤傲。他一方面主张与世俗相伴随，与众人相和顺，同时又厌恶世俗，反对"与人为徒"，幻想割断与社会和他人的一切联系，超俗拔群，"与天为徒"⑦，这又体现了庄子落拓不羁、卓然独立的孤傲风骨。四是悲观与乐观并生。庄子一方面认为社会人生可哀可悲、令人沮丧，同时又力图摆脱尘世束缚和苦难，而满怀信心地追求精神自由，并从气化流行的哲理高度，以超然的心态对待生死，超越生死荣辱，表现出一种乐观主义精神和浪漫主义情怀。庄子的自由以知其无可奈何而安之若命为前提条件，是一种摒弃主体的知情意、绝不干预外部现实、自事其心的精神自由。他不是要发挥主体能动性而支配万

---

① 《庄子·大宗师》。
② 《庄子·知北游》。
③ 《庄子·德充符》。
④ 《庄子·人间世》。
⑤ 《庄子·逍遥游》
⑥ 《庄子·大宗师》。
⑦ 《庄子·大宗师》。

物，而只是超然物外，不为外物所动。这是一种主观和客观脱节、理想和现实分离、害怕斗争、逃避现实的自由。但他不为外物所动，傲视权贵，淡泊名利，乐道安贫，不汲汲于利，不与权贵合流，却能在一定程度上保持自己的人格独立和意志自由，因而这种自由又有真实的性质。庄子主张顺世安命，因任世俗，这是其消极的一面，但他强调个体的独立人格，抨击社会罪恶，揭示人生苦难，崇尚精神世界的宁静淡泊、思想的自由翱翔和精神的卓然独立，对于理想生活充满乐观心绪和渴望，无疑是其思想的精华。庄子批判现实，追求自由的人生理想和卓然独立、高蹈远举的人生态度，为青年毛泽东所汲取，并在建构其早期人生哲学的过程中发挥了重要作用。

四、良师益友的精神启迪

社会意识与个体意识、个人的自我意识与他人的意识总是相互激荡、相互作用和相互转化的。早年毛泽东在探索人生的意义、追求理想人生的途程中，曾经崇拜过一个个精神导师，亦曾与许多志同道合者结伴前行。我们从毛泽东的早期人生哲学中，可不时发现同代人的思想观念、心态意绪对于毛泽东的影响。同时，也可以从他们的人格、思想中发现毛泽东的心灵、人格、思想、意志的折光。康有为、梁启超、谭嗣同、严复、杨昌济、陈独秀、李大钊以及新民学会的会员们，都与毛泽东早年的心路历程不可分割地连在了一起。

变法维新、各领风骚的康梁谭严。康有为、梁启超、谭嗣同和严复，是戊戌变法前后中国政治界和思想界的风云人物，也是毛泽东早年思想发展过程中的重要精神导师。虽然毛泽东从未与他们谋面，但他们充满新鲜气息、革新气魄和人文精神的思想却通过纸载口传，对毛泽东产生了深刻的影响。

康有为（1858—1927），近代资产阶级思想家和政治家，资产阶级改良派的领袖人物。他曾七次上书光绪皇帝，要求变法革新，讲学于广州万木草堂，倡言变法理论。甲午战争后，民族危机日迫，他激于爱国热忱，于光绪二十一年（1895）在京联合各省应试举人，发动了著名的"公车上书"，反对《马关条约》，提出了"拒和""迁都""练兵""变法"等一系列救亡图存主张。次年，依靠光绪帝发动"戊戌变法"。由于以慈禧太后为首的顽固势力的打击，变法失败。尽管后来康有为沦落为"保皇党"的首领，但他早年的进步主张以及在思想启蒙方面所做的努力却发生了深刻而持久的影响。首先，康有为一反"天不变，道亦不变"的形而上学观点，力主变的哲学。他说："盖变者，天道也"①，"天道，后起者胜于先起也；人道，后人者逸于前人也"。②在此哲学理论基础上，康有为肯认创新进化，反对守旧泥古，倡言国家政体和思想道德的变革维新。其次，以资产阶级的天赋人权论为武器，贬抑君权，伸张民权，主张立宪法开国会，实行三权分立政体，君民共议一国之政。在这种政体之下，民不再是政治的被动施与者，而是身份平等、积极主动的参与者。再次，从仁爱哲学出发来解释社会历史的变动，构建大同社会理想。他认为"仁爱"是社会历史发展的动力，"仁者，在天为生生之理，在人为博爱之德"③，"仁"即"不忍人之心"，"为万化之海，为一切根，为一切源，……人道之仁爱，人道之文明，人道之进化，至于太平大同，皆从此出"。④在大同世界中，废除了封建等级制度和君主专制，无贵贱、贫富、人种、男女之别，人皆自由平等。康有为主变革、伸民权、骛大同的思想，在当时思想界掀起了轩然大波，确有振聋发聩之效。但他主张渐变，反对革命性骤变，主张以仁爱之心醒民救世，反对阶级斗争和暴力革命，则产生了消极的影响。青年毛泽东1910年在东山高等小学堂读书时，就阅读过梁启超主编的《新民丛报》和康有为论变法运动的书，并为其中的新鲜主张所吸引，以至反复体味咀嚼。他也以大同为鹄的，以仁爱之心救世，倡言精神革命，推行忠告运动。无论是从毛泽东积极的或消极的、正面的和反面的思想中，都可以找到康有为的思想对毛泽东影响的痕迹。

梁启超（1873—1929），字卓如，号任公，广东新会人，近代著名的改良主义者，与康有为共同创议变法维新。清光绪二十二年（1896），在上海主编《时务报》，发表《变法通议》等重要论文。光绪二十三年（1897），任长沙时

---

① 康有为：《进呈〈俄罗斯大彼得变政说〉序》。

② 康有为：《日本书目志·自序》。

③ 康有为：《中庸注》。

④ 康有为：《孟子微》。

务学堂中文总教习，宣传民权、平等思想。次年入京，以六品衔办京师大学堂
和译书局，参加戊戌变法。变法失败后亡命日本，先后主编《清议报》和《新
民丛报》，介绍西方资产阶级的社会、政治、阶级学说。他以饱蘸情感之笔，
著流畅锐达之文，在知识界、思想界风靡一时，影响深巨。他自称："夙不喜
桐城派古文，幼年为文，学晚汉魏晋，颇尚矜炼；至是自解放，务为平易畅
达，时杂以俚语韵语及外国语法，纵笔所至不检束，学者竞效之，号新文体；
老辈则痛恨，诋为野狐。然其文条理明晰，笔锋常带情感，对于读者，别有一
番魔力焉。"① 毛泽东与梁启超从未晤面，然而却通过《新民丛报》间接受到了
梁氏思想的熏陶。进入东山高等小学堂后，第一次阅读《新民丛报》，对其中
的一些文章究心研读再三，直到可以背出来。他欣羡佩服梁启超的学问识见和
清新文风，崇拜康有为和梁启超，并将他们奉为楷模，尊为自己的精神导师。
1936 年，毛泽东在与斯诺谈话时，说自己在青年时代曾一度崇拜康梁。20 世
纪 60 年代，又说自己"受到梁启超办的《新民丛报》的影响，觉得改良主义
也不错，想向资本主义找出路②。梁启超对外以"厉国耻"为号召，反对列强
侵略，要求民族独立；对内以倡民权为口号，反对专制暴政，倡导君主立宪政
治。他认为，"变者，古今之公理也"，"上下千岁，无时不变"③，要实现国家
独立和政治进步，就必须变法新民。他从主观唯心主义的立场出发，论述转
换国民思想对实行新制度、建设新国家的决定性意义。他认为，"境由心造"，
"一切物境皆虚幻，惟心所造之境为真实。"④"心力是宇宙间最伟大的东西。"⑤
中国之所以丧失主权，备受凌辱，政府腐败是原因之一，但更为深刻的原因则
是国民的散弱。国民的软弱、散漫、愚昧、落后是专制政治得以产生和存续的
社会基础，民德、民智、民力实为政治、艺术、技艺之大源。因此，欲救今日
之中国，莫急于以新学说变其思想。欲实行民族主义于中国，舍新民未由。他

---

① 梁启超：《清代学术概论》，商务印书馆 1934 年版，第 88 页。
② 刘斐：《难忘的教诲》，见 1979 年 1 月 2 日《人民日报》。
③ 梁启超：《变法通议·自序》。
④ 梁启超：《自由书·唯心》。
⑤ 梁启超：《非唯》。

倡导重建公德和私德，加强国家、权利、义务等观念的灌输，培养国民冒险进取、独立自主、自治合群的精神，为最终实现人皆平等的文明社会准备最重要的思想条件。梁启超在历史观上是唯心主义的，他认为世界是豪杰之世界，历史是英雄之舞台，舍豪杰无世界，舍英雄无历史。只有英雄豪杰才能度众生、斡乾坤、救世界。毛泽东早年从爱国主义思想立场出发，主张发挥英雄豪杰的作用，悲天悯人，启迪国民的心智品性，以变化民质的精神革命来解纷乱、平人己，达于人皆圣贤的圣域。这些主张与梁启超的哲学、社会、政治观点一脉相承。但毛泽东反对点滴的改良，主张彻底的革命，这是他高于梁启超和康有为的地方。

谭嗣同（1865—1898），字复生，号壮飞，湖南浏阳人。早年受学于欧阳中鹄，性任侠刚烈，博览群书，关心国事民瘼。甲午战后，有感于国家之积贫累弱，倡导新政，立志变法。光绪二十四年（1898），创立南学会，联合南方诸省志士，相与讲爱国之理，求救亡之法。同年经徐致靖引荐，被征入京，擢四品卿衔军机章京，参与康有为主持的维新变法。变法失败后，以鲜血警国人，坚拒出走，慷慨赴死。他的思想是唯物与唯心、辩证法与形而上学、革命与改良、民主意识与英雄救世各种因素交织互融的产物，他认为人是物质的生物，人的思想、意识、感觉产生于物质，但他又过分夸大精神——"心力"的作用，认为心力无不可为。主张通过洁治心源，泯灭作恶之心机，以实现众生平等的理想社会；他肯认世界是一个"新而又新"的发展变化过程，"昨日之新，至今日而已旧；今日之新，至明日而又旧。所谓新理新事，必更有新于此者"。① 但他又否定生灭成毁的区别，否定事物的相对稳定性，陷入相对主义。他激烈抨击专制政体和封建三纲五常，号召冲决君主、伦常、群教之网罗，张扬自由、平等、博爱、民权之精神。然而，他看不到人民群众的历史主动性，主张圣贤史观，要求英雄人物发慈悲之心救世拯民。尽管谭嗣同的思想存在诸多矛盾，但这并未影响他在变法运动中的激进姿态和勇于献身的精神张扬。他反对专制政体、倡言民权平等的启蒙思想，他为变法图存而奋不顾身、视死如

---

① 谭嗣同：《仁学》。

归的牺牲精神，他崇尚心力、以鲜血醒世觉民的壮烈胸怀，启迪、激发了一代青年人的主体意识和革命志气。毛泽东的老师杨昌济曾亲聆谭嗣同的教诲，对于谭氏深邃的思想、缜密的思路、以身殉道的精神钦仰不已。他对谭嗣同的这种态度也深深影响了其弟子生徒。毛泽东在湖南省立第一师范读书时曾写过一篇名为《心之力》的文章，杨昌济对之非常赞赏。毛泽东称谭嗣同为"魄力雄大"之人，在《〈伦理学原理〉批注》和致友人的书信中，也以大气量之人自居，主张进行精神革命，普度苦难众生，使小人与君子共跻圣域。谭嗣同思想的积极因素和消极方面，都在青年毛泽东的思想中有所反映。

严复（1854—1921），字又陵，又字几道，福建侯官（今闽侯）人。近代启蒙思想家、翻译家、资产阶级维新派的代表人物。严复的历史功绩，主要不在于其政治活动，而在于其言论、著述和对18、19世纪西方资产阶级的社会、政治学说的卓越翻译和系统评介。康梁是中国传统文化的饱学之士，且由于起初不懂西文，故对于西学的理解和介绍往往挂一漏万，支离破碎。正如梁启超所说："盖固有之旧思想，既深根固蒂，而外来之新思想，又来源浅觳，汲而易渴；其支绌灭裂，固宜然矣。"[①] 严复则不然，他15岁考入福州船政学堂，1877年被派往英国学习，留意于英国社会制度和资产阶级的社会政治学说。回国后任北洋水师学堂总教习，升总办。其思想观点主要渊源于西方，对于西方的社会政治学说有比较系统、准确、全面的了解。中日甲午战争和戊戌变法前后，他写了《论世变之亟》《原强》《辟韩》《救亡决论》等文章，翻译了赫胥黎的《天演论》、亚当·斯密的《原富》、孟德斯鸠的《法意》、约翰·穆勒的《群己权界论》、斯宾塞尔的《群学肄言》、甄克斯的《社会通诠》、耶芳斯的《名学浅说》以及穆勒的《名学》等著作，为变法图存、黜君扬民提供理论依据。首先，严复系统介绍了达尔文的生物进化学说，宣扬"世道必进，后胜于今"[②]，反对"天不变道亦不变"的形而上学和好古而忽今的因循守旧思想，为其变法图存的政治主张服务。他认为，进化乃是一种"虽圣人无所为

---

① 梁启超：《清代学术概论》，商务印书馆1934年版。
② 赫胥黎：《天演论》，严复译，商务印书馆1981年版，第47页。

力"的不可阻遏的普遍的、必然的规律，物竞天择、适者生存的规律不仅适用于生物界，也适用于人类社会。"天演之秘，可一言而尽也，天惟赋物以孳乳而贪生，则其种自以日上，万物莫不如是；人其一耳，进者存而传焉，不进者病而亡焉。"① 进退存亡取决于种群自身的努力，而不在于造物主的权柄，"万物之所以底于如是者，咸其自己而已，无所谓创造者也"。② 人类在进化过程中，必须发挥主体能动性，"强立不反，出与力争"③，在同外部环境的斗争中实现自己的生存与发展。中国若要在列强环伺的严酷形势下避免亡国灭种的惨祸，就必须改造国民性，力今胜古，保种自存。他说："盖生民之大要三，而强弱存亡莫不视此：一曰血气体力之强，二曰聪明智虑之强，三曰德行仁义之强。"④ 民力、民智、民德的高下是判断民族之优劣的标准。只有三者皆高的民族才是优胜的民族，然而三者的高低并非固定不变。只要充分运用人的主体能力，与妨碍生存发展的因素进行斗争，就可以提高民族素质，达到自强保种的目的。我们的民族之所以"民力已 ，民智已卑，民德已薄"⑤，不是民族品性天生低劣，而是数千年专制政治压迫禁锢造成的恶果。值此民族生死存亡的多事之秋，应借外族侵凌的刺激，变革政治，发奋有为，开民智，鼓民力，新民德，铸造新民，进取奋争，求得民族的生存、进化和强盛。其次，严复接受和宣扬"天赋人权论"，鞭笞封建专制，倡言民主自由。他说："彼西人之言曰，唯天生民，各具赋畀，得自由者乃为全受。"⑥ 人人生而自由，不可侵夺。人们只有拥有了自由，才算发挥和享有了自己的天赋权利。由于自由与不自由的不同，导致了中西社会诸多不同。如"中国最重三纲，而西人首明平等；中国亲亲，而西人尚贤；中国以孝治天下，而西人以公治天下；中国尊主，而西人隆民"。⑦ 严复认为，自由为人生而具有的本质和不可剥夺的权利，民主则

① 赫胥黎：《天演论》，严复译，商务印书馆 1981 年版，第 37 页。

② 赫胥黎：《天演论》，严复译，商务印书馆 1981 年版，第 4 页。

③ 严复：《有如三保》。

④ 严复：《原强》。

⑤ 严复：《原强》。

⑥ 严复：《论世变之亟》。

⑦ 严复：《论世变之亟》。

是发现这种本质、实现这种权利的工具和途径。中国自秦汉以来，历朝政治虽有宽苛之异，但都是"以奴虏待吾民"①，人民完全没有自由民主权利。统治者窃取人民的天赋权利，且唯恐人民觉醒后夺回这些权利，便制定出各种法律制度和道德教条束缚压制人民，杜撰君权神授理论欺骗人民，"坏民之才，散民之力，漓民之德"。人民立君的初衷是解纷争、防侵夺、避祸害，"择其公且贤者立而为之君"，后世君主窃取人民之权利，令亿万人民苦其筋力，劳其神虑，供奉君主一人，"此专制之君，所以百无一可者也"。② 因此，要伸民权，必须废专制、黜君主。最后，严复主张唯物主义经验论，批判陆九渊、王阳明的主观唯心主义先验论。他认为，"公例无往不由内籀，……无所谓良知者矣。"③为了贯彻其唯物主义经验论，他系统介绍了逻辑学的科学方法。他指出，西方国家之所以船坚炮利、国力富强，要在于有作为"一切法之法"和"一切学之学"的科学的认识方法和思维方法，即逻辑学。他针对义理之学和考据辞章之学不从客观实际出发、悬空思索、烦琐考证的流弊，提倡"实测内籀"的归纳逻辑，即物实测，验之于物物事事；观化察变，见其会通，立于公例。即从实际出发，研究客观事物，总结实际经验，从中概括出带规律性的东西来。毛泽东于 1912 年在湖南省立图书馆研读了严复翻译的八种世界名著，较为系统地了解了西方资产阶级的思想理论。他面对列强侵逼的深重民族危机，主张变化民质，磨砺以待外敌；他抨击君主专制制度和封建纲常名教，张扬个人的主体地位和独立自由精神，提倡三育并重、身心并完；他在倾力探讨大本大源的同时，又注意从天下国家万事万物中学习，踏着人生和社会的实际说话。这些观点和倾向，与严复的思想启蒙密切相关。

　　学贯中西、品行高洁的怀中先生。杨昌济（1871—1920），字华生，后改名怀中，湖南长沙人，近代具有强烈的爱国主义精神和进步的民主主义思想的知名教育家、思想家。他对于中国传统文化，尤其是对孔孟儒学和宋明新儒学有精到的研究和高深的造诣。在 19 世纪末期以来向西方寻求救国救民真理的

---

① 严复：《原强》。

② 严复：《法意》卷五按语。

③ 严复：《穆勒名学》丙部按语。

时代浪潮中，他先后到日本、英国、德国学习考察 10 年之久，系统研究西方的哲学、伦理和教育学说，可谓学贯古今、博通中外。留学归国后，正值袁世凯篡夺辛亥革命的胜利果实、中国时局动荡不安之时。他痛恨官场的逢场作戏和投机钻营，发"强避桃源作太古，欲栽大木柱长天"①之宏愿，自甘清苦淡泊，以改造学术、献身教育、端正人心、培育救国英才为己任。1913年，杨昌济任教于湖南省立第四师范，毛泽东在这一年考入该校。1914 年，四师与一师合并，杨昌济到第一师范任教，毛泽东也转入一师继续学习。杨昌济之高尚的人格、清廉的节操和严谨的治学态度，赢得了毛泽东等一大批学生的由衷热爱、尊敬和追随。他们经常到板仓杨寓请杨昌济先生释疑解惑，与先生纵论天下大势，探讨社会人生问题。曾为新民学会会员的肖子暲说："杨先生并不善于辞令，也不装腔作势，但他能得听讲者很大的注意与尊敬，大家都佩服他的道德学问。他的讲学精神，使得在他的周围，形成了认真思想、认真求学的学生之一群——毛泽东同志、蔡和森同志、陈昌同志……。每逢星期天，他们相率到杨先生家里去讲学论道。"②杨昌济对毛泽东的影响是深刻的和多方面的。事隔多年之后，毛泽东还充满深情地说："给我印象最深的教员是杨昌济，他是从英国回来的留学生，后来我同他的生活有密切的关系。他教授伦理学，是一个唯心主义者，一个道德高尚的人。他对自己的伦理学有强烈的信仰，努力鼓励学生立志做有益于社会的正大光明的人。"③

首先，杨昌济教导学生培养独立人格和树立高远理想，养成奋斗向上的人生观。他在以传统文化为根底，审视学习西方文化，将中外古今文化融会贯通的同时，也着力批判体现封建统治者利益和专制政治道德秩序的三纲五常，崇尚王夫之"忠孝非以奉君亲，而但自践其身心之则"的人生观，提倡独立不倚的自由精神。他反对混世钻营，告诫学生树立远大的理想和志向，重视个人品德修养，精通一两门学问技艺，做有益于社会的正大光明的人，在刻意求学、

---

① 参见杨开智：《回忆父亲杨昌济先生》，载《湖南文史资料辑》第 11 辑。
② 萧三：《毛泽东同志的青少年时代》，人民出版社 1949 年版。
③ 埃德加·斯诺：《西行漫记》，董乐山译，三联书店 1979 年版，第 121—122 页。

认真做事的过程中破坏习惯之我，实现理想之我。他自编的修身课讲义《论语类钞》首章就是"立志"。他在解释孔子"三军可夺帅也，匹夫不可夺志也"一语时说："志"即是理想、信仰和奉行的主义，也是一种为实现理想而必备的坚忍耐久的意志品格。"人属于一社会，则当为其社会谋利益。若己身之利益与社会之利益有冲突之时，则当以己身之利益为社会之牺牲。虽然牺牲己之利益可也，牺牲己之主义不可也。不肯抛弃自己之主义，即匹夫不可夺志之说也。吾国伦理学说，最重个人之独立。观历史之所载，经训之所传，莫不以守死善道为个人第一之义务"①。"人有强固之意志，始能实现高尚之理想，养成善良之习惯，造就纯正之品性。意志之强者，对于己身，则能抑制情欲之横恣；对于社会，则能抵抗权势之压迫。道德者，克己之连续，人生者，不断之竞争。有不可夺之志，则无不成矣。"②杨昌济引导毛泽东等青年学生围绕如何使个人及全人类生活向上进行讨论，建立高远的人生理想与社会理想，"作成一种奋斗的向上的人生观"，不虚伪，不懒惰，不浪费，不赌博，不狎妓，关注社会人生重大问题，不屑议论身边琐事，拒绝与当时的腐败社会进行妥协和合作，以指点江山、激扬文字、改造人心风俗为己任。

其次，杨昌济认为，要成为一个道德高尚、人格健全的人，不唯在于高尚其理想，更在于坚韧弘毅，谨言慎行，努力进行道德——社会践履，为实现理想而不懈奋斗。他说："近世伦理学家言，谓有道德之人，与长于技艺之人有别。彼善于绘画者，虽终岁不执笔，无害其为美术家。然若士人修身，一旦懈于为善，则立失其为善人君子之资格。盖君子之于修身，乃毕生之事，一息尚存，此志不容稍懈。古人云盖棺论定，诚恐平生行善，至衰老而改行，则终不得为完人也"③。他联系自己为学修身的经验向学生现身说法："吾无过人者，惟于坚忍二字颇为著力，常欲以久制胜，他人以数年为之者，吾以数十年为之，不患其不有所成就也。程子曰：'参也竟以鲁得之。'曾子鲁钝，而卒为圣学之宗，坚忍之效也。余尝谓天才高者，其成就或反不如天才较低者之大，要

---

① 《杨昌济文集》，湖南教育出版社1983年版，第69—70页。
② 《杨昌济文集》，湖南教育出版社1983年版，第70—71、68页。
③ 《杨昌济文集》，湖南教育出版社1983年版，第70—71、68页。

视其坚忍之力何如耳。"① 他还认为，由于人的精力有限，故任事不可过多，凡办一事，须以全副精神注之，始能有成功而不至失败。凡人欲在社会建功立业者，宜深谋远虑，循序渐进。杨昌济以久制胜的意志品格、谨言慎行的处世原则，成为毛泽东等人争相效法的榜样，尤其是他以久制胜的精神，被学生们称之为"达化斋的法门"②。

再次，杨昌济主张批判地对待中外古今文化，重视知行统一和学以致用，对于毛泽东从中外古今文化中啜取精华，建立和践行其人生哲学，均发生了不可忽视的作用。杨昌济认为真理在两极端之间，对于各种流派的思想学说，不可全盘接受，亦不能囿于门户之见而一概拒斥。正确的态度是批判继承、兼收并蓄。在对待义理之学和考据之学的态度上，他宣称自己本自宋学入门，而亦认汉学家考据之功。在对待中学与西学的态度上，既反对食古不化的国粹主义，也反对心醉西风的全盘西化论。他认为，"一国有一国之文明，不能全体移植于他国。"③ 他主张"输入西洋之文明以自益，后输出吾国之文明益天下；既广求世界之知识，复继承吾国先民自古遗传之学说，发扬而光大之"④。对于本国和外国文化，都应依据现实需要而取舍因革，并蓄兼收，而不能固守一隅，失于一偏。由于受杨昌济先生的影响，毛泽东也主张根据实际生活需要，对于西方思想和东方思想同时改造。

最后，杨昌济在政治上反对帝国主义对于中国的侵略，提倡民族主义，提倡资产阶级个性解放，宣传自由平等博爱，反对军阀、官僚的专制独裁；积极支持新文化运动，反对迷信和旧道德，倡言科学和新的主人道德；注意体育锻炼，强健身体和坚强意志。这一切无不对毛泽东产生了积极影响。杨昌济本人对于毛泽东、蔡和森等人也寄予厚望，竭尽心血培养和爱护他们。即使是在病笃之际，还致信章士钊，推荐毛泽东和蔡和森，称"二子海内人才，前程远大，

---

① 《杨昌济文集》，湖南教育出版社 1983 年版，第 68 页。

② 《肖旭东给毛泽东》，载《新民学会文献汇编》，湖南人民出版社 1979 年版。

③ 《杨昌济文集》，湖南教育出版社 1983 年版，第 199、202 页。

④ 《杨昌济文集》，湖南教育出版社 1983 年版，第 199、202 页。

君不言救国则已，救国必先重二子"①。

提倡民主、标榜科学的南陈北李。陈独秀和李大钊都是新文化运动的领袖人物。1915年9月《青年杂志》的创刊，标志着新文化运动的兴起。这是一场深刻的彻底反对封建主义的思想启蒙运动，它一开始就鲜明地树起了民主与科学的大纛，猛烈抨击三纲五常等封建伦理，号召人们大胆解放思想，冲破封建网罗，打倒骗人的偶像，扫拔迷信和盲从，争取个性解放和人格独立。这种与封建旧思想、旧道德彻底决裂的不妥协精神，在广大知识分子中引起了强烈反响，唤起了他们对于个人和国家命运的关注与民主精神的觉悟。

毛泽东在湖南第一师范求学期间，正值新文化运动的前期，他热烈响应和拥护《新青年》的思想倾向，严肃思考《新青年》上提出的关于社会人生的重大问题。陈独秀作为《新青年》的主编，强烈反对封建主义，提倡民主与科学不遗余力。他指出："国人而欲脱蒙昧时代，羞为浅化之民也，则急起直追，当以科学与人权并重。"他号召青年人破除迷信，解放思想，用民主与理性精神重估一切。不论什么事物和观念，如果违背个性，或经理性与科学判定不合乎现今社会的需要，即使祖宗之所遗留，圣贤之所垂教，政府之所提倡，社会之所崇尚，也都一文不值。陈独秀的这些思想在进步思想界和广大青年中产生了很大的影响。然而，他所掌握的思想武器基本上是西方资产阶级的民主主义和进化论。其社会历史观和改造社会的主张基本上是唯心主义的。他以人的意志、思想、情感解释社会运动，将社会改造归结为思想改造，而看不见新思想产生的物质基础。因此，他主张改造国民性，启发人们的伦理觉悟，认为伦理问题一解决，其他问题便会随之解决。从个性解放的思想出发，他认为个人是社会的基础，满足欲望是个人生存的根本理由。他夸大个人的作用，崇拜英雄，对群众的历史主动性和革命热情估计不足，认为"非有先觉哲人，力抗群言，独标异见，则社会莫由进化"。他从进化的历史观出发，用生存竞争思想激励青年进取自强，争取个人和国家的优胜。陈独秀的上述思想正确与错误杂糅，积极与消极并存。尽管如此，其对于毛泽东萌生民主与科学意识，确认自

---

① 《杨昌济文集》，湖南教育出版社1983年版，第389页。

已的主体地位，仍然发挥了不可忽视的作用。

毛泽东在向马克思主义者转变的过程中，也受到了陈独秀的马克思主义观点和信仰的影响。1918 年秋，毛泽东为联系湖南学生赴法勤工俭学第一次到北京，经当时已任北京大学教授的杨昌济先生介绍，结识了北京大学文科学长陈独秀。陈独秀对社会问题的精辟见解深深影响了毛泽东。1919 年底，毛泽东率领驱除反动军阀张敬尧的一个代表团第二次到京，争取舆论支持。次年 2 月回湘时经过上海，陈独秀向毛泽东谈了自己的建党计划以及对马克思主义和共产主义的信仰。

陈独秀对于毛泽东的影响是至深至切的。1919 年 7 月 14 日，毛泽东在《陈独秀之被捕及营救》一文中说："我们对于陈君，认他为思想界的明星。陈君所说的话，头脑稍为清楚的听得，莫不人人各如其意中所欲出。"① 陈独秀平日所标榜的就是民主与科学，并为此得罪了社会。"陈君之被捕，决不能损及陈君的毫末，并且是留着一个大大的纪念于新思潮，使他越发光辉远大。"②1936 年，毛泽东在同斯诺谈话时说："《新青年》是有名的新文化运动的杂志，由陈独秀主编。我在师范学校学习的时候，就开始读这个杂志了。我非常钦佩胡适和陈独秀的文章。他们代替了已经被我抛弃的梁启超和康有为，一时成了我的楷模。"③陈独秀"对我的影响也许超过其他任何人"。④1945 年 4 月 21 日，毛泽东在"七大"预备会议上作的《中国共产党第七次全国代表大会的工作方针》的报告中，还称赞陈独秀是"五四运动时期的总司令"，"陈独秀在某几点上，好像俄国的普列汉诺夫，做了启蒙运动的工作，创造了党"。⑤

李大钊（1889—1927），中国最早的马克思主义者，马克思主义思想家，中国共产党的创始人之一。青年时期即富有爱国热情，苦求救国拯民之路。

---

① 《毛泽东早期文稿》，湖南人民出版社 1990 年版，第 305、305—306 页。
② 《毛泽东早期文稿》，湖南人民出版社 1990 年版，第 305、305—306 页。
③ 埃德加·斯诺：《西行漫记》，董乐山译，三联书店 1979 年版，第 125 页。
④ 埃德加·斯诺：《西行漫记》，董乐山译，三联书店 1979 年版，第 130 页。
⑤ 《毛泽东文集》第三卷，人民出版社 1996 年版，第 294 页。

1913 年从北洋法政学校毕业后赴日本留学。其间组织"神州学社"，进行反对袁世凯的斗争。1916 年回国，先后任北京《晨报》总编辑、北京大学图书馆主任兼教授、《新青年》杂志编辑，创办《每周评论》，推进新文化运动。先后发表《青春》《今》《庶民的胜利》《Bolshevism 的胜利》《我的马克思主义观》等才华崭露、影响巨大的论文。他肯认宇宙是无限的自然物质存在，规律为客观的物质存在本身所固有，物质世界处于无止境的运动发展过程之中。他说："宇宙乃无始无终自然的存在。由宇宙自然之真实本体所生之一切现象，乃循此自然法而自然的、因果的、机械的以渐次发生渐次进化。"[①]"大实在的瀑流永远由无始的实在向无终的实在奔流。"[②] 矛盾乃是"事物进化的机轴"，生与死、盛与衰、阴与阳、青春与白首、健壮与颓老的矛盾，推动了宇宙中事物的流转迁延。他从旧毁新生、新陈代谢的进化宇宙观出发，倡言积极进取的人生观，歌颂新生事物必定战胜守旧衰颓的腐朽力量，在中国正处于新旧更替的过渡时期，青年人应发扬青春之气，不断改造自己，追求进步，冲决过去历史之网罗，破坏陈旧学说之图圄，创造青春之家庭、青春之国家、青春之世界。俄国十月革命以后，即新文化运动进入后期之后，李大钊开始接触和宣传马克思主义，逐步由革命民主主义者向共产主义者转变。他批判英雄史观、天命史观和神权史观，宣传唯物史观，坚信人民群众创造历史，劳工是庶民的主体，"劳工主义的战胜，也是庶民的胜利"[③]，指出"须知今后的世界，变成劳工的世界"[④]。他还在《我的马克思主义观》一文中系统地介绍了马克思主义唯物史观的基本原理，对于追求真理的广大青年确立马克思主义信仰，发挥了极为重要的引导作用。

毛泽东在湖南省立第一师范读书时，就读过李大钊写的《青春》《今》《新的，旧的》等论文并深受启发，认识到必须从经济、政治、思想、文化、制度、风俗、习惯等各方面对中国进行根本改造。毛泽东为联系湖南学生赴法勤工俭

---

① 《李大钊文集》，人民出版社 1959 年版，第 79 页。
② 《李大钊文集》，人民出版社 1959 年版，第 95 页。
③ 《李大钊文集》，人民出版社 1959 年版，第 110、111 页。
④ 《李大钊文集》，人民出版社 1959 年版，第 110、111 页。

学事宜第一次到北京，经杨昌济引荐任北京大学图书馆助理员，在李大钊的启迪教诲下，曾经迅速地朝着马克思主义的方向发展。毛泽东为推动湖南人民的驱张运动第二次去北京时，再次见到了李大钊。李大钊向他介绍了筹备成立马克思学说研究会的情况，介绍、推荐了一些中文的共产主义文献和关于俄国革命的书籍，这对于毛泽东确立对马克思主义的信仰起了关键性的帮助作用。毛泽东在《"七大"工作方针》的讲话中深情地说，李大钊代表新文化运动的左翼，并且说"我们是他们那一代人的学生"。毛泽东对于李大钊给予的精神启迪和指导是永志难忘的。

人格光明、奋斗向上的新民学会会员。毛泽东进入湖南省立第一师范之后，基于学问道德之进修和救国拯民之需要，备感交友之必要，求友之心迫切诚恳。从 1918 年开始，他逐渐集聚起一群志同道合的朋友。他们是一群认真用头脑的人。他们认为时局太危急了，学问的需要太迫切了。他们完全没有时间讨论私人的事情，也没有时间去谈情说爱，甚至连日常生活琐事都一概不谈，而只高兴谈论大事情，如中国的前途、各种社会问题、人类的命运和宇宙的根本等。以这群同学为核心，于 1918 年春成立了旨在使个人及全人类生活向上的新民学会。第一批会员有毛泽东、蔡和森、何叔衡、肖子升、陈昌、张昆弟、罗学瓒等 21 人。由于新民学会宗旨明确，组织完备，纪律严明，人员构成精干，实际上成了湖南学生和青年运动的中坚。在五四运动、驱张运动和湖南自治运动中发挥了重要作用，并为中国共产党的创立和发展作出了重要的贡献。随着革命运动的深入和波涌浪卷，新民学会会员也不可避免地发生分化，但其中大部分会员能够与时偕行，完成了由革命民主主义者向共产主义者的转变，成为坚定的革命活动家。尽管如此，新民学会的会员也有许多共同特点。毛泽东作为新民学会的主要发起组织者之一和其中的一员，在与其他会员的相互交往中，既以自己的独特个性影响了学会，同时也接受了学会这个群体的熏陶。第一，学会具有高远的理想。毛泽东及其青年同道以改造中国与世界为己任，为国家、社会和人民解放而共同奋斗。第二，学会具有叛逆精神。学会一开始成立就呈现出了与旧社会、旧制度对立的姿态，勇敢冲决一切罗网，藐视旧制度和旧道德，不向任何旧势力妥协，更不与之合作。第三，重道义，轻私利。他们究心于宇宙根本、国家前途和人类命运，力学致知，追求真理，而耻于谈情说爱和生活琐事；立志为大多数人谋福利，而鄙薄个人的私利和物欲。蔡和森曾说："果为君子，无善不可为，即无恶不可为，只计大体之功利，不计小己的利害。墨翟倡之，近来俄之列宁颇能行之，弟愿则而效之。"① 陈昌亦经常讲要赴义恐后，争利莫先，为人要以事为目的，不要以钱为目的。第四，刻苦求学，真心做事，坚持理论与实践的统一。蔡和森说："吾人今兹之所急者：一方要有适当之储养，一方要有适当之练习。得同时行之者，上也；一先一后者，次也；终于一才者，下也。旷观前辈名人，疏空罕成者，多矣！此非其才之不足，智之不逮也，无充分之练习故耳。"② 他认为，为学做事，不能划分先后阶段，而应同时并进。蔡和森在赴法勤工俭学期间，以勇猛无畏的精神猛看猛译马克思主义著作，同时又组织勤工俭学学生和在法华工开展革命运动。回国后即投身中国革命的洪流，成为中国共产党初期杰出的理论家、宣传家和实践活动家。第五，人格光明，谦逊诚恳。新民学会会员每逢聚会，总是要交流学习心得，直言不讳地批评对方的弱点和错误，在这种交流、砥砺和批评中，舍弃谬见恶习，求得人格完善和升华。从新民学会会员入会的条件、学会的优点和会友的长处，也可以睹见当年新民学会的风采。毛泽东在他起草的《新民学会会务报告》第 1 号中，称学会的态度是"潜在切实，不务虚荣，不出风头"。入会者必须具备四项条件：即纯洁、诚恳、奋斗和服从真理。关于学会的信条，毛泽东总结为"不标榜"、"不张扬"、"不求急效"和"不依赖旧势力"。"因'不标榜'，多数会友彼此间从少面誉，'言必及义'，自谦和勉励的话，总较多于高兴和得意的话。因'不张扬'，学会虽则成立了三年了，社会上除开最少数相知的朋友以外，至今还不知有我们学会的名字。因'不求急效'，会友无论求学做事，只觉现在是'打基础'，结果多在将来；要将来结果好和结果大，就应该将基础打得好，打得大。因'不依赖旧势力'，会友便都觉得我们的学会是创造的，不是

---

① 蔡和森：《给毛泽东的信》，见《新民学会资料》，人民出版社 1980 年版。

② 转引自李锐：《毛泽东的早期革命活动》，湖南人民出版社 1980 年版，第 136 页。

因袭的。属于这个学会的会员，现在或将来向种种方面所做出来的种种的事，也是创造的，不是因袭的。因此，我们学会从来没有和旧势力发生过关系，也没有邀过旧势力的人入会。"此外，学会会员还有三方面的优点：第一是头脑清新，多数会友没有陈腐气，能容纳新的思想。第二是富有奋斗精神。多数会友大概都有一点奋斗力，积极方面，联络好人，做成好事；消极方面，排斥恶人、消灭恶事。于改革生活、进修学问、向上进取各点，均能看出会友的进取精神。第三是互助牺牲精神。会友间大概是能够互助，并且有一种牺牲精神的。①1921 年中国共产党成立之后，新民学会逐渐停止活动。而其会员中的革命派大部分都成为中国共产党最早的党员和骨干力量。新民学会对于毛泽东乃至整个中国现代革命的历史进程发生了深刻影响，其精神不朽，功不可没。

---

① 见《新民学会资料》，人民出版社 1980 年版。

第二章 卓然独立的主体意识

自我意识或主体意识是人对自身的自由创造本性、独立自主人格以及在创造和享有价值活动中的主体地位的意识。人的自我意识的产生，表明其超越了自在状态和单纯的动物性，摆脱了对鬼神迷信和超自然的力量的敬畏，意味着对于压迫、剥削、戕害、摧残人的旧的社会势力的反叛，意味着对于自身的意义、价值、创造性才能和力量的确认。自我意识的觉醒，是作为主体的人自尊自爱、自立自强、自我完善、自我实现的最重要的思想心理条件。整个人类及其个体的自我意识是逐渐生成和发展起来的，早年毛泽东也经历了一个由无我论向唯我论转变的心路历程。

一、主体意识的觉醒和强化

毛泽东早年曾经主张无我论，认为只有宇宙、天下、国家才是真实的、有价值和意义的存在，个体自我并不具有实在的性质，亦没有独立地位、自主能力和内在价值。他之所以一度奉行无我论，除了受人类个体意识产生发展的普遍规律制约以外，封建主义思想的教育、母亲文氏屈从忍让性格的感染以及宗教迷信思想的影响，也是不可忽略的重要原因。

毛泽东幼年即进私塾发蒙，熟读儒家经典，并接受封建主义思想教育。中国历代封建统治者及其思想家，为论证专制政治的天然合理性和神圣不可侵犯性，将天道与人事相比附，宣扬王道政治源于天道自然，封建专制君主是上天为管理教化万民而在地上安排的代理人，封建君主和专制国家是上天意志和人间价值的体现者。与宗法封建制度相适应，三纲五常成为规范、禁锢人的思想和行为的普遍原则。人们在封建制度和纲常名教的束缚下，没有自由意志和独立人格，个性备受压抑和摧残，创造性能力得不到应有发挥，正当需要难以获得满足，人的价值无从实现。封建思想的教育灌输阻碍了毛泽东主体意识的生长，而私塾中只记诵不讲解的教学方法也不利于启发心智。

毛泽东的母亲文七妹是一个心地善良的农家妇女，为人慷慨厚道，随时愿意接济别人。她悲天悯人的心性品格，无疑对幼年的毛泽东具有强烈的道德感召力。但在三纲之末——"夫为妻纲"的压抑束缚下，她和旧中国的其他女性一样，有志不能伸，有求不敢获，克制欲望，折磨精神，对于悭吝自私、专断严厉的丈夫，只能忍气吞声，妥协退让。毛泽东后来同斯诺谈话时颇具幽默感地回忆道："我家分成两'党'。一党是我父亲，是执政党。反对党由我、母亲、弟弟组成，有时连雇工也包括在内。可是在反对党的'统一战线'内部，存在着意见分歧。我母亲主张间接打击的政策。凡是明显的感情流露或者公开反抗执政党的企图，她都批评，说这不是中国人的做法。"① 毛泽东的母亲信佛很虔诚，并向自己的孩子灌输宗教信仰。毛泽东在母亲的影响下，也曾一度信佛。佛教哲学认为宇宙中的一切事象都是由多种原因和条件和合生起，刹时生灭，变化无常。人作为宇宙中的一物，也是因缘而生，没有独立确实的性质，因而不能自我主宰。如果说人有什么性质的话，那就是"性空"或"无我"。人生的痛苦根源于"无明"，即不懂得人生"无常"和"无我"的道理。佛教作为一种宗教，目的在于使人相信宇宙万物是因缘而起、虚幻不真的，从而破除对人生的执着，以求得精神上的解脱。毛泽东当时并未读过佛教经典，对佛教视人生为虚幻、以解脱为鹄的人生哲学未必有多深的了解。但他把佛当作救苦救难、普度众生的神灵来供奉，尚未认识到佛教和其他宗教迷信的虚妄，没有看到自己独立于来自神的权威和来自社会的权威的主体地位，没有看到自己的固有价值和自我主宰的力量。可以肯定，毛泽东受母亲妥协忍让的性格弱点和虔

---

① 埃德加·斯诺：《西行漫记》，董乐山译，三联书店 1979 年版，第 107 页。

诚的宗教信仰的影响，是他形成无我论主张的重要原因。

　　然而，中国近代又是人们的自我意识开始觉醒的时代。下层民众苦难生活的耳闻目睹，近代中国深重的民族危机的刺激，洋务运动中初具民主意识的知识分子、维新改良运动中政治思想界的领袖人物以及新文化运动中的思想先驱所从事的启蒙工作，成为毛泽东自我意识觉醒、实现由无我论向唯我论转变的巨大精神驱力。

　　毛泽东出生于农民家庭，他的父亲毛顺生原是一个贫农，年轻时因负债过多而只好去当兵。后来回村兼营粮食和生猪贩运，克勤克俭，积攒了一点钱，买回了自己的地，并将余款押进田产，逐渐上升为富农。他从一个富农的观念出发，对孩子管教很严。为了发家致富，他送毛泽东进私塾读书，同时还要毛泽东管理账务，下田干活。他性情暴躁，经常无理责骂毛泽东懒惰、不孝，有时甚至加以体罚。生活于社会下层和严父管教之下的毛泽东，目睹百姓的苦难，经受父亲的专制和刻薄。生活的亲身体验启发了他反抗社会不公和家长专制的叛逆意识，引发了对于自己的社会地位乃至广大劳苦大众的社会地位的觉解。毛泽东从 8 岁至 13 岁在本地私塾读书。他熟读儒家经典，但不喜欢。他爱看的是中国旧小说，如《三国演义》《水浒传》《岳飞传》《隋唐演义》《西游记》等。在阅读这些古典小说的过程中，开始思索一些重要问题。他后来回忆少年时代的生活时说："我继续读中国旧小说和故事。有一天我忽然想到，这些小说有一件事情很特别，就是里面没有种田的农民。所有的人物都是武将、文官、书生，从来没有一个农民做主人公。对于这件事，我纳闷了两年之久，后来我就分析小说的内容。我发现它们颂扬的全都是武将，人民的统治者，而这些人是不必种田的，因为土地归他们所有和控制，显然让农民替他们种田。"[①] 毛泽东的这一发现，实际上是对人剥削人、人压迫人的不平等社会制度的认识，是对包括自己在内的农民阶级和其他下层民众的低下社会地位的认识。而发生于 1910 年春天的长沙几万饥民的"抢米"风潮，则使毛泽东的心灵受到了强烈震撼。1909 年，湖南滨湖各县发生水灾，长沙、湘潭、宝庆、

---

①　埃德加·斯诺《西行漫记》，董乐山译，三联书店 1979 年版，第 109 页。

衡阳等县也发生了虫、旱灾害。翌年春，奸商、豪绅囤积居奇，巡抚岑春蓂也勾结奸商运米出境，因而引起米价暴涨，广大人民粮米断绝。4月中旬，长沙城爆发了群众抢米风潮，岑春蓂调遣军队残酷镇压，群众死伤近百人。这件事传到韶山，毛泽东同情造反者。他说："觉得造反的人也是些像我自己家里人那样的老百姓，对于他们受到冤屈，我深感不平。"① 毛泽东不是从旁观者的立场出发对饥民寄予同情，而是认为这件事同自己的生活有密切关系。饥民的苦难不是个别人的事情，而是被压迫阶级的苦难，是旧的社会制度的罪恶。这件事激发了毛泽东反叛旧社会和拯救穷苦人民的意识，因而影响了他的一生。

如果说毛泽东对人民苦难的耳闻目睹从感性和情感的方面催发了他的自我意识，那么，近代以来兴起的启蒙运动则从理性的高度开启着他的自我意识之门。近代以来，亡国灭种的深重民族危机惊醒了中国人的千年梦幻，激励驱策一大批先进知识分子在醒世觉民、救亡图存的道路上奔走呼号，艰难跋涉。林则徐、龚自珍、魏源等人在闭关自守、朝野昏蒙的沉闷死寂氛围中，痛感"将萎之华、惨于槁木"② 的季世之哀，力倡经世致用、更法革新、师夷长技。他们不满摧残人才、压抑个性的专制统治，推崇人的主观性灵，认为"天地，人所造，众人自造，非圣人所造"，而"众人之宰，非道非极，自名曰我"③。他们号召人们自尊其心，各因其性情，自由发展一己之个性。洋务运动中一些初具民主意识的知识分子提出了智就是德的命题，重申人受天地正气以生、其性不甚远的古老观点，以表达其崇尚理性、向往自由、追求平等的心态意念。戊戌维新运动中的康有为、梁启超、谭嗣同、严复等人则清醒地认识到了发愚启顽、培植个性、铸造新民对于政治进步文明和国家独立富强的决定性作用。到了新文化运动时期，这些思想启蒙的涓涓细流，便汇成了放言民主与科学，争取独立自由和个性解放的滔滔江河。

当毛泽东步入青年时代，改良主义运动已是明日黄花，革命民主主义运动

① 埃德加·斯诺《西行漫记》，董乐山译，三联书店1979年版，第111页。
② 龚自珍：《乙丙之际箸议第九》。
③ 龚自珍：《壬癸之际胎观第一》。

却如火如荼。但由于他身居偏僻闭塞的乡村，因而首先不是接受革命民主主义思想，而是从改良主义者的著作中接受了最早的哲学、政治与文化启蒙。毛泽东 13 岁时，由于父亲需要帮手，不得不辍学在家，白天做一个全劳力的活，晚上替父亲记账。尽管这样，他还是挤出时间如饥似渴地阅读能够找到的一切书籍。1909 年，他读了早期改良主义者郑观应写的《盛世危言》一书。该书是郑氏触景伤时、指陈时弊、思挽危局、幽愁积愤而作，书名取《论语·宪问》中"邦有道，危言危行"一语之意。郑观应认为，中学西学各有道器体用，要富国强兵，抵御外侮，自立自强，必须同时学习西方的器用技艺和道体政治。他不仅主张发展工商，注意兵战，废止八股取士制度，变革教育，讲求实学，培养救国人才，更主张废除君主专制制度，实行君主立宪，议政于议院，上下同心，君民共主。毛泽东在读《盛世危言》一书时，深为朝廷腐败、列强欺凌所激愤，为郑氏抨击时弊、变法立宪、培养人才、富国强兵的主张所吸引。他后来回忆说："我读了一本叫作《盛世危言》的书，这本书我非常喜欢。作者是一位老派改良主义者，以为中国之所以弱，在于缺乏西洋的器械——铁路、电话、电报、轮船，所以想把这些东西传入中国。"[1]"《盛世危言》激起我想要恢复学业的愿望。"[2] 在这个时期，毛泽东开始有了一定的政治觉悟，尤其是在读了一本论中国有被列强瓜分的危险的小册子后，对于国家的前途深感忧虑，开始意识到国家兴亡，匹夫有责。[3]

1910 年，毛泽东离开束缚身心的家庭和风气闭塞的韶山冲，来到湘乡东山高等小学堂读书。这里的学生大多数是有钱人家的子弟，穿着讲究。毛泽东穿着寒酸，平时总是穿一身破旧的衫裤，加上不是湘乡人，许多同学看不起他，因而精神上感到很压抑。但毛泽东在这个学校里还是取得了不少进步。他学到了许多历史地理知识，大大开阔了视野；古文写得铿锵有力，深得老师赏识；读了康有为论变法运动的书和梁启超于 1902—1903 年间主编的《新民丛报》，深受康梁变革和民主思想的影响。在康梁二人中，梁启超对毛泽东的影

---

① 埃德加·斯诺：《西行漫记》，董乐山译，三联书店 1979 年版，第 109 页。

② 埃德加·斯诺：《西行漫记》，董乐山译，三联书店 1979 年版，第 110 页。

③ 参见埃德加·斯诺：《西行漫记》，董乐山译，三联书店 1979 年版，第 111—112 页。

响尤为深远。梁启超是戊戌运动后一段时间内颇享盛名的资产阶级新观念新学说的积极宣传者。他在前期《新民丛报》上发表的政论如雷鸣怒吼，恣睢淋漓，叱咤风云，震骇心魄。他猛烈抨击晚清专制政体，主张"必取数千年横暴混浊之政体，破坏而齑粉之，使数千年如虎如狼如蝗如蟊如蛳如蛆之官吏，失其社鼠城狐之凭借"①。他宣称："专制政体者，我辈之公敌也，大仇也"，"我辈今组织大军，牺牲生命，誓歼灭此而朝食。"②梁启超等人在抨击专制政体的同时，还认识到了意识形态在社会变革中的作用，试图从改造国民性入手而改造社会、改革政治，树起了开民智、鼓民力、新民德的旗帜，其合理进步的思想有力地启迪了时人的独立、自由、民主、科学意识。梁启超在《新民说》的"论国家思想"一节中论述了"国家"与"朝廷"、"爱国家"与"爱朝廷"的关系："有国家思想者，亦常爱朝廷，而爱朝廷者，未必皆有国家思想。朝廷由正式而成立者，则朝廷为国家之代表，爱朝廷即所以爱国家也；朝廷不以正式而成立者，则朝廷为国家之蟊贼，正朝廷乃所以爱国家也。"毛泽东对《新民说》一文反复研读，并在上面引的一段文字旁写下了这样的批语："正式而成立者，立宪之国家，宪法为人民所制定，君主为人民所拥戴；不以正式而成立者，专制之国家，法令为君主所制定，君主非人民所心悦诚服者。前者，如现今之英、日诸国；后者，如中国数千年来盗得国之列朝也。"③这段批语表达了毛泽东否定君主专制的态度、初步的民主意识和君主立宪政体构想，表明他认识到了个人在国家政治生活中的主导地位。但他的思想尚未发展到彻底否定君主统治和完全由人民当家作主的程度，正如他后来所说的那样："那时我还不是一个反对帝制派；说实在的，我认为皇帝像大多数官吏一样都是诚实、善良和聪明的人。他们不过需要康有为帮助他们变法罢了。"④

东山高等小学已难以满足毛泽东的求知欲望，他极想到长沙去。1911年春，毛泽东经贺岚岗老师引荐进入湘乡驻省中学读书。这时的长沙，革命党活

---

① 梁启超：《新民说》。

② 梁启超：《拟讨专制政体檄》。

③ 《毛泽东早期文稿》，湖南人民出版社1990年版，第5页，注[4]。

④ 埃德加·斯诺：《西行漫记》，董乐山译，三联书店1979年版，第114页。

动频繁而剧烈，青年学生革命情绪高涨，社会上充满了新气象。毛泽东了解了同盟会及其"驱除鞑虏，恢复中华，建立民国，平均地权"的资产阶级政纲，热心阅读于右任主编的同盟会机关刊物《民立报》，为报上的反清言论和革命事迹所感动。他这时已开始反对帝制，但尚未弄清革命与改良的本质区别。他在一篇表示政见的文章中，主张"把孙中山从日本请回来当新政府的总统，康有为当国务总理，梁启超当外交部长"。① 武昌起义爆发以后，湖南首先响应，革命党人和新军在长沙起义，攻下了抚台衙门。毛泽东毅然参加新军，为推翻帝制、完成革命尽力。

武昌起义之后，革命形势发展很快，全国大部分省份相继宣布独立，但清王朝的权力落入袁世凯之手，他通过南北议和的方式窃取了革命的胜利果实。1912 年 2 月 12 日，清帝宣布退位，多数人以为革命已告成功，毛泽东也觉得革命已经结束，决定退出军队，继续读书。他先后报考了警官学校、肥皂制造学校、法政学堂和商业学堂，但都不满意。最后，他报考了湖南全省高等中学。入学考试的作文题是《民国肇造，百废待兴，教育、实业何者更为重要》。毛泽东当时赞成教育救国论，胸有成竹，下笔成文，发榜时名列第一。由于这个学校课程有限，校规刻板，不利于发挥学生的积极性，毛泽东勉强上完半年学以后，谢绝校长符定一的挽留，退学寄居湘乡会馆，每天到浏阳门定王台省立图书馆看书。在自修期间，毛泽东学习了世界地理和世界历史，阅读了严译八种世界名著，从中接受西方资产阶级的社会、政治、经济、法律、哲学、伦理和逻辑思想熏陶，而《天演论》一书对毛泽东的影响尤为深刻。该书并非赫胥黎原著《进化论与伦理学》的全译，而是译者适应中国救亡图存的现实需要进行选择取舍，并加以评论、发挥和引申，鲁迅曾称赞严复"做了《天演论》"。严复肯定进化是不可抗拒的自然规律，是"虽圣人无所为力"的"运会"，"世道必进，后胜于今"。② 在列强环伺的危急形势下，若当局好古而忽今，必然招致亡国灭种的惨祸，只有力今以胜古，鼓民力，开民智，新民德，独立自

---

① 埃德加·斯诺：《西行漫记》，董乐山译，三联书店 1979 年版，第 115 页。

② 赫胥黎：《天演论》，严复译，商务印书馆 1981 年版，第 47 页。

主，自力自强，才能抵御外侮，救亡图存。这些新的思想观念，使毛泽东的自主、自尊、自立、自强的主体意识进一步明晰、强烈。

1913 年春，毛泽东考入湖南省立第四师范。1914 年 2 月，第四师范合并于省立第一师范，毛泽东被编入第八班，1918 年夏毕业。他在师范学校学习期间，其自我意识得到了进一步的发展和强化。在"五四"前后，湖南第一师范是一个办得比较好的学校。这主要表现为其办学指导思想进步，并有杨昌济、徐特立等一批思想开明的教员。其校章规定采取最新民本主义教育方针，时时以国耻唤醒学生之自觉心，各科教授应提倡自动主义。在所有教员中，杨昌济对毛泽东的影响最大。他是一位具有强烈的爱国主义和民主主义思想的教育家，他提倡人人要有独立奋斗精神，要树立高尚理想；他主张治学要贯通古今，融汇中西，博约结合，食必求化，根据国情，因革取舍；他讲求道德践履，坚忍弘毅，深谋远虑，严谨刻苦。他追求新知、坚持信仰、重视躬行的精神，给毛泽东留下了难忘的印象。《新青年》杂志出版后，经杨昌济介绍，毛泽东成了它最热心的读者。该杂志作为新文化运动的理论阵地，以民主与科学为旗帜，反对专制，提倡民主；反对迷信，提倡科学；反对旧道德，提倡新道德，倡言以理性精神重估一切价值，要求解放人的个性，恢复人的尊严，实现人的价值。毛泽东同其他思想敏锐的青年知识分子一样，为嗅到了即将到来的人类新天地之灿烂黎明的清新气息而欣喜若狂。他醉心于阅读《新青年》上的文章，严肃思考《新青年》提出的关乎社会人生的重大问题，最终摆脱了对鬼神、物象、运命和强权的迷信与屈从，抛弃了旧的伦理道德和价值观念，接受了新思想和新道德，发现、确认、肯定了自己的主体地位、创造潜能以及自身的意义和价值。毛泽东在 1913—1914 年写的《讲堂录》中，侧重于心物、治乱、贤不肖、修齐治平等社会人生重大问题，肯认"贵我""通今"的人生态度；在 1917 年下半年至 1918 年上半年，毛泽东在杨昌济的指导下，精心研读了德国康德派哲学家泡尔生的《伦理学原理》①一书，写了 12000 多字的批注，

---

① 此书原名《伦理学体系》，由美国哲学家弗兰克·梯利（Frank Thily, 1865—1934）译成英文，于 1899 年在伦敦出版。日本蟹江义丸将梯利的英译本译成日文。蔡元培又将日文本的一部分译成中文，取名《伦理学原理》，于 1909 年由商务印书馆出版。

公开主张自我中心、个人至上、发展个性、实现自我的"唯我论",这可视为毛泽东自我意识形成和强化以及自我真正觉醒的标志。

二、自我价值的肯定与彰显

确认自我的主体地位和价值是自我意识觉醒的根本体现,亦是树立人生鹄的、人生理想和人生态度并以之处理主体与客体、个人与社会之关系的思想心理前提,我们从毛泽东早年的课堂笔记、读书批注、书信文章中,可以真切地感受到他对于自我之主体地位的高扬以及对自我之价值的崇尚。

毛泽东认为,作为主体的自我是宇宙的基点和中心,是一切存在物中的最高存在者。他说:"吾从前固主无我论,以为只有宇宙而无我。今知其不然。盖我即宇宙也。若除去我,即无宇宙。各我集合,即成宇宙,而各我又以我而存,苟无我,何有各我哉。"[①] 个体自我和宇宙是小与大、部分与整体、基础与整体的关系,各个个体都是确然独立、真实无妄的存在,皆具有自身的特殊本质和价值。无论是自然个体还是社会个体,若没有自性,就不能成其为独立的各我,因而也就不能在独立个我的意义上构成作为整体的宇宙。各个个体之我是构成宇宙的基本单位,而特有的自性又是个我成为个我自身的根本依据。从这种意义上说,宇宙依"我"而存在,"我"即宇宙,若除去"我",消除个我的自性,就没有独立的个我及其集合,因而也就没有作为整体的宇宙。强调个体之我的自性及其独立不倚的地位,这是"五四"时期个性解放、人格独立和意志自由要求在哲学上的反映。但毛泽东又不适当地夸大了个体之我的自性,尤其是夸大了主体自我在宇宙中的地位和作用,夸大了其他个体对主体自我的依赖性,认为其他自然个体和社会个体都依赖主体自我而存在,主体自我是宇宙的基点和中心。确认一己之我的独立地位和特有价值是自我觉醒的本质表现,然而,若过分夸大和强调它,以至于认为舍我无他人、无社会、无宇宙,就会伤害自我意识之觉醒的革命性意义。事实上,主体自我的地位和价值是在

---

① 《毛泽东早期文稿》,湖南人民出版社1990年版,第230—231页。

与其他个体的相互依赖、相互规定、相互作用中确立和显现的。

作为主体的自我是宇宙中的最高存在物，不仅在于其核心和基点地位，还在于他是一种有理性的存在物，能够体认宇宙、社会和人生的本质与根源，并遵从这种本源而活动，赋予宇宙和人生以意义。泡尔生认为，在人所生活的感性世界之外，有一个本体世界——"神"。人类的本质特性、道德观念根源于"神"。人类的道德观念若没有至深至久的本根在宇宙的性质里，是不会无端显现于人类意识之中的。毛泽东赞同宇宙中有一个精神本体的观点，他说："发显即本体，本体即发显，合无量数发显而为一大本体，由一大本体分为无量数发显。人类者与本体有直接关系，而为其一部分，人类之意识，亦即与本体之意识相贯通，本体或名之曰神。"① 本体与其显现，人类个体意识与作为宇宙本质的精神本体相互贯通。人作为有理性的存在物，能够体认宇宙精神，使宇宙的本质内化为主体自我的内在本质，观念地把握宇宙精神，并把它贯彻于自己的思想和行动之中，通过人生的实践使宇宙精神得以彰显和弘扬。由于人通过理性活动把握了宇宙精神，把宇宙精神从外部移入人的内心，那么，人就无需再向外寻求崇拜的偶像，只需服从自我，按照自我对于宇宙本质的认识而进行自觉自主的活动。因此，毛泽东指出："服从神何不服从己，己即神也，己以外尚有所谓神乎？吾研究良心之起源而知之，此问题已得于己矣，即当举其所得于己者而服从之。一切时空内百般之事物，其应服从，价值无有过于此所得于己者之大。吾人一生之活动，服从自我之活动而已。"②

既然自我是宇宙的基点和中心，能够体认和弘扬宇宙精神，作为主体的自我就应从自身的角度看待宇宙中的一切事物。中国传统士大夫从乾父坤母、民胞物与的思想观念出发，视宇宙万物为一体，其无内外之别，无亲疏之分，并主张牺牲自我以利众生，这就将自我的主体性淹没在群体性之中。毛泽东不否认一己之小我与宇宙之全体的关联，以为宇宙是由众多个我构成的一个息息相通的整体，但他又把这种整体观加以改铸，将其放在主体自我的基础之上，从

---

① 《毛泽东早期文稿》，湖南人民出版社 1990 年版，第 229—230 页。

② 《毛泽东早期文稿》，湖南人民出版社 1990 年版，第 230 页。

自我的角度看问题，认为宇宙万物皆是与我有关系之物，甚至视宇宙万物无内外远近，无一物非我。他在《讲堂录》中写道："孟子曰：体有贵贱，有大小。养其小者为小人，养其大者为大人。"①"一个之我，小我也；宇宙之我，大我也。一个之我，肉体之我也；宇宙之我也，精神之我也。"②"我之界当扩而充之，是故宇宙一大我也。"③ 肉体之我是"小我"，是为形所拘的有限性存在；精神之我是"大我"，是横无际涯的无限性存在。主体自我应精心养护精神之我，培育以我为本、悲天悯人的道德精神，并将这种自我意识扩充开去，那么，它就可以涵盖万物，包容宇宙，天下万物便成为主体自我的推广和延伸，都属于主体的构成部分。通过这一精神上的扩展和心理转换，天下万物万事及一切道德观念行为便都成为主体自我的构成部分，成为主体自我之人格结构的要件。

在个人与社会的关系问题上，早年毛泽东认为，个人是社会的根本和基础，个人联合而构成社会；社会由个人组成，是个人便利自身、实现自我的凭借或手段。这一思想集中体现于对泡尔生国家至上论和梁启超国家有机体说的怀疑和批评中。

泡尔生认为，服从权威是人类的本性，国家的出现是人类对于权威的需要。因此，个人对国家只能服从，不能反抗。国家与个人的关系犹如躯干之于四肢："国民者，实际连合而生存，其与各人之关系，犹躯干之于四肢。四肢由躯干发生，其有生命也，由于躯干之有生命也。各人由国民而发生，其有生命，有动作也，亦由于国民之有生命也。各人为国民之一员而动作，其所言，则国语也；其所抱，则国民之思想也；其所感所欲，则国民之感情及欲望也。而国民之所以存立，则亦由各人生殖及教育之作用，此各人与社会之关系之在于客观界者也。及其现于各人之主观界，若意志，若感情，则遂不复有自他之区别。"④ 在这里，泡尔生把国家与个人比作躯干与四肢，将国家视为个体之生命、存在与活动的根源，这是一种权力崇拜和国家至上论。与此同时，他又指

---

① 《孟子·告子上》。

② 《毛泽东早期文稿》，湖南人民出版社 1990 年版，第 590 页。

③ 《毛泽东早期文稿》，湖南人民出版社 1990 年版，第 589 页。

④ 泡尔生：《伦理学原理》，蔡元培译，商务印书馆 1909 年版，第 150—151 页。

出国家、群体由于个人、个体的生殖与教育而存立，这又多少反映了对个人的地位和权利的肯定。这一理论矛盾是当时德国资产阶级既想争取自身的权利又因力量不足而屈从于封建主义专制统治的二重性在哲学上的反映。

中国近代的梁启超也以社会有机论来审视、理解和论述个人与群体、国民与国家的关系，但他已将二者关系的重心从国家转移到了人民，强调人民在国家生活中的基础地位和决定性作用。他说："国也者，积民而成，国之有民，犹身之有四肢五脏筋脉血轮也。未有四肢已断，五脏已瘵，筋脉已伤，血轮已涸，而身犹能存者。则亦未有其民愚陋怯弱涣散混浊，而国犹能立者。故欲其身之长生久视，则摄生之术不可不明，欲其国之安富尊荣，则新民之道不可不讲。"①在梁启超看来，身贵自由，国贵自主，而有独立自由的国民，方有独立自主的国家；有主观的精神上的独立，才有客观事实上的独立。中国之所以不是独立自主的国家，是因为其国民缺乏独立自由之德。"故今日欲言独立，当先言个人之独立，乃能言全体之独立；先言道德上之独立，乃能言形式上之独立。"②只有提倡独立自由之德，"人人各断绝倚赖，……庶可以扫拔已往数千年奴性之壁垒，可以脱离此后四百兆奴种之沉沦。"③但独立自由不是为所欲为，排斥侪辈，唯我独尊。在强调独立的基础上，梁启超又提倡"绌身而就群""绌小群而就大群"的"合群之德"。人人以独立自由的人格成就整体的功能和价值，个体又在整体运动中完成、实现自己的意义和价值。

新文化运动的领袖陈独秀、李大钊等人也强烈抨击封建专制，提倡个人的独立自由。他们认为，作为封建道德政治基本原则的三纲以及由其派生的忠孝节义，都不是推己及人之主人道德，而是以己属人之奴隶道德。国民在封建纲常名教的束缚下，没有独立的人格，"几于人人尽丧其为我，而甘为圣哲之虚声劫夺以去，长此不反，国人犹举相讳忌噤口而无敢倡说，则我之既无，国于何有？若吾华者，亦终底于亡耳。"④因此，要建设独立自主的国家，必须启发

① 梁启超：《新民说·叙话》。
② 梁启超：《十种德性相反相成义》。
③ 梁启超：《十种德性相反相成义》。
④ 《李大钊选集》，人民出版社1959年版，第42—43页。

人民的伦理觉悟，使之"脱离夫奴隶之羁绊，以完成其自主自由之人格"①，使"人间百行，皆以自我为中心"②。

毛泽东认为，社会、团体、国家由个人联合而成，是个人借以生存发展的必要条件。人不能脱离社会而生存，但在人与社会的关系中，人是目的和价值主体，社会只是人为了自身的生存发达而设立的条件、场所和手段。他说："离群索居诚哉不堪，然社会为个人而设，非个人为社会而设也。"③"国民实际连合而生存固也，至谓各人由国民而发生，各人之有生命由于国民之有生命，犹躯干之于四肢然，予以为不然。国民之生活，若政治，若言语，皆人类进化以后之事，起原之时固不如是也。且此等后天之事，皆各人互相联合所作，以便利各人。先有各人而后有国民，非各人由国民而发生也。国民之生命即各人之总生命，乃合各人之生命而成，非各人之生命由国民之生命所派生也。至国家社会之组织既成，各人住于其中，不可离解。徒观其现在之状况，遂不免有国民大、各人小，国民重、各人轻之势。细研之，实不如此。"④ 这就否定了轻视个人利益、贬低个人地位、强调无条件牺牲自我以服从权威的国家主义理论。另外，他吸取了梁启超等人的新民主张，极为强调个体、各人与国家的可分离性、意志自由和独立不倚性质。他在《讲堂录》中记道："有独立心，是谓豪杰。"⑤ 在《〈伦理学原理〉批注》中写道："或曰个人依团体而存，与团体之因个人而存其事相等，盖互相依存不可偏重也。是不然。事固先有个人而后有团体，个人离团体固不能独存，然团体无意思，其有意思仍系集合个人之意思也。个人有叛团体之事，团体无叛个人之事，以团体无意思也。且团体者仍个人，乃大个人也。人一身乃集许多小个体而成，社会乃集许多个人而成，国家乃集许多社会而成。当其散则多，及其成则一。故个人、社会、国家皆个人也，宇宙亦一个人也。故谓世无团体，只有个人，亦

---

① 陈独秀：《敬告青年》。
② 陈独秀：《一九一六年》。
③ 《毛泽东早期文稿》，湖南人民出版社 1990 年版，第 146 页。
④ 《毛泽东早期文稿》，湖南人民出版社 1990 年版，第 241—242 页。
⑤ 《毛泽东早期文稿》，湖南人民出版社 1990 年版，第 581 页。

无不可。"① 各种社会组织都是由个人构成的。在理想的社会组织中，群体的意志是个人意志的集中体现，从这个意义上来说，社会组织、团体、国家即个人；个人是群体的构成要件，但个体意志并不因联合成群体而有任何扭曲减损。因此，当群体解散，个人仍然是有独立意志和人格的个体。

毛泽东强调个人在社会组织中的独立地位和自由意志，是思想启蒙运动的哲学反映和个性解放的必然要求。近代以来，随着清王朝的式微和封建专制制度的崩溃，旧有的道德、价值观念亦被当作卑污的东西而抛弃。否定旧的道德、价值观念是为了确认、实现自我，而不是为了走向虚无与绝望。继摆脱王权统治和封建道德之后，人们亟须以新的道德和价值观念来填充精神的空缺。新文化运动反对专制制度，提倡民主自由；反对迷信，提倡科学；反对旧道德，提倡新道德，要求以理性的眼光重估一切价值，强调个性解放、人格独立、价值实现，正是适应了这一时代要求。对于个人来说，否定了上天的权威和外在道德规范，就必须以一己之心力，按照内在的道德观念来行动；在否定了一切外在权威和道德规范但尚未发现个人与社会的辩证统一之前，只能依赖自我，崇尚自身的价值，强调个体自我的独立性和价值主体地位。

毛泽东指出作为个体的个人和作为群体的国民、国民与国家并不存在不可离解的关系，突出强调个人的独立地位和自由意志，也是反对封建专制、改造不合理的社会制度的需要。封建专制国家压抑个人、违背个性，是一切强权中最坏的一种强权。只有消灭专制国家，社会个体的个性解放和自我实现才有可能。而个体乃至全体国民则担负着消灭旧的国家、改造社会人生的责任，是推动社会进步的主体力量。如果个体与国家的关系是四肢与躯干的关系，那么，四肢断然不会反对躯干，个体也不能反对国家，封建专制国家由此便获得了存在的依据；四肢与躯干同生共存，国家也与人类共始终，封建专制国家由此就获得了永恒存在的证明；四肢与躯干一小一大、一轻一重，个体、国民也只能绝对服从国家权威，没有积极主动地改造国家的权利，更不能主宰国家，这就抹煞了个体和国民的独立主体地位与能动创造精神。而只有强调个体的独立

---

① 《毛泽东早期文稿》，湖南人民出版社 1990 年版，第 152—153 页。

地位、自由意志和主体价值，才能奋自我之权威，崇自我之价值，振自我之精神，倾自我之力量，消灭封建专制国家，建立能够使个体自由发展的社会制度。

既然个体自我是宇宙和社会的基点与中心，是一切存在物中的最高存在者，是宇宙真理的体认者和弘扬者，宇宙依我而存，社会为我而设，那么，个体自我必然是具有最高价值的存在物，其生存发达的需要也就成为衡量一切事物的价值尺度。毛泽东也正是循着这样的路数来推演自己的思想理论，他说："个人有无上之价值，百般之价值依个人而存，使无个人（或个体）则无宇宙，故谓个人之价值大于宇宙之价值可也。"[1]"宇宙间可尊者惟我也，可畏者惟我也，可服从者惟我也。我以外无可尊，有之亦由我推之；我以外无可畏，有之亦由我推之；我以外无可服从，有之亦由我推之也。"[2] 毛泽东以个体自我为中心的宇宙、社会、人生观，既流露了其唯我论的思想倾向，同时也凸显了其否定纲常名教、蔑视外在权威和道德规范的叛逆精神，高蹈远举的人生情趣，以及重身心而大自我的独立不倚的人生意识。他在《七古·送纵宇一郎[3] 东行》一诗中写道："丈夫何事足萦怀，要将宇宙看稀米。沧海横流安足虑，世事纷纭何足理。管却自家身与心，胸中日月常新美。"[4] 这可作为毛泽东当时所持的人生态度的自证。

三、人的本质的确认与高扬

早年毛泽东在作为主体的自我与作为客体的自然、社会的关系问题上，既看到了客体对主体的决定性作用，又看到了主体对客体的能动作用，前者使他摆脱了唯意志论的迷误，以清醒的理性精神和现实态度审视人生，后者使他避免走入消极悲观的机械论误区，由肯认人的主体能动性进而肯认人的自由意志

---

① 《毛泽东早期文稿》，湖南人民出版社 1990 年版，第 151 页。
② 《毛泽东早期文稿》，湖南人民出版社 1990 年版，第 231 页。
③ 罗章龙在 1918 年拟去日本时所取的日本名。
④ 《毛泽东早期文稿》，湖南人民出版社 1990 年版，第 641 页。

和改造社会人生的重责大任。

人来源于自然，与自然有割舍不断的联系；人联合而成社会，并生存发展于社会之中。作为主体的自我依赖于客观环境而存在，受客体之规律性、必然性的规定和制约。毛泽东的这一思想在读泡尔生的《伦理学原理》第九章"意志之自由"时写的批注中得到了集中的阐发。泡尔生说：

> 盖人者，父母之所生，与禽兽同也。身体精神，皆肖其父母，其气质、性癖、感情、智力，皆为父母所遗传。而其所属国民体魄、精神之习惯，又从而濡染之，未有能自定者。且如人类男女之异体，其原因虽未之详，而决非人所能自主，然则人类不能脱自然律之管辖，固已明矣。①

> 社会者，常以言语行为，示人以邪正敬肆可否之分，常以一定之职分命令之，或要求之，曾有何人能不为时代所指使耶？建筑家之所营，非其所欲，而时代之所欲。如第14世纪，行峨特式，及第16世纪，行文艺复古时代之式，及第18世纪，而行科学式，是也。学者亦然，其于科学问题也，非自择，而为时代之所择。②

> 凡有机体与无机体之区别，在前者之构成，由外部机械之作用，而后者之构成，由内界原理之动力。如雕刻品，可以锥凿成之，而于有机体，则凡器械之作用，仅能破坏之，而不能构成之。故人类者，不成于外界之机械，而成于内界之作用。吾人意识之所以告吾人者如是而已。初不谓一切特别之阅历，皆无因而生。又不谓生涯中一瞬间经历各事，皆与一切已往之事无关。又不谓内界之原理，即所谓小己者，全无原因。又不谓小己者，由孤立之原质而发见于斯世也。盖吾人之身体，本由物质演成，惟既已发育为有机体，则当其发展之初期，虽大受物质之影响，而及其进化之程度渐高，则渐能抵抗物质之势力遂能由其意志而变更外界密切关系之事状，且能间接自变其形体也。③

泡尔生既肯定客体、属人世界对主体自我的规定制约作用，又指出主体自我能够按照自己的意志变更与自身有关联的外部世界的状况，并在变更外界的

---

① 泡尔生：《伦理学原理》，蔡元培译，商务印书馆1909年版，第200页。
② 泡尔生：《伦理学原理》，蔡元培译，商务印书馆1909年版，第201页。
③ 泡尔生：《伦理学原理》，蔡元培译，商务印书馆1909年版，第202—203页。

过程中使主体自身也得到了改变，其持论合理而允当。毛泽东在阅读以上三段引文时分别写下了三段批语：

人为自然规律所支配，与予见合。①

总之，自我之构成——皆须待外界之资料，吾人一毫不能跳出此自我以外之世界。②

吾尚疑人是始终无能力者，虽精神发展之后，亦曷尝不为自然界所规定耶？③

可以看出，毛泽东基本同意泡尔生的观点，承认客体、外界规律的客观实在性以及主体受客观规律制约的必然性。自我由外界资料构成，其肉体生命来自自然，自然界乃至整个宇宙都处于永恒的运动变化之中，人的肉体生命也无所逃于天地间生灭成毁的大变化。"人类者，自然物之一也，受自然法则之支配，有生必有死，即自然物有成必有毁之法则。凡自然法则者，有必然性。"④自我的精神生命如知识、道德、美感，亦来自社会的影响、熏陶、教育、培养，其不能游离于社会之外，不能超逸于时代精神，不能凭空臆想捏造出来。"美学未成立以前，早已有美；伦理学未成立以前，早已人人有道德，人人皆得其正鹄矣。种种著述皆不过勾画其实际之情状，叙述其自然之条理。无论何种之书，皆是述而不作。吾人之心灵本之自然，其范围有限，安能有一毫之创作！即宇宙亦终古在同状之中，无创作之力。精神不灭，物质不灭，即精神不生，物质不生。既不灭，何有生乎？但有变化而已。吾人之心灵限于观念，观念限于现象，现象限于实体。吾人之心灵有变化而已，安能有丝毫之创作哉！"⑤毛泽东认同泡尔生人为自然律所管辖的思想，是其世界观由唯心论向唯物论、由唯我论向自我社会统一论转变的重要契机，但他又将自然律对人的制约性极而言之，以为人在自然律面前无能为力，这是一种不可取的机械、消

---

① 《毛泽东早期文稿》，湖南人民出版社1990年版，第270页。

② 《毛泽东早期文稿》，湖南人民出版社1990年版，第271页。

③ 《毛泽东早期文稿》，湖南人民出版社1990年版，第272页。

④ 《毛泽东早期文稿》，湖南人民出版社1990年版，第194页。

⑤ 《毛泽东早期文稿》，湖南人民出版社1990年版，第272、194、216—217页。

极、无为的主张。

然而，正如有的研究者所指出的那样，毛泽东早年的这种消极无为主张不过是一时的思想迷误，由于他强调宇宙之运动、变化的普遍性和永恒性，强调自我在宇宙中的中心地位和最高价值，几乎在产生人在自然界面前终无能力这一想法的同时，又立即作了自我否定，转而认为人既受自然法则的支配和社会的制约，同时又有规定自然、影响社会的能动力量。而人之所以能够有知识、道德和美感，并规定自然、影响社会，是因为有一种可以为此的本性存在于主体自我之中。他说："吾既作上文所言之后，又得一种之意见如下：吾人虽为自然所规定，而亦即为自然之一部分。故自然有规定吾人之力，吾人亦有规定自然之力，吾人之力虽微，而不能谓其无影响。自然若除去吾人，即顿失其完全。吾人之于自然也，若个人之于国民，然个人受国民种种之影响，而即为国民之一部分，国民除去个人亦失其势力矣。审此则吾人仍有责任，仍有自由之意力。吾人种种之智识、社交，均为父母若朋友等外界势力所酿成；诚然，然要须吾人自具有可以酿成之本性而后能也，完全之外铄将恶乎附丽哉？此可以酿成之本性，吾谓之可能性，有此性，吾人于是乎有责任矣。"① 联系到毛泽东早年的其他思想，他所说的本性就是主体自我的理性精神力量和非理性的精神力量。人具有理性精神力量，因而能够了解自然、社会乃至自身，获得真理性认识；人具有生存发达的本能冲动、生存意志等非理性力量，因而为人生实践提供了至深根本的动源。真理性认识和生存发达的需要相互结合而形成目的，这种精神性的目的又驱动肉体力量进行感性物质活动，改造客体世界，并在改造外部世界的同时使主体自我身心两方面都发生变化。其结果必然是，外部世界经过改变而纳入以主体为核心的价值关系之中，具有了满足主体需要的现实属性；主体自我在改造外部世界的活动中使自身的需要获得了满足，主体的身体状态由弱变强，主体的精神状态则由愚而智、由卑下而高尚、由粗俗而高雅。人人具有认知理性和生存冲动，具有超越主客两界、追求理想人生的自由意志和能动本性，因此，人人亦具有发展自我、实践至善、希圣希贤的人生责

---

① 《毛泽东早期文稿》，湖南人民出版社 1990 年版，第 272—273 页。

任与义务。"圣贤豪杰之所以称，乃其精神及身体之能力发达最高之谓。此精神及身体之能力发达最高，乃人人应以为期向者也。"①主体自我不仅是宇宙的中心和最有价值的存在物，而且具有自觉能动的创造能力，肩负着创造完美至善的理想宇宙与人生的责任义务。由于我即宇宙，宇宙即我，主客两界的完善都是主体自身的内在欲求。而要使人生、社会以至整个宇宙完美至善，须先求得主体自身的完善。毛泽东早年正是怀着实现自我、改造世界的强烈愿望，强健体魄，修学储能，磨砺意志，执着追求身心并完的人格理想。

---

① 《毛泽东早期文稿》，湖南人民出版社 1990 年版，第 237 页。

第三章　身心并完的人格追求

人是宇宙中最高的和最有价值的存在物，具有能动创造精神和自由意志，负有改造自然、社会和人生的责任。而自我价值是主观的、潜在的价值和客观的、现实的价值的有机统一，前者是后者的前提和基础，后者是前者的对象化和展现。因此，确立人生为之趋赴的目标与理想，充实、完善和发展自我，厚积人生的内在价值和潜能，便是人生的第一要务。早年毛泽东从文化传统和近代思潮中吸取思想营养，加之自己的体认创造，确认以自我实现为人生正鹄，主张以古代之圣贤和现时之思想及政治大家为典范，"野蛮"体魄而文明精神，并把运动和斗争引入人生理论，将之视为人格完善的根源。人生正鹄论是早年毛泽东人生哲学中极具特色的部分。

一、人类之目的在于实现自我

毛泽东早年的人生理想论同他这一时期的整个人生哲学一样，是在中西文化交汇互融的广阔社会历史与思想文化背景上，在思想启蒙、个性解放的时代潮流中产生的。近代以来，先进的中国人曾设计了诸种救国方案，坚船利炮、器用技艺的引进，维新变法、君主立宪的举行，政治革命、推翻帝制的尝试，并没有从根本上使中国起衰振弱。辛亥革命之后，国家依旧混乱黑暗，国民依旧暗昧酣睡，封建复古主义思潮弥漫于思想领域，自由、平等、博爱之德隐而不显，三纲五常等以己属人之德仍然腐蚀着人们的灵魂。以独立自由之德代替奴隶道德，培养国民的独立自由精神和自我完善、自我实现的新人格，成为时代赋予新文化运动思想先驱的重大使命。他们针对践踏人的尊严、贬低人的价值、压抑人的个性的封建道德和作为人的权利之异化状态的专制制度，指出封建专制制度已丧失了其存在的合理性，而旧的伦理制度则是封建专制统治的思想心理基础，只有破除旧的伦理道德，以新的伦理道德主心范行，才能冲破封建网罗，解放和发展个性，铸成国民独立自由的新人格。从这一意义上来说，新文化运动所倡导的伦理革命实质是肯定人的尊严和权利，张扬人的主体价值，希求人的解放、发展和完善的人道主义运动。

在新文化运动的影响、激荡下，湖南思想界异常活跃，而湖南第一师范学校则是该省伦理革命、思想解放的中心。该校人才荟萃，思想活跃。徐特立、杨昌济、方维夏、黎锦熙等教员，都是富有爱国热肠、思想进步、严肃正直、品德高尚的知识分子，他们与陈独秀、李大钊、蔡元培等人在思想上相互唱和，并在青年学生中传播新的哲学观念和伦理思想。在这些进步教员中，杨昌济对毛泽东的影响尤为深刻。杨昌济是一位学贯中西的学者，也是道德高尚的人生楷模。在伦理学的研究和传授上，他主张"不限于西洋之伦理学说，中国先儒如孔孟周程张朱陆王及船山之学说亦间取之"。① 他的伦理思想有兼容并蓄、中西合璧的特征和张扬自我、尽力社会、奋斗向上、意蕴宏富的气象。他有传统哲学的深厚素养，对于程朱理学和陆王心学研究精到；他曾留学日本、英国和德国，以儒学传统为根底吸纳西方伦理学说。他在留学英国厄北淀大学期间，研究并基本接受了新黑格尔主义的自我实现论。回国以后，或著书立说，或雍容讲坛，热心宣传，忠实践履，以自己的学问道德饮誉湖南教育界思想界，并吸引了毛泽东、蔡和森等一批热心研究哲学伦理学、苦心探索社会人生真理的莘莘学子。毛泽东早在自学于长沙图书馆时，就读过约翰·穆勒的《伦理学》。在师范学校读书期间，他又将杨昌济先生为教授伦理学而翻译的《西洋伦理学说史》工工整整地抄了七大本，供自己阅读。同时，他还仔细阅读《新青年》《东方杂志》《甲寅》等刊物发表的西方伦理思想的评介、研究

---

① 杨昌济：《达化斋日记》，第 87 页。

文章，对上自古希腊下及近代的西方伦理学说有较为系统全面的了解。但从现在能够见到的资料来看，毛泽东早年的人生理想主要是接受了新黑格尔主义者格林和新康德主义者泡尔生的影响。

新黑格尔主义是古典黑格尔主义的复兴形态，其在伦理学方面的主要代表人物是格林和布拉德雷。他们反对经验主义和快乐主义伦理学，吸收和发挥黑格尔、康德哲学伦理学的观点方法，高举理性旗帜，力图重建道德理想的形而上学基础，并借助"自我实现"这一命题对于道德理想、人生鹄的作了多方面的创造性研究和阐发。格林认为，人是具有自我意识的存在物，自我意识有将自身对象化的特性，即可自我肯定、自我改善、自我满足、自我寻求、自我实现。这种精神基质使人能够在内心中把握、呈现作为世界之本体的宇宙精神。人生的目的不在于避苦求乐，而在于完成体认、肯定、彰显宇宙精神的使命。自我肯定和实现是道德——人生理想的最深刻的依据，人生舍此便失去了理想，因而也就没有了意义。布拉德雷认为有某种超越可见的感性世界和人自身的精神，而每一个人对这种精神却都有某种感觉和交流。人之一生就是参透、追求这一形而上的精神实体的旅程。人的自我意识使人的行动摆脱了动物性本能的驱使，以自身的完满为目的而自我创造和改进。道德判断和评价的基础、人生价值衡量的尺度，不在于行为的功利性和肉体感官的享乐，而在于是否有利于自我实现和自我完善。人生理想是最高的价值目的，其本质是人类自身的完善和实现。

格林和布拉德雷都把"自我实现"作为人生理想，但在如何达此理想的问题上，二者的思路却有所不同。格林从个人与社会的关系上构想自我实现之路。人的自我具有社会与个人两重性格，人类精神、民族精神不是抽象虚幻的东西，它只能在个人中存在，个人的实现是民族进步的前提，自我实现首先是在个人中进行的，人类每一进步阶段都意味着个人主体能力之一定程度的实现。当然，说人类精神、民族精神只能存在于个人之中并通过个人而实现，并非说个人可以脱离社会。相反，个人的实现和完成只能在社会中进行。没有社会，就没有个人；正如没有个人，没有自我对象化的动因，也就没有社会一样真实。个人只有作为社会中的一员，并把握着社会共同的善，才有可能完全表现在他内心中神圣的宇宙精神。布拉德雷则是从整体和部分的关系来思索自我实现问题。在他看来，作为目的的自我是一个整体的自我，而不仅仅是自我的多种状态的集合。个体自我是整体的一部分，其个人目的包括在整体目的之中。整体意志代表着个人的意志，个体履行某种职能，就是整体通过个体自我而施展它的意志，每个人在实现整体意志的过程中，也就实现了自我。新黑格尔主义反对经验主义和快乐主义的人生目的论，出于纠偏救弊的动机，高扬人生理想中的理想精神，这是其可取之处。但它将道德理想建立在客观的绝对精神或宇宙精神这一形而上的基础之上，抛弃了人的肉体存在的意义和人生实践中的感性物质内容，把自我的本质规定为体察和肯定宇宙精神的自我意识的改造、完善和实现，把自我实现仅仅理解为心灵的完善。格林从个人与社会的关系上论证自我实现，将个人的自我实现视为民族、人类之进步的前提条件，尚有重视个体自我的地位和价值的民主精神；布拉德雷认为整体力量高于个人，整体意志高于个人意志，自我首先是一种整体的自我，则有偏重整体、轻视个人之嫌。

杨昌济在《各种伦理主义之略述及概评》一文中，对于西方伦理史上的禁欲主义、快乐主义和自我实现主义三大流派作了如实介绍和公允评价，他对于新黑格尔主义的自我实现论虽然不尽认同，但也情有独钟。他认为，人的行动是理性和情感共同驱动的结果。人类为了达到善的目的，适当地以理制情是必要的。然而，禁欲主义者以为人的本质只是理性，情欲则是人世间种种罪恶的根源。因此，人生的目的就是服从理性，扼抑情欲。这种观点"极反于人生之自然"。快乐是由欲望驱使的活动的遂行无碍以及达到活动目的后所产生的一种欢欣愉悦的精神状态。"至高尚之精神的快乐，可以强吾人自信之念，助努力而慰失败，于人格完成极为切要"。但是，"吾人行为之目的，常在于行为之遂行而不在快乐"，即在于道德行为本身而不在外在于道德的功利目的以及此种目的达到后所产生的快乐心理感受。因此，快乐主义认为人们行为的价值一由其增快乐减痛苦而定，人生目的在于追求感官享受和心理快乐，也是不正确的。自我实现主义认为主体的本质是自我意识，自我意识是知情意诸种因素构成的有机系统，自我实现就是充分发挥自我意识系统中的各种能力，以认识、肯定、呈现作为世界、人生之根本的宇宙精神。人生以充实自我具有发达的可能性为目的，即以实现自我为目的。杨昌济指出："快乐主义以感情为自我，克己主义以理性为自我，皆视吾人自我之一面为其全体。"对于自我实现主义，他不同意以体认、展现作为世界之本体的绝对精神或宇宙精神为目的，以人类及其自我实现为绝对精神借以实现自身的工具或手段的观点，认为"以人类为世界开展自己、完成自己之手段，不能免偏重世界、轻视人类之讥议"。但他对自我实现论是基本赞同的。他说：自我实现主义"以自我为欲望之全系统，感情理性悉包含之，以全自我调和的活动为道德的生活之要件，能脱快乐主义之弊，又不陷于克己主义之弊，较为得其中正"①。

新黑格尔主义者认为自我实现是作为一个系统的主体自我的整体能力的发挥，这是其合理因素之一，但他们所说的自我只是主观精神领域的自我意识。新康德主义者泡尔生的自我实现论则同时注意到了主体自我之身心两方面的发展和完善。泡尔生认为，伦理学的职分是确定人生正鹄以及所以达于正鹄之道。"人生之正鹄者，至善也，具足之生活也。"②"具足之生活者，何耶？盖谓人类之体魄及精神，其势力皆发展至高而无所歉然之谓也。"③人生的目的与理想是体魄与精神的充分发展，是生理需要与心理需要、物质欲望与精神追求的最大满足。在肯定满足各种欲望的道德意义的同时，泡尔生又认为，生理欲望的满足只是心理欲望得以满足的基础，而心理欲望的满足比生理欲望的满足层次更高、价值更大。人类作为万物之灵，除了求生欲望外，还有交际之生活和知识之生活的欲望，即还有道德生活与理性生活的欲望。若"人类之生活，能发展此等最高之能力，而使其下级之能力从属之，则人格亦高。……所谓圆满之生活者，吾人精神之能力，发展至高，以之思维，以之创作，以之行动，无不达于圆满之度之谓也。……真与善，圆满生活之两方面也"④。

在中国思想史上，唯物主义者从身心两方面理解自我的构造，并据此确立

---

① 见《东方杂志》1916年，第13卷2、3、4号。

② 泡尔生：《伦理学原理》，蔡元培译，商务印书馆1909年版，第3页。

③ 泡尔生：《伦理学原理》，蔡元培译，商务印书馆1909年版，第13页。

④ 泡尔生：《伦理学原理》，蔡元培译，商务印书馆1909年版，第73—74页。

人生的目的和理想。人是形体与精神的统一体，其中形是神的物质载体，神是
形的功能属性。后期墨家将生命现象理解为"刑（形）与知处"。① 荀子看到
了神对形的依赖性，认为"形具而神生，好恶、喜怒、哀乐臧焉"②。东汉桓谭
以烛火喻形神，认为"精神居形体，犹火之燃烛矣"，"烛无，火亦不能独行
于虚空。"③ 南朝齐梁时期的唯物主义者范缜认为形与神是体用关系，"形神相
即"，"形质神用"，"形存则神存，形谢则神灭"。④ 唯物论者从人是形神统一
体的观点出发，比较重视形神、身心的协调发展。唯心主义者认为精神可以脱
离形体而独立存在，因而重仁义轻利生，尚道德抑物欲。先秦唯物主义哲学的
集大成荀子指出，身心能力全面而充分的发展是人生的最高理想和最高价值标
准："全之尽之，然后学者也，君子知夫不全不粹之不足以为美也。……君子
贵其全也"⑤，"积善而全尽，谓之圣人，彼求之而后得，为之而后成，积之而
后高，尽之而后圣。"⑥ 明清之际的王夫之站在中国古代哲学、伦理学所能达到
的高度，对形神之辩作了批判总结，提出了"珍生务义"的人生目的论。人作
为有生命、有理性、有道德的宇宙中的最高存在物，应珍视形体、欲望和生
命，只有珍生重情，才会重仁义崇道德，否则，"贱形必贱情，贱情必贱生，
贱生必贱仁义"⑦。

　　毛泽东早年在个性解放、意志自由、人格独立的时代大潮推动裹挟下，将
身心统一的现实之我作为追求人生理想的主体，同时，吸取了新黑格尔主义者
以"充实自我具有发达的可能性"为人生最高的目的理想和新康德主义者以体
魄精神皆发展至高为人生正鹄的合理思想，继承了中国古代全尽乃圣、珍生务
义的人文主义传统，确立了为之趋赴的人生理想——实现自我，身心并完。他
说："人类之目的在实现自我而已。实现自我者，即充分发达自己身体及精神

---

① 《墨子·经上》。
② 《荀子·天论》。
③ 桓谭：《新论》。
④ 范缜：《神灭论》。
⑤ 《荀子·劝学》。
⑥ 《荀子·儒效》。
⑦ 王夫之：《周易外传》卷二。

能力至于最高之谓。"① 这里的"身"是主体自我的物质性的血肉之躯，其实现状态是体魄的健全强壮；这里的"心"是主体自我的理性、感情、意志等精神能力，其实现状态是智仁勇兼具、真善美统一。自我作为主体是身心、形神的统一体，得以改造、完善、实现的自我是身心潜能充分发达和展现的理想人格。"筋骨者，吾人之身；知识、情感、意志者，吾人之心。身心皆适，是谓俱泰。"② 身心舒扬畅达、全面发展，是健全的人格；身心并完、具智仁勇、有德功言的圣贤豪杰巨夫伟人，为人生所向往。

二、野蛮其体魄，文明其精神

人是具有身与心、物质与精神、自然与社会多重属性的存在物，其肉体生命和精神生命，都是人之一生中所宝贵的东西。但身心或形神有本末、体用之分，明确二者的本然关系，自觉而合理地从事生命活动，对于人生的发展和完善是至关重要的。在身心、形神两个方面中，毛泽东认为，身与形为本为体，心与神为末为用。形体之所以是基础和根本，首先，因为体魄是知、情、意等心理因素和智、仁、勇等主体素质的物质载体。人是有理性精神的存在物，能够自觉意识到主体、客体，以及二者的关系，认识事物的本质和规律，并以之指导自己的人生活动。因此，理性、知识诚为可贵，人以之异于动物，但没有形、身为其载体，它就不能存在。道德亦诚为可贵，人以此立群道平人己，协调人与社会、人与人之间的关系。但没有形体，道德将寄寓何处？由此看来，"体者，为知识之载而为道德之寓者也，其载知识也如车，其寓道德也如舍。体者，载知识之车而寓道德之舍也。""德智皆寄于体，无体是无德智也。""一旦身不存，德智则从之而隳矣。"意志也是人的一种重要心理素质，猛烈、不畏、敢为、坚韧、耐久都属于意志范畴。身体强壮则气韵沉雄，致思远大，意志坚强，"学问道德之进修勇而收效远"。反之，则是"肢体纤小者举之轻浮，

---

① 《毛泽东早期文稿》，湖南人民出版社1990年版，第246页。

② 《毛泽东早期文稿》，湖南人民出版社1990年版，第72页。

肤理缓弛者心意柔钝"。① 其次，健全的体魄是人天然乐生和建功立业的基础和根本条件。"夫命中致远，外部之事，结果之事也；体力充实，内部之事，原因之事也。"② 身体不存，德智俱亡；体不坚实，见兵而畏，遇艰思退，无由命中致远，难收达于人生目标的宏大深远之功效；身体残病，非但失去了对人生的亲切感和依恋心，而且会由之生发出凄苦悲痛的情感意绪，更谈不上刚健有为、建功立业了。毛泽东指出，历史上的圣贤不仅是德、功、言俱立者，也是非常注意养生的体魄健全的人。孔子家居时整齐洁净，和乐舒展；饮食讲究卫生，粮食发霉、鱼肉腐烂不食；以礼乐、射、御、书、数作为教育的主要内容，将其中的射箭和御车作为养生健身之道。《礼记·射义》记载"孔子射于矍相之圃，盖观者如堵墙"。他 72 岁而死，未闻其身体不健。然而，过去一些为学者往往背弃圣贤先哲德智体三育并重的精神，详于德智而略于体魄。其流弊所至，人们偻身俯首，纤纤素手，登山则气迫，涉水则足痉。一些人虽然德智极高，但由于身体羸弱多病，终难收命中致远之效。颜渊是最受孔子赞赏器重的学生，安贫乐道，好学有德，但身体很弱，29 岁白头，31 岁时就过早去世；贾谊是西汉杰出的政论家和文学家，文帝时召为博士，颇受赏识，后升为太中大夫。为大臣周勃、灌婴所排挤，贬为长沙王太傅，后转为梁怀王太傅。梁怀王坠马身亡，贾谊深感未尽太傅之责，加之政治上失意，心情郁结，忧惧哭泣，岁余而死，年仅 32 岁。刘向称"贾谊言三代及秦治乱之意，其论甚美，通达国体，虽古之伊、管未能远过也。使时见用，功化必盛。为庸臣所害，甚可痛悼"。③ 苏轼认为贾谊志大量小，才高识短，拙于自用，不能上得其君主，下得其臣僚，对其不能处穷待变，一不见用，就忧伤痛沮、不能复振，以致构疾而死提出批评④。王勃与卢照邻是初唐文学家，与杨炯、骆宾王并称为"初唐四杰"。王勃曾任沛王府修撰、虢州参军。后往交趾探父，渡海溺水，惊惧而死，时年 28 岁。卢照邻曾任新都尉，后为风痹症所苦，投颍水而死。颜、

① 《毛泽东早期文稿》，湖南人民出版社 1990 年版，第 66—67、68、72 页。

② 《毛泽东早期文稿》，湖南人民出版社 1990 年版，第 65 页。

③ 《汉书》卷四八，《贾谊传》。

④ 苏轼：《贾谊论》，《苏东坡全集·应诏集》卷九。

贾、王、卢的短命早夭，幼伤坐废，是偏重德智、忽略体魄、身体不存、德智俱毁、万事皆休的悲剧。但中国历史上也有重体魄、尚武勇的传统。前面讲到的孔子重养生、习射御，就是一例。此外，毛泽东还指出："惟北方之强，任金革死而不厌；燕赵多悲歌慷慨之士；烈士武臣，多出凉州。清初之世，颜习斋、李刚主文而兼武。习斋远跋千里之外，学击剑之术于塞北，与勇士决而胜焉。故其言曰：'文武缺一其道乎？'顾炎武，南人也，好居于北，不喜乘船而喜乘马。此数古人者，皆可师者也。"①

毛泽东不赞成徒顾学问道德之进修，忽略养生健身之道，"以身为殉而不悔"的生活态度，反对课程密如牛毛、设繁重课程以困学生、"蹂躏其身而残贼其生"②的学制。他认为，体魄与德智、体育与德育智育有本末先后之异。身体为德智之本，体育在德育智育之先。"人独患无身耳，他复何患？求所以善其身者，他事亦随之矣。善其身无过于体育。体育于吾人实占第一之位置。"③

体育之效，要之有四：其一，体育可以强筋骨。人的身体日日变易，其强弱可以互转互化。生而强者滥用其强，不戒嗜欲，戕贼其身，且不行锻炼，就会转为至弱；生而弱者深戒嗜欲，勤自锻炼，增益其所不能，则可强筋骨，变体质，由弱转强，身心并完。

其二，体育足以增知识。"欲文明其精神，先自野蛮其体魄；苟野蛮其体魄矣，则文明之精神随之。夫知识之事，认识世间之事物而判断其理也，于此有须于体者焉。直观则赖乎耳目，思索则赖乎脑筋，耳目脑筋之谓体，体全而知识之事以全，故可谓间接从体育以得知识。"④

其三，体育足以调感情。感情对于人有巨大的影响力，要使感情发而中节，须有理性制约。"然理性出于心，心存乎体。常观罢弱之人往往为感情所役，而无力以自拔；五官不全及肢体有缺者多困于一偏之情，而理性不足以救

① 《毛泽东早期文稿》，湖南人民出版社1990年版，第68页。
② 《毛泽东早期文稿》，湖南人民出版社1990年版，第67页。
③ 《毛泽东早期文稿》，湖南人民出版社1990年版，第67页。
④ 《毛泽东早期文稿》，湖南人民出版社1990年版，第70—71页。

66

之。故身体健全，感情斯正，可谓不易之理"。①

其四，体育足以强意志。体育之主旨在武勇，武勇之目如猛烈、不畏、敢为、耐久等等，都属于意志范畴。体育的具体效用如上所述，体育的根本效用即养乎吾生、乐乎吾心。

为了使国人养成健全的体魄，改变国力萎弱、武风不振、民族之体质日趋轻细的现象，毛泽东在《体育之研究》一文中，阐扬体育在人生中的重要地位，呼吁人们破除重文轻体、以运动为羞的错误观念，以主动自觉之心，积极参加体育运动，且认为运动应有恒心，倾全力，宜蛮拙。他提挈各种运动之长，根据自己的运动心得，自成一种包括手部、足部、躯干部、头部、打击、调和六段的运动。除了体操之外，毛泽东和他的同学们还热心于其他体育锻炼。他在1936年同斯诺谈话时回忆道："在寒假当中，我们徒步穿野越林，爬山绕城，渡江过河。遇见下雨，我们就脱掉衬衣让雨淋，说这是雨浴。烈日当空，我们也脱掉衬衣，说是日光浴。春风吹来的时候，我们高声叫嚷，说这是叫做'风浴'的体育新项目。在已经下霜的日子，我们就露天睡觉，甚至到十一月份，我们还在寒冷的河水里游泳。这一切都是在'体格锻炼'的名义下进行的。这对于增强我的体格大概很有帮助，我后来在华南多次往返行军中，从江西到西北的长征中，特别需要这样的体格。"②毛泽东在湖南一师的好友、当时的新民学会会员张昆弟③在1917年9月的两则日记中记载了他们登山、远足、游泳、浴风等令人兴起的活动：

今日星期，约与蔡和森、毛润之、彭则厚作一二时之旅行。……蔡君以值今日移居不果行。此议发自蔡君，余诺之，并商之彭毛二君也。事之难合，诚莫能料。三人遂沿铁道行，天气炎热，幸风大温稍解。走十余里休息于铁路旁

① 《毛泽东早期文稿》，湖南人民出版社1990年版，第71页。
② 埃德加·斯诺：《西行漫记》，董乐山译，三联书店1979年版，第123—124页。
③ 张昆弟（1894—1932），号芝圃，湖南益阳板溪（今属桃江县）人。湖南省立第一师范学校学生，新民学会会员。1919年赴法勤工俭学，1921年回国。1922年加入中国共产党，参与领导京汉铁路工人大罢工。1928年出席中国共产党在莫斯科召开的"六大"，并列席共产国际"六大"。1931年以中央工运特派员身份到湘鄂西苏区，曾任红五军团政治部主任、湘鄂西省总工会党团书记。1932年在洪湖地区牺牲。

茶店，饮茶解渴，稍坐又行。过十余里，经大托铺，前行六里息饭店，……饭后稍息，拟就该店后大塘浴，以水浅不及股止，遂至店拿行具前行。未及三里寻一清且深之港坝，三人同浴，余以不善水甚不自由。浴后，行十四里至目的地下，时日将西下矣。遂由山之背缘石砌而上，湘水清临其下，高峰秀挹其上，昭山其名也。山上有寺，名昭山寺，寺有和尚三四人。余辈告以来意，时晚，欲在该寺借宿。和尚初有不肯意，余辈遂有作露宿于丛树中之意。和尚后允借宿，露宿暂止。晚饭后，三人同由山之正面下，就湘江浴。浴后，盘沙对语，凉风暖解，水波助语，不知乐从何来也。久之，由原路上，时行时语，不见山之倒立矣。和尚待于前门，星光照下，树色苍浓，隐隐生气勃发焉①。

昨日下午与毛君润芝游泳。游泳后至麓山蔡和森君居。时将黄昏，遂宿于此。……今日早起，同蔡毛二君由蔡君居侧上岳麓，沿山脊而行，至书院后下山，凉风大发，空气清爽。空气浴，大风浴，胸襟洞澈，旷然有远俗之慨。②

毛泽东大力提倡体育运动，以此强健体魄，养生乐心，这是其浅层意义；试图通过体育锻炼，改变国民体质轻细、智淤德薄、意志软弱的坏现状，培养国民体力强健、身心并完的新人格，进而振奋国威、伸张民气，则是其深层意蕴。

人人都希望实现和发显自我，这一点是共同的。但由于人们对于自我实现的理解和识见不同，其人格也随之有高下之分。在圣贤君子看来，人既有肉体生命，亦有精神生命，两种生命都值得爱护和珍视。然而，最能体现人的本质和价值的是精神生命，是主体的理性意识、道德精神和人格力量。肉体生命是小体，精神生命是大体，大体比小体更有意义和价值。孔子认为"君子义以为上"③，"好仁者无以尚之"④；孟子主张养护仁义忠信、乐善不倦的精神大体，倡言无以小害大，无以贱害贵，养大体，为大人。孔孟儒家并不一般地反对物

---

① 见《毛泽东早期文稿》，湖南人民出版社 1990 年版，第 637—638 页。

② 见《毛泽东早期文稿》，湖南人民出版社 1990 年版，第 638—639 页。

③ 《论语·阳货》。

④ 《论语·里仁》。

欲和轻视肉体生命，只是在肉体生命和精神生命之间，更强调精神生命的意义和价值，当生与仁、生与义不可兼得时，则杀身以成仁，舍生而取义。这种履仁践义的圣贤精神和大丈夫人格与只追求世俗乐利、沉湎于声色犬马、饱食快饮的小人人格，是有天壤之别的。受儒家精神的影响，毛泽东认为，提倡体育，强健体魄，只是自我完善的一个方面，而不是其全部内容；肉体之我的生存发达只是为精神之我的存在和发展奠定基础，而不是人生的最终目的。追求圣贤之人的精神生活，在人生需要与满足的梯级上，层次更高，价值更大。这种精神境界集智仁勇、真善美于一体，凝聚为圣贤君子的理想人格。毛泽东在《讲堂录》中写道："乐利者，人所共也，惟圣人不喜躯壳之乐利（即世俗之乐利），而喜精神之乐利，故曰饭疏食饮水，曲肱而枕之，乐亦在其中矣。""人之为人，以圣贤为祈向。"[1]

　　人贵在于有志向、有理想、有目标，以安顿自我。孔子尝言其志，《论语》中多有记载。其中的《述而》篇记道："子曰：志于道，据于德，依于仁，游于艺。"在这里，"志"即心之所之谓，"道"即宇宙、社会和人生的本质与规律，亦可理解为人生的目标或祈向；"德"是人们心中关于"道"的知识；"仁"是"道"与"德"的实质性内容；"义"则是展现人的本质、达于人生目标的正确方式和途径。人若立志探求宇宙与人生之理，牢记于心而勿失，遵循仁的原则而适宜地行动，则无往而不道理流行。人性道德、至理真情寓于礼、乐、射、御、书、数六艺和人伦日用之中，朝夕游憩于六艺和人伦日用，又可以博义理，扩胸臆，正感情。人于行仁游艺、玩物适情中便体验到了人生的本质、意义和价值，获得高尚的精神之美，人的自我也从中获得了实现、完善和安顿。志道、据德、依仁、游艺实际上是一种达于智仁勇、真善美一体化的圣贤精神境界。对此，朱熹深得个中三昧，他说："盖学莫先于立志，志道，则心存于正而不他；据德，则道得于心而不失；依仁，则德性常用而物欲不行；游艺，则小物不遗而动息有养。学者于此，有以不失其先后之序、轻重之伦焉，则本末兼该，内外交养，日用之间，无少间隙，而涵泳从容，忽不自知其入于圣贤之域

---

[1] 《毛泽东早期文稿》，湖南人民出版社1990年版，第591、586页。

矣。"①毛泽东深受这些古人遗训的影响，总是将智仁勇、真善美同称并举，但他又超越了认同封建政治、伦理关系，操存涵养内心，躬行践履封建道德的特定意义，适应政治解放、思想解放、人性解放的时代潮流，从个性解放和自我发展的目的出发，赋予智仁勇、真善美新的内容，并执着追求真、智的人生，善、仁的人生以及美、勇的人生。

真与智的人生是理想人格的第一精神表征。人是有理性的存在物，理性赋予人以反省的意识，其中的价值理性使人自觉关注自身的本质、目的、意义和价值，以确立人在世界中的位置，在思想上建构人之安顿自我的内在根据；工具理性则是在价值理性的导引下，认识与主体自我相对待的客体世界，按照主体的需要在观念上建构主客体的应然关系，并进而驱动主体去改造客体，调适主体与客体的关系，以满足主体之生存发展的需要。作为主体的自我只有获得关于宇宙、社会、人生的真实无妄的认识，才能够进行正确合理、富有成效、能满足自己生存发达需要的活动。一个对于事理茫然无知、浑浑噩噩的人，将找不到在世界之中得以自处自立的位置，更无从达于自我实现的理想之境。而探得大本大源或宇宙真理，确立人生之真志，才是使行动有利于自我实现的关键。毛泽东说："志者，吾有见夫宇宙之真理，照此以定吾人心之所之之谓也。今人所谓立志，如有志为军事家，有志为教育家，乃见前辈之行事及近人之施为，羡其成功，盲从以为志，乃出于一种模仿性。真欲立志，不能如是容易，必先研究哲学、伦理学，以其所得真理，奉以为己身言动之准，立之为前途之鹄，再择其合于此鹄之事，尽力为之，以为达到之方，始谓之有志也。如此之志，方为真志，而非盲从之志。其始所谓立志，只可谓之有求善之倾向，或求美之倾向，不过一种冲动耳，非真正之志也。虽然，此志也容易立哉？十年未得真理，即十年无志；终身未得，即终身无志。"②主体运用自身的理性力量，认识宇宙、社会、人生的本质和规律，既是自我完善和实现的需要，也是人生境界的重要层级。因此，毛泽东把人生理想之人格化身的圣人称为最大的

---

① 《论语集注·述而第七》。
② 《毛泽东早期文稿》，湖南人民出版社1990年版，第86—87页。

思想家，视为聪明睿智、见远识卓、洞察人生、思想深邃、既得大本、真理在握的人，刻意探求"大本大源"，认识宇宙的本质和规律，沉思默会人生的鹄的、意义和价值，达于真与智的人生境界，就成为他穷追苦求的第一个目标。毛泽东认为，所谓"大本大源"，即"宇宙真理"，它既先在于宇宙万物，是宇宙万物的本原和存在的根据，又遍含于宇宙万物和人人之心中，并通过人的自我意识而彰显和展现出来。"夫本原者，宇宙之真理，天下之生民，各为宇宙之一体，即宇宙之真，各具于人人之心中，虽有偏全之不同，而总有几分存在。"① 那么，怎样认识和把握宇宙真理呢？在这个问题上，毛泽东当时在一定程度上受到了程宋理学和陆王心学的影响。朱熹从理一分殊的本体论出发来构建自己的认识论，主张通过格物而致知，以在事事物物上穷理为手段，启发心中得之于天的理，以今日格一物、明日格一物的铢积寸累，达到豁然贯通、得众理之全的诚明之境；陆王心学则主张直指内心、反思、立本、致良知。毛泽东糅合上述两种方法并加以改造转换，另一方面主张读有字之书，研究哲学伦理学，发现得之于天而藏之于心的宇宙真理；一方面主张读无字之书，从天下国家、万事万物中学习，研究实事，追求实理。在力学致知的过程中，毛泽东还善于总结经验，形成了许多行之有效的学习方法。首先，是"学""问"结合。既要好学深思，又要质疑问难，讨论、交流，"已有得，未尝敢不告于人；人有善，虽千里吾求之"②，互质参观，博征广识，益神修业，共学适道。其次，是"博""约"结合。博学多识是简约撮要的基础。"为学之道，先博而后约，先中而后西，先普通而后专门。"③ 孔子谓博学于文，孟子曰博学而详说。学者宜遵循此训，观古今之群籍，求天人之通识。在泛观博览的同时，更要有约有专。简约之义，第一是要善于择书，要以阅读本根之书为主，以一书为中心线索，精读一书，广涉群籍，以收既约且博之效。毛泽东说："昔人有言，欲通一经，早通群经，今欲通国学，亦早通其常识耳。首贵择书，其书必能孕

---

① 《毛泽东早期文稿》，湖南人民出版社 1990 年版，第 85 页。
② 《毛泽东早期文稿》，湖南人民出版社 1990 年版，第 28 页。
③ 《毛泽东早期文稿》，湖南人民出版社 1990 年版，第 7 页。

群籍而抱万有。干振则枝披，将麾则卒舞。如是之书，曾氏'杂抄'①其庶几焉。是书上自隆古，下迄清代，尽论四部精要。为之之法，如《吕刑》一篇出自《书》，吾读此篇而及于《书》，乃加详究焉出于《书》者若干篇，吾遂及于《书》全体矣。他经亦然。《伯夷列传》一篇出于《史记》，吾读此篇而及于《史记》，加详究焉出于《史记》者若干篇，吾遂及于《史记》之全体矣。他史亦然。出于'子'者，自一'子'至他'子'。出于'集'者，自一'集'至他'集'。于是国学常识罗于胸中矣。"②毛泽东当时对曾国藩的《杂钞》一书推崇备至，将此书所采用的方法称为"演绎法"和"中心统辖法"，认为运用这种方法，可以察其曲以知其全，执其微以会其通，守其中而得大，施于内而遍于外。简约之义。第二是抓住重点，得其精要。毛泽东在谈到如何读史时说："历史者，观往迹制今宜者也，公理公例之求为急。一朝代之久，欲振其纲而挈其目，莫妙觅其巨夫伟人。巨夫伟人为一朝代之代表，将其前后当身之迹，一一求之至彻，于是而观一代，皆此代表人之附属品矣。"③显而易见，毛泽东这一思想具有英雄史观的性质，但他强调读书要抓重点、得精要的观点是应当肯定的。简约之义。第三是取精用宏，条理通贯，融汇百家之说，自成一家之学。毛泽东在为萧子升自订的读书札记本《一切入一》所作的序中，对此作了详尽的论述：

予维庄生有言：吾生也有涯，而智也无涯。今世学问之涂愈益加辟，文化日益进步，人事日益繁衍，势有不可究诘者。惟文化进矣，人之智慧亦随而进，则所以究诘之者，仍自有道也。顾究诘也同，而有获有不获，则积不积之故也。今夫百丈之台，其始则一石耳，由是而二石焉，由是而三石四石，以至于万石焉。学问亦然。今日记一事，明日悟一理，积久而成学。高以下基，洪由纤起，在乎人之求之而已。等积矣。又有大小偏全之别，庇千山之材而为一台，汇百家之说而成一学，取精用宏，根茂实盛，此与夫执一先生之言而姝姝自悦者，区以别矣，虽然，台积而高，学积而博，可以为至矣，而未也。有台而不坚，有学而不精，无以异乎无台与学也。学如何精，视乎积之道而已矣。

① 指曾国藩所纂的《经史百家杂钞》。
② 《毛泽东早期文稿》，湖南人民出版社1990年版，第24—25页。
③ 《毛泽东早期文稿》，湖南人民出版社1990年版，第22页。

积之之道，在有条理。……博与精，非旦暮所能成就，必也有恒乎？曰，日行不怕千里。将适千里，及门而复，虽砣砣决不可及，恒不恒之分也。①

毛泽东在《〈一切入一〉序》的最后指出，搜罗万有，固然可以博其心胸；但若不加选择和条理，兼收并蓄，小大毕俱，虽美于目，而未必可悦于心。因此，对于积累的知识，应加以改造整理，"挈其瑰宝，而绝其淄磷"，并且要"持之以久远，不中涂而辍。"② 在毛泽东看来，一旦通过艰苦的求学过程而探讨到了"大本大源"，就实现了观念形态的主客统一性，远达天地，通贯古今，发微洞幽，聪明智慧，臻至真与智的精神境界。

善与仁的人生是理想人格的核心构件。"仁"是儒家学派所追求的最高道德境界，孔子将"仁"诠释为"爱人"③，"己欲立而立人，己欲达而达人"④，"己所不欲，勿施于人"⑤。孟子亦认为："仁，人心也"⑥，"亲亲仁也"⑦，"仁者以其所爱，及其所不爱"⑧；北宋的张载将"仁"解为兼爱，认为"以爱己之心爱人则尽仁"⑨。儒家对于仁的解释用语不尽相同，但其内在精神则是一致的，即仁是知与行、道德理性与道德践履、爱的品性与爱的行为的统一。人们在知行合一这种主客体现实形态的统一性中，互为目的，亦互为手段，既满足了自己的需要，又能满足他人的需要；既实现了自我，又为他人的实现提供了条件。仁的境界是崇高的，但只要能够努力践履仁的原则，就能日益趋向、接近这一境界，故《中庸》曰"力行近乎仁"。知行合一既是一种人生境界，又是由观念形态的主客统一性向情感形态的主客统一性过渡的中介。正因为如此，中国历来有重实践的优秀思想传统。如荀子放言"知之不若行之，……知之而不行，

① 《毛泽东早期文稿》，湖南人民出版社1990年版，第82—83页。
② 《毛泽东早期文稿》，湖南人民出版社1990年版，第83页。
③ 《论语·颜渊》。
④ 《论语·雍也》。
⑤ 《论语·颜渊》。
⑥ 《孟子·告子上》。
⑦ 《孟子·尽心上》。
⑧ 《孟子·尽心上》。
⑨ 张载：《正蒙·中正》。

虽敦必困"。①朱熹明辨知行之先后轻重："论先后，知为先；论轻重，行为重"，"知之愈明，则行之愈笃；行之愈笃，则知之益明"。②王守仁反对把知行分为二事，懵懂做事，悬空思索，大倡"圣门知行合一之教"③，认为"知是行的主意，行是知的工夫，知是行之始，行是知之成"④。"知之真切笃实处即是行"，"真知即所以为行，不行不足谓之知"。⑤王夫之认为行可兼知，而知不可兼行，知行相资以为用，并进而有功。这些思想家虽然处于不同的哲学阵营，但有一个共同的特点，即重视实行，主张知行合一，学以致用。毛泽东继承了中国古代重视躬行践履的思想传统，把知行合一作为自我实现的人生理想的重要内容。他在《讲堂录》中写道："实意做事，真心求学"⑥，"古者为学，重在行事"⑦。他在读泡尔生的《伦理学原理》时，又写下了这样的批注："吾惟发展吾之一身，使吾内而思维、外而行事，皆达正鹄。"⑧"固应主观客观皆满足而后谓之善也"。⑨"欲求某种效果，必行含有某种效果之行为"。⑩而知与行的现实统一性又可分为知、信、行三个阶段。他说："夫知者信之先，有一种之知识，即建为一种之信仰，既建为一种信仰，即发为一种之行为。知也，信也，行也，为吾人精神活动之三步骤。"⑪知之而后信之，信之而后行之，主体自我若实现了三者的统一，就进入了善或仁的精神境界。

美和勇的人生是理想人格的最终实现状态。美和勇作为主客体之情感形态的统一，是在主客体观念形态和实在形态统一基础上的跃迁和升华，是理想人格与境界的完成形式。人是具有自觉能动精神和创造性智慧与力量的存在物。

---

① 《荀子·儒效》。
② 《朱子语类》卷9。
③ 王守仁：《传习录》中。
④ 王守仁：《传习录》上。
⑤ 王守仁：《传习录》中。
⑥ 《毛泽东早期文稿》，湖南人民出版社1990年版，第581页。
⑦ 《毛泽东早期文稿》，湖南人民出版社1990年版，第586页。
⑧ 《毛泽东早期文稿》，湖南人民出版社1990年版，第204页。
⑨ 《毛泽东早期文稿》，湖南人民出版社1990年版，第153页。
⑩ 《毛泽东早期文稿》，湖南人民出版社1990年版，第151页。
⑪ 《毛泽东早期文稿》，湖南人民出版社1990年版，第228页。

当人认识了事物的本质和规律，按照自身的需要确立了为之趋赴的目的，进行合目的性与合规律性相统一的创造性活动时，就表现了其创造性的智慧、才能和力量。作为主体的人在这一符合人的本质、能满足人生存发达需要的、创造性的活动中以及对其成果的观照中，就会感受到自身的本质力量，体验到优美或崇高的审美愉悦。毛泽东说："一事之见于行为也，必先动其喜为此事之情，尤必先有对于此事明白周详知其所以然之智。明白周详知所以然者，即自觉心也。"①"运动而有恒，第一能生兴味。……第二能生快乐。运动既久，成效大著，发生自己价值之念。以之为学则胜任愉快，以之修德则日起有功，心中无限快乐，亦缘有恒而得也。快乐与兴味有辨：兴味者运动之始，快乐者运动之终；兴味生于进行，快乐生于结果。二者自异。"②理性、知识和自觉心使人明确了某事对人生完善的意义，而动"喜为此事之情"，经常从事某种活动，在活动过程之中可以产生兴味，在对活动结果的观照中则能产生快乐，这种快乐就是由于需要满足、理想实现而产生的心理感受和审美体验。美是在知与行的基础上产生的一种情感状态，是必然继真知和笃行而来的精神境界。

勇力、意志与美处于人生境界的同一层级，是理想人格的重要素质。毛泽东说："人固以发展一身之勇力为其最终之目的也。"③勇与智仁是一种互依共进的关系：一方面，勇以智与仁为产生和存在的条件，故《中庸》言"知耻近乎勇"。孟子主张通过践仁履义，操存涵养，培养至大至刚的浩然之气。毛泽东也认为"知识有助于意志"④，体育、践行可养成勇武之气。另一方面，勇敢坚毅，事之终始，"意志也者，固人生事业之先驱也"⑤，"智仁体也，非勇无以为用"⑥。对于宇宙真理的认识和践行，事业的发轫、持续与成功，需要创新的

---

① 《毛泽东早期文稿》，湖南人民出版社 1990 年版，第 72 页。
② 《毛泽东早期文稿》，湖南人民出版社 1990 年版，第 74—75 页。
③ 《毛泽东早期文稿》，湖南人民出版社 1990 年版，第 176 页。
④ 《毛泽东早期文稿》，湖南人民出版社 1990 年版，第 132 页。
⑤ 《毛泽东早期文稿》，湖南人民出版社 1990 年版，第 72 页。
⑥ 《毛泽东早期文稿》，湖南人民出版社 1990 年版，第 59 页。

勇气和守恒的毅力。没有勇敢坚毅的意志力，德智就无从体现和施行。对于人的意志品格，毛泽东在 1913 年作的《讲堂录》中多有记载和论述：1. 反对懒惰，提倡勤苦。"人情多耽安佚而惮劳苦，懒惰为万恶之渊薮。人而懒惰，农则废其田畴，工则废其规矩，商贾则废其所鬻，士则废其所学。业既废矣，无以为生，而杀身亡家乃随。国而懒惰，始则不进，继则退行，继则衰弱，终则灭亡。"① 2. 克制嗜欲，志在刚毅。"刚字立身之本，有嗜欲者不能刚。"②"货色两关打不破，其人不足道也。"③ 3. 安贫乐道，动心忍性。"惟安贫者能成事，故曰咬得菜根，百事可做。"④ 4. 积极向上，力戒消极。"夫以五千之卒，敌十万之军，策罢乏之兵，当新羁之马，如此而欲图存，非奋斗不可。""少年须有朝气，否则暮气中之。暮气之来，乘疏懈之隙也，故曰怠惰者，生之坟墓。"⑤ 5. 独立不惧，不媚世俗。"有独立心，是谓豪杰。"⑥"圣人之所为，人不知之，曲弥高而和弥寡也，人恒毁之，不合乎众也。然而圣人之道，不求人知，其精神唯在质天地而无疑，放四海而皆准，俟百世而不惑，与乎无愧于己而已。并不怕人毁，故曰举世非之而不加沮，而且毁之也愈益甚，则其守之也愈益笃，所谓守死善道是也。"⑦"不为浮誉所惑，则所以养其力者厚；不与流俗相竞，则所以制其气者重。"⑧ 以上引文并不完全是毛泽东本人的思想，其中有的摘自典籍，有的出自教师之口。但毛泽东将其载入笔记，肯定有所选择，因而在一定程度上反映了毛泽东重视意志力的思想倾向。在《体育之研究》一文中，毛泽东把猛烈、不畏、敢为、耐久皆视为意志之事，认为冷水浴、长距离赛跑等体育活动可以增益这些意志品质，并且举例说："夫力拔山气盖世，猛烈而已；不斩楼兰誓不还，不畏而已；化家为国，敢为而已；八年于外，三过其门而不入，

---

① 《毛泽东早期文稿》，湖南人民出版社 1990 年版，第 585 页。
② 《毛泽东早期文稿》，湖南人民出版社 1990 年版，第 591 页。
③ 《毛泽东早期文稿》，湖南人民出版社 1990 年版，第 587 页。
④ 《毛泽东早期文稿》，湖南人民出版社 1990 年版，第 591 页。
⑤ 《毛泽东早期文稿》，湖南人民出版社 1990 年版，第 585 页。
⑥ 《毛泽东早期文稿》，湖南人民出版社 1990 年版，第 581 页。
⑦ 《毛泽东早期文稿》，湖南人民出版社 1990 年版，第 593 页。
⑧ 《毛泽东早期文稿》，湖南人民出版社 1990 年版，第 610 页。

耐久而已。"①

　　毛泽东以真善美、智仁勇的统一为人生的最高境界和人生理想,并以之规范、激励自己的人生活动。他在湖南省立第一师范求学期间,以自己智仁勇统一的卓越人格和德智体全面发展的优异成绩,赢得了师生们的一致赞誉。据湖南一师校志记载,1917 年 6 月,该校开展人物互选活动。这项活动的目的是考察学生的操行学业,激励学生奋发向上,培养选拔优秀人才。其选举范围包括德育、智育、体育三部分,其中德育分为敦品、自治、好学、克勤、俭朴、服务等项;智育分为文学、科学、美感、职业、才具、言语等项;体育分为胆识、卫生、体操、国技、竞技等项。其具体做法是:每人投 3 票,每票限举一人,被选者不以本班为限,选举人按规定的标准把被选举人的考语事实详注票内。在这次人物互选活动中,全校 400 多人参加,34 人当选,毛泽东在德、智、体三方面的 6 项中当选,即敦品 11 票,自治 5 票,文学 9 票,言语 12 票,才具 6 票,胆识 6 票,共 49 票,得票总数为全校之冠。在当选的 34 人中,只有毛泽东在德智体三方面都有项目得票,敦品一项他得票最多,胆识一项只有他自己得票。他得票 6 项的具体内容是:敦品为"敦廉耻,尚气节,慎交游,屏外诱";自治为"守秩序,重礼节,慎言笑";文学为"长于国文词章";言语为"长于演讲,论辩应对";才具为"应变有方,办事精细";胆识为"冒险进取,警备非常"。这次人物互选活动表明,早年毛泽东有高尚的道德、卓异的才智、坚强的意志,他以自己的实际行动艰辛而执着地践履、追求着自我实现、身心并完、智仁勇一体的人格理想。

三、竞争抵抗为人格完善之源

　　早年毛泽东崇尚、赞美、向往运动和斗争,认为运动和斗争是宇宙万物和社会人生的本质属性,赋予人生以意义,创造人生之价值,成就人生之事业,达成人生之理想。

---

①　《毛泽东早期文稿》,湖南人民出版社 1990 年版,第 71 页。

运动变化的观念为古今中外许多思想家所尊奉。在中国古代，作为群经之首的《易经》贯串了万物交感、变化发展的观念，作为对其进行解说、补足和发挥的《易传》，则进一步深化、弘扬了这一思想。《易传·象辞·乾象》曰："天行健，君子以自强不息。"其作者从天道盈虚消息、屈伸往来、刚健强壮和不息动变中得到启发，认为人也是在生生不息的运动过程中实现自己的价值的。君子应效法乾天健行之象，发愤自强，精进向上。《易传·系辞》认为：变化生成是天地的本质，"日新之谓盛德，生生之谓易"，"天地之大德曰生"。自然和社会中的一切事物都是迁徙流转、永恒动变的，"易穷则变，变则通，通则久"。而运动变化的原因，在于阴阳、刚柔、动静两种相反力量的相推相摩，"一阴一阳之谓道"，"刚柔相摩，八卦相荡"，"刚柔相推而生变化"。

天地万物永恒动变是中华民族千古一脉的坚定信念。近代以来，改良派、维新派和革命派为了变革更张、救亡图存，也大力宣传变的哲学。尽管他们对于变的理解和诠释不同，有器变道不变论者，有道器皆变论者；有渐变论者，有骤变论者，有渐骤互转互渗论者，但主变无疑是思想主流。如康有为发挥《易经》变易之义，为变法维新作论证；梁启超倡言变为古今之公理，凡在天地之间者莫不变；严复译介《天演论》，以物各竞存、最宜者立的思想激励国人变法维新，救亡图强。在20世纪初，尼采哲学和柏格森哲学开始在中国传播，对当时的思想解放运动起了重要作用。尼采是开现代西方存在主义等哲学流派之先河的、具有诗人气质与情调的哲学家。在他看来，世界是一个奔腾泛滥的力的海洋，它永远在自我创造和自我毁灭的动变中肯定自己、实现自己。人作为世界之本质的肯定者和实现者，应秉承世界本体的这种精神，积极奋斗，创造进取，乐观豪放，坚毅耐久，经受磨炼，追求优胜，在一切方面都成为超越凡俗的最优秀和最强有力者。生命哲学家柏格森也把宇宙过程视为川流不息的生命之河。毛泽东在其早期著作中曾提到过尼采和柏格森，并且将其哲学归结为"向上的"和"活动的"哲学，对为这种哲学所陶铸、最富于"高的精神"、最能克服艰难困苦、唯求实现"高"的人格的德国民族深表倾慕和同情。①

———————

① 参见《毛泽东早期文稿》，湖南人民出版社1990年版。

　　受中国古今的无穷变易观和尼采、柏格森等人的动的哲学的影响，早年毛泽东也认为，宇宙万物都处于永不停息、永无止境的运动之中，大千世界，变化万殊，天下万物，动变不息，就连人的身体也是日日变易，"新陈代谢之作用不绝于各部组织之间"。① "动"是宇宙中唯一真实的存在，是主体自我的人格完善之源。"天地盖唯有动而已" ②，"人类之目的在实现自我而已，……达此目的之方法在活动" ③。

　　运动变化是宇宙万物的普遍属性，亦是人生理想得以实现的基础和途径，而动变的深刻根源又在于事物内部两种相反相成力量的差别、对峙、抵抗和斗争。毛泽东指出："人世一切事，皆由差别比较而现" ④，阴阳、虚实、大小、高卑、秽清、生死、厚薄、上下、古今、治乱、圣愚、贤不肖都是相比较而显现的，其作为对立的两极，既相即不离，又竞争抵抗，从而引起了事物的无穷变化。在相互对峙的两种力量中，一方势力的增大，必然伴随另一方抵抗的加剧，恰如"河出潼关，因有太华抵抗，而水力益增其奔猛；风回三峡，因有巫山为隔，而风力益增其怒号" ⑤。人类与外界的关系亦然，"人类之势力增加，外界之抵抗亦增加，有大势力者，又有大抵抗在前也"。⑥ 竞争抵抗与运动变化无处不在，亦无时不在。毛泽东说："人者，动物也，则动尚矣。" ⑦ "动"与"斗"既是人的本质，也是实现人生理想、成就理想人格的必经之途。因为竞争抵抗逼迫人们自立自强，人也只有在竞争抵抗中显示自己的本质属性，体验到生命的巨大力量和人生的欢乐，成就完美至善的人格，圣人就是"抵抗极大恶而成者"。⑧ 毛泽东认为，安宁与秩序是人生所需要的，但长久、纯粹的平安大同生活又非人生所能忍受，变化倏忽、事态百变的社

---

① 《毛泽东早期文稿》，湖南人民出版社 1990 年版，第 69 页。
② 《毛泽东早期文稿》，湖南人民出版社 1990 年版，第 62 页。
③ 《毛泽东早期文稿》，湖南人民出版社 1990 年版，第 184 页。
④ 《毛泽东早期文稿》，湖南人民出版社 1990 年版，第 247 页。
⑤ 《毛泽东早期文稿》，湖南人民出版社 1990 年版，第 180—181 页。
⑥ 《毛泽东早期文稿》，湖南人民出版社 1990 年版，第 181 页。
⑦ 《毛泽东早期文稿》，湖南人民出版社 1990 年版，第 69 页。
⑧ 《毛泽东早期文稿》，湖南人民出版社 1990 年版，第 183 页。

会较之承平之世对人更有魅力，人崇尚动斗的本性必然要从平安大同之境中生出许多竞争抵抗的波澜来。因此，无差别、无矛盾、无冲突的纯粹自由、平等、博爱境界并不存在，相反，与人崇尚、喜爱动斗的本性相契合，人类社会是在治乱迭乘、竞争抵抗中向前发展的。他说："人现处于不大同时代，而想望大同，亦犹人处于困难之时，而想望平安。然长久之平安，毫无抵抗纯粹之平安，非人生之所堪，而不得不于平安之境又生出波澜来。然大同亦岂人生之所堪乎？吾知一入大同之境，亦必生出许多竞争抵抗之波澜来，而不能安处于大同之境矣。是故老庄绝圣弃智、老死不相往来之社会，徒为理想之社会而已。陶渊明桃花源之境遇，徒为理想之境遇而已。……是故治乱迭乘，平和与战伐相寻者，自然之例也。伊古以来，一治即有一乱，吾人恒厌乱而望治，殊不知乱亦历史生活之一过程，自宜有实际生活之价值。吾人览史时，恒赞叹战国之时，刘、项相争之时，汉武与匈奴竞争之时，三国竞争之时，事态百变，人才辈出，令人喜读。至若承平之代，则殊厌弃之。非好乱也，安逸宁静之境，不能长处，非人生之所堪，而变化倏忽，乃人性之所喜也。"①

　　早年毛泽东认为，实现自我是对社会和自我的超越。要实现自我，一方面要向社会挑战，同压抑、摧残、扼杀个性、阻碍自我发展完善的封建专制制度、腐朽的伦理道德和价值观念作不懈的斗争；另一方面，也要同现在的、不完善的自我挑战，超越现在之我而趋向理想之我。他说："我是极高之人，又是极卑之人。"②作为主体的自我有成就完美至善人格的潜能，但现在之"我"尚不是完美至善的。人生处处有陷阱、有歧路，行善为恶常在一念之间。要完善自身，不仅要与外境战斗，也要与内心卑下的欲念、狭隘的意识、错误的思想作战，高尚的理想之我是主体在不断同不完善的、甚至卑下的现在之我、习惯之我的挑战中得以实现的。自我实现实际上是主体能力的充分发挥，是主体对自身与外境的超越，是今日之我与昨日之我挑战、明日之我与今日之我挑战

① 《毛泽东早期文稿》，湖南人民出版社1990年版，第184—186页。
② 《毛泽东早期文稿》，湖南人民出版社1990年版，第270页。

的连续过程。挑战、奋斗、超越构成了早年毛泽东人生哲学的总体格调。他在一则日记中写道:"与天奋斗,其乐无穷! 与地奋斗,其乐无穷! 与人奋斗,其乐无穷!"① 正值风华正茂之时的毛泽东和他的青年同道指点江山,挥斥方遒,在与桀骜不驯的大自然、黑暗暴虐的旧势力以及自己头脑中的旧思想、旧观念的不懈斗争中,体验着高尚而伟大的欢乐与幸福,执着地向身心并完的人格理想奋进。

同崇尚动斗和自我超越的思想相一致,毛泽东敢于直面人生的痛苦与不幸,以乐观、旷达的态度对待生死成毁的大变化,在任何艰险危难的情况下都能以欢快、豪放的心境去生活战斗。

毛泽东认为,真正的人生是由幸福与不幸交织而成的。泡尔生在《伦理学原理》一书中写道:人若只享纯粹之幸福而未涉艰难危险之境,则无由发展其最大才干,无机会展现其一切能力。"而不幸之境遇,……适以训练吾人,而使得强大纯粹之效果。盖吾人既逢不幸,则抵抗压制之弹力,流变不渝之气节,皆得藉以研炼,故意志益以强固。而忍耐之力,谦让之德,亦由是养成焉。……最高尚之道德,非遭际至大之艰苦,殆未有能完成者。"②"确实之幸福,必合幸与不幸而成之。"③ 泡尔生的上述观点与我国"动心忍性,增益其所不能"④ 和"贫贱忧戚,玉汝于成"⑤ 的传统思想相符合。毛泽东对泡尔生的凿凿之语极表赞成,认为是"振聋发聩之言"。⑥ 人类及其个体是在幸与不幸的交替流转中增益智慧、陶冶情操、磨砺意志的。伟大的幸福,正是主体以自身顽强的生命力战胜痛苦与不幸而从内心生发出的自豪感和崇高感。人在对最深沉的痛苦与不幸的承受和征服中,同时也发挥了自己的最大潜能,伸张了自身的至大至伟之力,体验了人生的最大欢乐。相反,没有痛苦和不幸的纯然

---

① 转引自萧三:《毛泽东的青少年时代和初期革命活动》,中国青年出版社1980年版,第47页。

② 泡尔生:《伦理学原理》,蔡元培译,商务印书馆1909年版,第172页。

③ 泡尔生:《伦理学原理》,蔡元培译,商务印书馆1909年版,第173页。

④ 《孟子·告子下》。

⑤ 张载:《正蒙·乾称》。

⑥ 《毛泽东早期文稿》,湖南人民出版社1990年版,第258页。

的"幸福"是庸俗的、微不足道的。真正的强者和理想人生的创造者，对于欢乐与忧伤、幸福与不幸、和谐与冲突、生存与死灭，都能承受、趋赴和泰然处之。

最能动人生之悲痛者莫过于生死巨变。即使对于由生而死的大波澜，毛泽东也充分肯定，热情赞美。首先，他从物质不灭、精神不灭的本体论高度，以超然的态度视生死。人类是自然物之一，受自然法则支配。自然物有成必有毁，人亦有生必有死。人之生为物质和精神的团聚，死为物质和精神的离散。由生而死，个体之我的现存状态被毁灭了，但构成其肉体生命和精神生命的物质和精神是不朽的，散必有聚，死必有生，它们必将会融入宇宙大我，在宇宙大我的永恒运动中获得永生和升华。毛泽东的这一思想有二元论和相对主义哲学倾向，但由之导出的逻辑结论则是意味深长的：人无须惊叹宇宙的恢宏无疆，哀怨人生的渺小短暂，只要致力于此生的完善，其思想事业就会融入人类乃至整个宇宙发展的链条而与世共存。其次，毛泽东认为生死巨变有裨于实现具足的生活。"宇宙间非仅有人生一世界，人生以外之世界，必尚有各种焉。吾人于此人生之世界已种种经验之，正应脱离此世界而到别种世界去经验。……人类者生而有好奇之心，何独于此而不然？吾人不常遇各种之奇事而好之乎？死也者，亦吾有生以来一未尝经验之奇事也，何独不之好乎？……或者乃惧其变化之巨，吾则以为甚可贵，于人生世界之内，向何处寻此奇伟之巨变，于人生之世界所不能遇者，乃以一死遇之，岂不重可贵乎？大风卷海，波澜纵横，登舟者引以为壮，况生死之大波澜何独不知引以为壮乎！"① 再次，毛泽东肯定了为反抗强权自杀或奋斗被杀对于自我实现的意义与价值。为反抗强权而自杀的人，"让他的身体虽死，而他的志气获伸，……压他的强权，因此不能逞意"。因而自杀对于人格的保全有相对的价值。毛泽东肯定自杀的价值，但不提倡自杀，而是主张牺牲奋斗。"与其自杀而死，宁奋斗被杀而亡。"与社会上的恶势力斗争，夺回人格得生的希望，实现体魄和精神势力发展到最大限度的具足生活，是最有价值的。至于奋斗被杀，"则真天下之至刚勇，而悲剧

---

① 《毛泽东早期文稿》，湖南人民出版社 1990 年版，第 195—198 页。

之最足以印人脑腑"。①

　　早年毛泽东认为，人生理想既现实切近，又崇高悠远，自我实现是一个永无止境的上升超越过程。人生理想作为一种超越性追求，凝聚了人们对于人生意义的理解和对于人生价值目标的构想，是对于外在世界和内在自我的超越。但超越不是脱离，人生理想既植根于现实又高于现实，现实生活中每一个有利于自我实现的道德行为既是达于人生理想的手段和途径，又是人生理想的有机构成部分。生活的辩证法要求人们立足现实的世俗生活而超越世俗、追求理想，拒斥一切远离现实的企图。《中庸》曰："君子之道，费而隐，夫妇之愚可以与知焉；及其至也，虽圣人亦有所不知焉。夫妇之不肖可以能行焉；及其至也，虽圣人亦有所不能焉。"君子之道作为人生的理想目标，人人可知能行，但其高深极难处即使圣人也有所不知、有所不能。人是在世俗生活中追求超越的，而超越自我与外界绝非一蹴而就，须付出终生的辛勤努力。《中庸》"极高明而道中庸"一语准确道出了立足现实又超越现实的辩证法。康德派哲学家泡尔生也有此主张，认为任何道德行为都是作用与正鹄、手段与目的的一致。毛泽东对理想与现实的关系的看法与上述观点极为相似。他说：泡尔生"发明且为作用、且为正鹄之精神，足使人类之人生观意义为之一变。何则？从前之人，莫不以为事未至最终之目的，即为无甚价值。因之在未达目的之前毫无生意，视其所行之一段路若废物焉。今知且为作用、且为正鹄，则无往不乐。有一日之生活即有一日之价值，使人不畏死，上寿百年亦可也，即死亦可也"。②"人不能达到根本之欲望，亦可谓之人不能达到根本之理想。人只能达到借以达于理想之事，及事达到，理想又高一层。故理想终不能达到，惟事能达到也。"③人生理想即在现实生活之中，并通过现实生活而实现，因而人应重视现实人生的意义和价值，积极、乐观、充实地生活；人生理想作为一种崇高境界，又是超越现实的。人们生存发达的欲望是无止境的，人的本质、理想、意义、价值亦非先定的、凝滞的，而是未定的、动态的、由人的活动不断创造

---

① 《毛泽东早期文稿》，湖南人民出版社1990年版，第433页。
② 《毛泽东早期文稿》，湖南人民出版社1990年版，第156—157页。
③ 《毛泽东早期文稿》，湖南人民出版社1990年版，第162页。

出来的，人对理想人生的追求是一个无限上升的过程。作为主体的人不能满足于人生之路上的一孔之见和一得之功，不能沉溺于过去和消磨现在，而应当发挥主动自觉的精神，以已有的创造性成果为支点，不断超越现在之我而创造未来的理想之我。理想人生的实现绝非一朝一夕所能济事，人们行于自我实现的人生之路，总感到前路悠悠、日暮途远。

　　早年毛泽东脚踏坚实的人生大地，深深体验着对于个人、社会、国家的责任心和使命感，胸怀身心并完的人格理想和改造中国与世界的社会理想，坚定而傲然地走在艰难的人生之路上。他心中充溢涌动着探幽寻胜的好奇心，致知力行的务实精神，以及永恒将自己置于矛盾、冲突、竞争、抵抗激流中的渴望；他在对宇宙真理的悉心探索和同腐朽势力的苦战奋斗之余，又"携来百侣曾游"，陶然于湘江之畔、岳麓山头，沐浴在风光月色里，驰骋于狂风暴雨中，更"到中流击水，浪遏飞舟"①，以昂扬奋进、乐观豪放的心态，与自然、社会和自身斗争挑战，从中体验着巍峨奇丽、崇高宏阔、酣畅淋漓的阳刚之美感和人生的真正幸福，并不断超越着现在之我，向理想之我趋近。

---

① 毛泽东：《沁园春·长沙》。

第四章　改造中国与世界的社会理想

自我实现作为人的需要的最高层级和人生的最高境界，是主体成于内的充实完美与形于外的功德事业的统一，是潜在的能力与现实的价值的一致。自我实现关涉自我与社会两个方面。毛泽东的恩师杨昌济先生认为，人类的最终目的是"理想人格的自我之实现"，而个人的理想人格只能在社会生活中成就之，"此无论何人所以不可不顾自己，同时又不可不顾社会也。故自我之实现，可谓于个人之人格成就之，亦可谓于社会成就之。吾人之目的，为个人善，同时又为社会善。自个人之方面言之，道德的善乃自我实现；自社会之方面言之，乃社会实现也。"① 青年毛泽东深受杨昌济的影响，在《〈伦理学原理〉批注》中表达了与其大致相同的思想："人类之目的在实现自我而已。……达此目的之方法在活动，活动之所凭借，在于国家社会种种之组织，人类之结合。……吾人之种种活动，……乃借此以表彰自我之能力也。"② 实现自我是人生的根本要义，力求实现自己，通过自身使自己在客观世界中获得客观性并完成（体现）自己，是人所共有的欲求。社会既是人之完善自我、积聚智慧、砥砺品行、增强意志力的环境和场所，又是人们表现自我的能力，从事自由自觉的、创造性活动的对象。作为主体的人应以主动自觉的精神，根据社会的现实需要确定社会理想，通过一定的社会活动方式实现其理想，而主体也在这种改造社会的实

---

① 《杨昌济文集》，湖南教育出版社 1983 年版，第 270 页。
② 《毛泽东早期文稿》，湖南人民出版社 1990 年版，第 246—247 页。

践活动中发挥自己的身心能力，将自身的主观能力和潜在价值客观化、对象化。这样，个人的自我实现与社会实现、个人的思想生活向上与社会的进步发展，就成为同一个过程的两个方面。与个人的生活、人格理想相关联，人们必然要产生、确立与之相应的社会理想。而社会理想的确立，又会对个人的生活理想及其人生活动产生强烈而持久的规范、鼓舞和激励作用，对社会理想的追求和献身也就成为人生理想的重要内容和自我价值的社会表现。当社会腐败万恶，压抑个人，摧残人性，阻碍人的发展和完善，"非以社会为个人之发展地，而以个人为社会之牺牲品"①，那么，具有自觉意识和能动精神、渴求自我实现和自我完善的主体，就必然要产生涤旧致新、改造社会的强烈愿望。毛泽东早年立志"表彰自我之能力"，"改造中国与世界"，这一高远宏大的社会理想是其自我实现、身心并完、德业俱足的人生正鹄论的必然的逻辑发展和延伸。

一、万物一体与慈悲救世

在青年毛泽东生活的时代，帝国主义的侵略日甚一日，国内军阀混战兵连祸接，劳苦大众生灵涂炭、惨遭蹂躏。感于国家、民族的危急形势和人民大众的深重苦难，毛泽东立志匡时救弊、兼济天下，热切期望中国人民能够摆脱奴隶境地，获得独立、自由、平等和幸福。但在五四运动以前，毛泽东尚未接受马克思主义并进而找到改造社会的正确道路，他的思想受传统文化中万物一体、圣贤创世和道德政治观念的影响，带有浓厚的英雄史观色彩。

中国传统哲学中的儒家学派认为，天地宇宙和社会人生由一元之气繁衍化育而成，其发展变化是一个统一、完整的生命流程。人的本质和生命源于宇宙的本质和生命，人的心性本质上同于天地宇宙的本性。天地人物的本性就在于生成、化育、发展和完善生命，作为具有仁心善性和灵明之知的人类，其目的、使命、价值和意义就在于体合天地人心中的好生之德，并将之彰显、弘扬

---

① 《毛泽东早期文稿》，湖南人民出版社 1990 年版，第 453 页。

于宇宙、社会和人生之中，参赞化育，曲成万物，达于天人合一、大德敦化的境界。由于先天的禀赋和后天修养的不同，人便有君子与小人、圣贤与愚顽的区别。只有圣贤君子能够体察天地人生的本质，超越物质欲望和肉体小我的束缚，养护和扩充精神之我，以万物一体、民胞物与的博大胸怀，博施广济，仁民爱物。孔子提倡立己立人，达己达人，"修己以安人"，"修己以安百姓"；①孟子谓天下国家之根本在身，"君子之守，修其身而天下平"②，"亲亲而仁民，仁民而爱物"③；《中庸》标举推己及人、成己成物的"合内外之道"；北宋哲学家张载放言乾父坤母、民胞物与，立志"为天地立心，为生民立道，为往圣继绝学，为万世开太平"④，力学致知，穷神知化，体合天心，把握宇宙的本质和规律，制礼作乐，教生民以相生相养、相维相治之道，继承圣学余脉，宏扬德行教化，立己立人，建功立业，开创永久太平的世界。近代维新运动的领袖人物康有为等人也宣扬乾坤为父母，万物同胞体，并以圣贤君子自居，为拯救国家和人民而变法维新，推行其自由、平等、博爱主张，试图建立没有剥削压迫、等级差别和贫穷愚昧，生产发达、财产公有、政治民主、个人自由平等的带有空想社会主义性质的大同世界。

青年毛泽东在1917年8月23日致黎锦熙的信中，按照"从其大体为大人，从其小体为小人"⑤的尺度，把人分为"君子"和"小人"两类。而"君子"又可分为"传教之人"和"办事之人"。"传教之人"是儒家所推崇和向往的圣贤理想人格。圣贤之人能够穷究宇宙人生真谛，宏扬德行教化，制礼为乐，化育万民，功在当代，泽被万世。韩愈在《原道》中写道："古之时，人之害多矣。有圣人者立，然后教之以相生相养之道。为之君，为之师。驱其虫蛇禽兽而处之中土。寒，然后为之衣；饥，然后为之食；木处而颠，土处而病也，然后为之宫室。为之工以赡其器用，为之贾以通其有无，为之医药以济其夭死，为之

① 《论语·宪问》。
② 《孟子·尽心上》。
③ 《孟子·尽心上》。
④ 张载：《近思录拾遗》。
⑤ 《孟子·告子上》。

葬埋祭祀以长其恩爱，为之礼以次其先后，为之乐以宣其湮郁，为之政以率其怠倦，为之刑以锄其强梗。相欺也，为之符、玺、斗斛、权衡以信之；相夺也，为之城郭甲兵以守之。害至而为之备，患生而为之防。……如古之无圣人，人之类灭久矣。"昔圣先贤所用以教化万民的东西，就是仁义道德。博爱叫做仁，实行仁适宜叫做义，达于仁义之方式途径叫做道，自我完善而又不依赖外力叫做德。青年毛泽东了解儒家经典，更熟读韩愈文章，接受圣人设教创制的唯心史观影响，也认为"有圣人者出，于是乎有礼"①，把典章制度乃至人类一切物质和精神的文明成果均归之于圣贤之人的创造。君子中的"办事之人"，虽然能够遵循圣贤之垂教，建功立业于当世，但他们无心探求宇宙真理，主要是受内在的自然冲动和意志力行事，在品德上有所欠缺，达不到德、功、言三者俱立的人生境界。毛泽东曾在《讲堂录》中写道："王船山：有豪杰而不圣贤者，未有圣贤而不豪杰者也。圣贤，德业俱全者；豪杰，歉于品德，而有大功大名者。拿翁，豪杰也，而非圣贤。"②

青年毛泽东按照人们对于宇宙人生的本质——"宇宙真理"或"大本大源"的觉解程度，将其划分为圣人、贤人和小人、愚人。他说："圣人，既得大本者也；贤人，略得大本者也；愚人，不得大本者也。圣人通达天地，明贯过去现在未来，洞悉三界现象，如孔子之'百世可知'③，孟子之'圣人复起，不易吾言'④。孔孟对答弟子之问，曾不能难，愚者或震之为神奇，不知并无谬巧，唯在得一大本而已。"⑤ 毛泽东以是否探得"大本大源"为依据，纵观中国近代历史，品评曾国藩、康有为、孙中山、袁世凯等近代中国政治舞台上名声显赫的人物。袁世凯"以梢栌之材，欲为栋梁之任，其胸中茫然无有，徒欲学古代奸雄意气之为，以手腕智计为牢笼一世之具"⑥，如秋潦无源、浮萍无

---

① 《毛泽东早期文稿》，湖南人民出版社 1990 年版，第 66 页。

② 《毛泽东早期文稿》，湖南人民出版社 1990 年版，第 589 页。

③ 见《论语·为政》。原文为："殷因于夏礼，所损益，可知也；周因于殷礼，所损益，可知也。其或继周者，虽百世，可知也。"

④ 见《孟子·公孙丑》。原文为："圣人复起，必从吾言矣。"

⑤ 《毛泽东早期文稿》，湖南人民出版社 1990 年版，第 87 页。

⑥ 《毛泽东早期文稿》，湖南人民出版社 1990 年版，第 85 页。

根，其不能长久势所难免。孙中山首倡革命，从武装起义入手，而不是从探讨"大本大源"入手，未使革命获得哲理根据。康有为以陆王心学和今文经学为基础，兼采西方资产阶级的学术和政治思想，提出了一套托古改制、变法维新的理论，好似略有本源。其实也是支绌灭裂、不中不西、即中即西的折中调和的杂拌，"其本源究不能指其实在何处，徒为华言炫听，并无一干竖立、枝叶扶疏之妙。"① 毛泽东认为，在近代人中，只有曾国藩是真正探求到了"大本大源"的人。曾国藩（1811—1872 年）是湖南湘乡人，字伯涵，号涤生，道光年间进士。他服膺宋明理学，维护纲常名教，认为君子立志应"有民胞物与之量，有内圣外王之业，而后不忝于父母之所生，不愧为天下之完人"②，并以转移风俗、陶铸一世之人自命。他在列强威逼、农民反抗、清王朝处于风雨飘摇之中的危急形势下，兴办团练，效命疆场，镇压太平天国农民起义，被封建士大夫视为内圣而外王、德功言俱立的完人。杨昌济曾反复研读过曾国藩的著作，手抄其《求阙斋日记》，在同毛泽东谈话时，以为农家多出异材，"引曾涤生、梁任公之例以勉之③。在杨昌济的影响下，青年毛泽东以虔敬的心情研读曾国藩的著作，将曾国藩的一些语录奉为信条。圣贤之人探求到了宇宙真理，其思想活动决定时代面貌，影响历史发展。而一般愚人、小人却蔽于物欲，不得大本。他们心无定见，迷信盲从，失却主观性灵，像"商货""土木"一样被强有力者所颠倒、拨弄；他们缺乏高尚之智德，"终日在彼等心中作战者，有数事焉：生死一也，义利一也，毁誉又一也。愚者当前，则只曰于彼乎，于此乎？歧路徘徊，而无一确实之标准，以为判断之主。此如墙上草，风来两边倒。其倒于恶，固偶然之事，倒于善，亦偶然之事。"④ 小人、愚人的遭遇是大可悲悯的。毛泽东崇拜圣贤，夸大了圣贤体合天道、设教创制、推动历史的作用，同时也过分渲染了人民群众消极落后的一面，没有看到人民群众中蕴藏的历史主动性和积极创造精神，这反映了小资产阶级知识分子尚未同工农相结合

---

① 《毛泽东早期文稿》，湖南人民出版社 1990 年版，第 85 页。
② 曾国藩：《曾文正公家书》，道光二十二年十月二十六日。
③ 杨昌济：《达化斋日记》，湖南人民出版社 1981 年版，第 169 页。
④ 《毛泽东早期文稿》，湖南人民出版社 1990 年版，第 88 页。

时的思想状态和唯心史观的影响。但毛泽东并不敌视、冷漠群众，而是对于在精神、肉体上遭受奴役的人民群众寄予深切同情，并殷切期望探得了宇宙真理的圣贤之人出世，承担起拯救"小人"的责任。"小人"期待圣贤的救助，圣贤应以万物一体、民胞物与的胸怀，以积极入世的精神，悲悯、拯救"小人"，开启其智慧，高尚其道德，与他们共同进入太平大同世界。他说："小人累君子，君子当存慈悲之心以救小人。政治、法律、宗教、礼仪制度，及多余之农、工、商业，终日经营忙碌，非为君子设也，为小人设也。君子已有高尚之智德，如世但有君子，则政治、法律、礼仪制度，及多余之农、工、商业，皆可废而不用。无如小人太多，世上经营，遂以多数为标准．而牺牲君子一部分以从之，此小人累君子也。然小人者，可悯者也，君子如但顾自己，则可离群索居，古之人有行之者，巢、许是也。① 若以慈悲为心，则此小人者，吾同胞也，吾宇宙之一体也。吾等独去，则彼将益陷于沉沦，自宜为一援手，开其智而蓄其德，与之共跻于圣域。彼时天下皆为圣贤，而无凡愚，可尽毁一切世法，呼太和之气而吸清海之波。孔子知此义，故立太平世为鹄，而不废据乱、升平二世。大同者，吾人之鹄也。立德、立功、立言以尽力于斯世者，吾人存慈悲之心以救小人也。"② 从万物一体、民胞物与的观点看世界，立意不可谓不高；悲天悯人，立志救弊匡时，精神亦值得嘉扬。但看不到人民群众创造历史的能动精神和巨大力量，夸大圣贤豪杰扶危济困、创造历史的作用，毕竟是唯心史观；期望人人成为圣贤，共跻无矛盾、无差别、无法度的圣域，与崇尚动斗的人生态度也大相抵牾。青年毛泽东在稍后写的《〈伦理学原理〉批注》中对自己的这一思想作了自我批判："吾尝梦想人智平等，人类皆为圣人，则一切法治均可弃去，今亦知其决无此境矣。"③ 尽管如此，但在帝国主义列强期凌侵夺、军阀统治暴烈残毒的黑暗闭塞社会里，拯救生民于苦海，解民之倒悬，毕竟是毛泽东追求的近期目标。万物一体、立己立人的思想对毛泽东的影响是极为深远的。他与蔡和森等人发起成立的新民学会，就是以使个人"奋斗向

---

① 巢，指巢父；许，指许由。二者均为古代隐士。
② 《毛泽东早期文稿》，湖南人民出版社1990年版，第88—89页。
③ 《毛泽东早期文稿》，湖南人民出版社1990年版，第186—187页。

上"和"全人类生活向上"为宗旨，以改造中国与世界为目标。即使在转变成为马克思主义者以后，毛泽东所理解的社会主义也仍然留有这一思想的痕迹。他说："世界主义，就是四海同胞主义，就是愿意自己好也愿意别人好的主义，也就是所谓社会主义。"①

二、大本大源与精神革命

在如何改造社会的问题上，青年毛泽东在向马克思主义者转变前夕，曾接受近代资产阶级启蒙思想的影响，把世界的本质、根源和历史发展的动力归结为一种精神实体——"宇宙真理"或"大本大源"，把进行精神革命、改造国民精神作为社会革命的最终原因和本质。

戊戌维新运动的领袖人物如梁启超、谭嗣同等人在社会改造的方式途径问题上的认识有所不同，或主张和缓的循序渐进的改良，或主张迅速剧烈的根本改造，但他们都看到了国民精神的改造对于社会变革的意义。梁启超认为新的国家政治的建立和推行无不发轫于民众思想道德的变化。改造社会，建立新的国家和新的政体，不能只依赖"一时之贤君相"或期望"草野一二英雄崛起"，必须依赖"新民"。"苟有新民，何患无新制度，无新政府，无新国家?"② 因此，变法维新当从新民始。而新我国民就是消除社会旧习之染，改造国民性中迷信盲从、愚昧落后、爱国心淡薄、公共心缺乏、自治力低下等弱点，大兴"吾四万万人之民德民智民力"。③ 变法维新志士谭嗣同则从"仁为天地万物之源，故唯心，故唯识"④ 的本体论出发，倡言通过洁治心源而普度众生。在他看来，"仁"既是天地宇宙的精神性本体，也是人的灵魂和"心力"，"夫心力最大者，无不可为"。⑤ 由于人心的后天不善，因而生出了种种罪恶——"劫运"，"缘

---

① 《毛泽东书信选集》，人民出版社 1983 年版，第 3 页。
② 梁启超：《新民说·论新民为今日中国之第一急务》，《饮冰室合集·专集之四》。
③ 梁启超：《新民说·论新民为今日中国之第一急务》，《饮冰室合集·专集之四》。
④ 谭嗣同：《仁学》。
⑤ 谭嗣同：《仁学》。

劫运既由心造，自可以心解之"。① 只要探得仁爱的心力这一天性之大原，以之教化天下，就可以泯灭人们作恶的"机心"，洁治心源，拯救众生。杨昌济肯认梁启超、谭嗣同的精神革命观点，推崇谭嗣同的"心力"说。他在日记中写道："余研究学理 10 有余年，殊难极其广大；及读谭浏阳仁学，乃有豁然贯通之象。其序言网罗重重，与虚空无极，人初须冲决利禄之网罗，次须冲决伦常之网罗，终须冲决佛教之网罗。心力迈进，一向无前，我心随之，猝增力千百倍。"② 杨昌济极力张扬心力的作用，并对其学生灌输这种观念。毛泽东深受杨昌济的影响，并通过杨昌济上承谭嗣同的治心主张，认为"人之心力与体力合行一事，事未有难成者"。③

新文化运动的先驱者从辛亥革命的失败和袁世凯、张勋复辟帝制的丑剧中痛感封建文化与封建专制制度的密切联系，认为批判封建文化，唤起民众觉悟，为社会革命所必须。但由于他们尚未掌握唯物史观，不能正确理解精神革命和社会革命的关系，把精神革命夸大到不适当的程度，将社会改造归结为对封建制度的理性批判，归结为对群众的启蒙。李大钊就认为中国的旧哲学是愚人的哲学，旧伦理是弱者的伦理，它们使人民愚昧荼弱、精神麻木。变弱者的伦理为强者的人生，变庸人的哲学为天才之教条，使中华民族成为美的民族和高的民族，是革命的根本任务。

青年毛泽东当时尚未深入社会的深层结构探讨历史发展的动力和客观规律，因而不能科学解决社会改造的途径问题。他受上述思想先驱的影响，将理性精神、思想观念视为历史发展的动力和根源，认为意识决定存在，"观念造成文明"。④ 这里的观念，就是贯通天人，作为天道、人道和人的理性道德的"大本大源"或"宇宙真理"。社会的改造，人类的文明进步，端赖观念的转变、更新和发展，关键在于启发人们觉解具于心中的"大本大源"。青年毛泽东以此为视角观照民众的精神现状，"觉吾国人积弊甚深，思想太旧，道德太

---

① 谭嗣同：《仁学》。
② 杨昌济：《达化斋日记》，第 165 页。
③ 《毛泽东早期文稿》，湖南人民出版社 1990 年版，第 638 页。
④ 《毛泽东早期文稿》，湖南人民出版社 1990 年版，第 168 页。

坏。夫思想主人之心，道德范人之行，二者不洁，遍地皆污。盖二者之势力，无在不为所弥漫也。思想道德必真必实。吾国思想与道德，可以伪而不真、虚而不实两言括之，五千年流传至今，种根甚深，结蒂甚固，非有大力不易摧陷廓清。"① 由于历代统治者推行愚民政策，使国人智慧淤塞，道德败坏，丧失自我，愚昧盲从，迷信神鬼、物象、运命和强权，不认个人、自己和真理。中国的政治名为共和，实则专制，甲仆乙代，越弄越糟。究其原因，就是国人受旧思想、旧道德的禁锢，心目中没有独立、自由、民主、科学的影子。在沉重的历史惰性面前，要改造社会，绝不能指望枝枝节节的改良，而是应该着眼于根本的革命。但毛泽东认为："革命非兵戎相见之谓，乃除旧布新之谓。"② 他在这里所说的革命不是暴力革命，而是以宇宙真理感动人心、变化民质的精神革命，枝节性的改良不能从根本上解决问题，社会历史却能够在本源与人心的相通互感中前进。因此，毛泽东指出："社会之组织极复杂，而又有数千年之历史，民智污塞，开通为难。欲动天下者，当动天下之心，而不徒在显见之迹。动其心者，当具有大本大源。今日变法，俱从枝节入手，如议会、宪法、总统、内阁、军事、实业、教育，一切皆枝节也。枝节亦不可少，唯此等枝节，必有本源。本源未得，则此等枝节为赘疣，为不贯气，为支离灭裂，幸则与本源略近，不幸则背道而驰。夫以与本源背道而驰者而以之为临民制治之具，几何不谬种流传，陷一世一国于败亡哉？而岂有毫末之富强幸福可言哉？"③

以"大本大源"改造人心道德，使个人及全人类生活向上如何可能？青年毛泽东对于这一问题的回答显然受宋明理学和心学的影响。朱熹认为，太极之理是宇宙的最高精神本体，它既先于天地万物而存在，又通过阴阳二气创造万物，并普遍存在、映现于万物之中。本体之理与天地人物中的理是总与分、一与殊的关系，一理化为万殊，万殊归于一理。他说："合万物而言之，为一太极而已也。自其本而之末，则一理之实，而万物分之以为体，故万物之中各

---

① 《毛泽东早期文稿》，湖南人民出版社1990年版，第85页。
② 《毛泽东早期文稿》，湖南人民出版社1990年版，第639页。
③ 《毛泽东早期文稿》，湖南人民出版社1990年版，第85页。

有一太极。"①"天下之理未尝不一，而语其分则未尝不殊"。②"只是此一个理，万物分之以为体"，"人人有一太极，物物有一太极，总天地万物之理，便是太极"。③"万物皆有此理，理皆同出一源"④，天赋予人和物同一个理，万物和人心中的理都是一理所化，一理中涵容万理，万理归于一理，"心包万理，万理具于一心"。⑤理先验地存在于人心之中，但它不能自然而然地显示出来，必须下一番格物致知的工夫，通过认识在物之理，去发明、体察、认识心中之理，由偏而全，由博而约，穷理极彻，豁然贯通，达到"众物之表理精粗无不到，而吾心之全体大用无不明"⑥。心学代表人物陆九渊、王守仁从其主观唯心主义立场出发，认为宇宙本体或天理就在人心之中，"人皆有是心，心皆有是理，心即理也"⑦，"夫心之本体，即天理也"⑧，人人都"同此心，同此理"⑨。由于人心中的理受到私欲的蒙塞，因而变得暗昧不明。只有反省内求，直指内心，"廓清心体，使纤翳不留，真心始见。"⑩杨昌济上承宋明理学和心学的余绪，也认为"宇宙为一全体，有贯通其间之大原则，宇宙间所有一切之现象悉自此大原则而生。吾人当深思默会，洞晓此大原则，所谓贯通大原也。夫子言'吾道一以贯之'，曾子以'夫子之道，忠恕而已矣'释之，此乃实践道德上一贯之原则也。"⑪他要求学生探讨体会天地宇宙、社会人生的大原则，以先知启后知，以先觉觉后觉，唤起国民之自觉，并坚信"苟为真理，则人同此心，心同此理，未有不如响斯应者"⑫。

---

① 《通书·理性命注》。
② 《中庸或问》。
③ 《朱子语类》卷九四。
④ 《朱子语类》卷九五。
⑤ 《朱子语类》卷九。
⑥ 《大学章句·补格物章》。
⑦ 陆九渊：《与李宰书》（二），《陆象山全集》卷十一。
⑧ 王守仁：《答舒国用》。
⑨ 陆九渊：《杂说》，《陆象山全集》卷二二。
⑩ 《王文成公全书·年谱》。
⑪ 《论语类钞》，《杨昌济文集》。
⑫ 《告学生》，《杨昌济文集》。

青年毛泽东接受了"理一分殊""心包万理""同心同理"的观点，并以之论证用"宇宙真理"动天下之心和转移世风、拯救危局的可能性。他在《〈伦理学原理〉批注》中写道："发显即本体，本体即发显，合无量数发显而为一大本体，由一大本体分为无量数发显。人类者与本体有直接关系，而为其一部分，人类之意识，亦即与本体之意识相贯通。"① 作为宇宙本体的"宇宙真理"或"大本大源"产生并存在于一切事物之中，人心之理与本原之理相互贯通呼应，这正是以"大本大源"动天下之心的根据之所在；毛泽东在 1917 年 8 月 23 日致黎锦熙的信中写道："夫本源者，宇宙之真理。天下之生民，各为宇宙之一体，即宇宙之真理，各具于人人之心中，虽有偏全之不同，而总有几分存在。今吾以大本大源为号召，天下之心其有不动者乎？天下之心皆动，天下之事有不能为者乎？天下之事可为，国家有不富强幸福者乎？"② 天下纷乱的原因是人们未能认识宇宙真理及如何动天下的方法途径。毛泽东认为，改造哲学和伦理学，用新的哲学思想和伦理观念代替陈腐落后的旧哲学旧伦理，唤醒国民觉悟，崇尚科学民主，是改造社会、匡救天下的根本途径。以具有民主与科学崭新内涵的"大本大源"号召天下，就会一呼百应，形成冲击黑暗郁闷的旧社会的强大力量。因此，青年毛泽东认为："当今之世，宜有大气量人，从哲学、伦理学入手，改造哲学，改造伦理学，根本上变换全国之思想。此如大纛一张，万夫走集；雷电一震，阴暗皆开，则沛乎不可御矣！"③

三、明德新民与止于至善

全力探讨宇宙真理，刻意砥砺道德品行；以先知觉后知，以先觉觉后觉，阐扬真理，唤醒民众的自我意识；以宇宙真理为指导改造社会人生，达于人皆圣贤、天下大同的理想境界，是青年毛泽东彰显自我之能力、改造中国与世界的三部曲。这一改造社会的途径与步骤的构想，与儒家修齐治平、内圣外王的

① 《毛泽东早期文稿》，湖南人民出版社 1990 年版，第 229—230 页。
② 《毛泽东早期文稿》，湖南人民出版社 1990 年版，第 85—86 页。
③ 《毛泽东早期文稿》，湖南人民出版社 1990 年版，第 86 页。

路向有文化上的关联性。

《尚书》中有"克明峻德"①和"作新民"②等语,《大学》把"明德"和"新民"联系起来,对儒家内圣外王的人生路向作了经典性阐述:

大学之道,在明明德,在亲民,在止于至善。……物有本末,事有终始,知所先后,则近道矣。古之欲明明德于天下者,先治其国;欲治其国者,先齐其家;欲齐其家者,先修其身;欲修其身者,先正其心;欲正其心者,先诚其意;欲诚其意者,先致其知;致知在格物。物格而后知至,知至而后意诚,意诚而后心正,心正而后身修,身修而后家齐,家齐而后国治,国治而后天下平。自天子以至于庶人,壹是皆以修身为本。

朱熹在《大学章句》中解释道:"大学者,大人之学也。明,明之也。明德者,人之所得乎天,而虚灵不昧,以具众理而应万事者也。但为气禀所拘,人欲所蔽,则有时而昏;然其本体之明,则有未尝息者。故学者当因其所发而遂明之,以复其初也。新者,革其旧之谓也,言既自明其明德,又当推以及人,使之亦有以去其旧染之污也。止者,必至于是而不迁之意。至善,则事理当然之极也。言明明德、新民,皆当至于至善之地而不迁。盖必其有以尽夫天理之极,而无一毫人欲之私也。""明明德""新民""止于至善"三者是统摄大人君子之学的"纲领",格物、致知、诚意、正心、修身、齐家、治国、平天下八者是大学的条目。在此八条目中,修身以上,是明明德之事;齐家以下,是新民之事。明德是根本,新民是作用。在朱熹看来,格致诚正就是即物穷理,以外向性的格物与践履启迪、发明内心得乎天的明德、天理、善性,齐治平则是推行此天理、明德、善性,施教于民,使其克尽私欲,天理流行。格致诚正是要解决认识和修养问题,齐治平是要解决敦行教化、使世道人心向善,并最终跻入人皆圣贤、天下大同之域的道德和政治实践问题。儒家要求体察天地好生之德及其生成化育的规律,臻于与天地合德的精神境界,并以仁民爱物的博大胸怀,把天理人性实现于社会政治生活和人伦日用之中。儒家学派向往

---

① 《尚书·帝典》。

② 《尚书·康诰》。

一种内外交修互养，知行相兼合一，集立德、立功、立言于一身的理想人格，而这种理想人格又与"大道之行、天下为公"的理想社会相联系。《大学》的三纲领八条目勾勒了儒家学派达于人生与社会之理想境界的基本路向。毛泽东等人发起成立的湖南进步青年学生团体名为新民学会，固然与梁启超的《新民说》乃至整个近代中国启蒙思潮的影响有关，同时也是取《大学》中的"明德""新民之意"。新民学会以"革新学术，砥砺品行，改良人心风俗"为宗旨，以"使个人及全人类生活向上"[1] 为目标，亦与儒家明德新民的思路相一致。

在青年毛泽东看来，社会的改良与变革固然不可少，但需要以"大本大源"贯穿统摄，要改造社会必须先正人心，要正人心必须先立大本。他希冀探得大本大源的大气量人出世，以大本大源、宇宙真理号召天下，以担当起改造社会的责任。他自苦无知识，"自揣固未尝立志，对于宇宙，对于人生，对于国家，对于教育，作何主张，均茫乎未定，如何教书、办事？强而为之，定惟徒费日力，抑且太觉糊涂。以糊涂为因，必得糊涂之果，为此而惧。"[2] 因此，他设想组织私塾，采古讲学和今学校二者之长，略通国学大要，然后再求西学大要，并进而将东西方思想冶于一炉。其目的就是通过研究、改造东西方学术思想，尤其是哲学和伦理思想，探求天道、人性之本质，确定对于社会人生的根本而正确的主张，以"立真志"、解纷乱、辟邪佞、正人心、超凡俗、跻圣域。正是基于这种考虑，毛泽东主张"将全幅工夫，向大本大源处探讨。探讨既得，自然足以解释一切，而枝叶扶疏，不宜妄论短长，占去日力"。[3] 青年毛泽东所倾慕和期盼出现的"大气量人"，已不是传统意义上修持和践履封建道德的地主阶级的代表人物，而是勇于探求真理，以民主与科学精神为标志，倡言思想自由和个性解放，以唤醒国民的自我意识的无畏斗士。通过研究、改造哲学和伦理学而改造现实世界，是毛泽东和他的青年同道的一致见解。张昆弟在1917 年 9 月 23 日的日记中曾这样写道："毛君润之云，现在国民性惰，虚伪相崇，奴隶性成，思想狭隘，安得国人有大哲学革命家，大伦理革命家，如俄之

---

① 《新民学会会务报告》第 1 号，见《新民学会资料》，1920 年冬。
② 《毛泽东早期文稿》，湖南人民出版社 1990 年版，第 89 页。
③ 《毛泽东早期文稿》，湖南人民出版社 1990 年版，第 87 页。

托尔斯泰其人，以洗涤国民之旧思想，开发其新思想。余甚然其言。中国人沉郁固塞，陋不自知，入主出奴，普成习性。安得有俄之托尔斯泰其人者，冲决一切现象之网罗，发展其理想之世界。行之以身，著之以书，以真理为归，真理所在，毫不旁顾。前之谭嗣同，今之陈独秀，其人者，魄力颇雄大，诚非今日俗学所可比拟。"① 由于毛泽东当时认为宇宙真理就在人心之中，因此，他主要不是深入社会的深层结构，去发现和研究其客观规律，而是试图通过研究和改造哲学伦理学，启发、体察得乎天而藏于心的宇宙真理。然而，中国历史上重视实学、实事、实功的优秀思想传统的影响以及现实社会生活的教训，引导他逐渐由崇尚理性思辨转向重视研究社会现实，认为"吾人如果要在现今的世界稍为尽一点力，当然脱不开'中国'这个地盘。关于这地盘内的情形，似不可不加以实地的调查及研究"②，应"踏着人生社会的实际说话"，"引入实际去研究实事和真理"。③

　　哲学和伦理学是人们的"言动之准"和"前途之鹄"，研究哲学伦理学，确立人生的准则、目的和理想，对于人生的完善和圆满至为重要。但仅有少数人研究哲学伦理学，掌握宇宙人生的真理，是远远不够的。社会的中坚是大多数失学之国民，他们的智慧、道德和能力的高低大小，决定着政令的推行和社会的进步。尽管他们是"不得大本"的"愚人"，但"宇宙真理"是具于其心之中的。只要开其智而蓄其德，就可以使之超凡入圣。因此，毛泽东主张普及哲学，从根本上变换国人的思想。他说："愚意所谓本源者，倡学而已矣。"④"欲人人依自己真正主张以行，不盲从他人是非，非普及哲学不可。……人人有哲学见解，自然人己平，争端息，真理流行，群妄退匿。"⑤ 毛泽东非常重视宣传教育群众，开启群众的智慧和觉悟。为了培养千万新国民及有开拓能力之人才，矜惜因天禀之不齐和境遇之不同而至于失学的人，沟通学校与社会

---

① 《毛泽东早期文稿》，湖南人民出版社 1990 年版，第 639 页。
② 《毛泽东早期文稿》，湖南人民出版社 1990 年版，第 474 页。
③ 《毛泽东早期文稿》，湖南人民出版社 1990 年版，第 363 页。
④ 《毛泽东早期文稿》，湖南人民出版社 1990 年版，第 85 页。
⑤ 《毛泽东早期文稿》，湖南人民出版社 1990 年版，第 87—88 页。

的联系，使社会之人视学生如耳目，依其指导而得繁荣发展之益，学生视社会之人如手足，凭其辅佐而得实施所志之益，他于 1917 年 2 月主持开办工人夜学，实施平民教育。1918 年上半年，毛泽东与肖子升、蔡和森等人创立新民学会，为求知倡学提供了一种具体的组织形式。同年，他发起组织湖南学生赴法勤工俭学，自己则留在湖南第一师范附小继续从事小学教育。1921 年 1 月 16 日，毛泽东在新民学会长沙会员大会上的发言中，表示打算研究教育学和教育方法，拟专门从事教育和办好文化书社。1921 年秋，他在筹建中共湘区委员会的过程中，利用船山学社的会址和经费，创立湖南自修大学，进行教育改革试验，宣传马克思主义理论。无论是在向马克思主义者转变之前，还是处于向马克思主义者的转变过程中和完成这一转变之后，重教倡学，发顽启蒙，匡正人心，改造社会，都在毛泽东心目中占有极为重要的地位。

要匡俗救世，就不能停留于玄想空谈，必须把改造社会的理想化为实际的活动。杨昌济在《告学生》一文中指出："今日我等之急务，在树立一种统一全国之中心思想"，"在唤起国民之自觉。"①"既自觉之后，不可不继之以实行。此自觉一分则实行一分，自觉进步则实行进步，自觉与实行乃一活动之二方面也。自其现于精神之知觉言之，谓之自觉；自其现于体魄之运动言之，谓之实行。即知即行，知行合一，必如是而后可谓之自觉。思想自由必继之以言论自由，言论自由必继之以行动自由，无言论与行动之自由，则思想之自由尚不得云完全也，'知则必行，不行则为徒知；言则必行，不行则为空言。'自觉与活动乃不可相离者也，无活动则无自觉，故实行尚焉。"②与杨昌济自觉与实行合一的思想相一致，毛泽东也力主把对于宇宙、社会、人生的真理性认识既升华为理想、信仰，又外化为客观的社会实践活动，借助实际的社会运动，达于四海同胞、世界大同的理想境地。他说："无论什么事，有一种'理论'，没有一种'运动'继起，这种理论的目的，是不能实现出来的。……现在所缺少的只有实际的运动，而现在最急需的便也只在这实际的运动。"③

---

① 《杨昌济文集》，湖南教育出版社 1983 年版，第 363 页。

② 《杨昌济文集》，湖南教育出版社 1983 年版，第 365 页。

③ 《毛泽东早期文稿》，湖南人民出版社 1990 年版，第 517 页。

　　总之，"天下者我们的天下。国家者我们的国家。社会者我们的社会。我们不说，谁说？我们不干，谁干？"① 毛泽东从万物一体、民胞物与的观念出发，视天下为一大我，视社会进步和全人类生活向上为自我实现的题中应有之义，以奋发向上的雄姿和博大宽广的胸怀，悉心探索宇宙、社会和人生的真理，艰难而信心百倍地从事着唤起民众、改造社会的宏伟事业，并在此伟大事业中，使自己的思想不断进步，人格不断升华。

---

　　① 《毛泽东早期文稿》，湖南人民出版社1990年版，第390页。

第五章　贵我重今的人生态度

中国近代是封建专制统治体系式微崩溃、民主政治在国内外反动势力的摧残践踏下艰难生长的时代，亦是封建的以己属人的旧道德趋于颓败衰落、资产阶级的独立所有的新道德萌生滋长的时代。早年毛泽东经受近代启蒙主义思想的熏陶和倡言民主与科学的新文化大潮的洗礼，决然抛弃了封建道德，接受了独立自主的新道德观念，以高度的斗争奋进热情和清醒的自我意识观念，张扬个性解放和意志自由，以个人为本位来确立人己与物我的关系，倡导独立所有而非待人而有的"主观之道德律"，并将这一道德律具化为"精神之个人主义"和"现实主义"两大人生准则。同时，早年毛泽东所崇奉的道德律令不是对资产阶级道德观念的简单抄袭，而是融汇了古今中外道德观念的诸多成分，并渗入了自己的见解，从而使他的重今贵我的人生准则展现出了为我而不自私、重视现实而不游戏人生的特有风采。

一、独立不倚的"主观之道德律"

早年毛泽东在阅读德国哲学家泡尔生的《伦理学原理》一书的批注中写道："道德之价值，必以他人之利害为其行为之动机，吾不以为然。道德非必待人而有，待人而有者客观之道德律，独立所有者主观之道德律也。吾人欲自尽其性，自完其心，自有最可宝贵之道德律。世界固有人有物，然皆因我而有，我眼一闭固不见物也，故客观之道德律亦系主观之道德律。且即使世界只有我一人，亦不能因无损于人而不尽吾之性、完吾之心，仍必尽之完之。"① 在毛泽东看来，道德律令有两种基本类型：一类是待人而有的客观之道德律，这种道德律摒除了自己生存发达的物质需要和精神欲望，丧失了个体独立的地位和价值，把他人的利害作为道德价值的标准，这是一种无条件服从外界的权威、服从神的旨意、服从他人的意志、以己属人或以己属神的奴隶道德。一类是独立所有的"主观之道德律"；这种道德律以自我为核心，以独立所有和服从自我为表征，它否定了服从外部权威的奴隶道德的合理性和正当性，转而以个性解放和意志自由为宗旨，用独立自由的人的天赋本性代替了对于神的膜拜、对于他人意志的服从和对于外在道德权威的屈从，把道德变成了一种生于作为主体的个人之内心的、有利于主体生存发达的规范、原则和要求。"主观之道德律"是一种独立所有的主人道德。主人的道德是"有意识的道德"，它以对宇宙本质和人生目的的清醒认识与高度自觉为思想心理基础。与此相反，奴隶的道德则是一种"盲目的道德"，它顺从习惯，屈从外部权威，对于行为的是非善恶没有以自身为本位的判断标准，没有清楚明白的认识，因而其行为就不是自觉自动的，而是机械被动的；不是积极的，而是消极的。中国数千年来的封建道德就是束缚人的个性、剥夺人的自由与平等权利、扼杀人的生存发达欲望的奴隶的、盲从的道德，这种道德非但对人生向上没有价值，反而起着销蚀人的主观性灵和生命活动的作用，因而具有阻碍、危害人生发展的负价值。

在"主观之道德律"和"客观之道德律"之间，早年毛泽东鄙弃后者而认同、崇奉前者。他之所以作出这一明确选择，与当时回荡于中国大地的启蒙思潮和尼采哲学的影响有关，与他当时信奉的宇宙观、正鹄论和圣贤史观密不可分。

早年毛泽东生活的近代中国社会，帝国主义列强欺凌侵夺，封建主义专制统治黑暗否塞，军阀混战烽火不息，人民大众生灵涂炭、惨遭剥削，人的自由自主权利丧失殆尽，人的尊严、人格、价值遭受压抑、践踏和摧残。为了反对列强压迫和专制统治，人民群众进行了不屈不挠的斗争。与此同时，兴起了一股关心人、研究人、克服人的本质的异化、恢复人的尊严和权利的伦理革命新

---

① 《毛泽东早期文稿》，湖南人民出版社1990年版，第147—148页。

思潮。伦理革命具有鲜明的反封建专制和反帝国主义压迫的特征，它着力高扬人的价值，肯定人的尊严和权利，崇尚意志自由，要求人的解放、发展和完善。正如本书第一章所述，青年毛泽东的自我意识在这一时代思潮的激荡下得以觉醒和强化。他强烈斥责封建专制统治违背人的意志自由和剥夺人的生存发展权利的罪恶。他指出："吾人的生活，统言之即是生理上、心理上欲望的满足。"而满足人的物质和精神两方面的欲求，是极为正当的事情。但在当时的中国社会，"则独将这个问题撇开到一边"。① 专制政治的残暴，家庭制度的黑暗，礼教习俗的桎梏，迷信思想的束制，使人们丧失了自己的意志自由、独有价值和生存发展权利。人在社会上成为君主和专制国家的牺牲，在家庭中成为家长的牺牲，妇女在夫妻关系上成为丈夫的牺牲，在人神关系上成为物象、鬼神的牺牲。人忘却、失落了自身，丧失了自己的本位，因而也就失去了自由意志和价值，成为神灵世界和现实社会中的外在权威的奴隶。这无疑是人生的悲剧和社会的悲剧。为了恢复和发展人的个性，就必须提倡自主自决，伸张自由意志，抛弃以己属人、盲目屈从的奴隶道德，崇奉独立所有的自主道德。而要遵循、实行自主道德，就要进而破除以"三纲"（即君为臣纲，父为子纲，夫为妻纲）为中心的封建伦理，以及宗教、资本制度、封建君主和专制国家，收回本应属于社会个体自身的生存发展权利。毛泽东在其早年提倡独立不倚的"主观之道德律"，是个性解放的必然要求，是伦理革命思潮的哲学折光，具有反对帝国主义和封建主义的进步意义。

　　毛泽东早年推崇"主观之道德律"，也隐约显露出受到为新文化运动以来先进知识分子所极力张扬和推崇的尼采的道德哲学的影响。尼采认为，在道德的历史上，有两种主要的道德类型，即自主道德和奴隶道德。自主道德肯定人的肉体生命和自然冲动，提倡战斗进取，注重现实生活和创造，可以激励人们朝着各种可能的途径及更高的方向、目标发展，这种类型的道德包含了更加肯定生活的世界观。而奴隶道德则标榜谦卑、怜悯和顺从，贬抑人的肉体生命、本能冲动、感情欲望、心灵自由的价值。基督教的道德就是一种奴隶道

---

① 《毛泽东早期文稿》，湖南人民出版社1990年版，第435、436页。

德。基督教宣扬生理和道德的原罪说，把人之自然的、本能的原始的欲望视为罪恶，而把谦卑怯懦的、无生气的、没有血性的病弱的品性称为美德，教人轻视肉体生命，克制生理欲望，膜拜无声无息的影子。基督教宣扬怜悯意识，并将之视为普遍的道德原则。怜悯造成包围一切自由心灵的沉闷空气，它销蚀意志，妨碍生命力的伸展，扼杀人的本能，使人的生命活力萎缩于无形。怜悯貌似一种慈善的表情，实际上它暗中消除了对方的自尊心、独立性和完整人格。他指出："怜悯与那些提高我们活力而使人奋发的情绪相反；它具有一种抑郁的效果。当我们感到可怜的时候，我们的力量便被剥夺了。这种为痛苦所加于生活上的力量之丧失，又进一步地为怜悯所增加与扩大了。怜悯使痛苦蔓延。在某种情况下，它可以导致生命与活力的完全丧失。"[1]"只有颓废者才把怜悯称为美德，怜悯之手常把一个伟大的前途导致毁灭的结果，导致怆伤的孤立"。[2]基督教宣扬"遗弃世界"的基本观念，使人们逃避现实、寄心来世，忘记存在的责任。尼采指出，这对大自然是一种忘恩负义的态度。我们是大自然的产物，脚踏现实的土地，应做一个斗士、一个创造者。但基督教却剥夺我们奋斗的兴趣和创造欲望，要我们甘心做虚构的上帝的奴隶，使我们放弃作为这个真实自己的主人。基督教的道德教人怜悯，自我否定，克己禁欲，将感觉世界涂上了浓重的悲观颓废色彩，这种道德是人的本能枯竭、生命萎缩、人格丧失的精神根源，故必须加以扬弃和破除。他转而提倡自主道德，赞扬自我肯定、积极奋进、果敢刚毅，要求发挥人的个性，重建人的尊严，使人自我主宰，做自己的主人，不背离和丧失自我，不做神的奴隶，不做别人的奴隶。显而易见，尼采对奴隶道德的批判和对于自主道德的倡导，具有反封建的进步意义，因而被中国资产阶级改良派和革命派作为抨击封建专制政治和伦理道德的思想武器而广为宣传和推崇。1902 年，梁启超在发表于《新民丛报》第 18 期的《进化论革命者颉德之学说》一文中首次提到马克思（麦喀士）和尼采（尼至埃）："今之德国有最占势力之两大思想，一曰麦喀士之社会主义，一曰尼至埃之个人主

---

① 尼采：《反基督》第 7 节。
② 尼采：《瞧，这个人》。

义。麦喀士谓今日社会之弊在多数之弱者为少数之强者所压服，尼至埃谓今日
社会之弊在少数之优者为多数之劣者所牵制。"1904 年，王国维发表《叔本华
与尼采》之文，推崇尼采"以强烈之意志而辅以极伟大之智力，其高瞻远瞩于
精神界"。1907 年，鲁迅在《文化偏至论》一文中，介绍尼采对旧有文明的挑
战和对近世文明之伪与偏的讥刺抨击，赞赏尼采"张大个人之人格"，"尊个性
而张精神"，将尼采哲学誉为将来"新思想之朕兆"和"新生活之先驱"。1915
年，陈独秀在《青年杂志》创刊号上发表《敬告青年》一文，指出尼采将道德
分为两种类型，即"有独立心而勇敢"的主人道德和"谦逊而服从"的奴隶道德。
他赞同并提倡尼采的主人道德观，批判封建的忠孝节义等奴隶道德。青年毛泽
东置身于思想启蒙和个性解放的历史大背景中，广泛阅读梁启超于 1902 年至
1903 年主编的《新民丛报》、陈独秀等人创办的《青年杂志》和其他进步书刊，
接触尼采的思想并受其影响是完全可能的。他在《〈伦理学原理〉批注》中提
出崇奉"主观之道德律"，反对服从人、服从神的盲目道德和奴隶心理，坚持
自我主宰、自我本位的道德自律。他在发表于 1919 年 7 月 21 日《湘江评论》
第 2 号的《德意志人沉痛的签约》一文中写道："德国民族，晚近为尼采、菲
希特、康德、泡尔生等'向上的''活动的'哲学所陶铸。声实宏大，待机而
发。"① 从青年毛泽东的这些观点中，可以看出尼采自主道德观的影子。

　　青年毛泽东提出独立所有的"主观之道德律"，亦是其宇宙观和人生正鹄
论的必然逻辑发展。毛泽东认为"我即实在，实在即我"，自我作为一个现实
的存在，是构成宇宙和社会的基本单位，没有个体自我，就没有宇宙、没有社
会。自我作为有意识的存在物，具有最高的价值，宇宙依我而存，社会为我而
设。既然自我是宇宙、社会的基点和价值的核心，那么，他所遵奉的道德准则
就不应来自神的命令或他人的意志，亦非来自社会历史的外在要求。主体自我
的立身之道和思虑动静的道德标准，就只能是发自内心、独立所有的，而不是
来自外界、待人而有的。唯我可畏、可尊、可服从，我以外无可畏、可尊、可
服从者。从人生的目的和理想来看，青年毛泽东认为人类之目的在于实现自

---

① 《毛泽东早期文稿》，湖南人民出版社 1990 年版，第 352 页。

我，其一切道德观念、生活动作，都是为了成全个人。道德由乎己，而不依于人。再之，青年毛泽东张扬以天下万物为一体的仁者精神，坚持成己成物、立己立人、自我完善和社会改造、自我实现和社会实现的统一，把对于他人和社会的责任与义务内化为主体自我实现、自我完善的要求。这样，主体自我就只有对于自己的内在义务和责任，没有外在的义务和责任。他说："吾人唯有对于自己之义务，无对于他人之义务也。凡吾思想所及者，吾皆有实行之义务，即凡吾所知者，吾皆有行之义务。此义务为吾精神中自然发生者，偿债、践约，及勿偷盗、勿诈伪，虽系与他人关系之事，而亦系吾欲如此者也。所谓对于自己之义务者，不外一语，即充分发达自己身体及精神之能力而已。至济人之急，成人之美与夫履危蹈险舍身以拯人，亦并不在义务以上，盖吾欲如此，方足以安吾之心。"① 人对于自己的义务就是充分发展身心能力，实践具足的生活，自我实现和完善是青年毛泽东提倡的"主观之道德律"的基本精神，也是其自律道德的最高价值尺度。

道德自律论者在诠释道德的起源或道德行为的内在驱力和出发点时，或从纯粹的理性立论，或从感性冲动、天赋本能立说，或兼收二者的观点，主张感性冲动与理性意识的统一。康德认为道德律令的出发点和根源是"纯粹理性"。"一切道德的概念所有的中心和起源都在于理性，完全无待于经验，……这些概念不能由任何经验的（即非必然的）知识抽象而成，就是因为它的起源这么纯洁，它才配做我们最高的实践原则。"② 这种最高的道德原则就是"绝对命令"，人执行"绝对命令"完全出于义务，是无条件的，不计利害的。人的行为的普遍道德准则是"人是目的"。有理性之物是以自己为目的而存在的，每一个有理性的人不仅要确认自己是有目的、有价值的存在，尚须尊重别人的存在。其"实践的公式是如下：'你须要这样行为，做到无论是你自己或别的什么人，你始终把人当目的，总不能把他只当做工具。'"③ 康德的道德自律论和"人是目的"的道德基本原则反映了德国资产阶级既要求摆脱封建束缚，争取

---

① 《毛泽东早期文稿》，湖南人民出版社 1990 年版，第 235—236 页。
② 康德：《道德形而上学探本》，商务印书馆 1957 年版，第 26 页。
③ 康德：《道德形而上学探本》，商务印书馆 1957 年版，第 43 页。

自己的人格独立、个性解放和物质利益，又没有足够力量和勇气同封建势力斗争的二重性。

18 世纪法国的唯物主义者和英国功利主义的幸福论者则从自然本能和物质利益出发，来解释道德的本源。在他们看来，利益是道德的基础，追求生存欲望的满足和生活幸福是人的一切行动的内在驱力。社会中的各个个体在追求幸福的过程中会经常发生冲突。为了协调各个社会个体的行动，使每个人追求幸福的欲望得到满足，他们又把"人类之爱"确认为人的本质因素和道德的重要原则。法国唯物主义者和英国的功利主义幸福论者肯定情欲的正当性，恢复了肉体生命和自然本能在道德生活中的地位。而康德则"把法国资产阶级意志的有物质动机的规定变为'自由意志'、自在和自为的意志、人类意志的纯粹自我规定，从而就把这种意志变成纯粹思想上的概念规定和道德假设"。①

宋明理学中的程朱一派把天理与人欲、道德理性与本能冲动分离开来和对立起来，以天理否定人欲，宣扬克尽物欲、天理流行，严重压抑、扼杀了人的本性和正当的生存欲求。此后的唯物主义者为了消除程朱理学的流弊，适应人性解放和社会发展的要求，承认天理和人欲均是道德的和正当的，并力图调和二者的关系。王夫之认为天理即在人欲之中，并不能离开人欲而独立存在。谭嗣同认为天理是善的，人欲也是善的。戴震进而认为，若以理节欲，欲即天理。他说："天理者，节其欲而不穷其欲也。是故欲不可穷，非不可有。有而节之，使无过情，无不及情，可谓之非天理乎！"②

早年毛泽东反对以封建纲常、外在权威、超自然超人间的神性对人的本性欲望的压抑，否定其在道德上的任何价值。他接受康德道德自律论的影响，但不赞成否定感性物欲、摒除快感的抽象道德理性主义；他确认情感的满足和幸福欲望的道德价值，但又反对恣情纵欲的享乐主义。他力主欲与理、冲动与良心的统一，认为内在感性冲动是道德律令的基础，是人格完善之源，同时，又肯定义务良心等道德意识对于冲动的节制作用以及对于自我实现和完善的

---

① 《马克思恩格斯全集》第 3 卷，人民出版社 1960 年版，第 213 页。
② 戴震：《孟子字义疏证》。

意义。

早年毛泽东认为，自然冲动作为人得之于天的本性，是生命存在的基本形式，是人们生存发达和成就健全人格的内在驱力。圣贤豪杰、大人君子的人格之所以崇高，就在于其充分调动、伸张和发展了这种至伟至大的力量。这种内在的冲创力量至坚至真、至刚至强，任何外在的力量都无法束制阻挡，其在道德理性导引下的发散宣泄，使人生呈现出活泼鲜亮、生机盎然的景观，并为人的肉体生命和精神生命的生存发达提供了强大动源。他说："豪杰之士发展其所得于天之本性，伸张其本性中至伟至大之力，因以成其为豪杰焉。本性以外之一切外铄之事，如制裁束缚之类，彼者以其本性中至大之动力以排除之。此种之动力，乃至坚至真之实体，为成全人格之源，即此书（指《伦理学原理》——引者注）所谓自然之冲动，所谓性癖也。……大凡英雄豪杰之行其自己也，发其动力，奋发踔厉，摧陷廓清，一往无前，其强如大风发于长谷，如好色者之性欲发动而寻其情人，决无有能阻回之者，亦决不可有阻回者。苟阻回之，则势力消失矣。吾尝观古来勇将之在战阵，有万夫莫当之概，发横之人，其力至猛。谚所谓一人舍死，百人难当者，皆由其一无顾忌，其动力为直线之进行，无阻回无消失，所以至刚而至强也。豪杰之精神与圣贤之精神亦然。泡尔生所谓大人君子非能以义务感情实现，由活泼之地感情之冲动而陶铸之，岂不然哉，岂不然哉！"①

冲动作为人类个体实现自我的内在欲求和想望，是人的各种行为的动力。然而，人作为有理性的存在物，其言行既本源于自然本性的感性冲动，又受良心、义务感情等情感和理性力量的制约。冲动本身也不是神秘的、任意挥洒的东西，其盈缩阖辟受道德意识、尤其是受良心的支配和控御。良心对于冲动的制约以是否有利于主体的自我实现为准则，"但计此种动力发出之适宜与否，得当与否。适宜也，得当也，则保持之，否则，变更之，以迁于适宜与得当焉。此纯出其自计，决非服从外来之道德律，与夫所谓义务感情也。"② 人们

---

① 《毛泽东早期文稿》，湖南人民出版社1990年版，第218—220页。
② 《毛泽东早期文稿》，湖南人民出版社1990年版，第218—219页。

的生存发达皆依赖于自然之冲动，作为道德理性的良心也处处承认冲动的正当性。良心之所以要控御冲动，甚至有时要终止冲动的发散，是由于外部世界变化万殊，人生存于此艰虞万难之境至为不易，若不适当节制或适时终止依冲动而进行的活动，有时会危及人的生存发达。即使如此，良心也只是对冲动加以节制，不是根本反对冲动。而适当的节制"正所以完成冲动之本职也"①。良心作为道德主体在同他人与社会的道德交往中，基于自己的观念、性格、经验、习惯而产生的一种道德意识，是义务感情等心理因素的集合。道德主体在良心的支配下，为道德行为的胜利而感到欣慰和心满意足，为不正当的非道德行为的得逞而感到悲哀、苦恼、羞愧、卑鄙，这是良心的忏悔和痛苦。良心又是一种理性力量。当我们思考一个行动，引起义务感情和赞成的感情，并用语言将这种感情表达出来：这个行动是正当的，我们应该这样行动而不应该那样行动，这就对其作出了一个基于道德感情的判断和评价。由此看来，良心对主体自身或他人的行为不仅有感情上的依违，而且能进行道德判断和道德评价，因而能够对于人的生命活动起着导向、规范和调适作用。青年毛泽东以冲动为人格完善之源，以良心对冲动的适当节制作为自我实现和人格完善的必要条件，这一思想是有独到见地的。

早年毛泽东认为，冲动与良心是一致的。这种一致性一方面表现为良心本源于冲动，另一方面表现为冲动即良心。在冲动与良心二者中，冲动比良心更为根本，是良心的本始材朴状态，良心则是在后天的生活、教育、训练、学习过程中对于冲动加以节制、导引、调适而在心灵意识中积淀的道德情感和义务观念。二者是自然、朴质与人为、修饰的关系。荀子曾言"人之性恶，其善者伪也"。② 尽管他肯定人的生存欲望的合理与正当，但又认为这种朴质之性不符合道德的要求，尚需经过礼义法度的教化和规范，经过后天的教育和训练。他说："无性则伪之无所加，无伪则性之不能自美。性伪合，然后成圣人之名。"③ 青年毛泽东没有苟同于荀子的性恶论，但继承采取了其"性伪合"的

① 《毛泽东早期文稿》，湖南人民出版社1990年版，第211页。
② 《荀子·性恶》。
③ 《荀子·礼论》。

观点。他说："义务感情得之于训练及习惯，乃后天的、人为的，自然冲动发生于自然，乃先天的、非人为的。发生于自然者，自然界本有此物确实在的也。得之于人为者，由经验之所获取，由概念之所构造，所以体合环象，赖以善其生存及发展，自然界未必有此物。自然界无此物，故非实在的也。然而冲动虽为自然，乃不能善吾人之生存发达；义务之感情虽不自然，乃确能善吾人之生存发达，又何说？予以为此乃吾人不善体合环象，不善运用生存发达之道故也。"① 冲动作为人的生理欲望，是自然发生的。人是有意识、有理性的存在物，其生理的冲动欲望必然反映到其意识之中，成为一种意欲生存发达的精神欲望和意志力量。意志作为人的一种自觉意识，是人生实践活动的精神源泉。人在生存发达自身的意志驱动下进行活动时，必然要处理人与自然、人与社会、人与他人乃至人与自身的关系，从而积累了许多生活经验，形成了许多行为习惯。这些经验习惯积淀于人们的心理结构中，便形成了义务感情、良心等道德意识。人生存发达的本能冲创力量和心理欲望在本源于冲动又高于冲动的义务感情或良心的节制调适下，其发散和实现的方式就会更加合理，更加有利于人的发展和完善。

冲动与义务感情、冲动与良心的一致性不仅表现为良心本源于冲动又根据主体自我生存发达的需要而调适冲动，还在于冲动与良心的互转互融，甚至二者本是同一个东西。毛泽东在《〈伦理学原理〉批注》中写道："性癖（即天性欲望、自然本能——引者注）与义务本为一物。"② 义务感情是道德活动的巨大内驱力，但义务感情同人的爱好、欲望、冲动并不是根本对立的，道德主体亦非在义务感情和冲动之间作无休止的苦斗，人们的每一个行动并非都出于义务感情或责任感。人们由后天的教育训练而形成习惯，并出于习惯的力量而行动，即教育形成性格，性格产生行动。道德高尚的人不是在每次行动之前都要呼唤义务感情与道德判断的权威，而是已经把"要我做"转换成"我要做"，把义务心、责任感融汇在其心理结构和行为方式之中，并以欲望、冲动的方式

---

① 《毛泽东早期文稿》，湖南人民出版社 1990 年版，第 208—209 页。
② 《毛泽东早期文稿》，湖南人民出版社 1990 年版，第 215 页。

表现出来。当然这种由后天教育而形成的欲望和冲动与原始、自然、本能的冲动是不同的，如果也将其称为天性的话，那只能是一种第二天性。

自我实现的道德行为既源于自然冲动，又受义务感情和良心的制约。康德的唯理性主义和程朱理学"存天理，灭人欲"的禁欲主义把理性与感性、义务与冲动对立起来，认为只有排除感性与冲动、摒除欲望与快感的纯然理性和利他的行为才是合乎道德的。青年毛泽东则认为，这种观点与人生真际不合，这样的道德在人生界不存在，"只可于无意识界求之，只可于死界求之。"①

二、追求精神价值的"个人主义"

青年毛泽东反对以己属人的奴隶道德，提倡独立所有的主人道德。在他所奉行的主观之道德律中，实现自我，充分发达自己身体及精神能力，是人生的最高目标，也是衡量道德行为的最高价值尺度。而这一最高的价值尺度又具体化为人生的两项基本原则——个人主义和现实主义。青年毛泽东在《〈伦理学原理〉批注》中写道："吾于伦理学上有二主张。一曰个人主义。……一曰现实主义。"② 其个人主义的人生准则，主要包括道德行为的起点与本位、利己与利他、物质之利和精神之利的关系以及道德行为的评价等内容。

青年毛泽东"以我立说"，以"自我实现"作为道德活动的起点和本位。泡尔生认为："人之意志，以小己及他人之安宁为鹄，而安宁之属于小己者与属于他人者，其间错综最甚，无论何事，殆未有不两两相关者。故所谓博爱家者，乃偏重利他主义之人，而所谓自利派者，亦不过偏重利己主义之人耳。"③"吾人意识之中，小己之刺激与社会之刺激，利己之感情与利他之感情，常杂然而并存。"④青年毛泽东承认人有利己之心和利他之心以及利己行为和利他行为，但认为将利己与利他同称并提、不分先后，难以说得完满。在人己、

① 《毛泽东早期文稿》，湖南人民出版社1990年版，第214页。
② 《毛泽东早期文稿》，湖南人民出版社1990年版，第203页。
③ 泡尔生：《伦理学原理》，蔡元培译，商务印书馆1909年版，第44页。
④ 泡尔生：《伦理学原理》，蔡元培译，商务印书馆1909年版，第45页。

物我的关系中，自我是中心；在利己与利他的关系中，利己是起点、本位和前提，利他则是利己的推广、扩散和效果。他说："盖人有我性，我固万事万念之中心也，故人恒以利我为主，其有利他者，固因与我为同类有关系而利之耳，故谓不可不利他可也。利他由我而起点也，利他与我有关系也。谓毫无己意纯以利他为心不可也，世无从他而起点者也，世无绝然与我无关而我贸然利之者也。"① 这是从一己之我的角度来审视利己与利他的关系。如果放大眼光，从民胞物与、万物一体的宇宙意识来看，则人类一大我，生类一大我，宇宙一大我。以这种开放的心态和博大心怀来思考和行动，就可以"由利己而放开之至于利人类之大己，利生类之大己，利宇宙之大己"②。他认为，中国传统哲学中儒墨两家的学说，也是以利己主义为基础的。《礼记·中庸》曰："君子之道，造端乎夫妇，及其至也，察乎天地。"《大学》曰："古之欲明明德于天下者，先治其国；欲治其国者，先齐其家；欲齐其家者，先修其身；欲修其身者，先正其心；欲正其心者，先诚其意；欲诚其意者，先致其知。致知在格物，格物而后知至，知至而后意诚，意诚而后身正，心正而后身修，身修而后家齐，家齐而后国治，国治而后天下平。"孟子也说："亲亲而仁民，仁民而爱物。"③儒家首先着意于主体之内的学问的进修和道德精神的醇化完善，注意发达和积累主体的潜在能力，然后以自我为本位和基点，将爱心推及于亲子、万民和天地宇宙。墨家倡言兼以易别，"爱人若爱己身"④，但"兼爱之说非利他主义也，言兼爱则有我在内，以爱我者而普爱天下之人云耳"⑤。由自利而推及于利他、利人类、利生类和利宇宙，就明确了道德意识和道德行为的本末先后，杜绝了假利他之名而行利己之实的伪善行为。毛泽东认为世借利他之名而行其利己之实者多有。"真者，善也；伪者，恶也，实行利己主义者，念虽小犹真也，借利他之名而行利己之实者，则大伪也。……人己并举则次序不明，易致假利他

① 《毛泽东早期文稿》，湖南人民出版社 1990 年版，第 141 页。
② 《毛泽东早期文稿》，湖南人民出版社 1990 年版，第 143 页。
③ 《孟子·尽心上》。
④ 《墨子·兼爱上》。
⑤ 《毛泽东早期文稿》，湖南人民出版社 1990 年版，第 144 页。

之名而行利己之实，无由而达到最大之利己也。"①"以我立说，乃有起点，有本位；人我并称，无起点，失却本位。"② 以我立说，以我为人己两利的核心，且利己即利他、利人类、利生类、利宇宙，这样的利己动机、愿望和行动已超出了一己之私的界域，无疑是高尚的、道德的。因此，"亦何必讳言自利哉？亦何必自利之非佳哉？"③

早年毛泽东以实现自我为人生的终极目的，这里的"自我"，既是作为社会、宇宙之中心和基点的个体之小我，亦是人类、生命、宇宙之大我，从万物一体的观点和扩大精神之我而视天下无一物非我的精神境界来看，成己与成物、利己与利他，都是实现自我所必为之事。然而，作为主体的个体之我与作为客体的他人和天下万物毕竟是有区别的。那么，成己与成物、利己与利他是一种怎样的道德关系呢？青年毛泽东吸取了泡尔生只有人己兼利方能成就具足之生活的思想，承认人己兼利的道德意义，但又强调利他行为的利己本质，以为利他是手段，利己是本质、是目的。毛泽东认为，纯粹的利己主义毫无根据，纯粹的利己主义"亦但为理论，在此多数个体杂然活动之世界中，决不能实现"。尽管"人类生活之本意，仍在发达其个体"④，利己是人的初衷，自我保存和发展是人的本能，人类个体为满足自己生存发展的需要，最初也是采取纯然利己的态度和手段，然而，他们在各自的活动中却遇到了持同样态度和手段的同类，于是便发生了剧烈的冲突争斗，结果是各自都无法达到生存发达的目的。生活的教训使他们放弃了纯然利己的态度手段，每个人在追求自己的利益时不损害他人的利益，使自己的行为利己利人，既能有利于自我实现和完善，又能增益他人的幸福，于是人己各遂其生，各得其所。正如利他行为是利己的必要条件和手段一样，利他之心也就成为涵容于主体的精神世界的道德品性。而将这种利他之心发散外显，客观化为利他的行动，亦成为主体自我的内在欲求，成为主体发展、实现其精神能力的途径、方式与手段。毛泽东说：

① 《毛泽东早期文稿》，湖南人民出版社1990年版，第143页。
② 《毛泽东早期文稿》，湖南人民出版社1990年版，第144页。
③ 《毛泽东早期文稿》，湖南人民出版社1990年版，第142页。
④ 《毛泽东早期文稿》，湖南人民出版社1990年版，第240页。

"一切之生活动作所以成全个人，一切之道德所以成全个人，表同情于他人，为他人谋幸福，非以为人，乃以为己。吾有此种爱人之心，即须完成之，如不完成，即是于具足生活有缺，即是未达正鹄。"① 没有利他的动机和行为，利己便是不完善、不道德的，其人格便是不高尚、不健全的；只有能够在主观动机上和客观效果上利他，利己才是道德的，其自我实现的人生目的才能在身心诸方面获得圆满实现。正因为如此，毛泽东说："吾人有时兼利他之手段者，仍以达到自利之目的也。"②"以利他而达到遂其生活之目的，不过易其手段而已。"③ 毛泽东倡导的这种涵容爱人之心和利他行为的利己主义，主张人己兼爱互利，以利他为手段，以有利于自我实现为目的，既不同于全性保真、避祸远害、拔一毛利天下而不为的个人主义，亦非卑劣猥琐、恣情纵欲、自私自利、损人利己的个人主义。事实上，毛泽东也明确反对纯粹的利己主义，认为见他人之不幸而不为之悲，见他人之利福而不为之乐者，是"最狭隘之利己主义，天下无如此之事实也"。④

青年毛泽东认为，利他行为的目的在于利己，而"自利之主要在利自己之精神，肉体无利之之价值"。⑤ 作为社会个体的自我，是身与心、形体和精神的聚合体；而从人们之间的道德关系中来看的自我，则主要是精神之我。因此，道德生活中的利己，就在于遵奉主体的情感、意志、目的、理想、价值取向而行动，实现精神的欲动，保全精神生命，使主体的心灵获得安宁。当由爱人之心所发动的利他行为超出了主体自我的生理承受能力，与主体正常的生存发达发生尖锐冲突，或为保全人格、执着真理、拯救困厄必须牺牲肉体生命时，毛泽东主张牺牲自我而利他，慨然赴死，宁愿毁灭自己的肉体生命，以求得精神之我的安宁。在肉体之我的毁灭中，不仅肉体之我的潜能获得了最大限度的伸张，精神之我的能力也会随之升华。毛泽东曾在《讲堂录》中写道："毒

① 《毛泽东早期文稿》，湖南人民出版社1990年版，第203页。
② 《毛泽东早期文稿》，湖南人民出版社1990年版，第241页。
③ 《毛泽东早期文稿》，湖南人民出版社1990年版，第240页。
④ 《毛泽东早期文稿》，湖南人民出版社1990年版，第149页。
⑤ 《毛泽东早期文稿》，湖南人民出版社1990年版，第147页。

蛇螫手，壮士断腕，非不爱腕，非去腕不足以全一身也。彼仁人者，以天下万世为身，而以一身一家为腕。唯其爱天下万世之诚也，是以不敢爱其身家。身家虽死，天下万世固生，仁人之心安矣。"①身腕之喻意在说明自我对于社会的道德责任，肯定为他人和社会而牺牲生命对于心灵安宁、实现精神之我的意义价值。在《〈伦理学原理〉批注》中，毛泽东对这种精神之利作了充分的阐扬："利精神在利情与意，如吾所亲爱之人，吾情不能忘之，吾意欲救之，则奋吾之力以救之。至剧激之时，宁可使自己死，不可使亲爱之人死。如此，吾情始浃，吾意始畅。古今之孝子烈妇忠臣侠友，殉情者，爱国者，爱世界者、爱主义者，皆所以利自己之精神也。"②毛泽东将这种重在利主体自我的情和意，不惜牺牲肉体之我以保存、伸张精神之我的"利己"，称之为"精神之个人主义"。③"精神之个人主义"是具有公共之心的个人主义，确认精神之利的最高价值，能够在为天下国家、主义、友朋的利益而做出的牺牲中体验到一种高尚的幸福和凛冽的快意，这决不同于追求物欲、恣情纵欲的粗鄙庸俗的个人主义，与自私自利、损人利己、率兽食人的卑劣个人主义更有天壤之别。

在道德评价问题上，青年毛泽东把自我实现的动机及其客观效果是否统一作为衡量善恶的标准。道德评价是人们在社会生活中依据一定的道德原则标准对于自己或他人的行为所作的一种道德判断。它作为一种精神力量，有抑恶扬善的社会功能。"道德之实行，固赖感情与意志，而其前必于此将实行之道德，有明判然之意识，而后此行为乃为自动的。若盲目之道德，固毫无价值也。"④善恶判断是道德评价中的重要内容。行为的善恶不是决定于超越性的本体，而是"视其与人类生活之关系如何而定"⑤。毛泽东不是以抽象的善恶观念、"善良的意志"或快乐幸福作为评价标准，亦没有彷徨无适于利己与利他、动机与效果的两极对立之中，而是以"利己"为出发点，以利己与利他、动机与效果

---

① 《毛泽东早期文稿》，湖南人民出版社 1990 年版，第 590 页。
② 《毛泽东早期文稿》，湖南人民出版社 1990 年版，第 147 页。
③ 《毛泽东早期文稿》，湖南人民出版社 1990 年版，第 151 页。
④ 《毛泽东早期文稿》，湖南人民出版社 1990 年版，第 156 页。
⑤ 《毛泽东早期文稿》，湖南人民出版社 1990 年版，第 154 页。

的统一作为道德的评价尺度。泡尔生在《伦理学原理》中说："凡人之动作苟自客观界言之，能增进个我之幸福，而有达于具足生活之倾向，自主观界言之，又有自尽其义务之意识，则道德界之所谓善也。反之则为邪恶。仅缺客观界之特质者谓之恶，而并缺主观界之特质者谓之邪。"[1] 毛泽东对泡尔生的这一观点表示赞同，他说："数语乃泡尔生主义之真面目"，"固应主观客观皆满足而后谓之善也。"[2] 总起来说，毛泽东主张善的行为是利己与利他的统一，是为实现自我的动机和有利于实现自我的客观效果的统一。

三、重视身心发达的"现实主义"

毛泽东兼具高蹈远举的浪漫主义诗情理想和务实求真的现实主义原则态度，这一双重品格早在其青年时代就已崭露端倪。在他的心目中高悬着实现自我、发达身心的超越现在之我的目标鹄的，同时，他又十分注重人生实际，力图将这种目标对象化、现实化，将人生理想实现于现实人生的活动之中。"精神之个人主义"和"现实主义"密切联系、互为表里，共同构成毛泽东人生活动的原则、规范和思想态度。他在读泡尔生的《伦理学原理》第四章"害及恶"中"论生死"部分时写下的一段批注，集中阐明了其现实主义的人生准则：

以时间论，止见过去、未来，本不见有现在。现实非此之谓，乃指吾之一生所团结之精神、物质在宇宙中之经历。吾人务须致力于现实者，如一种之行为，此客观妥当之实事，所当尽力遂行；一种思想，此主观妥当之实事，所当尽力实现。吾只对于吾主观客观之现实者负责，非吾主观客观之现实者，吾概不负责焉。既往吾不知，未来吾不知，以与吾个人之现实无关也。或谓人在历史中负有继往开来之责者，吾不信也。吾惟发展吾之一身，使吾内而思维、外而行事皆达正鹄。吾死之后，置吾身于历史之中，使后人见之，皆知吾确然有以自完。后人因吾之完满如此，亦自加吾以芳名，然而非吾之所喜悦，以其属

---

[1]　泡尔生:《伦理学原理》，蔡元培译，商务印书馆 1909 年版，第 48—49 页。

[2]　《毛泽东早期文稿》，湖南人民出版社 1990 年版，第 153 页。

之后来，非吾躬与之现实也。历史前之事亦然。吾取历史以其足以资吾发展现实之具足生活也。……泡尔生谓人死而功业足以利后世，其生涯犹存于子孙国民之中，谓之不死可也。此只可为客观方面事实之描写，而决不可存于其人主观之中。吾人并非建功业以遗后世，此功业自有足以利后世之性质存于其中云尔。吾之不灭也，亦吾本有此不灭之性质具于吾之身中云尔。①

　　毛泽东所说的"现实"，非时间的"现在"之谓，而是指自我一生所联聚的精神与物质在宇宙中的经历，是立于行健不息的宇宙之流中的自我的精神与形体的运动过程。现实只是与我一生的生存发达有关，能够为我所体认、把握、经历、施动的东西，与自我的人生现实无关的东西则不求知晓、不求行动，即"吾只对于吾主观客观之现实者负责"。为了实现自我，满足主观精神外在化现实化的需要以及与吾生存发达有关的客观现实的本质性规律性要求，应摆脱世俗的名缰利锁和虚浮生活，冲决过去历史的网罗和陈旧学说的束缚，致力于自我之身心的生存发达，思"我"之所当思，行"我"之所当行，尽心实现主观妥当之实事，尽力遂行客观妥当之实事。自我一生的经历，自我实现的需要，成为毛泽东判断"我"的思想和行为是否妥当的标准，亦成为他考虑、衡量其他一切问题的坐标与尺度。譬如人们研究历史，并非为了追寻往圣之陈迹，寄托思古之幽情，而是为了通晓社会历史发展变化的规律，"资吾之发展现实之具足生活"，为当前的现实生活服务。在现实与理想的关系问题上，青年毛泽东主张执着现实，注重实践，以现实生活中一件件具有相对价值性的实事作为达于具有绝对意义和价值的人生理想的途径阶梯，反对忽视、否定现实，高谈未来与理想的空洞玄虚的理想主义和未来主义。梁启超在《进化论革命者颉德之学说》一文中假借颉德之口，批评现实主义，宣传牺牲现在、寄心未来的"将来观念"："进化之义在造出未来。其过去及现在，不过一过渡之方便法门尔。"②"现在者，实未来之牺牲也。若仅曰现在而已，则无有一毫之意味，无有一毫之价值。唯以之供未来之用，然后现在始有意味，有价值。"③毛

---

① 《毛泽东早期文稿》，湖南人民出版社1990年版，第203—206页。
② 《饮冰室文集》订正分类本，上海广益书局1948年版，第55—56页。
③ 《饮冰室文集》订正分类本，上海广益书局1948年版，第57页。

泽东明确反对空洞虚幻的理想主义或未来主义，认为其实在性少而谬误性多，且容易使人产生对现实悲观失望或逃避现实的念头，或对社会和个人的完善丧失信心，或将社会和个人的完善推到遥远的理想彼岸。针对未来主义和理想主义的流弊，毛泽东断然指出，为学之道不得不重现在。他在《讲堂录》中记道："某氏有言曰：以往之事追悔何益，未来之事豫测何益，求其可据，唯在目前，有目前乃有终身。谅哉言矣！使为学而不重现在，…则人寿几何，日月迈矣，果谁之愆乎！盖大禹惜阴之说也。"① 他在《〈伦理学原理〉批注》中宣称不知晓与现实无关的过去和未来，不承认有继往开来的责任。这是否表明毛泽东是极端的个人主义和唯今主义者而毫无使命感呢？我们的回答是否定的。每一时代都是过去历史的归宿点和未来理想的发源地。生活于每一时代中的人们努力完成该时代所赋予的任务，思其所当思，行其所当行，这本身就是责任心和使命感的体现。立足现实，致力于现实社会人生的完善，正是人类社会发展进步及达于理想境界的正途。若否定现实生活的价值，放弃对现实社会和人生进行改造和完善的努力，仅仅倡言、畅想未来，反而会断绝走向未来的道路。毛泽东推重现实，正是为了实现理想。再之，毛泽东认为宇宙及其历史依我而存，我即宇宙，吾人一生之经历即宇宙运行的历史和过程，继往开来，建功立业，就在自我实现的过程中，并非在自我实现之外另立一个继往开来、建功立业的责任义务去担承之、实现之。他已把对于他人、社会、宇宙的道德责任与义务内化为对自我本身的责任和义务，这是他以天下为己任的博大胸怀的体现和表征。

青年毛泽东执着于"现实主义"的人生准则，也反映了他重在当时为善为恶之事、重在此生身心并完、漠视身后美名广誉的生活态度。孔子曾说："君子疾没世而名不称焉。"② 司马迁也说："立名者，行之极也。"③ 毛泽东则一反以留名为人极的传统观念，重视当时主观妥当之思想的实现和客观妥当之行为的遂行，主张为实现自我而思想行动、建功立业。他认为，建功立业不是专为利

---

① 《毛泽东早期文稿》，湖南人民出版社 1990 年版，第 601 页。

② 《论语·卫灵公》。

③ 司马迁：《报任安书》。

于后世，而是"此功业自有足以利后世之性质存于其中"。主体期望自我实现和建功立业也不是为了博取芳名，只是后人以历史主义的眼光对"我"进行审视和评价时，发现"我"在当时的时代确然有以自完，而"自加吾芳名"。但这不是"我"所期望或感到喜悦的。因为这是属于后来的事，不是我能亲身体验和经历的事实。君子唯行其当为之事，唯求其心之所安，即使没世而心不见知，名不见称，也无须怨悔。有些人想望流芳百世，却很快被历史消磨，被后人忘记；而那些淡泊世俗名利、注重自我完善和自我实现的人，历史和后人却永远记住了他们。因此，毛泽东说："思留名于千载者妄也，欣羡他人留名者亦妄也。"实际上，毛泽东并不否认立德、立功、立言的社会历史价值，他所反对的是不以此作为自我实现的途径，反而把它作为身后留名的手段。千古流芳只是身外之事、后来之事，与现实生活毫无关涉，故不能以之作为人生理想和人生活动的驱力。立足现实，慎思力行，身心并完，才是应当肯定和执着的人生理想和人生态度。实现、完善自我，才是人生活动的强大动源。

只有依据"精神之个人主义"和"现实主义"的人生准则而致力于自我实现的人生，才是"真自由""真自完"的人生。① 青年毛泽东正是遵循着贵自我、重现实的人生准则，以清醒的时代意识和深沉凝重的责任心义务感，置身于险象环生、艰虞万难的人生世界，凭一己之身心能力，上下求索，致知力行，既创造了一个富有活力、健全高尚的人格，又为改造旧社会、创建新生活做出了无与伦比的巨大贡献。

---

① 见《毛泽东早期文稿》，湖南人民出版社 1990 年版，第 205 页。

第六章　宇宙真理的追寻和人生之路的探索

在早年毛泽东那里，实现自我和改造社会是同一人生旅程的两个方面。要达于理想的人生和理想的社会，须以"大本大源"或"宇宙真理"作指导。那么，这个"大本大源"或"宇宙真理"究竟是什么？毛泽东为了寻找问题的答案，经历了艰难曲折的心路过程。他始受改良主义思想的影响，反对专制政体，主张君主立宪；继之接受孙中山的革命民主主义主张，投笔从戎，参加新军，为推翻帝制、建立民国效力。他亦曾在湖南省立图书馆自修，系统阅读西方资产阶级的哲学、政治、伦理著作，深受物竞天择、适者生存的进化论思想的影响。在新文化运动中，他受民主与科学精神的洗礼，成为激进的革命民主主义者。五四运动、驱张运动和湖南自治运动的驱策，陈独秀、李大钊、蔡和森等人的影响，对改造社会人生的主义和方法的悉心探索与理性选择，使毛泽东接触、理解、认同、掌握了真正的"大本大源"——马克思主义的唯物史观，完成了由激进的革命民主主义者向共产主义者的转变。与此同时，毛泽东也将其具有唯心主义和资产阶级个人主义意味的人生哲学升华为马克思主义的人生哲学。这是早年毛泽东探索宇宙人生真理的归宿，也是其思想和行动的转折点。它使毛泽东超越了一己之我的视野，在眼前展现出了社会运动和人类解放的广阔世界。而这一决定性的转变，主要是在五四运动前后完成的。

一、各种学说的兼收并蓄与杂糅并存

从 1918 年 8 月至 1919 年 11 月，是早年毛泽东人道主义历史观和唯物史观混合并存的思想转变时期。在此期间，他已初步具有了共产主义思想意识，但尚未完全摆脱非马克思主义思潮的影响。1918 年 8 月，毛泽东为组织湖南学生赴法勤工俭学，首次去北京，并在李大钊手下任北京大学图书馆助理员。当时，北大是新文化运动的中心，各种思潮碰撞激荡、竞长争雄。在各种非马克思主义思潮风行之时，李大钊却开始注意研究和宣传马克思主义，盛赞十月革命的世界性影响。他认为俄国革命是"20 世纪中世界革命的先声",[①] 布尔什维克主义的精神"是 20 世纪全世界人类人人心中共同觉悟的精神"[②]。他发表在《新青年》第 6 卷第 5、6 号上的《我的马克思主义观》一文，则对马克思主义，尤其是对马克思主义的唯物史观作了系统的介绍。唯物史观认为：一切社会之政治的、法制的、伦理的、哲学的等精神上的构造，随着由生产关系的总和构成的经济构造的变化而变化。而经济构造又随着生产力的变化而变化，人类的意识不能决定生产力，生产力却可以决定人们的精神、意识、主义和思想。生产力发展的最终结果是它与社会组织的冲突的不可调和，这就必然导致社会组织的崩坏和社会革命的到来。马克思根据唯物史观分析了资本主义经济组织，预言资本主义经济组织必然被社会主义经济组织所代替。要实现社会主义，必须诉诸最后的阶级竞争，必须依靠劳工阶级的联合。李大钊对马克思主义的宣传、反帝反封建的五四运动以及中国工人阶级在五四运动中显示的巨大力量，深深地教育了毛泽东，促使他开始突破了革命民主主义的思想范畴，初步具有了共产主义思想意识。

毛泽东充分肯定、热情赞颂俄国十月革命对于人类解放的意义及其世界性影响。他指出，自"世界革命"的呼声大倡，"人类解放"的运动猛进，人们

---

① 李大钊：《庶民的胜利》，《新青年》第 5 卷第 2 号，1918 年 11 月 15 日。
② 李大钊：《布尔什维主义的胜利》，《新青年》第 5 卷第 5 号，1918 年 11 月 15 日。

开始摆脱对强权的屈从和对鬼神的迷信，思考人类应如何生活的大问题，在宗教、文学、政治、教育、经济、思想、国际关系各个方面进行改革和革命，破除专制和强权，争取民主和自由。"这种潮流，任是什么力量，不能阻住。任是什么人物，不能不受他的软化。"① 尤其是第一次世界大战以来，世界革命的形势发生了重大变化，无产阶级社会主义革命成为世界革命的主流。他说："世界战争的结果，各国的民众，为着生活痛苦问题，突然起了许多活动。俄罗斯打倒贵族，驱逐富人，劳农两界合立了委办政府，红旗军东驰西突，扫荡了多少敌人，协约国为之改容，全世界为之震动。匈牙利崛起，布达佩斯又出现了崭新的劳农政府。德人奥人捷克人和之，出死力以与其国内的敌党搏战。怒涛西迈，转而东行，英法意美既演了多少的大罢工，印度朝鲜又起了若干的大革命。异军特起，更有中华长城渤海之间，发生了'五四'运动。旌旗南向，过黄河而到长江，黄浦汉皋，屡演活剧，洞庭闽水，更起高潮。天地为之昭苏，奸邪为之辟易。"② 俄国十月革命是劳农阶级的革命，它开创了人类历史的新纪元，它是从各帝国主义国家的战争向阶级战争过渡的转折点。从此以后，各国人民的民族民主革命，就成为无产阶级社会主义革命的一部分了。

毛泽东揭露了资本家与劳动群众的对立，认为在实业专制国家，"几个人享福，千万人要哭。实业愈发达，要哭的人愈多"。③ 而强权者、贵族、资本家联合压迫和剥削民众的必然结果，是民众的联合反抗。他指出，第一次世界大战的实质是各帝国主义集团之间的、强权与强权的争斗，而自此以后的战争将是阶级战争。"阶级战争的结果，就是东欧诸国主义的成功，即是社会党人的成功。"④

毛泽东开始认识到人民群众的大联合是改造社会的巨大力量。他说："世界上什么问题最大？吃饭问题最大。什么力量最强，民众联合的力量最强。"⑤

---

① 《毛泽东早期文稿》，湖南人民出版社 1990 年版，第 292 页。

② 《毛泽东早期文稿》，湖南人民出版社 1990 年版，第 390 页。

③ 《毛泽东早期文稿》，湖南人民出版社 1990 年版，第 321 页。

④ 《毛泽东早期文稿》，湖南人民出版社 1990 年版，第 353 页。

⑤ 《毛泽东早期文稿》，湖南人民出版社 1990 年版，第 292 页。

教育与实业、破坏与建设固然是改造社会的有效方法，但根本的方法是民众的大联合。历史上的任何运动，无不出于一些人的联合。运动的胜负成败，则要"看他们联合的坚脆，和为这种联合基础主义的新旧或真妄为断"。贵族资本家以联合为手段，"维持自己的特殊利益，剥削多数平民的公共利益。"① 平民阶级要推翻贵族资本家的统治，获得自由和解放，也必须依靠自身的联合。毛泽东认为民众的大联合不仅必要，而且可能。辛亥革命、俄国十月革命以及五四运动，启发了人民的觉悟，使之认识了改造社会的责任。以往的经验证明并使人确信，只要联合起来，就可以推翻强权统治，争得民主权利。政治开放和思想开放，也使中华民族有了大联合的动机。至于组织联合的能力，毛泽东认为，我们现有的管理能力是很差，但不是我们根本没有能力。我们没有能力，是由于长期在封建政治统治和封建思想束缚下不能自由思想和练习。于今全面解放的时代，为我们提供了发展个性、培养能力的有利时机。他充满信心地说："我们中华民族原有伟大的能力！压迫愈深，反动愈大；蓄之既久，其发必速。……他日中华民族的改革，将较任何民族为彻底。中华民族的社会，将较任何民族为光明。中华民族的大联合，将较任何地域任何民族而先告成功。"毛泽东已认识到了普通民众是社会变革的中坚力量。他不是以居高临下的姿态慈悲救世，而是希望依靠民众联合的力量改造社会；不是超然于群众之上，而是将自身融入群众之中，同民众一起努力猛进，开创"光华灿烂的世界"。②

　　毛泽东虽然初步具有了共产主义思想意识，思想越来越激进，但是他也受到了无政府主义、空想社会主义以及改良主义的影响。无政府主义者克鲁泡特金认为，人类社会的进化规律是互助、协作、友谊、博爱，而不是生存竞争。他反对任何强权，主张建立没有权威、人人平等、完全自治的"无政府共产主义"的社会制度。他不懂得社会历史发展的客观规律，不懂得由资本主义社会向社会主义社会过渡的历史必然性以及无产阶级革命和无产阶级专政对于完成这个过渡的必要性，认为只要人人发扬互助友爱的道德精神，就可以消灭人类

---

①　《毛泽东早期文稿》，湖南人民出版社1990年版，第338、339页。
②　《毛泽东早期文稿》，湖南人民出版社1990年版，第393—394页。

历史上最后一个剥削制度，由人类社会的前史进入真正人人平等、绝对自由的历史时期。毛泽东在第一次去京期间读了许多无政府主义的小册子，并赞成无政府主义的主张，与朱谦之讨论过无政府主义及其在中国的远景①。毛泽东尚未认识到群众联合之后剧烈的阶级斗争和无产阶级专政的极端重要性，看不到无产阶级专政同封建地主阶级专政和资产阶级专政的根本区别。而是主张"呼声革命"，以互助博爱的精神改造人心，以平民主义代替强权政治。他说："各种改革，一言蔽之，'由强权得自由'而已。各种对抗强权的根本主义，为'平民主义'。"②由强权得自由的方法是以互助博爱的精神，实行"呼声革命"和"忠告运动"。他说："联合以后的行动，有一派很激烈的，就用'即以其人之道还治其人之身'的办法，同他们拼命的倒担。这一派的首领，是一个生在德国的，叫做马克斯（思）。一派是较为温和的，不想急于见效，先从平民的了解入手。人人要有互助的道德和自愿工作。贵族资本家，只在他回心向善能够工作，能够助人而不害人，也不必杀他。这一派人的意思，更广，更深远。他们要联合地球做一国，联合人类做一家，和乐亲善——不是日本的亲善——共臻盛世。这派的首领，为一个生于俄国的，叫做克鲁泡特金。"③毛泽东之所以赞成无政府共产主义的温和方法，除了他未能把无产阶级专政同反动阶级的强权区分开来以外，还在于他受"民胞物与"思想的消极方面的影响。他说："我们承认强权者都是人，都是我们的同类。滥用强权，是他们不自觉的谬误与不幸，是旧社会旧思想传染他们贻害他们。"若"用强权打倒强权，结果仍然得到强权。不但自相矛盾。并且毫无效力"④。因此，毛泽东主张联合群众向强权者作持续的"忠告运动"，实行"呼声革命"，不主张进行"炸弹革命"和"有血革命"。

毛泽东受康有为"天下为公，无有阶级，一切平等"⑤的大同社会理论的吸引，同时也受幻想脱离社会现实并在现存社会之外建立没有剥削和压迫、人

---

① 参见埃德加·斯诺：《西行漫记》，董乐山译，三联书店 1979 年版，第 177—178 页。

② 《毛泽东早期文稿》，湖南人民出版社 1990 年版，第 293 页。

③ 《毛泽东早期文稿》，湖南人民出版社 1990 年版，第 341 页。

④ 《毛泽东早期文稿》，湖南人民出版社 1990 年版，第 293 页。

⑤ 康有为：《大同书》。

人独立平等、互助幸福的新社会的新村主义和试图通过使知识分子做工并帮助劳动者求学的办法，破除劳心与劳力的差别，实现人皆平等、互助友爱的新社会的工读主义的影响，曾一度热心于新村运动，幻想通过试验新生活，达到根本上改造社会的目的。他认为："社会制度之大端为经济制度，家庭制度之大端为婚姻制度"，如此造端宏大的制度改革，决非改良其旧所能济事，必须创造其新。他主张创造新学校，施行新教育，培养全新的人，由这些人结合起来组成家庭，合若干新家庭而成一新社会。在此新社会中，有公共育儿院。公共蒙养院、公共学校、公共图书馆、公共银行、公共农场、公共工作厂、公共消费社、公共剧院、公共病院、公园、博物馆、自治会等。而合此等之新学校新社会，而为一"新村"。① 要根本上改造社会，却不通过革命和专政，这只能是不切实际的幻想。

青年毛泽东也曾一度接受实验主义、改良主义的思想影响。胡适把实验主义介绍到了中国。他主张一切学说必须经过实验证明，必须解决人生的切要问题。这对于破除迷信，解放思想，反对空谈，注意实际，具有一定的积极意义。尽管如此，实验主义同马克思主义在本质上是对立的。为了抵制马克思主义在中国的广泛传播，胡适在《每周评论》上连续发表了《多研究些问题，少谈些主义》《三论问题与主义》《四论问题与主义》三篇文章，从实验主义出发，反对革命，鼓吹改良；反对研究"主义"，主张多研究具体社会问题的解决方法。毛泽东当时并未认清马克思主义同实验主义的根本对立和胡适的政治目的，且由于一向对胡适的崇拜，因此他仍是从"踏着人生和社会的实际说话"，"引入实际去研究实事和真理"的积极意义上来理解胡适的思想。1919 年 9 月，毛泽东在长沙发起成立问题研究会，并拟定了《问题研究会章程》。他认为，要解决关乎现代人生、影响人生进步的问题，必须先从研究入手。《章程》列举的 70 多个问题，涉及政治、经济、军事、法律、思想、文化、教育、民族等各个领域。从中可以看出，毛泽东已开始对国家政治生活、社会生活进行全面深刻的思索。毛泽东说："问题之研究，须以学理为依据。因此在各种问题

---

① 参见《毛泽东早期文稿》，湖南人民出版社 1990 年版，第 454 页。

研究之先，须为各种主义之研究。"但是，他所讲的"主义"尚不是理论、信仰、运动和制度一体化的"主义"，而是哲学、伦理、教育、宗教、政治、经济、法律等各学科的基本理论和"科学上之规律"。[①]在根本上改造社会的经济、政治制度以前，要求得社会问题的彻底解决是不可能的。在不从根本上触动旧制度的前提下，通过改良其旧而别致其新，也是不可能的。实验主义哲学对毛泽东从崇尚思辨转而重视现实斗争，有着不可忽视的积极作用。然而，毛泽东的改良主义思想毕竟是与其思想发展的主流相抵牾的。

二、唯物史观的确立与人生之路的抉择

从 1919 年 12 月至 1921 年 1 月，毛泽东自觉学习马克思主义，总结和吸取驱张运动和湖南自治运动的经验教训，并且接受了马克思主义思想先驱的进一步影响，终于找到了马克思主义这一实现自我和使全人类生活向上的思想武器，实现了从革命民主主义者向共产主义者的根本转变。

五四运动以后，湖南人民从以反日反卖国政府为中心的群众爱国运动逐渐转为驱除皖系反动军阀张敬尧的运动。他们举行学生总罢课和教员总罢教，并组织驱张代表团分赴北京、上海、汉口、常德、衡阳、广州等地，将张敬尧横征暴敛、纵兵掳掠、压制民主、摧残教育的罪行昭示全国。各方代表函电交驰，口诛笔伐，一时形成了全国性驱张高潮。毛泽东率代表团于 1919 年 12 月 18 日到京，创办"平民通讯社"，并屡次到总统府和国务院请愿，但均遭冷遇。张敬尧仰赖段祺瑞政府的支持，却在湖南按兵不动，直到直皖军阀矛盾激化，直系军阀吴佩孚由衡阳撤防北上，湘军谭延闿部同吴部达成默契，尾随其后进逼长沙，张敬尧立脚不住，才终于退出湖南。导致张敬尧退出湖南的直接原因，是军阀之间矛盾冲突的激化，而不是由于"呼声革命"和"忠告运动"。

继张敬尧主湖南的谭延闿自知力薄势孤，欲借官办"自治"以自固，毛泽东等人则积极策划民办自治。他认为，全国性的总建设在一个时期内完全无

---

① 《毛泽东早期文稿》，湖南人民出版社 1990 年版，第 401 页。

望。在此期间，湖南最好保境自治。其具体办法是："消极方面，莫如废督裁兵；积极方面，莫如建设民治。"① 毛泽东对自治运动寄予厚望，认为它是建设理想的新湖南和"创造未来湖南的黄金世界"② 的千载一逢的机会。湖南自治是对社会进行总解决、总改造的一个紧要手段，它能造成一个较好的环境，以便为根本上改造社会进行准备。他赞扬谭延闿的军政府"是一个革命政府"，并建议由这个政府召集人民宪法会议制定湖南新宪法。

严酷的现实是，驱张运动中的请愿活动恰如"申包胥秦廷乞师"③，毛泽东等人为推动民办自治而组织的双十节和十月革命纪念日两次游行，均遭到谭延闿、赵恒惕的打击破坏。当民办自治运动触犯了谭赵的利益时，他们就撕下了"民主"的伪装，转而镇压人民的自决自治运动。两个运动的深刻教训，使毛泽东认识到："忠告运动"和"呼声革命"并不能使军阀和官僚政客回心向善，以和平手段达到根本上改造社会的目的绝无希望。他说："几个月来，已看透了。政治界暮气已深，腐败已甚，政治改良一途，可谓绝无希望。吾人唯有不理一切，另辟道路，另选环境一法。"④ 他后来回忆当时的思想状况时说："从此以后，我越来越相信，只有经过群众行动取得群众政治权力，才能保证有力的改革的实现。"⑤

新村试验和工读互助团的失败，消除了毛泽东的空想社会主义思想。他虽然早在 1918 年春就同蔡和森等人试图在岳麓山下建立"新村"，1919 年 12 月又将新村计划的学校部分公诸报端。但是，其新村计划始终未得付诸实施，北京的男女工读互助团也相继宣告失败。施存统在总结工读互助团失败的教训时尖锐地指出："一、要改造社会，须从根本上谋全体的改造，枝枝节节地一部分的改造，是不中用的；二、社会没有根本改造以前，不能试验新生活，不论

① 毛泽东：《湖南改造促成会复曾毅书》（1920 年 6 月 23 日），载《毛泽东早期文稿》，湖南人民出版社 1990 年版，第 488 页。
② 《毛泽东早期文稿》，湖南人民出版社 1990 年版，第 529 页。
③ 参见易培基：《蒸阳请愿录·序》，湖南人民出版社 1979 年版。
④ 《毛泽东早期文稿》，湖南人民出版社 1990 年版，第 548 页。
⑤ 埃德加·斯诺：《西行漫记》，董乐山译，三联书店 1979 年版，第 131 页。

工读团和新村。"① 试验新生活离不开社会，因而不能摆脱社会的支配和避免社会的障碍。要消除这些障碍，"唯有合全人类同起革命一法。既然革命，还试验什么新生活？要试验新生活，只能到世外桃源去"。② 施存统断然否认在社会制度根本改造以前试验新生活的可能性。反对改良，主张革命，使人猛然醒悟，迷途知返。毛泽东在 1920 年 6 月 7 日给黎锦熙的信中说："工读互助团殊无把握，决将发起者停止，另立自修学社，从事半工半读。"这说明毛泽东已打消了新村运动的幻想。后来成立的自修大学，是一所培养马克思主义者的干部学校，与"新村"和"工读互助团"有原则的区别。

在这一时期，毛泽东热心搜集和自觉学习共产主义文献，并用所掌握的马克思主义理论与头脑中的无政府主义、空想社会主义和改良主义思想进行斗争，特别是读了《共产党宣言》、考茨基的《阶级斗争》和柯卡普的《社会主义史》后，他"才知道人类自有史以来就有阶级斗争，阶级斗争是社会发展的原动力，初步得到认识问题的方法论"，并且"老老实实地来开始研究实际的阶级斗争"。③

李大钊、陈独秀等理论先驱的进一步影响和新民学会会员间的切磋琢磨，对毛泽东向马克思主义者的根本转变起了重大作用。

毛泽东第二次去北京，有幸再次亲聆李大钊的教诲。李大钊在针对胡适的改良主义写的一系列论文中指出：只有对"没有生机"的社会进行"根本解决"，"才有把一个一个的具体问题都解决了的希望"。根本解决就是经济的解决，变革社会经济制度的根本途径是工人阶级以及其他劳动群众反对地主阶级和资产阶级的阶级斗争。④ 这些观点对毛泽东划清马克思主义与改良主义的界限，起了理论上的指导作用。

毛泽东早在第一次去北京时，就经杨昌济介绍结识了当时的北大文科学长陈独秀。陈对社会问题的精辟见解，使毛泽东由衷敬佩。在第二次去京回湘路

---

① 施存统：《"工读互助团"的实验和教训》，《星期评论》1920 年 5 月 1 日。
② 施存统：《"工读互助团"的实验和教训》，《星期评论》1920 年 5 月 1 日。
③ 《毛泽东农村调查文集》，人民出版社 1982 年版，第 22 页。
④ 参见李大钊：《再论问题与主义》，《每周评论》1919 年 8 月 17 日。

过上海时，毛泽东又同陈独秀讨论了读过的马克思主义书籍，陈独秀向毛泽东谈了自己的共产主义信仰和建党计划。毛泽东后来回忆道："陈独秀谈他自己的信仰的那些话，在我一生中可能是关键性的这个时期，对我产生了深刻的印象。"①

在学习和掌握马克思主义理论方面，蔡和森当时比毛泽东略胜一筹。1920年他到法国蒙达尼以后，以顽强的毅力学习、翻译马克思主义经典著作，同时对各种社会主义综合审视，不仅从感情上，而且从理论上确立了对马克思主义的信仰。他在 1920 年 8 月 13 日和 9 月 16 日给毛泽东的两封信②中，对社会主义、共产党、无产阶级革命和无产阶级专政等重大问题，作了极为周详的论述。他认为，只有在共产党的领导下，经过无产阶级革命和无产阶级专政，才能推翻资产阶级的统治并镇压其反抗，顺利建设社会主义，达到改造中国与世界的目的。蔡和森的来信，对毛泽东向马克思主义者的根本转变和把学到的马克思主义理论加以系统化，无疑是至关重要的。

毛泽东说："我一旦接受了马克思主义是对历史的正确解释以后，我对马克思主义的信仰就没有动摇过。……到了 1920 年夏天，在理论上，而且在某种程度的行动上，我已成为一个马克思主义者了，而且从此我也认为自己是一个马克思主义者了。"③ 如果说毛泽东 1920 年夏天已转变成为一个马克思主义者，那么，他在 1920 年 12 月 1 日给肖旭东、蔡林彬并在法诸会友的信和1921 年 1 月 21 日给蔡和森的信以及在 1921 年元月长沙新民学会会员新年大会上的发言中，则对自己的马克思主义观点作了系统的说明。

毛泽东清算了各种非马克思主义思想的影响，确认马克思主义为改造中国与世界的指导思想。他说："社会政策，是补苴罅漏的政策，不成办法。社会民主主义，借议会为改造工具，但事实上议会的立法总是保护有产阶级的。无政府主义否认权力，这种主义恐怕永世都做不到。温和方法的共产主义，如罗素所主张极端的自由，放任资本家，亦是永世做不到的。激烈方法的共

---

①　埃德加·斯诺：《西行漫记》，董乐山译，三联书店 1979 年版，第 132 页。

②　参见《新民学会资料》。

③　埃德加·斯诺：《西行漫记》，董乐山译，三联书店 1979 年版，第 131 页。

产主义，即所谓劳农主义，用阶级专政的方法，是可以预计效果的，故最宜采用。"①

毛泽东坚持认为，暴力革命和无产阶级专政是根本上改造社会人生的必由之路。蔡和森说："社会主义为资本主义的反映，其重要使命在打破资本经济制度，其方法在无产阶级专政，以政权来改建社会经济制度。故阶级战争质言之就是政治战争，就是把中产阶级那架机器打破（国会政府），而建设无产阶级那架机器——苏维埃。"革命后必须实行无产阶级专政的理由在于："无政权不能集产，不能使产业社会公有。换言之，即是不能改造经济制度，无政权不能保护革命，不能防止反革命。"②"阶级战争的结果，必为阶级专政，不专政则不能改造社会，保护革命，资本家利用政权、法律、军队，才能压住工人，所以工人要得到完全解放，非先得政权不可，……无产阶级不获得政权，万不能得到经济的解放。"③毛泽东完全赞同蔡和森的观点，认为暴力革命是社会发展的必然规律，无产阶级专政是改造社会的必由之路。他说："我看俄国式的革命，是无可如何的山穷水尽诸路皆走不通了的一个变计，并不是有更好的方法弃而不采，单要采这个恐怖的方法。"他针对肖子升通过教育使有产阶级觉悟，避免战争流血的温和革命主张，尖锐指出："共产党人非取政权，且不能安息于其宇下，更安能握得其教育权？"④再之，统治阶级的反动本质是由其经济政治地位决定的，历史上的反动统治阶级非等到人家来推倒，决没有自行收场的。因此，通过教育使资本家信共产主义，是不可能的事，而无产阶级专政则是无产阶级革命和建设的必然要求，因为"非得政权则不能发动革命，不能保护革命，不能完成革命"⑤。接受和坚持暴力革命和无产阶级专政的主张，是毛泽东成为一个马克思主义者的最主要的标志。

毛泽东充分肯定共产党在社会变革中的领导核心作用，赞同建立无产阶级

①《新民学会会务报告》第 2 号，1921 年 1 月，《新民学会资料》。
② 蔡和森：《给毛泽东的信》（1920 年 8 月 13 日），《新民学会资料》。
③ 蔡和森：《给毛泽东的信》（1920 年 9 月 16 日），《新民学会资料》。
④ 毛泽东：《给肖旭东、蔡林彬并在法诸会友的信》（1920 年 12 月 1 日），《新民学会资料》。
⑤ 毛泽东：《给蔡和森的信》（1921 年 1 月 21 日），《新民学会资料》。

政党的主张。他认为，俄国十月革命成功的一个重要原因就是布尔什维克党的坚强领导，蔡和森称党是无产阶级革命运动的发动者、宣传者、先锋队和作战部，是无产阶级革命运动的神经中枢，并主张建立一个在原理和方法上都与俄国一致的共产党。毛泽东对此极表赞成，把共产党的建设视为根本改造社会的基础，并积极从事建党的准备活动。

毛泽东发展了"民众联合的力量最强"的观点，认为群众中蕴藏着无穷的智慧和创造热情，他们是改造社会的巨大力量。摧陷廓清腐败社会，对社会进行根本改造，不是少数官僚政客武人的责任，而是全国人民的责任。政治法律不是少数特殊阶层的专门职业，而是全体人民的共同事业，他鼓励人民去掉自卑感，增强自信力，勇敢地担负起改造社会的责任。①

至此，青年毛泽东终于探求到并掌握了真正的"大本大源"——马克思主义，找到实现自我和改造社会的正确道路，把具有主观唯心主义和资产阶级个人主义色彩的人生哲学升华为马克思主义的人生哲学，完成了由民主主义者向共产主义者的根本转变，将自己的思想事业纳入了马克思主义的轨道，并为共产主义事业贡献出了毕生精力。他在改造中国与世界的过程中同时也实现着自我，他的思想事业对中国现代历史的发展进程发生了巨大影响，其流风遗韵，亦必将泽及后世，绵延不绝。

三、无我——唯我——自我与社会的统一

毛泽东早年的人生哲学是中国近代以来经济政治发展的产物，亦是近代以来中华民族思想解放运动成果的积淀与升华。陈独秀在总结中国人文思想发展历史时说，无我是古代思潮，唯我是近代思潮，自我扩大是最近代思潮。无我论是封建经济和专制政治的产物。由于社会个体在家庭和社会中处于依附和从属地位，在经济和政治上不独立，因而也就没有人格上的独立，没有属于自己的意义和价值。唯我论和自我扩大思想则是在中国民族资本主义已有初步发展

---

① 参见《毛泽东早期文稿》，湖南人民出版社1990年版，第519—521页。

的基础上，在外来资本主义经济、政治、思想、文化的冲击下而萌生的，它是具有资产阶级启蒙性质的个性解放和独立、自由、民主、平等要求的哲学反映，是人类个体对自己的主体地位、创造能力以及生存的价值意义的发现、认同与肯定。唯我论和自我扩大思潮有利于破除迷信、解放思想、摒弃封建纲常名教等奴隶道德，养成独立自由的主人道德，摧陷专制政治，建设民主政治。因此，陈独秀等新文化运动的精神领袖大力标榜民主与科学，认为国人欲脱蒙昧之时代，羞为浅化之民，就应急起直追，科学与人权并重。他们号召国人尤其是青年人解放思想，冲破封建伦理道德的束缚，打倒骗人的偶像，敢于怀疑历来被认为天经地义的旧观念，用理性的眼光重新审视一切。无论什么事物，若经理性和科学判定不合乎人的发展需要，那么，即使是祖宗之所遗留，圣贤之所垂教，政府之所提倡，社会之所崇尚，亦皆一文不值。陈独秀等人对于民主与科学的宣传以及对封建道德的鞭笞，成为一个即将到来的新时代的思想先导。早年毛泽东正是在近代中国这一巨大历史转折时期觉醒，由"无我论"走向"唯我论"，认识到了自己的主体地位和人生价值，并极力高扬自我，刻意实现自我。唯我论思潮在破除迷信、解放思想、树立主体意识和培养主人道德方面起了冲决网罗的巨大作用，然而，唯我论又是一种不稳定的、蕴含着多种发展可能性的思想心理状态，既可以由此生发出责任心和使命感，亦会诱发唯我独尊、自私自利的个人主义。毛泽东将个性解放、自我实现等资产阶级启蒙思想同万物一体、民胞物与、自强不息、厚德载物等深沉凝重、发强刚毅的民族精神奇妙地结合起来，生发出了卓然独立、苍凉悲壮的宇宙——人生意识，身心并完、智仁勇一体的人格理想，奋争拼斗、创造进取的人生格调，以天下为己任、改造中国与世界的强烈责任心和崇高使命感，贵自我重现实的人生准则。这些思想心理因素的交互作用，启迪、激励他走上了探求真理、完善自我、改造社会、使个人及全人类生活向上的人生之路。经过苦心孤诣的理论探索和真诚顽强的躬行践履，毛泽东最终选择了共产主义的人生路向，完成了由无我到唯我，再由唯我到自我实现和社会实现相统一的辩证发展过程。他将最富于个性的自我置于最富于普遍真理性的马克思主义的规范之中，将对最富有个性色彩的"身心并完"的人生理想的追求融入最具有社会性的中国革命运动之中，从而达到了个人与社会、个性解放和人类解放、自我实现和社会进步的高度一致。至此，毛泽东的人生经历开始脱离了个人历史的范畴，而成为中国人民解放与发展的伟大运动的有机构成部分。"虽然他在这个运动中处于支配地位，但是你看不清他作为个人的存在。所叙述的不再是'我'，而是'我们'了；不再是毛泽东，而是红军了；不再是个人经历的主观印象，而是一个关心人类集体命运的盛衰的旁观者的客观史料记载了。"① 与此同时，毛泽东的人生哲学也如凤凰涅槃一样获得了新生和升华，逸出了个人思想发展的单薄线索，汇入了马克思主义的思想体系之中。

　　周恩来曾经说："学习毛泽东必须是全面地学习，从他的历史发展来学习。"② 毛泽东不是天生的马克思主义者，更不是全知全能的神，他是在长期的理论探索和实践锻炼中逐步成为马克思主义者的。毛泽东本人也自认为他的历史是从不觉悟到觉悟，从唯心主义到唯物主义，从有神论到无神论。他在自己的人生旅程中，甚至经历了比一般人更多的苦闷、徘徊、困惑与曲折。然而，他却能百折不挠，与时俱进，不断超越自我。他向往德、功、言俱立的圣贤人格，矢志追求身心并完的人格理想和改造中国与世界的社会理想，勇于探求真理、坚持真理，为真理而斗争；他以清醒的理性态度和务实精神，批判吸收古今中外文化遗产中的优秀成果，并在实践中对各种理论进行检验、选择和取舍。毛泽东在成为马克思主义者之后，其早期人生哲学中的合理因素并未消失，而是经过辩证扬弃、提炼和升华，积淀于其终生的思想事业之中。当然，必须指出，毛泽东的早期人生哲学对他日后的思想事业的影响是多方面的，我们从毛泽东领导中国革命和建设过程中的成功与失误、前进与挫折、囿积与超越等多种事变中，都可以隐约发现其早期人生哲学的影响。

---

① 　埃德加·斯诺：《西行漫记》，董乐山译，三联书店 1979 年版，第 147 页。

② 　《周恩来选集》上卷，人民出版社 1980 年版，第 332 页。

中　篇

毛泽东人生哲学的升华与发展

第七章　毛泽东人生哲学创造性转换的条件

马克思、恩格斯指出："一切划时代的体系的真正的内容都是由于产生这些体系的那个时期的需要而形成起来的。所有这些体系都是以本国过去的整个发展为基础的，是以阶级关系的历史形式及其政治的、道德的、哲学的以及其他的后果为基础的。"① 毛泽东的人生哲学同整个毛泽东思想一样，也是历史和时代的产物。中国工人阶级的壮大与觉醒，中国革命进程的转折和质变，中国的革命、建设和道德实践的经验，马克思主义的世界观、方法论、人生观的学习运用，构成了毛泽东人生哲学升华和转换的深厚社会历史根源、实践基础和思想条件。

一、中国工人阶级壮大觉醒和革命运动转型

毛泽东人生哲学的升华形式作为马克思主义人生观的理论体系，是以中国工人阶级为载体，以中国革命和建设实践为动源的。中国自近代以来，封建主义统治已走上了穷途末路，资本主义因素有了一定生长，自然经济开始动摇、解体。帝国主义列强的军事、经济侵略则加速中国社会固有结构的散落，使中国逐步沦为半殖民地半封建社会。从 19 世纪中叶始，外国侵略者为了倾销商品和掠夺中国的廉价劳动力，竞相在中国沿海城市开办工厂。伴随资本主义经

---

① 《马克思恩格斯全集》第 3 卷，人民出版社 1960 年版，第 544 页。

济在中国的植根，中国第一批近代产业工人诞生。19世纪60年代，官商合一的洋务派试图"师夷长技以制夷"，办工业、开矿山、造轮船，产业工人的数量也有所增长。第一次世界大战前夕，中国工矿业、铁路、海员等行业的工人人数已有100多万人。在"一战"期间，由于帝国主义国家忙于战争而无暇东顾，暂时放松了对于中国的经济侵略，中国的民族工业有了一定发展。至1919年，中国产业工人已逾200多万人。

中国工人阶级从其诞生之日起，就投身于反帝反封建的英勇斗争，曾多次举行罢工和起义，并参加了资产阶级领导的旧民主主义革命。著名的罢工与起义有1858年香港市政工人和搬运工人反对英、法侵略者占领广州的罢工斗争，1906年安源煤矿工人参加的同盟会在萍乡、浏阳、醴陵领导的起义，1911年辛亥革命时川汉铁路筑路工人响应资产阶级反对清政府的"铁路国有化"而举行的暴动，1913年北京邮政工人反对送信次数增多而举行的罢工，1914年上海招商局等3个轮船公司的工人为增加工资而举行的同盟总罢工。中国工人阶级的起义和罢工斗争，锻炼了阶级队伍，不断启发着自己的阶级意识。然而，在1919年五四运动以前，中国工人阶级的罢工主要是经济斗争，他们参加政治斗争，也是作为资产阶级的追随者而在资产阶级领导下进行的。以1919年5月4日爆发的反帝爱国运动为标志，中国工人阶级从自在的阶级变成自为的阶级。第一次世界大战结束后，美、英、法、日等国家在巴黎召开和平会议，中国向和会提出希望帝国主义国家放弃在华特权，取消"二十一条"，收回山东被德国夺去的一切权利，但遭到美、英、日、意等帝国主义的拒绝。和会还决定在《凡尔赛和约》中明文规定日本在山东的权益，段祺瑞军政府竟然准备在和约上签字。中国外交失败的消息传来，国人大愤。5月4日，北京爆发了震惊中外的爱国学生运动，并迅速波及天津、上海、长沙、广州等地。军政府对学生的残酷镇压，激起了全国人民的愤慨。上海、南京、天津等许多地方的工人举行政治罢工，商人举行罢市。五四运动从知识分子开始，至此发展为以工人阶级为主力军、有城市小资产阶级和民族资产阶级参加的全国范围内的革命运动。6月6日至10日，军政府迫于全国人民的巨大压力，释放学生，拒绝在和约上签字。五四运动表明中国工人阶级第一次作为独立的政治力量登上历史舞台，并标志着资产阶级领导的旧民主主义革命的终结和无产阶级领导的反帝反封建的新民主主义革命的开始。

早在 20 世纪初，一些先进的知识分子就发起了以民主与科学为旗帜的新文化运动。俄国十月革命以后，马克思主义在中国得到了广泛的传播。经过五四运动的洗礼，陈独秀、李大钊、毛泽东、蔡和森、周恩来、邓中夏、瞿秋白、李达、恽代英等一大批先进知识分子转变成为马克思主义者，他们认识到了中国工人阶级的巨大力量，并深入工人群众宣传马克思列宁主义。这就促进了中国工人阶级的进一步觉醒，加速了马克思主义与中国工人运动相结合的历史进程，使中国工人阶级自觉意识到了自己的阶级利益与历史使命，成为中国革命的中坚和领导力量。正如毛泽东在《中国革命和中国共产党》一文中所指出的那样，中国无产阶级作为一崭新的劳动阶级，具有一般无产阶级的基本优点，即与最先进的经济形式相联系，富于组织性、纪律性，没有私人占有的生产资料。同时，又有自己的特殊优点：其一，中国无产阶级深受帝国主义、资产阶级和封建势力举世罕见的残酷压迫，因而在革命斗争中比任何别的阶级都坚决彻底。其二，中国无产阶级开始走上革命的舞台，就在本阶级的政党——中国共产党的领导之下，成为中国社会里比较最有觉悟的阶级。其三，由于从破产农民出身的成分占多数，中国无产阶级和广大的农民有一种天然的联系，便利于他们和农民结成亲密的联盟①。无产阶级的壮大和马克思主义的传播，为中国共产党的产生创造了阶级条件和思想条件。而在五四运动推动下，马克思主义与工人运动相结合，使中国共产党的产生变为现实。

中国共产党是完全新式的以共产主义为目的、以马克思列宁主义为行动指南的统一的工人阶级政党。中国共产党以马克思列宁主义的立场、观点和方法科学分析中国的历史和现状，指出中国革命将分为民主革命和社会主义革命两个具有特殊性质的规定、但又前后相连的阶段。党在民主革命阶段的纲领是：消除内乱，打倒军阀，建设国内和平；推翻国际帝国主义的压迫，达到中华民族的完全独立，统一中国使之成为真正的民主共和国。党的最高纲领是：建立

①　参见《毛泽东选集》第 2 卷，人民出版社 1991 年版，第 644—645 页。

劳农专政的政治，铲除私有财产制度，渐次达到共产主义社会。中国共产党的产生开辟了中国革命的新局面。从此，中国无产阶级在本阶级政党的领导下，以自觉的阶级意识，作为一个阶级而与帝国主义、封建主义和官僚资本主义进行韧性的斗争，经历了国民革命运动、土地革命战争、抗日战争和解放战争，新中国成立以后又进行了社会主义革命和社会主义建设。在中国，无产阶级领导下的新民主主义革命、社会主义革命和社会主义建设无疑是时代的主流。这一伟大的历史运动不是少数人为了狭隘的私利而发起的，乃是代表了无产阶级和广大劳动人民群众的根本利益，由无产阶级和广大群众广泛参与的历史性运动。这一运动作为社会基本矛盾运动的集中表现，必然要反映到这一运动的参加者的思想意识中，形成反映无产阶级和人民群众利益的世界观与人生观。而历史的活动是由人参加的，为了保证这一运动的正确方向，也必须用无产阶级的人生观教育共产党人、无产阶级和其他劳动群众，使其确立科学的人生目的、人生理想和人生态度，将自我的活动与人类的自由解放事业结合起来，更为自觉地从事争取民主革命胜利、建设社会主义、实现共产主义这一前无古人的事业。中国无产阶级的成长壮大、中国共产党的诞生，以及中国由旧民主主义革命向新民主主义革命的转变，是毛泽东的人生哲学能够得以升华和成熟的阶级条件与时代条件。

二、中国革命和建设实践经验的概括与总结

毛泽东的人生哲学也深深植根于中国社会结构以及中国革命与建设实践的肥沃土壤中。众所周知，中国现代革命的基本动力和领导力量是无产阶级及其阶级先锋的中国共产党。然而，由于中国社会的半殖民地半封建性质，更由于帝国主义和中华民族的矛盾以及封建主义和人民大众的矛盾，不仅无产阶级、半无产阶级和小资产阶级能够参加革命，即使是民族资产阶级也有参加革命的要求。尤其是在农业经济尚占主导地位、农民占人口绝大多数的国度，农民问题成为中国革命的中心问题。只有农民起来参加革命，只有解决农民的土地问题，提高农民的思想觉悟，革命才能获得成功。在中国革命的同盟中，在共产

党及其领导下的人民军队中，有工人阶级、小资产阶级、农民阶级等多种成分表现出的小资产阶级的动摇性、农民阶级的散漫性和狭隘性，都会影响革命队伍的纯洁性和战斗性。作为革命领导者的工人阶级，由于其年龄较轻，文化水平较低，也不能自发形成严整的无产阶级世界观和人生观。即使是作为无产阶级之阶级先锋的中国共产党，也必须在将马克思主义同中国革命相结合的过程中，克服由于久远文化传统的负面影响、革命历史自然积淀以及认识论根源而导致的主观主义、宗派主义等积习，以保证其担当起领导中国革命和建设这一重大历史使命。为此，在中国革命和建设的漫长过程中，必须用马克思主义的世界观和人生观教育共产党人和全体人民，在进行政治斗争、军事斗争的同时，还要进行思想文化斗争。中国共产党和毛泽东在各条战线、各个领域的斗争实践经验，为毛泽东的人生哲学的升华、成熟和丰富提供了条件。

首先，毛泽东人生哲学的成熟和发展，是对党的建设经验的总结。中国共产党刚刚成立，就投入了轰轰烈烈的革命斗争。党的建设很不完善，党的组织不巩固，党员和党的干部在思想上、政治上尚不坚定，党的工作经验没有很好地总结，对新党员没有进行必要的马克思主义教育，在政治上、组织上、思想上存在着不纯洁和不坚定现象。大革命失败后，党开始重视自身的建设工作。毛泽东在创建农村革命根据地的过程中，也十分重视党的建设问题。由于党的组织基础的最大部分是由农民及其他小资产阶级出身的成分所构成，加之党的领导机关缺乏对党员进行正确路线的教育，党内存在各种非无产阶级思想。因此，毛泽东强调要从思想上建党，加强马克思主义教育，开展批评和自我批评，提倡调查研究，克服主观主义和个人主义，提高党员和党员干部的思想觉悟、理论水平以及贯彻执行党的正确路线的自觉性。

在抗日战争期间，中国共产党通过整风运动加强自身建设，为毛泽东人生哲学的发展提供了极为可贵的实践经验。为了担负起扩大与巩固抗日民族统一战线、彻底战胜日本帝国主义的神圣使命，客观上要求中国共产党成为一个全国性的、有广泛群众基础的、在思想上政治上组织上都完全坚定巩固的无产阶级政党。这就需要吸收大批优秀分子入党，造就一大批德才兼备、不谋私利、积极肯干的干部。然而，由于抗战时期党的迅速发展，大量新党员缺乏对于马

克思主义的深入了解，缺乏必要的政治与组织训练，缺乏把马克思主义创造性
地与中国革命实际相结合的必要性的认识和能力，教条主义、宗派主义还严重
束缚着党员的思想，影响着党的团结、统一和巩固。为了总结历史经验，克服
不良作风，统一全党思想，增强党的团结，中国共产党利用抗日战争相持阶段
的时机，在全党范围内开展通过批评和自我批评来学习马克思主义的整风运
动。这次整风运动的主要任务是"反对主观主义以整顿学风，反对宗派主义以
整顿党风，反对党八股以整顿文风"。① 整顿学风即反对主观主义，尤其是反
对教条主义，端正全党对于马克思主义和实际工作的态度、实事求是、理论联
系实际。这就要学会用马克思主义的立场、观点和方法研究中国的历史和现
状，把马克思主义普遍原理和中国革命的实践结合起来，正确解决中国革命实
践中的问题。整顿党风即反对宗派主义，使广大党员牢记全心全意为人民服务
的宗旨，树立密切联系群众的作风，一切为了群众，一切依靠群众。在处理党
内关系时，坚持党的利益高于个人利益、全局利益高于局部利益的原则，使党
的组织队伍严整，步调一致，团结战斗。在处理党外关系时，以争取最广大人
民群众的最根本利益为言论行动的标准，团结全国人民共同奋斗，决不能妄自
尊大、脱离群众。整顿文风，即反对只会搬弄一些革命的名词术语，空洞无
物，不对事物进行具体而科学的分析，不能解决具体问题的文风，提倡生动活
泼、新鲜有力的马克思列宁主义的文风。在整风运动中，贯彻了惩前毖后、治
病救人的方针，采取了学习文件、检查思想和工作、开展批评和自我批评、揭
露缺点错误、发扬优点和正确方面的方法。延安整风将全党思想统一到了马克
思列宁主义的基础上来，重申了全党全心全意为人民服务的宗旨，确立了实事
求是的正确思想路线和人生态度，形成了批评与自我批评以及积极开展党内斗
争的良好风气，进一步唤醒了全体党员的理性精神和阶级意识，对党内生活的
民主化起了积极的推动作用。

　　中华人民共和国成立以后，中国共产党成为执政党。这种地位的变化，容
易使党的组织脱离群众，容易使党员滋长骄傲情绪和特权思想、沾染官僚主义

---

① 《毛泽东选集》第3卷，人民出版社1991年版，第812页。

习气,封建主义思想和资产阶级思想的残余也在影响、侵蚀党的健康肌体。为了使中国共产党保持和发扬优良传统和作风,担当起领导社会主义革命和建设的重任,1950 年 5 月,中共中央发出了《关于在全党全军开展整风运动的指示》,下半年即开展了新中国成立后的第一次整风运动。这次整风的主要任务是提高干部和一般党员的思想水平和政治水平,克服工作中所犯的错误,克服以功臣自居的骄傲自满情绪,克服官僚主义和命令主义,改善党和人民的关系。执政党的地位与领导革命和建设的重任,向广大党员尤其是向担任领导职务的党员提出了更高、更严格的要求。1951 年第一次全国组织工作会议通过了党员的八项条件,要求党员必须了解中国共产党是中国工人阶级的政党,是工人阶级的先进的、有组织的队伍;必须懂得中国共产党的最终目的是实现共产主义制度;必须具有为彻底实现党的最终目的而奋斗的决心;必须在党的统一领导下,积极参加革命运动和建设工作,坚决执行党的正确政策和决议,严格遵守党的纪律,敢于同一切损害党的利益的行为作坚决的斗争;必须把人民群众的公共利益摆在个人利益之上,党员的个人利益必须服从人民群众的公共利益;必须经常用批评和自我批评的方法,检讨自己工作中的缺点和错误,并及时加以纠正;必须全心全意地为人民服务,虚心听取人民群众的意见和要求,及时向党反映,并将党的政策向人民群众做宣传解释,使党与人民群众保持密切联系,领导群众前进;必须努力学习马列主义、毛泽东思想,不断提高阶级觉悟和思想水平。在社会主义改造基本完成以后,为了反对官僚主义、主观主义和宗派主义,以便更好地领导社会主义建设,中国共产党又决定进行新中国成立后的第二次整风运动。这次整风对克服官僚主义、主观主义和宗派主义起了一定作用,但在回击右派的进攻时犯了阶级斗争扩大化的错误。中国共产党的历次整风运动,归结到一点,就是使共产党保持政治上的坚定、思想上的纯洁和组织上的巩固,担当起领导中国人民进行革命和建设的重任。党的建设,特别是党的思想建设实践为毛泽东人生哲学的发展提供了最基本的经验。

其次,毛泽东人生哲学的升华与成熟,是对中国共产党领导下的人民军队建设经验的总结。中国共产党从成立之日起,就投入了国民革命运动之中。从 1927 年大革命失败至 1949 年中华人民共和国成立,在长达 20 多年的时间里，都处于紧张的军事斗争中。中国共产党领导下的人民军队成为其目标、纲领、路线的强有力的贯彻执行者和体现者。军队建设同党的建设一样，体现了中国共产党和毛泽东的思想观点、政治立场和价值取向。建立一支无产阶级性质的、具有严明纪律、同广大群众密切联系的人民军队，是中国共产党的重要而艰巨的任务。党和毛泽东从"八一"南昌起义和秋收起义开始，就十分注意总结领导军队建设的经验，解决人民军队的建设问题，主张加强党对军队的领导；加强军队的政治思想工作，启发红军士兵的阶级觉悟，使其明确为自己和工农群众作战；强调在军队内部实行民主制度。1929 年 12 月，毛泽东在为红四军第九次党代会起草的决议中，总结井冈山时期军队建设的经验，系统阐明了人民军队的建设原则。他指出：中国工农红军是一个执行革命的政治任务的武装集团，以全心全意为人民服务为宗旨；工农红军不是单纯为了打仗，还要担负宣传、组织、武装群众，帮助群众建立革命政权和共产党组织的重大任务；实行官兵一致、军政一致、军民一致的原则。这些原则和思想为人民军队的发展壮大奠定了牢固的理论基础。新中国成立以后，党和毛泽东在强调建设现代化、正规化人民军队的同时，也十分注重军队的革命化建设，要求军队的干部战士不仅要掌握现代化技术，适应现代高技术战争的需要，还要保持和发扬我军的光荣传统，继续保持和发扬全心全意为人民服务的精神和自我牺牲的英雄气概。党和毛泽东的建军思想，为人民军队的建设指明了方向，保证了人民军队牢记为人民服务的宗旨，竭诚为人民的利益而英勇奋斗。人民军队的建设实践也为毛泽东人生哲学的升华与发展提供了宝贵的经验，并在全国人民面前树立了实践无产阶级人生哲学的典范。

最后，党和毛泽东对人民群众的宣传、教育、组织、领导以及人民群众的革命建设实践，为毛泽东人生哲学的丰富发展提供了最深厚的根源。中国近现代的历史表明，中国革命和建设要取得胜利，必须有中国共产党的领导，同时也要有广大人民群众的真心诚意的拥护和自觉地参加。然而，要使广大群众觉悟并非易事。中国共产党人和毛泽东在注意群众实际生活、关心群众物质利益的同时，也十分重视文化教育工作，继承新文化运动的基本精神，破除与专制统治和宗法制度相关联的奴隶观念，培养独立自主的主人意识；破除革命队伍中农民成分的小生产者的狭隘观念和工人成分的工团主人翁意识，逐步树立共产主义的精神和远大理想；破除以个人主义为核心的人生观，树立以无产阶级和全体人民的根本利益为最高尺度的人生观。在满足人民物质文化生活需要的同时，使人民群众逐步成为有理想、有道德的人；进行革命英雄主义教育，提倡为民族、阶级和人民的利益而忘我工作、英勇献身。中国共产党和毛泽东用共产主义精神教育群众，启发广大群众的觉悟，而中国共产党正是领导觉悟了的群众进行了轰轰烈烈的国民革命运动、土地革命战争、抗日战争、解放战争等一系列英雄史诗般的历史运动，在占世界人口四分之一的东方大国完成了新民主主义革命和社会主义革命，建立了人民当家作主的新国家，并充分调动人民群众主人翁的热情和历史积极性，在社会主义建设中取得了举世公认的成就，造就了一大批德才兼备的干部和普通劳动者，积累了无产阶级人生实践的丰富经验。这就为毛泽东人生哲学的升华提供和奠定了深刻的历史根源和实践基础。

三、马克思主义世界观方法论的学习与实践

毛泽东的人生哲学也是在学习运用马克思主义，将马克思主义普遍真理同中国革命和建设实践相结合的过程中丰富和发展起来的。马克思主义哲学的基本原理和毛泽东在领导中国革命和建设实践中的独特的哲学创造，为毛泽东的人生哲学提供了理论观点和思想方法。

毛泽东将马克思主义的辩证唯物主义哲学路线贯彻于领导中国革命的实践中，创立了实事求是的思想路线。实事求是作为毛泽东思想的精髓，既是一种哲学立场，又是一种思想方法和人生态度。马克思主义只有与各国革命实践相结合，才能发挥其改变现实的力量；各国革命实践也只有坚持马克思主义的指导，才能保证走历史必由之路。然而，马克思主义是一种科学的立场、观点和方法，而不是抽象、空洞、僵化的教条。马克思主义与各国实践相结合，是以其基本立场、观点和方法来分析各个国家的社会结构和阶级关系，发现各国社会的特殊本质，寻求适合各国国情的革命和建设道路，而不是用马克思主义硬

性规范各国的实际。经验主义者只相信狭隘的经验而排斥理论的价值，这是不对的。教条主义只知记诵本本，不愿做艰苦的调查研究工作，不了解中国的实际，将马克思主义当作教条，当作包治百病的灵丹妙药，也是不对的。毛泽东在长期的革命生涯中，一贯重视宣传唯物辩证法，反对唯心主义和形而上学；反对经验主义和教条主义，创立并坚持一切从实际出发、实事求是、理论联系实际的思想路线，把马克思主义普遍原理同中国革命和建设的实践紧密结合起来，通过调查研究，深入了解中国的国情，据此制定正确的路线、方针和政策，将中国革命和建设的实践以及自己的人生实践，奠基于科学的认识之上。实事求是，构成了毛泽东人生哲学的总体格调和基本精神。

毛泽东继承和发展马克思主义的认识论和辩证法思想，将其人生哲学的建构过程置于科学的哲理指导之下。马克思主义的创始人将认识论作为认识世界和改造世界的思想武器，把实践观和辩证法引入认识论，指出实践是认识的基础，认识是主体能动地认识和改造世界的过程。毛泽东和其他中国共产党人承担着领导中国革命和建设的重任。要把马克思主义普遍真理同中国革命的具体实践创造性地结合起来，必须反对脱离实际的主观主义，反对思想超前的"左"倾错误和思想滞后的右倾错误。为此，就必须对以实践为基础的能动的革命的反映论作出系统详尽的、能够被广大党员群众理解和接受的解说。毛泽东紧紧抓住主观和客观、理论和实践、知和行的具体的历史的统一这一中心，阐明了认识的辩证过程和认识运动的总规律，高扬了实践第一的辩证唯物主义认识路线，使能动的革命的反映论获得了系统而科学的理论形态。同时，毛泽东继承和发展了马克思主义的辩证法思想，系统阐明了作为辩证法之实质和核心的对立统一规律，特别是阐发了矛盾特殊性的理论，将具体情况具体分析这个马克思主义的活的灵魂上升到了哲理高度。同时，毛泽东将他在辩证法方面的独特理论创造运用于政治、军事斗争以及领导社会主义革命和建设的实践中。毛泽东对马克思主义认识论和辩证法的独特发挥，为无产阶级和广大人民群众确定正确的人生路向，卓有成效地认识和改造客观世界与主观世界，最大限度地发挥人的各方面的潜能，促进社会的发展进步，提供了世界观和方法论的依据。

毛泽东继承和发展了马克思主义的唯物史观，着重阐发了社会基本矛盾理论和群众观点，为确定人生理想和人生目的奠定了坚实的理论基础。唯物史观的创立引起了哲学领域的革命，但唯物史观的发展却是为一个适应革命实践的需要而不断完善的过程。19 世纪 80 年代以前，马克思和恩格斯为了反对各种形式的唯心史观，着重于经济研究，较为强调经济基础对上层建筑的决定作用，指出物质资料的生产方式是历史过程的决定因素，上层建筑之产生和变革是由经济基础所决定的。19 世纪 80 年代末和 90 年代初，针对把唯物史观庸俗化、教条化和否定上层建筑反作用的倾向，恩格斯在充分肯定经济基础的决定作用的前提下，阐扬了上层建筑反作用于经济基础的辩证法，指出现实生活的生产和再生产是社会发展的决定性因素，但不是唯一的决定因素，决定历史发展的还有上层建筑中的各种因素。经济基础和上层建筑的作用是相互的，而不是单向的。毛泽东继承、发展了马克思恩格斯的思想，既承认生产力对于生产关系、经济基础对于上层建筑主要的决定的作用，又指出在一定条件下生产关系对于生产力、上层建筑对于经济基础的反作用。既"承认总的历史发展中是物质的东西决定精神的东西，是社会的存在决定社会的意识；但是同时又承认而且必须承认精神的东西的反作用，社会意识对于社会存在的反作用，上层建筑对于经济基础的反作用"。① 这就避免了历史观上的唯心论和形而上学，在社会历史领域坚持了唯物论和辩证法。毛泽东正是运用唯物而辩证的历史观，剖析中国社会的性质和特点，揭示中国社会的发展规律，提出了关于新民主主义革命的独创性理论，指出了中国社会的社会主义前途和共产主义走向，从而将为之趋赴的社会理想建立在坚实的社会基础和理论基础之上，并成为人生激励奋进、创造进取的巨大精神驱力。

马克思主义创始人马克思和恩格斯认为社会发展的历史，根本上就是物质资料生产发展的历史，从事物质资料生产的人民群众是创造历史的决定力量。毛泽东继承了这一思想，指出人民是一个历史范畴，是不断变动的，但劳动群众始终是人民的基本构成要素，人民群众代表着社会文明与进步的走向，是物质财富和精神财富的创造者，是社会发展和变革的决定力量。人民群众作为历

---

① 《毛泽东选集》第 1 卷，人民出版社 1991 年版，第 326 页。

史运动的主体，既是价值的创造者，又是价值的享有者。无产阶级及其政党以解放全人类为己任，为谋求广大人民群众的根本利益而奋斗，全心全意为人民服务，一切向人民群众负责，相信群众自己能够解放自己，虚心向广大群众学习。人民群众创造历史的唯物史观，逻辑地蕴含着全心全意为人民服务这一无产阶级人生目的。毛泽东终生都在为人民的利益而努力，并在领导中国革命和建设的长期过程中创立了一切为了群众，一切依靠群众，从群众中来，到群众中去的群众观点和群众路线，将全心全意为人民服务的人生目的具体化为可以操作实行的方式方法。

毛泽东继承和发展了马克思主义创始人关于人的类特征和社会性的思想，指出人具有与动物相区别的主观的能动性。这种主观的能动性不仅表现在人类能够认识客观世界的本质和规律，而且表现在人类能够以这种认识指导自己的行动，改造客观世界，使之符合人类生存发展的需要；还表现在人有理想、信念、道德、情感、意志等自我控制和调适的精神力量。人类的主观能动性是人的发展和完善之最深刻的根据。毛泽东和中国共产党人无论是在革命战争时期，还是在和平建设时期，都十分重视发挥人的主观能动性。如在民主革命时期，毛泽东科学认识中国革命的规律，制定统一战线、武装斗争、党的建设三位一体的新民主主义革命总体战略，深入了解敌我双方的力量对比，制定正确的军事斗争战略与策略，导演了中国革命之威武雄壮的活剧。毛泽东还注意对于广大党员和人民群众进行共产主义理想、爱国主义和国际主义精神、集体主义观念、革命英雄主义精神的教育，使之内化为人民的思想情感，激励人民群众艰苦奋斗、忘我工作、英勇牺牲，使中国取得了举世瞩目的成就，涌现出了说不尽道不完的英雄人物，创造了无数可歌可泣的英雄业绩。此外，毛泽东又确认人的社会性本质，指出人在生产过程中结成一定的生产关系，并进而结成一定的政治关系和思想关系，每个人都在一定的社会关系中进行自己的社会活动和人生实践。因此，人是具体的而不是抽象的。因而他反对抽象的人性论，认为人是可以分析的。人是处于各种社会关系之中的，人的本质应从各种社会关系中得到展现和说明。在阶级社会中，阶级关系是人与人之间的根本关系，人的社会本质应从阶级关系中得到说明。毛泽东深入探讨人的社会性本质，从经济上划分阶级，从分析人的经济地位入手来研究其对于革命的态度，从而解决了什么是中国革命的领导力量、同盟军和革命对象等问题，为新民主主义革命总路线的制定提供了科学依据。新中国成立以后，特别是在生产资料私有制的社会主义改造基本完成以后，毛泽东根据中国社会阶级关系的变化，指出大规模的群众性的阶级斗争已经过去，正确处理人民内部矛盾则成为国家政治生活的主题。发展生产力，进行经济建设，成为党和国家的根本任务。毛泽东关于人的类特征和社会性的思想，既为其人生哲学的建构提供了最深刻的理论根据，同时将人之自觉能动的创造性潜能的发挥置于具体的社会环境之中。

恩格斯曾经说过："每一个时代的哲学作为分工的一个特定的领域，都具有由它的先驱传给它而它便由此出发的特定的思想材料作为前提。"① 毛泽东对马克思主义的继承和发展，不仅表现在将马克思主义的基本观点应用于革命、建设和人生实践之中，还在于运用马克思主义的科学态度与方法批判继承古今中外的文化遗产，尤其是批判继承人生哲学的优秀传统，使他的人生哲学在前人人生实践及其经验总结的基础上更进一步。新文化运动以来，人们在对待古今中外文化的问题上有截然相反的几种态度。在古今文化问题上，或是古而非今，或是今而非古；在中西文化问题上，或主张民族保守主义，固守国粹，或主张民族虚无主义，全盘西化。其思想方法的特点是片面性和绝对主义。毛泽东则主张根据现实人生实践的需要，对古今中外的文化遗产进行清理改铸，批判继承传统文化中的合理内容，来丰富马克思主义，并使马克思主义成为符合本民族文化心理、易于为广大群众所接受的东西。毛泽东说："学习我们的历史遗产，用马克思主义的方法给以批判的总结，是我们学习的另一任务。我们这个民族有数千年的历史，有它的特点，有它的许多珍贵品。对于这些，我们还是小学生。今天的中国是历史的中国的一个发展；我们是马克思主义的历史主义者，我们不应当割断历史。从孔夫子到孙中山，我们应当给以总结，承继这一份珍贵的遗产。这对于指导当前的伟大的运动，是有重要的帮助的。共产

---

① 《马克思恩格斯选集》第4卷，人民出版社2012年版，第612页。

党员是国际主义的马克思主义者，但是马克思主义必须和我国的具体特点相结合并通过一定的民族形式才能实现。马克思列宁主义的伟大力量，就在于它是和各个国家具体的革命实践相联系的。对于中国共产党来说，就是要学会把马克思列宁主义的理论应用于中国的具体的环境。成为伟大中华民族的一部分而和这个民族血肉相连的共产党员，离开中国特点来谈马克思主义，只是抽象的空洞的马克思主义。因此，使马克思主义在中国具体化，使之在其每一表现中带着必须有的中国的特性，即是说，按照中国的特点去应用它，成为全党亟待了解并亟须解决的问题。"① 毛泽东在《新民主主义论》中也科学阐述了如何对待民族文化传统和外来文化的问题。他指出：与新民主主义的经济政治相适应，新民主主义的文化是以无产阶级社会主义思想为领导的民族的、科学的和大众的文化。新民主主义的文化是民族的，它反对帝国主义压迫，主张中华民族的尊严和独立，具有民族的特性。但它又同一切别的民族的社会主义文化和新民主主义文化相联合，建立互相吸收和互相发展的关系，共同形成世界的新文化。"中国应该大量吸收外国的进步文化，作为自己文化食粮的原料……这不但是当前的社会主义文化和新民主主义文化，还有外国的古代文化，例如各资本主义国家启蒙时代的文化，凡属我们今天用得着的东西，都应该吸收。"② 但对外国的东西，应批判地吸收。新民主主义文化是科学的。它是反对一切封建思想和迷信思想，主张实事求是，主张客观真理，主张理论和实践相一致的。"中国的长期封建社会中，创造了灿烂的古代文化。清理古代文化的发展过程，剔除其封建性的糟粕，吸收其民主性的精华，是发展民族新文化提高民族自信心的必要条件；但是决不能无批判地兼收并蓄。必须将古代封建统治阶级的一切腐朽的东西和古代优秀的人民文化即多少带有民主性和革命性的东西区别开来。中国现时的新政治新经济是从古代的旧政治旧经济发展而来的，中国现时的新文化也是从古代的旧文化发展而来，因此，我们必须尊重自己的历史，决不能割断历史。但是这种尊

① 《毛泽东选集》第 2 卷，人民出版社 1991 年版，第 533—534 页。
② 《毛泽东选集》第 2 卷，人民出版社 1991 年版，第 706—707 页。

重，是给历史以一定的科学的地位，是尊重历史的辩证法的发展，而不是颂古非今，不是赞扬任何封建的毒素。"① 在 1942 年 5 月召开的延安文艺座谈会上，毛泽东精辟论述了批判、改造、继承古今中外的优秀文学艺术遗产，使之为人民服务的思想："对于中国和外国过去时代所遗留下来的丰富的文学艺术遗产和优良的文学艺术传统，我们是要继承的，但是目的仍然是为了人民大众。对于过去时代的文艺形式，我们也并不拒绝利用，但这些旧形式到了我们手里，给了改造，加进了新内容，也就变成革命的为人民服务的东西了。"②"我们必须继承一切优秀的文学艺术遗产，批判地吸收其中一切有益的东西，作为我们从此时此地的人民生活中的文学艺术原料创造作品时的借鉴。……我们决不可拒绝继承和借鉴古人和外国人，哪怕是封建阶级和资产阶级的东西。"③ 毛泽东对于古今中外文化的基本态度和方法是实事求是、具体分析，在批判的基础上加以继承，经过改造而加以吸取，从而丰富无产阶级思想体系，为人民大众服务。就中国文化来说，毛泽东熟稔先秦哲学、楚辞汉赋、唐宋古文与诗词、宋明理学与心学以及清代王夫之、颜李学派、戴震、顾炎武等人的思想，从传统文化中吸取了好学致知、实事求是的求实态度，经世致用、救济天下的入世精神，行健不息、进取不已的生命意识，天下一家、世界大同的博爱情感，履仁行义、克己忘身的道德精神，从而使其人生哲学具有了中国的特点、作风和气派。

从总体上来说，毛泽东的人生哲学是中西融合、古今汇流的产物，既有鲜明的时代特征，又有至深的文化遗传；既是对产生于西方的人类文化最先进的成果——马克思主义的继承和发展，又是对中国传统文化的改造和转换；既是以往人生哲学的逻辑发展，又是中国共产党领导下的无产阶级和广大人民群众的道德实践经验的概括和升华。在本篇之中，我们将着重研究和讨论毛泽东关于人生本质、理想、目的、价值、境界和态度等具有独创性意义的思想。毛泽东和中国共产党领导的中国革命和建设事业历经曲折艰辛，有顺利亦有挫折，

① 《毛泽东选集》第 2 卷，人民出版社 1991 年版，第 707—708 页。
② 《毛泽东选集》第 3 卷，人民出版社 1991 年版，第 855 页。
③ 《毛泽东选集》第 3 卷，人民出版社 1991 年版，第 860 页。

有成功也有失误。毛泽东在对人生作深沉的哲理思考时，也有陷入迷惘和误区的时候。因此，我们在着重讨论毛泽东对于人生理论的科学而独创性创造的同时，也无意回避毛泽东的理论迷误，而是以实事求是的态度对之加以评述，并试图从毛泽东人生思考与人生实践的失误中吸取教训，将消极方面的经验化为积极意义上的财富。

第八章　人生本质论

人生本质是人之所以为人的内在根据，是人所具有的并以之与万物相区别的特质和属性。人的本质问题是人生诸问题中的最高问题，对于人生本质的理解和体认决定着人们的人生目的、人生理想、人生价值和人生态度。认识和阐释人生本质，是以人生观为思考对象的毛泽东人生哲学的题中应有之义。毛泽东批判地改造了中国传统人生哲学中关于人的本质的合理思想，继承发展了马克思主义的人生本质理论，正确指出人的本质体现于人们自由自觉的创造性活动之中，人的本质是共性和个性的统一，人的本质的丰富和发展是一个社会历史过程。

一、自由自觉活动是人的本质的现实展示

人生本质是一个万古常新的诱人课题，古今中外许多思想家都对此作了苦心探索。中国传统哲学中的儒家学派基于万物一体、天人同构的思想信念，仰观俯察，探赜索隐，潜心研究天地宇宙的本质，以人观天，又以天证人，从天地宇宙的本质和特性中演绎、导引出人生的本质和特性，为建立自己的人生哲学体系提供了形而上的理论基础和思维框架。在儒家学派看来，宇宙的始基、本体是一种混沌未分、浩荡无垠的一元之气——"太极"。太极内部蕴含着阴阳两种对立互补的实体力量，二者相摩相荡，相承相应，往来屈伸，动变不居，生成五行男女和天地万物。宇宙动变不息的鹄的是创造延续生命，整

个宇宙就是一条行健不息、动变不已的生命湍流。儒家学派的创始人孔子曾说："天何言哉？四时行焉，百物生焉，天何言哉？"①《易传》亦云："生生之谓易"，②"天地之大德曰生"③，"天地氤氲，万物化醇，男女构精，万物化生"④，"一阴一阳之谓道，继之者善也，成之者性也。仁者见之谓之仁，知者见之谓之知，百姓日用而不知"⑤。宇宙动变无穷，生物成物，阴阳二气相推相荡，五行男女大化流衍，生万物之形体，赋万物之性情。这表明宇宙天地有着深沉宏富的好生之德，这种好生之德就是天地宇宙之善的本性和灵魂。人与天地万物同禀一元之气而化生，并在有生之初便承受了天地宇宙之善良美好的本质。但在赋形成性之后，万物便有了自己各异的属性而相互区别。由于本质相同而形性各异，且因人的修养和识见不一，于是便对宇宙人生的本质产生了不同的理解。

在探究宇宙生成及其本质的同时，儒家学派对人在宇宙中的地位、人之区别于物的本质特点、人体察天地之道而完善现实人生的可能性等问题，也进行了研究、思考和解说。人作为类的整体，也是阴阳二气交感化生的产物。其与水火、草木、禽兽的不同之处，在于禀受清轻清秀之气而生，因而是天地间之最高的与天地相参的存在者。《礼记·礼运》云："故人者，其天地之德，阴阳之交，鬼神之会，五行之秀气也。"宋儒周敦颐亦曰："二气交感，化生万物。万物生生，而变化无穷焉。惟人也得其秀而最灵。形既生矣，神发知矣，五性感动而善恶分、万事出矣。"⑥人不仅拥有万物所具有的一切品性，而且具有自己特有的属性。唯其如此，人乃成为万物之灵。人的这种特有属性就是徵知思虑的灵明之心和仁义道德之性。荀子曰："水火有气而无生，草木有生而无知，禽兽有知而无义，人有气有生有知亦且有义，故最为天下贵也。"⑦

---

① 《论语·阳货》。
② 《系辞传》上第 5 章。
③ 《系辞传》上第 5 章。
④ 《系辞传》上第 5 章。
⑤ 《系辞传》上第 5 章。
⑥ 周敦颐：《太极图说》。
⑦ 《荀子·王制》。

　　儒家人生哲学认为，天地宇宙与社会人生是一个统一完整的生命流程，人的本质与生命源于宇宙的本质与生命，人类之性与天地之性、人类之心与天地之心在本质上是同一的。天地将其德性赋予人类，人类则以其知觉灵明之心觉解天地之德性，并将之加以培养、发展、弘扬和扩张。《中庸》云"天命之谓性，率性之谓道，修道之谓教"。张载认为"人受于天则成性"，① 二程认为性与天道一致。朱熹也说："性者，人之所得于天之理也。"②"性是实理，仁义礼智皆具"③。天地宇宙的德性或本质就是在动静变化中生育万物，这是一种仁心善性。天地以生物为心，人则以天地之心为心，天心、天性、天理、天道即人心、人性、人理、人道，人的本性和职责就是发展延续宇宙生命，立己立人，仁民爱物。孔子说："人之生也直"④，"性相近也，习相远也"⑤，"苟志于仁矣，无恶也。"⑥ 他虽然没有明确讲人之性善，但在其思想中确有性善论的意蕴。孟子质言人生而具有恻隐、羞恶、是非、辞让之心，这是仁义礼智四德的端倪。他主张尽心知性知天，内而臻至与天为一的精神境域，外而博施济众，推行王道政治。荀子虽言"人之性恶，其善者伪也"⑦，但只是以情言性，从放纵情欲而生恶推论性之恶，并不是从根本上否认人的善性。他主张明分使群，崇礼隆教，化性起伪，以期使人心向善，实际上是以人之性善可教为前提的。孔孟主张人之性善，强调成就善的人格的先天内在根据；荀子主张性恶，则是强调后天的修养教化对于造就善的人格的重要作用。两种观点实际上互为表里、互相补足。宋儒以天理为善，以人欲为恶，力主克尽物欲，天理流行，把天理人欲截然对立起来，这是与天地的生生之德和化育万物的本性相抵牾的。

　　儒家学派看到人人具有仰观俯察、鉴往知来的认识能力和明于人己、协调

---

① 《张子语录》中。

② 《孟子集注·告子上》

③ 《朱子语类》卷五。

④ 《论语·雍也》。

⑤ 《论语·阳货》。

⑥ 《论语·里仁》。

⑦ 《荀子·性恶》。

社会关系、维护群体稳定的道德意识，视人为优于天地万物的最高存在者，将灵明之知和仁德之性作为人的本质，且认为只有效法天之行健不息之道和地之厚德载物之德，内而克己修身，提高主体能力，外而齐家治国平天下，将仁德之心具化为道德、政治实践，人的本质才能得以充分发展、完善和实现，这就为说明人生的目的、理想、价值等问题奠定了理论基础。然而，他们把人的活动主要固着于道德践履方面，且脱离具体的社会历史条件和阶级状况来思考人的问题，这就难以科学说明人的灵明之心和道德之性的产生和演进，以理性和道德来规定人的本质，也难免流于抽象和空泛。

在西方思想史上，人生本质理论的发展也几经曲折。在漫长的中世纪里，宗教神学统治一切，人生理论与其他理论学说一样，成了神学的奴婢。托马斯主义的神学理论认为，人并没有自己的本质存在，人的本质来自上帝的本质。人之所以异于万物，是由于上帝的特殊创造。宗教神学一方面把人提升到优异于其他一切生物的最高地位，另一方面又抽掉了人的独立人格和人所具有的本质存在，将人置于由上帝摆布和奴役的窘境。而德国古典哲学巨擘、客观唯心主义者黑格尔，则把人的本质诠释、规定为绝对观念的自我意识。绝对观念是在天地人物产生以前就早已存在的客观精神，自然界是绝对观念的外化。绝对观念外化为自然，只是为了通过自然这个环节发展出人，然后在人的理性中达到绝对观念的自我意识。

黑格尔认为，人只是绝对观念借以达到自我意识并向自身复归的一种工具，人本身不是目的，人并没有自己的特有本质，而是以绝对观念为本质，人的理性、情感和意志必须服从绝对观念。无论是中世纪的宗教神学，还是黑格尔的绝对观念，都是从精神方面和超自然的意义上说明人的本质问题。他们所说的人不是现实的人，而是抽象的人。费尔巴哈的人本学唯物主义一反神学唯心主义和黑格尔的客观唯心主义关于人的本质的理论，强调人的自然本性，紧紧抓住自然界和人，从纯自然的意义上规定人的本质。当他只从人对自然的依赖性方面来观察人生时，将人赖以生存的外部自然条件归结为人的本质；当他从人本身、人的活动机能方面来观察人时，便将人的一切本能的需要和才质的总和视为人的本质，或将人的本质归结为理性、爱、意志力等所谓单个人所固有的"内在的、无声的、把许多个人自然地联系起来的普遍性"。① 由于费尔巴哈从纯自然的而不是从社会的视角观察人的问题，从消极被动的适应外部自然界的生存活动而不是从能动地改造客观世界和主体自身的革命实践来认识人的本质，因此，他始终未能超出人的自然存在而对人的本质问题作出更多的有价值的论述和说明。

真正对于人生本质作出科学研究和解释的是马克思。马克思在《1844年经济学哲学手稿》中写道："一个种的全部特性、种的类特性就在于生命活动的性质，而人的类特性恰恰就是自由的有意识的活动。"② 人的本质或人的类特性，在于其生命活动的性质，而人的生命活动的性质就是"自由""自觉"，因而人的本质就在于自由自觉的特性。人的这种自由自觉的类特性是由客观自然界和人的主观自身两方面的要素构成的。"人双重地存在着：主观上作为他自身而存在着，客观上又存在于自己生存的这些自然无机条件之中。"③ 人的本质要素存在于自然界和人自身之中，表现于人与自身、人与自然的对立统一关系之上，而"人同自身的任何关系，只有通过人同其他人的关系才得到实现和表现"④。马克思在《关于费尔巴哈的提纲》中说："人的本质不是单个人所固有的抽象物，在其现实性上，它是一切社会关系的总和。"⑤ 这里所说的"社会关系"，非唯指人与人的关系，同时也指人与自然的关系。因为"社会是人同自然界的完成了的本质的统一"，⑥ 社会关系是以人与自然的关系为历史和逻辑基础，且包含人与自然的关系在内的一种更为高级的关系。再之，"全部社会生活在本质上是实践的"，⑦ 社会实践首先是人改造自然的生产活动。故人与自然的关系本质上也是一种社会化了的关系。"一切社会关系的总和"亦非各种社会关系的杂凑叠加，而是人在这一切社会关系中所进行的生命活动——劳动

① 《马克思恩格斯选集》第1卷，人民出版社2012年版，第135页。
② 《马克思恩格斯全集》第42卷，人民出版社1979年版，第96页。
③ 《马克思恩格斯全集》第46卷，人民出版社1979年版，第491页。
④ 《马克思恩格斯全集》第42卷，人民出版社1979年版，第98页。
⑤ 《马克思恩格斯选集》第1卷，人民出版社1995年版，第60页。
⑥ 《马克思恩格斯全集》第42卷，人民出版社1979年版，第122页。
⑦ 《马克思恩格斯选集》第1卷，人民出版社2012年版，第135页。

（广义的）或社会实践。劳动作为人在同自然、同他人的双重关系中进行的生命活动，既改造着外部世界的自然，又改造、人化着自身的自然，并在这种主动自觉的创造性活动中获得自由，发展、完善、实现着自身的本质。总之，人是主观和客观的双重存在物，二者的有机统一展现为现实的生命活动，人正是通过这种生命活动实现其自由自觉的本质。

　　毛泽东批判改造儒家学派以理性、道德和进取创化精神为人生本质的合理思想，继承马克思主义以自由自觉特性为人生本质的科学论断，并且联系中国革命的现实运动，亦从自由自觉、能动创造的意义上来规定和理解人的本质。他在《论持久战》这篇著名论文中说："一切事情是要人做的……做就必须先有人根据客观事实，引出思想、道理、意见，提出计划、方针、政策、战略、战术，方能做得好。思想等等是主观的东西，做或行动是主观见之于客观的东西，都是人类特殊的能动性。这种能动性，我们名之曰'自觉的能动性'，是人之所以区别于物的特点。"[1] 所谓能动性是指某物对于他物的作用作出反应并主动作用于他物的一种能力。这种能力为人和一般动物所具有，而自觉的能动性则是人类所特有的类特性，是有目的、有意识地进行活动的能力。人类在进行活动之前，总是先要形成一定的目的，根据这一目的制订行动计划，再将这种计划付诸实施。正如马克思所说："蜜蜂建筑蜂房的本领使人间的许多建筑师感到惭愧。但是，最蹩脚的建筑师从一开始就比最灵巧的蜜蜂高明的地方，是他在用蜂蜡建筑蜂房以前，已经在自己的头脑中把它建成了。劳动过程结束时得到的结果，在这个过程开始时就已经在劳动者的表象中存在着，即已经观念地存在着。他不仅使自然物发生形式变化，同时他还在自然物中实现自己的目的，这个目的是他所知道的，是作为规律决定着他的活动的方式和方法的，他必须使他的意志服从这个目的。"[2] 动物的活动是本能的、无意识的，它只能按照自己所属的种的尺度来建造与自己的生存直接相关的东西。人类的活动则是自觉的、有意识的，他可以按照任何一种的尺度来建造。人类在其活动过程

---

① 《毛泽东选集》第 2 卷，人民出版社 1991 年版，第 477 页。

② 《马克思恩格斯全集》第 23 卷，人民出版社 1972 年版，第 202 页。

中，可以根据事物的变化以及对于事物的认识的深入，不断调整自己的思想、认识和计划，有意识地控制自己行为的范围和强度，保证预期目的的实现。人类的这种自觉的能动性，表现在"思想"和"行动"或认识世界和改造世界两个方面，体现于物质变精神和精神变物质的过程之中。在认识世界的过程中，自觉能动性首先表现为认识主体根据自身的需要有意识地选择和确定认识的对象。我们所面对的客观世界，品物流行，世事纷纭，任何事物都是主体之可能的和潜在的认识对象，但不都是主体之现实的认识对象。作为主体的人总是根据自己的需要，从纷繁复杂的客观事物中选择和确定某一特定的实践——认识活动的客体对象。正是由于这种选择、定向作用，才使认识活动成为可能。其次，自觉能动性可以使主体持续关注某一对象，保证认识活动的稳定性、一贯性和深入进行。最后，自觉能动性使认识主体不是消极直观客观对象，而是能够在实践的基础上获得感性认识，运用理性思维的力量，"将丰富的感觉材料加以去粗取精、去伪存真、由此及彼、由表及里的改造制作工夫，造成概念和理论的系统"，[1] 由感性认识提升、跃迁为理性认识，获得关系事物之本质和规律的认识。在改造世界的过程中，自觉能动性可使主体能够根据客观情况的变化和新的认识成果，对改造客观世界的活动加以调控，以便使主体的活动方式与活动目的最大限度地趋向一致。自觉能动性可以使主体基于对事物之本质和规律的认识，形成一定的目的，确立一定的理想，升华为一种信仰。而目的、理想、信仰的确立，对主体的活动起着规范、激励和促进作用，并加速理论向实践、精神向物质的转变。

人类的自觉能动性体现于认识世界和改造世界的活动之中，自觉能动性的发挥过程就是一个认识必然、改造世界、从自然界和社会中获得自由的过程。恩格斯认为，黑格尔第一个正确地叙述了自由和必然的辩证关系，在他看来，自由是对必然的认识。必然只有在它没有被了解的时候才是盲目的。自由和必然只是绝对观念发展过程中的两个不同环节。必然之为必然，尚不是自由，但自由以必然为前提。主观性通过认识活动，把握真实存在着的世界的必然性，

---

① 《毛泽东选集》第1卷，人民出版社1991年版，第291页。

扬弃自己的抽象的确定性，并通过实践或意志活动，将主观性内部合理的必然性或规定性输入客观世界之中，消除客观世界的片面性，使现存世界发生合目的性的改变，由此便实现了主观性和客观性的统一，完成了由必然向自由的转化或过渡。必然与自由并非互相排斥，而是互摄互涵的。黑格尔的必然自由观是辩证的，但这一观点是建立在以绝对观念为宇宙本原这一客观唯心主义基础之上的，他所说的必然性不是客观的物质世界的必然性，而是绝对观念发展的逻辑必然性；他所说的对必然性的认识，不是以作为感性物质活动的实践为基础，而是以意志活动意义上的"实践"为基础。恩格斯充分肯定了黑格尔在必然和自由问题上的辩证法思想，同时又剔除了其唯心主义前提，唯物辩证地阐述了自由与必然的关系。所谓必然，是指外部世界的客观必然性；所谓自由，"就在于根据对自然界的必然性的认识来支配我们自己和外部自然"。① 必然性本身尚不是自由，但它为自由准备了前提和基础，内在地包含着自由；自由也不是对必然性的摆脱和抛弃，而是将必然性包括于自身之中，是扬弃了主客观两方面的片面性而出现的一种状态。由必然向自由的转化是一个发展过程。人们对客观必然规律的认识愈深刻，以此认识为指导的实践活动便愈自觉，改造世界的成效就愈大，人们从中获得的自由也就愈多。毛泽东将必然性、自由、正确的自觉能动性三者联系起来考虑问题，对于人的特质作出了进一步的说明。他指出："自由是对必然的认识和对客观世界的改造。"② 必然即客观存在的规律性。无论是自然界还是人类社会，都有其不以人的意志为转移的客观规律。当人们尚未认识这种必然性时，其行动是不自觉的、盲目的、被动的，因而是不自由的。当人们正确认识了客观规律，遵循客观规律而进行主动自觉的活动，就能够在改造客观世界的活动中达到目的，获得自由。毛泽东说："只有在认识必然的基础上，人们才有自由的活动。"③"人们为着要在社会上得到自由，就要用社会科学来了解社会，改造社会，进行社会革命。人们为着要在

---

① 《马克思恩格斯选集》第 3 卷，人民出版社 2012 年版，第 492 页。
② 《毛泽东文集》第 8 卷，人民出版社 1999 年版，第 306 页。
③ 《毛泽东文集》第 8 卷，人民出版社 1999 年版，第 306 页。

自然界里得到自由，就要用自然科学来了解自然，克服自然和改造自然。"①认识必然是主客观之观念形态统一的实现，改造世界、达到目的则是主客观之实在形态统一的实现。而要实现主客观之观念形态和实在形态的统一，与发挥正确的能动性是分不开的。毛泽东说："一切根据和符合于客观事实的思想是正确的思想，一切根据于正确思想的做或行动是正确的行动。我们必须发扬这样的思想和行动，必须发扬这种自觉的能动性。"②只有发扬正确的自觉能动性，使思想与客观事实相符合，使正确思想与现实实践相一致，方能获得活动过程中的自由和活动结果的自由。"自觉"和"自由"作为人类活动的两个重要特征，共同构成了人的类本质。

如上所述，人的自觉自由的类本质是通过认识世界和改造世界的活动来展现的。而实践则是人与自然、人与社会之具体的、历史的统一。要真正理解人的本质，尚需考察人与自然、人与社会、人与历史的关系。毛泽东不仅确认自由自觉为人的类特性，还从人与自然、社会、历史等各个方面来理解人、说明人。毛泽东在《实践论》中说："马克思以前的唯物论，离开人的社会性，离开人的历史发展，去观察认识问题，因此不能了解认识对社会实践的依赖关系，即认识对生产和阶级斗争的依赖关系。"③"马克思主义者认为人类的生产活动是最基本的实践活动，是决定其他一切活动的东西。人的认识，主要地依赖于物质的生产活动，逐渐地了解自然的现象、自然的性质、自然的规律性、人和自然的关系；而且经过生产活动，也在各种不同程度上逐渐地认识了人和人的一定的相互关系。……在没有阶级的社会中，每个人以社会一员的资格，同其他社会成员协力，结成一定的生产关系，从事生产活动，以解决人类物质生活问题。在各种阶级的社会中，各阶级的社会成员，则又以各种不同的方式，结成一定的生产关系，从事生产活动，以解决人类物质生活问题。这是人的认识发展的基本来源。"④"马克思主义者认为人类社会的生产活动，是一步

---

① 《毛泽东文集》第 2 卷，人民出版社 1993 年版，第 269 页。
② 《毛泽东选集》第 2 卷，人民出版社 1991 年版，第 477 页。
③ 《毛泽东选集》第 1 卷，人民出版社 1991 年版，第 282 页。
④ 《毛泽东选集》第 1 卷，人民出版社 1991 年版，第 282—283 页。

又一步地由低级向高级发展，因此，人们的认识，不论对于自然界方面，对于社会方面，也都是一步又一步地由低级向高级发展，即由浅入深，由片面到更多的方面。"① 以上引文，是毛泽东针对认识产生、发展的来源而讲的，而不是专论人的本质，但其中确认了人与自然的关系、人与人的关系以及人类社会的生产活动和人们的认识的历史发展，蕴含着多角度、全方位理解、诠释人的本质问题的重要路数。

从人与自然的关系看人的本质。人是自然界长期发展的产物，是自然界的一部分。同自然界中的一切有机体一样，人只有不断同外部自然进行物质交换，才能得以生存和发展。人与自然界的这种同根性，决定着他永远不能离开自然界或摆脱自然规律的制约而独立存在。在这种意义上，可以说人是一种被动的存在物。然而，"世间一切事物中，人是第一个可宝贵的。"② 人并不是自然界的一般产物，而是自然界的最高产物；人不是自然界中的普通部分，而是其中的一个特殊部分。他"具有自然力、生命力、是能动的自然存在物；这些力量作为天赋和才能、作为欲望存在于人身上"。③ 从这种意义上说，人又是一种能动的自然存在物，人既受自然界的制约，又根据自身的需要，以自身的活动能力和活动方式改变着自身的自然和客观的自然。人与自然之被动性和能动性的统一，不是生物学意义上的纯自然的统一，而是在劳动基础上的统一。无论是客观的自然，还是主观的自然，都不是直接属人的和符合人的需要的东西。当类人猿出于一种生理的需要，受本能冲动的驱使，简单地从自然界中索取生存资料时，它并未意识到自己的独立存在，并未从自然中分化出来，而仅仅是自然界中的与其他动物没有什么本质区别的一个组成部分。只有当它有意识地改造自然，使之适合自己的需要时，才迈出了向人转化的决定性的一步。劳动既创造了属人的符合人的需要的肉体感官和思维器官，也创造了人化的符合人的需要的客观自然。毛泽东说："人在劳动中，改造外界，同时又

① 《毛泽东选集》第 1 卷，人民出版社 1991 年版，第 283 页。
② 《毛泽东选集》第 4 卷，人民出版社 1991 年版，第 1512 页。
③ 《马克思恩格斯全集》第 42 卷，人民出版社 1979 年版，第 167 页。

改变自己。"① 人在"长期劳动过程中一面变革自然,一面变革自己(生理与性质)"。②"人类的感官是在劳动过程中发展的与分化的。"③"脑的发达是劳动的结果。""言语是劳动的结果,交通的手段,认识的前提。有言语表现的概念,才能开始思维。"④ 劳动导致了人与自然界的分离和对立。创造了属人的肉体感官和主体能力;而人又凭借自己的特殊的主体能力,按照一定的目的与自然进行物质、能量和信息的交换,在更高的基础上实现与自然的统一,从认识自然和改造自然的自觉能动活动中获得自由。动物受自身自然和外部自然的双重奴役,其为获取生存资料而进行的活动是盲目、被动、本能的,人则能够把自然界和自身作为认识和改造的对象,其活动是有意识、有目的的,因而是自由自觉的。

从人与社会的关系看人的本质。人与自然的关系只是人之为人的历史——逻辑发展过程中的一个初始阶段和必要环节,其自身尚不能展现和说明人的本质。只有从这一环节进而上升、发展到人与社会的关系,将人与自然的关系统一于人与社会的关系,前者才能展示出其构成人的本质的一个方面和一个环节的意义。我们也只能将思路从人与自然的关系推进到包含这种关系的人与社会的关系,才能对人的本质作出现实的而非抽象的、社会的而非生物学意义的说明。人是社会的人,他总是处于一定的相互关系中。实践创造了这种相互关系,这种相互关系又为实践活动的进行提供了条件,使人的生产实践和其他社会实践成为可能。社会生活的本质在于实践,而实践则是兼人与自然、人与社会、人与历史这三种关系于一身的自觉能动的、客观物质的、创造性和历史性的活动。这种活动也是人的自觉自由本质的现实表现。人的本质在其现实性上是一切社会关系的总和,人的本质的现实展现是实践,这两个命题在实质上是一致的。旧唯物主义者看不到人的社会性,看不到社会实践对于构成人的本质的决定性意义,看不到人的肉体、心智、情感、意志都是在社会环境中、在实

① 《毛泽东哲学批注集》,中央文献出版社1983年版,第17页。
② 《毛泽东哲学批注集》,中央文献出版社1983年版,第211页。
③ 《毛泽东哲学批注集》,中央文献出版社1983年版,第18页。
④ 《毛泽东哲学批注集》,中央文献出版社1983年版,第211页。

践中改制和发展的东西。因此，他们所理解的人，便不是通过自己结成的社会关系、自觉能动地认识世界和改造世界的人，而是游离于社会之外的消极被动的实体，是与其他动物没有多少区别的自然存在物。马克思、恩格斯对于旧唯物主义者费尔巴哈的批评可谓一语中的："他在这里也仍然停留在理论的领域内，没有从人们现有的社会联系，从那些使人们成为现在这种样子的周围生活条件来观察人们——这一点且不说，他还从来没有看到现实存在着的、活动的人，而是停留于抽象的'人'上，并且仅仅限于在感情范围内承认'现实的、单独的、肉体的人'。"①毛泽东在阅读西洛可夫、爱森堡等人著的《辩证法唯物论教程》中译本第三版写的批注中，也批判了费尔巴哈的抽象人性论，指出费尔巴哈所理解的、游离于社会关系和实践活动之外的人是抽象的人，而只有生活、实践于社会关系中的人，才是现实的人，并把"抽象的人"和"具体的人"鲜明地对立起来。俄国的普列汉诺夫也不理解人的社会性，认为"人类的本质是他的肉体，没有见到人类的本质并不是肉体的东西，而是社会的性质"，人与自然的关系、主体与客体的统一同社会的实践无关。毛泽东指出"普列汉诺夫的'反历史主义是同费尔巴哈一样的'"②。毛泽东在《实践论》一文中，一开篇就确认人的社会性，并且从人的实践活动说明社会关系的产生和发展，昭示人的社会性本质的根源。人与人之间的关系由实践活动所产生，并为实践活动提供了基本条件。人们为了从事生产活动，解决人类的物质生活问题，结成一定的生产关系。这是一种为协调人们的生产活动而创立的最基本的物质性社会关系。为了确认、维护这种物质关系，人们又建立了一定的政治关系和思想关系。各种社会关系都是由人有意识地创造的，但这些社会关系一经产生，就脱离了对于社会的各个具体成员的依赖，成为一种相对独立的社会存在物，按照不以人的意志为转移的客观必然规律而运动。从这个意义上说，人是受由自己创造的各种社会关系的客观必然性所支配的受动的社会存在物。人类社会是在生产力和生产关系、经济基础和上层建筑这些社会基本矛盾的辩证运动中

---

① 《马克思恩格斯选集》第 1 卷，人民出版社 1995 年版，第 78 页。
② 《毛泽东哲学批注集》，中央文献出版社 1983 年版，第 20—21 页。

变化和发展的。而这种发展并非一个自然而然的过程，而是通过社会的人的现实的和历史的活动实现的。人在社会规律面前并非无能为力，他能够认识"人和人的一定的相互关系"，认识社会关系变化发展的规律性，通过政治生活和文化生活，对之进行合规律性和合目的性相一致的改造、完善和发展。从这种意义上说，人又是可以认识和利用社会规律、对各种社会关系实行合目的性的改造的自觉能动的社会存在物。而社会存在的客观必然性和人的自觉能动性之观念性和现实性的统一，就是人在社会中的自觉自由本质的显露和社会自由的实现。

从人与历史的关系看人的本质。人的自由自觉活动是社会的、历史的，而借此展示的人的自觉自由本质也是社会的、历史的、发展的。恩格斯曾经指出：自由"是历史发展的产物"，"文化上的每一个进步，都是迈向自由的一步"。① 历史上每一代人都是在既定的条件下，以前人所达到的认识和实践的终点为起点而进行活动的，人们不能随心所欲地选择某种条件，亦不能摆脱或超越某种条件。在这些条件中，其中的生产力表明人与自然的关系的发展程度，是以前各代人在生产过程中增长和发展的征服自然的力量的沉淀和累积。其中的生产关系和其他社会关系是人们在生产活动、政治活动和文化活动中历史地形成的东西。生产力、生产关系和其他社会关系对于每一代人的活动的支配和制约具有历史必然性。然而，人作为一种自觉能动的存在物，具有历史主动性。他们不会满足于既得的生产力水平和社会关系状况，而是不断地认识世界、改造世界，提高主体能力，丰富自身的本质。人们在生产活动中不断加深着对于自然界的认识，增强着对于自然界的支配能力（生产力）。而随着生产力的发展，人们"为了不致丧失已经取得的成果，为了不致失掉文明的果实，人们在他们的交往［commerce］方式不再适合于既得的生产力时，就不得不改变他们继承下来的一切社会形式"。② 如果说，人类以其社会历史主动性创造了生产力、生产关系和其他社会关系，而由这些社会关系构成的矛盾的辩证

---

① 《马克思恩格斯选集》第 3 卷，人民出版社 2012 年版，第 492 页。
② 《马克思恩格斯选集》第 4 卷，人民出版社 1995 年版，第 532—533 页。

运动又为人的历史主动性的发挥提供了客观依据；那么，人类知识、经验、文化的特殊传递方式则为这种历史主动性的实现提供了主体方面的条件。动物受生理遗传的支配，每一代只是在本能的驱使下简单重复上一代的活动。人则能通过教育、学习的途径，接受在此之前人类关于自然界和社会的所有知识，从一开始就站在前人所能达到的高度，进行认识世界和改造世界的活动。人类社会就是这样一个前后相继、不断上升的发展过程。毛泽东说："我们对于客观世界的认识，要有一个过程。先是不认识或者不完全认识，经过反复的实践，……然后才有可能逐步地发展成为完全的认识或者比较完全的认识。到那个时候，我们就比较主动了，比较自由了，就变成比较聪明一些的人了。"① 自然界和人类社会不断向前发展，人与自然、人与社会的关系也在历史中变迁，作为具有自觉能动精神的人必须在实践中逐步认识这些关系，按照合规律性和合目的性相一致的原则来调适这些关系，从而在自然界和社会中摆脱必然的奴役，获得自由的人生。

总之，毛泽东把"自觉的能动性"确认为人之所以区别于动物的显著特征，认为这一特征表现于认识世界和改造世界两个方面的活动里，蕴含于人与自然、人与社会、人与历史的关系中，这就同神学或思辨、同旧唯物主义、同关于人的本质的一切空泛抽象之论划清了界限，从多个视角和维度上揭示了现实的人的自由自觉的、创造性的本质。

二、人的本质是共性和个性的辩证统一

毛泽东在 1956 年 8 月 24 日同音乐工作者谈话时说，有同有异，有共性，有个性，这是自然法则。一切事物，不论自然界、社会界、思想界，都是如此。好比树的叶子，看上去大体相同，仔细看，每一片叶子都不一样，每一棵树找出完全相同的两片叶子是不可能的。任何个别的、特殊的事物都有其共性、普遍性，个别、特殊是与一般相联而存在的，没有游离于一般、普遍、共

---

① 《毛泽东文集》第 8 卷，人民出版社 1999 年版，第 306 页。

性之外的事物；普遍、一般、共性存在于特殊、个别、个性之中，没有特殊、个别和个性，就没有普遍性、一般性和共性。人类的认识秩序，总是先认识个别的和特殊的事物，从中概括出一般、普遍的本质，然后再以这种关于事物之一般、普遍本质的认识为指导，去研究那些尚未被认识或尚未被深入认识的事物。这一般与个别、共性和个性的辩证法，对于人的本质问题的研究和认识，也同样是适应的。马克思曾经说过：为了研究从事实际活动的人，"首先要研究人的一般本性，然后要研究在每个时代历史地发生了变化的人的本性"。①毛泽东正是循着马克思的思维理路，来认识人的本质和从事实际活动的人。人是能够认识世界和改造世界的具有自觉能动性的社会存在物。这是人之所以区别于其他动物的显著特点，也是人之所以为人的普遍本质。但是，这种人类之共同的普遍的本质，是通过具体的、进行着有意识的现实的和历史的活动的个人体现出来的。人的现实的、历史的活动总是以一定的生产力状况为基础，总是在一定的生产关系和其他社会关系中进行。人的本质取决于进行生产的物质条件以及适应这种物质条件而建立起来的物质关系、政治关系和思想关系。在不同的生产力水平的社会关系中，人们活动的样式不同，因而人的本质便有不同的表现，由此便凸显出了人的本质的特殊性、个别性。在阶级社会中，物质的生产关系集中表现为阶级关系，人的本质便分裂为各个阶级的本质。要了解阶级社会中具体的人性或人的本质，就要研究阶级、阶级关系和阶级斗争。在民主革命时期，毛泽东根据当时中国社会中各种不同的人在经济关系中所处的地位，将其划分为地主阶级、买办阶级、民族资产阶级、小资产阶级和无产阶级等，指出由于各个阶级所处的经济、政治地位不同，利益和要求不同，其人性和表现亦不相同。即使是在同一阶级内部的各个阶层的成员，除了有与阶级整体相同的利益之外，也有自己特殊的利益，相对于其他阶层的人们来说，又有自己特殊的个性。各个阶级的共性存在于各自成员的个性之中，并通过其成员的个性体现出来。阶级社会中的人性则通过各个阶级的个性表现出来。毛泽东说："只有具体的人性，没有抽象的人性，在阶级社会里就是只有带着阶级

---

① 《马克思恩格斯全集》第 23 卷，人民出版社 1972 年版，第 669 页注（63）。

性的人性，而没有什么超阶级的人性。我们主张无产阶级的人性，人民大众的人性，而地主阶级资产阶级则主张地主阶级资产阶级的人性，不过他们口头上不这样说，却说成为唯一的人性。有些小资产阶级知识分子所鼓吹的人性，也是脱离人民大众或者反对人民大众的，他们的所谓人性实质上不过是资产阶级的个人主义，因此在他们眼中，无产阶级的人性就不合于人性。"① 人性是具体的、现实的，通过处于一定社会关系中的人直接或间接、以真实的形式或以歪曲的形式表现出来的。在阶级社会里只有带着阶级性的人性。"带着阶级性的人性"只是人性的一种个别的、特殊的表现，而不是人性的一般本质。地主资产阶级的"人性"是自私自利，压迫剥削劳动群众，他们的"人性"实质上是反人性的，是人性的失落。劳动群众遭受地主资产阶级的压迫和剥削，其人性遭到了压抑和摧残。我们主张人民大众的人性，就是消除地主资产阶级的反人性，解放劳动群众的人性。我们只有从现实的人出发，在掌握人的共性的同时，再进一步探究处于不同生产条件下和社会关系中的人的个性，才能深入认识人的本质，正确提出和解决争取人民的经济、政治、文化权利的任务。若离开人的社会性和历史发展，无视人的普遍本质或人的共性通过处于不同时代和社会条件下的人的特殊本质、人的个性而存在的事实，抽象地谈论人的本质问题，不是陷于空泛之论，便是有意进行政治欺骗。针对儒学宗主孔子认为人的本质是仁、"仁者爱人"、"己所不欲，勿施于人"的观点，毛泽东说：爱什么人？所有的人？没有那回事。爱剥削者？也不完全，只是剥削者的一部分②。自从人类分化成为阶级以后，就没有过这种普遍的人类之爱。过去的一切统治者和许多所谓圣人贤人都喜欢提倡这个东西，但无论谁都没有真正实行过，因为它在阶级社会里是不可能实行的。只有在全世界消灭了阶级之后，真正的人类之爱才能出现③。毛泽东从人的共性和个性的统一来认识人、理解人，为我们正确认识人的本质提供了一条指导性线索，为在不同的社会历史时期提出恰当的斗争任务提供了重要的理论依据。

---

① 《毛泽东选集》第 3 卷，人民出版社 1991 年版，第 870 页。

② 参见毛泽东：《关于哲学问题的谈话》，1964 年 8 月 18 日。

③ 参见《毛泽东选集》第 3 卷，人民出版社 1991 年版，第 871 页。

在中国共产党第七次全国代表大会期间，毛泽东多次讲到党性和个性的关系问题，从一个独特的方面表现了他对于人的共性和个性之关系的见解。毛泽东认为，对一定问题有一致意见一致行动，这就是党性、普遍性，而每个党员了解马克思主义的程度不同、年龄不同、特长不同，这是个性、差别性，普遍性、共性、党性是建筑在差别性、个性的基础之上的。没有差别性就没有普遍性，没有党员就没有党。不能设想，120多万党员变成120多万个木块，我们会有什么党性。不能把每个同志变成一模一样。只要服从党，在此基础上可尽量发展个人的长处，发展创造性的个性，不要只喜欢那些纸糊泥造的人。党性和个性、党的统一纪律和每个党员充分发挥个性，进行自觉能动的创造性工作，二者是完全统一的。即使是在同一时代、同一历史条件下的同一阶级、阶层、社会集团内部，其成员由于识见睿智不同，意志品格不同，兴趣爱好不同，生活经历不同，理论水平和工作能力不同，因而显示出千差万别的个性、差别性。正是这种丰富的个性，充实了作为整体的阶级、阶层和社会集团的共性的内涵。没有个性、差别性、共性，普遍性便成为并不存在于人生现实中的纯粹的理论抽象。中国共产党和毛泽东早在民主革命时期，就提出了解放和发展个性的任务，将这一任务作为反帝反封建的民主革命的重要内容，并把个性解放与政治解放和经济解放结合起来，把劳动群众个人的解放同阶级的解放结合起来，把能否解放个性视为民主革命和社会主义革命能否成功的关键。正如毛泽东在给当时任延安解放日报社社长的秦邦宪的一封信中所说：解放个性也是民主对封建革命必然包括的内容。"有人说我们忽视或压制个性，这是不对的。被束缚的个性如不得解放，就没有民主主义，也没有社会主义。"①

三、人的本质的压抑、失落与解放、复归

毛泽东认为，人类的历史，就是一部不断地由必然王国向自由王国发展的历史。必然王国是人们尚未认识和利用必然性，而受必然性支配和奴役的盲目

---

① 《毛泽东书信选集》，人民出版社1983年版，第239页。

被动状态；自由王国则是人们认识了必然性，根据对必然性的认识主动自觉地改造世界、获得自由的状态。由必然王国向自由王国飞跃的过程亦是人类在人与自然、人与社会的矛盾推动下，主动自觉地认识世界和改造世界、摆脱奴役而争得自由、展示自己自由自觉的创造性本质的过程。纵观人类社会发展的历史，人与人的本质的关系经历了三个不同的阶段，即人的本质的萌生以及与人类原始的统一阶段，人的本质力量的初步发展、罹受压抑以及与人类背离的阶段，人的本质力量的充分发展以及人对人的本质的全面占有阶段。

原始社会是人类的童年时代。类人猿由于学会了使用自然工具和制造工具，而与自身的兽性逐渐告别，从动物界分化出来，成为社会性的人。工具的制造，火的利用，弓箭和制陶术的发明，畜牧业和农业的产生，表明人开始认识到了自然界的一些规律，延长了自己身体的器官，增强了自己的体能，在认识和改造自然的过程中形成、崭露了自觉自由的创造性本质，从自然界中争得了最初的自由。人无爪牙之利和羽毛之丰，单靠个体的力量无法战胜自然，于是聚群而居，共同劳动，平均分配。在原始社会中，人类通过自己的创造性活动，克服自然界的奴役，谋求个体和族类的发展。人的本质与人本身是统一的，其形式和展现与个体的发展以及整个族类的发展是一致的。然而，由于人初从动物界分化出来，人的主体能力、生产力水平相当低下，因而从自然界中得到的自由便相当有限。

在阶级社会中，人们不能自由自觉地发挥其精神力量和肉体力量，不能通过自觉自由的活动肯定自身，人的本质受到压抑、戕害，得不到自由全面的发展。原始社会后期，随着生产力的发展和剩余产品的出现，分工和交换便发展了起来。"分工不仅使精神活动和物质活动、享受和劳动、生产和消费由不同的个人来分担这种情况成为可能，而且成为现实。"① 分工使个人的能力与需要发生分离，增强了人们的相互依赖性，促进了相互交往和产品交换范围的扩大。一些氏族首领则利用公众赋予的权力侵吞公共财产，剥削氏族内部的其他成员。原始公有制和社会平等遭到破坏，氏族解体，社会上出现

_____

① 《马克思恩格斯选集》第 1 卷，人民出版社 1995 年版，第 83 页。

了贫富分化和阶级对立。在阶级社会中，人的本质、本性以带着阶级性的人性表现出来，人类的劳动的对象化以一种异化的样式表现出来。物化劳动作为劳动者的创造物成为统治者、剥削者借以奴役劳动者、与劳动者相对立的异己力量，人们在劳动中结成的旨在协调人类群体、提高主体力量的各种社会关系反而成了压迫、奴役劳动者的锁链。劳动者之肉体能力和精神能力的发挥失去了自觉自由的性质，劳动不再是人的本质的自由展示，成了迫不得已而进行的维持个人生存的手段。"劳动对工人说来是外在的东西，也就是说，不属于他的本质的东西；因此，他在自己的劳动中不是肯定自己，而是否定自己，不是感到幸福，而是感到不幸，不是自由地发挥自己的体力和智力，而是使自己的肉体受折磨、精神遭摧残。"① 劳动者中蕴含着丰富的创造性，但在劳动对象化的异己状态中和剥削制度的束缚、压抑之下，不可能充分释放、发挥出来。在阶级社会中，每个人都在一定的阶级地位中生活，各个社会阶级由于经济、政治利益不同，彼此之间存在着尖锐的对抗和冲突。一部文明社会的历史，就是阶级斗争史。毛泽东在 1964 年春写的《贺新郎·读史》一词中写道："人世难逢开口笑，上疆场彼此弯弓月。流遍了，郊原血。"这种阶级对抗造成了人力物力的巨大破坏，武王伐纣，血流漂杵，春秋战国时期的诸侯攻伐，杀人盈野盈城。毛泽东作为对人类命运寄予深切关怀的人，历览上下几千年阶级斗争的历史，洞悉奴隶、农奴和无产者的悲惨境遇，其心灵所承受的刺激是创深痛巨的。"一篇读罢头飞雪"，就是他对阶级社会的憎恶和对人民苦难的深切同情的艺术展现。阶级对抗无疑暂时削弱了人类作为整体力量对于自然界的作用，然而，劳动者对剥削者、压迫者的斗争又改善了自己的生产和生活条件，提高了自己作为人的地位和价值。因此，毛泽东又由衷地赞美春秋时期奴隶起义领袖盗跖、庄跷和秦末农民起义领袖陈涉，把劳动者的起义和战争视为推动社会向前发展的巨大驱力。在漫长的阶级社会中，劳动者在生产斗争中和阶级斗争中克服着自然的奴役，同时也克服着社会的奴役，艰难地展现着自己的本质。由于劳动者丧失了劳动资料，他所

---

① 《马克思恩格斯全集》第 42 卷，人民出版社 1979 年版，第 93 页。

进行的劳动是受制于他人的、不自由的，因而不能全面发展自己的本质力量，只能发展那些为统治者剥削者所需要的部分和方面。统治阶级为了维护自身的利益，又实行思想、政治专制，扼杀人的个性，这就使人的本质备受压抑，发展畸形，甚至淤塞窒息。

私有制和阶级对立随着生产力的发展而产生，亦必将随着生产力的高度发展而消灭。"社会主义制度终究要代替资本主义制度，这是一个不以人们自己的意志为转移的客观规律。"① 在未来共产主义社会里，人们将在前所未有的程度上认识自然界和人类社会的必然性，克服了行动的盲目性，成为自然界的真正主人，同时也成了自己的社会结合的主人。在共产主义时代，社会成了以各个人的自由发展为一切人自由发展的条件的联合体，每个人都将逐步发展成为拥有健全人格、全面占有自身本质的人。人们可以自由自觉地发展自己的本质力量和潜在能力，而不再受固定的、强制性分工的限制。这是一种劳动的解放，因而也是人及其本质力量的解放。毛泽东指出："社会的发展到了今天的时代，正确地认识世界和改造世界的责任，已经历史地落在无产阶级及其政党的肩上。这种根据科学认识而定下来的改造世界的实践过程，在世界、在中国均已达到了一个历史的时节——自有历史以来未曾有过的重大时节，这就是整个儿地推翻世界和中国的黑暗面，把它们转变过来成为前所未有的光明世界。无产阶级和革命人民改造世界的斗争，包括实现下述任务：改造客观世界，也改造自己的主观世界——改造自己的认识能力，改造主观世界同客观世界的关系。……所谓被改造的客观世界，其中包括了一切反对改造的人们，他们的被改造，需要通过强迫的阶段，然后才能进入自觉的阶段。世界到了全人类都自觉地改造自己和改造世界的时候，那就是世界的共产主义时代。"② 人类历史发展到今天，正处于一个背黑暗而向光明，扬弃私有制、阶级剥削和阶级压迫而进入无产阶级社会的转折点上。历史赋予无产阶级及其政党解放人的本质力量、正确认识世界和改造世界的重大使命。无产阶级是能够解放自己的。然

---

① 《毛泽东文集》第 7 卷，人民出版社 1999 年版，第 315 页。
② 《毛泽东选集》第 1 卷，人民出版社 1991 年版，第 296 页。

而，"如果它不消灭它本身的生活条件，它就不能解放自己。如果它不消灭集中表现在它本身处境中的现代社会的一切违反人性的生活条件，它就不能消灭它本身的生活条件"。① 所谓"违反人性的生活条件"，就是压抑、窒息人的自由自觉本质的私有制以及阶级对立、阶级剥削、阶级压迫的社会状态。无产阶级必须首先消灭现代社会中违反人性的剥削制度，将整个社会从剥削制度下解放出来，将全人类从压迫、奴役中解放出来，才能最后求得自身的解放。毛泽东指出："无产阶级要解放自己，就要解放整个人类……必须全人类都解放，变成一个新制度，无产阶级才能最后解放自己。"② 人的解放不是纯粹的理性活动，而是一种现实运动，它必须通过阶级斗争和社会革命来实现。人性的解放不是一种个体行为，而是一种阶级的、社会的行为。因为任何个人都不是外于社会的孤立的存在物，而是处于一定的社会关系之中的与阶级和人类呼吸相通、命运相关的社会存在物，其自由自觉的程度受着社会关系和阶级关系的制约，人的个性只能伴随着阶级、人类的解放而解放。人的解放是世界性的、全人类的事业。毛泽东说："一个社会主义国家的最后胜利，不但需要本国无产阶级和广大人民群众的努力，而且有待于世界革命的胜利，有待于在整个地球上消灭人剥削人的制度，使整个人类都得到解放。"③ 因此，无产阶级革命、人的解放事业是一项国际性、世界性事业。人的解放事业是一个历史发展过程，有其阶段性和相继性特点。必须根据历史发展阶段及条件适当提出解放的目标和任务，不能脱离现实侈谈人的解放。在民主革命时期，只能提出使人民大众从民族压迫和封建压迫下解放出来的任务，而无产阶级和全体人民的最后解放只有在社会主义时代才能够得以实现。当全人类都自觉地改造自己和改造世界，结成最无愧于人的本性的社会关系，建立最能体现人的自由自觉特性的人与自然的关系时，那就是人对自身本质的全面占有和共产主义时代的到来。共产主义社会的实现不是人类历史的尽头和人性发展过程的终结，而只是为人类发展开拓了新的道路。"由社会主义过渡到

---

① 《马克思恩格斯全集》第 2 卷，人民出版社 1957 年版，第 45 页。
② 《毛泽东文集》第 6 卷，人民出版社 1999 年版，第 491 页。
③ 《建国以来毛泽东文稿》第 13 册，中央文献出版社 1998 年版，第 15 页。

共产主义是一场斗争，是一个革命。进到共产主义时代了，又一定会有很多很多的发展阶段，从这个阶段到那个阶段的关系，必然是一种从量变到质变的关系。各种突变、飞跃都是一种革命，都要通过斗争"。[1]"人类总是不断发展的，自然界也总是不断发展的，永远不会停止在一个水平上。"[2] 人类由必然王国向自由王国发展、跃迁的历史永远不会完结。

① 《建国以来毛泽东文稿》第 7 册，中央文献出版社 1992 年版，第 53—54 页。
② 《毛泽东文集》第 8 卷，人民出版社 1999 年版，第 325 页。

第九章　人生理想论

人是宇宙中具有自由自觉的能动创造本性的最高存在物，其存在的意义和价值不在于像动物那样仅以其本能性活动适应外部自然界，人类可以憧憬、向往、追求、创造未来，根据自身的本质要求和社会发展的必然趋势确立为之趋赴的人生理想，按照理想的蓝图进行主客体相统一的现实活动，重构自然、社会和人自身。人生理想作为人类从现实出发对未来的理想社会、理想人格的追求向往，对于人的物质生活和精神生活起着支撑、规范、导向和激励作用。只有富于理想的生活，才是真正的人的生活；只有确立了高远的理想，才能不至于与世沉浮、随波逐流，保证生活向上，超越非理想的环境和现在之我，达到向往和追求的理想社会和理想人格。毛泽东作为一位高蹈远举的具有远大理想、浪漫情调和诗人气质的卓越政治领袖，他胸怀天下为公、世界大同的社会理想，德才兼备、全面发展的人格理想，自由选择、进取创造的职业理想，并以清醒冷峻的理性眼光审视现实，寻求达于人生与社会之理想境界的正确道路，倾心体味追求理想、献身理想的波澜壮阔的革命和建设实践的巨大挑战和由衷欢愉。

一、天下为公、世界大同的社会理想

天下为公、世界大同是古往今来诸多圣贤先哲的千年梦幻，是历代进步思想家批判现实精神的超越性体现，是对符合人的本性的、合理的、应然的社会制度的理想追求。

儒家学派的创始人孔子从"仁"这一基本范畴出发，来构建自己的政治社会理想。在他看来，仁是人的本质属性，也是处理己与人、己与社会和国家关系的最高原则。在处理己与国家、社会的关系问题上，孔子说："克己复礼为仁，一日克己复礼，天下归仁焉。"[1] 意即加强内心道德品性的修养，注意克制自己，使自己的言行符合国家的典章制度，使自己的言行与理想社会的统治秩序和伦理道德相一致。在处理人与人的关系问题上，孔子提出"仁者爱人"，遵循"恭""宽""信""敏""惠""忠"等道德规范处理好人与人之间的关系。为了推行"仁"的原则，孔子提出"忠恕之道"，即"己欲立而立人，己欲达而达人"[2]，"己所不欲，勿施于人"[3]。孔子的仁学思想表现在治国为政方面，从政治上来说，就是统治者应克己正身，以君子之德对老百姓进行道德教化；从经济上来说，就是顺应老百姓的性情，"养民也惠"，[4] 节用爱人，使民以时；表现在人事政策上，就是任人唯贤，不弃下贱。孔子主张以仁治国，目的是要返回"西周盛世"，乃至"尧舜之时"。对于理想社会的景象，孔子在不同场合作过描述："子路曰：'愿闻子之志'。子曰：'老者安之，朋友信之，少者怀之。'"[5]"丘也闻有国有家者，不患寡而患不均，不患贫而患不安。"[6]"四海之内皆兄弟也"，[7]"有教无类"。[8] 由此看来，在孔子所畅想的理想社会中，老人得到安乐，少者得到照顾，朋友之间相互信任，人们在经济、政治、教育、社会、人格上享有平等权利。博施济众、和睦相处、人皆平等是这一理想社会的显著特征。

孔子的这些思想，对中国古代大同思想的发展产生了深远影响。成书于战

---

① 《论语·颜渊》。
② 《论语·雍也》。
③ 《论语·颜渊》。
④ 《论语·公冶长》。
⑤ 《论语·公冶长》。
⑥ 《论语·季氏》。
⑦ 《论语·颜渊》。
⑧ 《论语·卫灵公》。

国末或秦汉之际的儒家著作《礼记·礼运》篇，承袭孔子大同思想的理路，对于理想的社会制度作了完整的、经典性的构想：

> 大道之行也，天下为公。选贤与能，讲信修睦。故人不独亲其亲，不独子其子。使老有所终，壮有所用，幼有所长，鳏寡孤独废疾者皆有所养。男有分，女有归。货恶其弃于地也，不必藏于己，力恶其不出于身也，不必为己。是故谋闭而不兴，盗窃乱贼而不作，故外户而不闭，是谓"大同"。

儒家的"大同"社会理想至此得到了较为完整的表述。儒家心目中的理想社会是尽善尽美的，但他们又是社会退化论者，认为大同之世只存在于唐虞三代。唐虞以降，社会由太平世滑入升平世，又由升平世堕落到了据乱世。儒家认为自己的使命不是将社会推向前进，创造一个崭新的未来，而是以礼义道德教化万民，将历史逆转过来，由据乱世返回升平世，再由升平世复归到尧舜之时的大同太平之世。

墨家学派从小生产者的利益和愿望出发，主张兼以易别，即不分贵贱贫富，普遍地爱一切人。他们认为，天下的祸篡怨恨，皆生于不相爱。若能贯彻兼爱的原则，"视人之国若视其国，视人之家若视其家，视人之身若视其身"①，天下的祸篡怨恨就无从产生。为了贯彻兼爱原则，就必须选择贤良圣智辩慧之士，统一天下是非利害的价值标准，协调天下人的活动，建立百姓上同于天子、天子上同于天的理想社会。在此理想社会中，尚贤任能，打破尊卑贵贱的等级制度，选贤时"不辨贫富、贵贱、远近、亲疏，贤者举而尚之，不肖者抑而废之"；② 人人劳动，强力疾作，共享物质和精神劳动成果，有力相助，有道相教，有财相分。此外，还奉行非攻的外交政策和法律平等原则。在存在阶级的社会中，提倡兼爱是不现实的，期望最高统治者能够代表小生产者的愿望和利益也只能是幻想。但这种兼爱交利、兴天下之利、除天下之害的政治原则，反映了小生产者对于自身经济、政治、社会等各个方面权利的要求，具有进步意义。

---

① 《墨子·兼爱中》。
② 《墨子·尚贤中》。

　　中国近代戊戌维新运动的领袖人物康有为也从"以仁为本"的仁爱哲学体系出发，来论证大同社会的实现，构想大同世界的景观。他说："仁者，在天为生生之理，在人为博爱之德。"①"仁"是"万化之海，为一切根，为一切源，……人道之仁爱，人道之文明，人道之进化，至于太平大同，皆从此出"。② 无论是古代的孔丘、墨翟，还是近代的康有为，他们构想的大同世界的迷人景象，成为人民不满乃至批判现实的巨大精神力量。然而，由于他们不懂得社会历史发展的客观规律，离开现实社会生产力的发展和改造现实的社会关系的历史活动，因而也就无法找到实现大同社会所依靠的力量和所经由的道路。

　　毛泽东社会理想的产生和确立，经历了一个曲折艰辛的过程。他在青年时代，就主张为学做人贵在立志，在探求宇宙和人生真理的过程中确立了"改造中国与世界"的社会理想。他认为，我们生在中国，做改造中国的事比较便利，且中国比世界更加幼稚和腐败，故应先从此着手改造。之所以又提出改造世界，是因为感情总是普遍的，不要只爱这一块地方，而不爱别的地方。"这种世界主义，就是四海同胞主义，就是愿意自己好也愿意别人好的主义，也就是所谓社会主义。"③ 世界主义与殖民主义是根本对立的，"取世界主义，而不采殖民政策。世界主义，愿自己好，也愿别人好，质言之，即愿大家好的主义。殖民政策，只愿自己好，不愿别人好，质言之，即损人利己的政策。苟是世界主义，无地不可自容，……苟是殖民政策，则无地可以自容"。而"世界大同，必以各地民族自决为基础"④。从毛泽东早年取世界主义、致世界大同的社会理想中，可以看出孔子立己立人、墨子兼以易别以及孔子、墨子、康有为等人仁爱哲学的影响。这一理想显露了毛泽东以天下为己任、以大同为鹄的的宏大志向，但毛泽东以仁爱之心作为这一社会理想的理论——情感基础，尚未看到实现太平大同之世的客观必然性，因而也就难以使这一理想化为卓有成效的现实

①　《中庸注》。

②　《孟子微》。

③　《毛泽东书信选集》，人民出版社1983年版，第3页。

④　《毛泽东早期文稿》，湖南人民出版社1990年版，第560页。

运动，难遂"理想之世界主义"的宏图大愿。"大同世界"的理想也不免流于抽象和空泛。

毛泽东科学的共产主义社会理想，是在学习和实践马克思主义的过程中确立的。马克思主义的唯物史观和剩余价值学说的创立，揭示了资本主义必然灭亡和社会主义、共产主义必然胜利的不可避免性，使社会主义由空想变成了科学。唯物史观认为，社会变动的根本原因在于生产力和生产关系、经济基础和上层建筑的矛盾运动。在阶级社会中，社会基本矛盾表现为阶级矛盾和阶级斗争，阶级斗争是阶级社会发展的直接动力。剩余价值学说揭露了资本主义剥削的秘密和雇佣劳动制度的本质。资本家为了榨取更多的剩余价值，为了避免在竞争中失败，必须不断进行扩大再生产。随着生产规模的扩大和社会分工的发展，愈益提高的生产社会化程度与生产资料日益集中于少数资本家之手便形成了尖锐的矛盾。社会基本矛盾的辩证运动使资本主义为更高级的社会形态所代替成为不可避免，而阶级斗争则为社会形态的新旧交替提供了直接的动力源。毛泽东也正是根据马克思的上述思想来理解资本主义灭亡和共产主义胜利的历史必然性的。他说："当马克思、恩格斯把这事物矛盾的法则应用到社会历史过程的研究的时候，他们看出生产力和生产关系之间的矛盾，看出剥削阶级和被剥削阶级之间的矛盾以及由于这些矛盾所产生的经济基础和政治及思想等上层建筑之间的矛盾，而这些矛盾如何不可避免地会在各种不同的阶级社会中，引出各种不同的社会革命。"[1]"马克思把这一法则应用到资本主义社会经济结构的研究的时候，他看出这一社会的基本矛盾在于生产的社会性和占有制与人性之间的矛盾。这个矛盾表现于在个别企业中的生产的有组织性和在全社会中的生产的无组织性之间的矛盾。这个矛盾的阶级表现则是资产阶级和无产阶级之间的矛盾。"[2]社会基本矛盾的辩证运动必然导致私有制的最后一种社会形态——资本主义的灭亡和共产主义的胜利，完成这一社会形态更替的必经道路是暴力革命和无产阶级专政，无产阶级则是完成这一社会变革的伟大力量。

---

[1] 《毛泽东选集》第 1 卷，人民出版社 1991 年版，第 317—318 页。
[2] 《毛泽东选集》第 1 卷，人民出版社 1991 年版，第 318 页。

将中国历史推进到共产主义，是中国共产党的最高纲领，也是以毛泽东为代表的中国共产党人的最高社会理想。毛泽东坚定地确认："共产主义是无产阶级的整个思想体系，同时又是一种新的社会制度。这种思想体系和社会制度，是区别于任何别的思想体系和社会制度的，是自有人类历史以来，最完全最进步最革命最合理的。封建主义的思想体系和社会制度，是进了历史博物馆的东西了。资本主义的思想体系和社会制度，已有一部分进了博物馆（在苏联）；其余部分也已'日薄西山，气息奄奄，人命危浅，朝不虑夕'，快进博物馆了。惟独共产主义的思想体系和社会制度，正以排山倒海之势，雷霆万钧之力，磅礴于全世界，而葆其美妙之青春。中国自有科学的共产主义以来，人们的眼界是提高了，中国革命也改变了面目。"① 正是共产主义这一社会理想，将中华民族最优秀的儿女凝聚成一个坚强的战斗集体，代表整个民族和最广大人民群众的利益，领导人民群众进行改造旧世界、建设新世界的英勇斗争。在国民党反动派叛变革命、白色恐怖笼罩神州大地的时候，毛泽东"把酒酹滔滔，心潮逐浪高"②，不屈服于政治高压，内心充涌着将革命进行到底的决心和激情；当中央红军摆脱了第五次反围剿失败而造成的革命的深重危机，端正了革命的航向，毛泽东咏叹"雄关漫道真如铁，而今迈步从头越"，③ 脚踏坚实大地，胸怀远大理想，信心百倍地走在曲折坎坷的斗争之路上。当红军突破敌人的围追堵截，战胜艰难困苦，走上抗日战争的战场时，毛泽东高唱："更喜岷山千里雪，三军过后尽开颜"④，为革命转危为安，为能迎接抗日烽火和解放战争的硝烟而欣喜若狂。毛泽东的未来社会理想在《念奴娇·昆仑》一词中得到了淋漓尽致的展现：

横空出世，莽昆仑，阅尽人间春色。飞起玉龙三百万，搅得周天寒彻。夏日消溶，江河横溢，人或为鱼鳖。千秋功罪，谁人曾与评说？

而今我谓昆仑：不要这高，不要这多雪。安得倚天抽宝剑，把汝裁为三

① 《毛泽东选集》第2卷，人民出版社1991年版，第686页。
② 毛泽东：《菩萨蛮·黄鹤楼》。
③ 毛泽东：《忆秦娥·娄山关》。
④ 毛泽东：《七律·长征》。

截？一截遗欧，一截赠美，一截还东国。太平世界，环球同此凉热。

毛泽东的这首词，填于1935年10月。当时，红军完成了两万五千里长征，胜利到达陕北；国内局势发生了急剧变化，民族矛盾已上升为中国社会的主要矛盾。毛泽东以昆仑比喻帝国主义，利用描写、抒情、议论相结合的艺术方法，表达其消灭帝国主义、争取世界大同和平的社会理想。巍巍昆仑，横亘长空，耸峙天外，冬日大雪纷飞，满天奇寒；夏日积雪消融，江河泛滥，使不少人葬身鱼腹。千百年来，对于昆仑的功过是非，又有谁来评论呢？今天，毛泽东作为人民革命力量的代表，以英武盖世的气魄，命昆仑少其雪而降其高，并神思飞动，壮心飘逸，想望背倚高天，挥舞长剑，斩昆仑为三截，赠欧美与东国，创造环球同此凉热的太平世界。词中反映了毛泽东对无产阶级革命力量的充分自信，对于帝国主义的势不两立，对于共产主义美好理想的向往、追求和赞美。毛泽东自注"昆仑：主题思想是反对帝国主义，不是别的"。可作为毛泽东的彻底消灭帝国主义、实现大同太平世界这一社会理想的自证。

毛泽东确认以共产主义作为自己的崇高社会理想，但在整个民主革命、社会主义革命和社会主义建设时期，并没有对未来共产主义的社会景象作过多少细致描述。这是因为，共产主义运动是现实的、历史的活动，而不是精神的、理想的活动，人们只能根据现实的历史条件提出和完成革命任务，并在条件允许的情况下不失时机地将历史的运动推向社会主义和共产主义。在新民主主义革命时期，鉴于中国是一个半殖民地半封建的社会，中国革命的主要敌人是帝国主义和封建势力，中国社会的主要矛盾是帝国主义和中华民族的矛盾以及封建主义和人民大众的矛盾，毛泽东认为，当时中国革命的性质是资产阶级民主主义的，而不是社会主义的，革命的任务是推翻帝国主义和封建势力的统治，将中国人民从帝国主义的奴役下解放出来，将农民从封建主义压迫下解放出来，建立独立的不受外来势力支配的民族国家。在政治上建立各个革命阶级的联合专政，在经济上没收帝国主义和官僚资本主义的财产为国有，将地主的土地分配给农民，保护和发展民族资本主义经济，建立社会化的大生产，既为资本主义发展扫清道路，又为社会主义社会创造前提。建设独立、自由、平等、民主、统一、富强的新中国，是毛泽东和一切仁人志士梦寐以求的理想，毛泽东在许多场合反复重申这一理想，并将其作为激励全体党员和广大人民群众团结奋进、完成新民主主义革命艰巨任务的巨大精神力量。毛泽东把民主和自由既作为新民主主义革命胜利后建立的新国家的重要特征，同时又将之作为完成新民主主义革命的必要条件。他说：

中国必须立即开始实行下列两方面的民主改革：第一方面，将政治制度上国民党一党派一阶级的反动独裁政体，改变为各党派各阶级合作的民主政体。这方面，应从改变国民大会的选举和召集上违反民主的办法，实行民主的选举和保证大会的自由开会做起，直到制定真正的民主宪法，召集真正的民主国会，选举真正的民主政府，执行真正的民主政策为止。只有这样做，才能真正地巩固国内和平，停止国内的武装敌对，增强国内的团结，以便举国一致抗御外敌……第二方面，是人民的言论、集会、结社自由。没有这种自由，就不能实现政治制度的民主改革，就不能动员人民进入抗战，取得保卫祖国和收复失地的胜利……政治制度的民主改革和人民的自由权利，是抗日民族统一战线纲领上的重要部分，同时也是建立真正的坚实的抗日民族统一战线的必要条件。①

建立独立、自由、民主、平等、统一、富强的新中国，是新民主主义革命的目的，同时也是中国共产党在新民主主义革命时期贯彻始终的政治路线：

抗日战争是全民族的革命战争，它的胜利，离不开战争的政治目的——驱逐日本帝国主义、建立自由平等的新中国……②

我们的任务不是别的，就是放手发动群众，壮大人民力量，团结全国一切可能团结的力量，在我们党领导下，为着打败日本侵略者，建立一个光明的新中国，建设一个独立的、自由的、民主的、统一的、富强的新中国而奋斗。③

新民主主义革命胜利以后，党和毛泽东领导人民走历史必由之路，将历史活动推向社会主义革命，利用短短几年的时间完成了对于生产资料私有制的社会主义改造，奠定了社会主义民主政治的经济基础，确立了人民民主和社会主

---

① 参见《毛泽东选集》第1卷，人民出版社1991年版，第256—257页。
② 参见《毛泽东选集》第2卷，人民出版社1991年版，第479页。
③ 参见《毛泽东选集》第3卷，人民出版社1991年版，第1026页。

义原则，使广大人民群众成为生产资料的主人，成为国家、社会和历史的主人。它极大地焕发了人民群众的能动创造精神及其社会主义建设的历史主动性和劳动热情，在经济发展、政治改革、思想文化建设诸方面取得了巨大成就。毛泽东在新中国成立后最初的几年中，将主要精力倾注于国家的政治统一、所有制改造、国民经济的恢复和经济现代化目标的实现上，并没有急于向共产主义过渡的念头。然而，第一个五年计划提前完成，社会主义改造迅速实现，国内出现了统一安定的政治局面，人民群众的社会主义积极性空前高涨。这时尽快过渡到共产主义的设想和激情在毛泽东心中骚动，他认为中国可以在15年内达到先进国家的经济水平，通过经济、政治、思想文化的全面跃进，就可以消除工业和农业、体力劳动和脑力劳动、城市和乡村三大差别，使共产主义在不久的将来在中国大地上成为现实。然而，经济发展有其不可违逆的规律，经济对政治有着铁的制约性。在生产力不发达、经济匮乏的状态中是无法实现共产主义的。"大跃进"运动的失败证明，在近期实现共产主义是不现实的。毛泽东在总结社会主义建设的经验教训后指出："中国的人口多，底子薄，经济落后，要使生产力很快地发展起来，要赶上和超过世界上最先进的资本主义国家，没有100多年的时间，我看是不行的。"① 他还指出，在此后50年内外到100年内外是这个世界上社会制度彻底变化的时代，为了进行与过去时代有许多不同特点的伟大斗争，必须把马克思主义的普遍真理同中国社会主义建设的具体实际和世界革命的实际尽可能好地结合起来，逐步认识规律性，避免盲目性，并善于从失败和挫折中取得经验，争取社会主义的早日建成和共产主义的早日实现。

总之，在不同的革命斗争时期，党和毛泽东根据革命的性质和任务，制定了不同的社会政治目标，但历史上各个具体的政治目标和社会理想都是与实现共产主义这一最高的社会理想相联系的。正是这一崇高的社会理想，激励毛泽东和中国共产党人不屈不挠，愈挫愈奋，建立了前无古人的丰功伟业，并成为他们构成理想人格、实现自我价值的巨大理性的和情感的力量。

---

① 《毛泽东文集》第8卷，人民出版社1999年版，第302页。

二、德才兼备、全面发展的人格理想

马克思主义认为，环境的改变和人的改变是同一过程的两个方面，这个过程就是社会实践。理想的共产主义社会为人类乃至每一个人的全面发展提供了必要的社会前提，而共产主义这一社会理想的实现需要人的活动，需要人的创造性的劳动。其中起关键作用的莫如富有共产主义远大理想和道德品格以及富于革命献身精神的人。人格理想是在一定社会历史条件下活动的人对于在思想、品质、作风、言行各个方面具有某种稳定的倾向的人生典范或楷模的向往、追求和建构。它是社会理想以及反映一定阶级利益的道德原则和规范的人格化。人格理想生发于社会理想，根据某一历史时期一定社会阶级追求的社会理想，就可以推断、认识，理解此一阶级的人格理想以及这个阶级所尊崇的价值观念。人格理想是按照社会理想塑造的，而理想人格的现实化，符合这种人格理想的新人的大量涌现的客观要求，又是改造旧社会、建立新社会的诸多前提中最重要的前提之一。

对于理想社会和理想人格的关系，毛泽东的认识是非常深刻的。在新民主主义革命时期，毛泽东认为："在一个四亿五千万人的中国里面，进行历史上空前的大革命，如果领导者是一个狭隘的小团体是不行的，党内仅有一些委琐不识大体、没有远见、没有能力的领袖和干部也是不行的。中国共产党早就是一个大政党，经过反动时期的损失它依然是一个大政党，它有了许多好的领袖和干部，但是还不够。我们党的组织要向全国发展，要自觉地造就成万数的干部，要有几百个最好的群众领袖。"① 为此，就必须教育广大党员干部用共产主义的立场和方法去观察问题、研究学问、处理工作，在工人阶级中努力宣传社会主义和共产主义，在关心农民和其他群众的物质利益与生活的基础上对其进行反帝反封建的新民主主义文化的教育，养成独立、自由、平等、民主的新人格，并适当地、有步骤地用社会主义教育农民和其他群众。只有造成了具有马

---

① 《毛泽东选集》第 1 卷，人民出版社 1991 年版，第 277 页。

克思主义理论水平和政治觉悟以及具有较强的组织群众、领导运动能力的大批干部，只有将农民和其他劳动群众从封建的和奴化的思想中解放出来，接受新民主主义文化的教育，养成反帝反封建的民族意识和阶级意识，方能取得新民主主义革命的胜利，并将中国引向社会主义的前途。当我国历史进入社会主义时期以后，毛泽东指出，在进行大规模的经济建设和政治建设的同时，还要掀起文化建设的高潮，对全党和全国人民进行社会主义、共产主义思想教育，坚定社会主义、共产主义理想信念，培养和造就革命事业接班人。社会主义的最后建成和共产主义理想的实现，固然是社会历史发展的客观必然规律，固然需要以生产力的高度发展为物质前提，同时也需要共产党员和全体人民群众的历史主动性以及追求共产主义的信心和决心。

培养实现并符合这种理想社会的理想人格不仅必要，而且可能。孔孟儒家从人性本善这一抽象的人性论前提出发，认为只要通过道德教育和社会个体的克己修身，就可以发展人的区别于动物的那点仁心善性，养成仁义礼智等善的品格，并通过道德实践，将这种善的品格加以扩展和现实化。基于这样一种理论信念，孟子说人皆可以为尧舜，荀子言涂之人可以为禹。尧、舜、禹都是道德高尚、博施济众的人格典范。说人人都可以成为尧舜禹这样的圣人，就肯定了希圣希贤的普遍的可能性。毛泽东一向强调要在改造客观世界的过程中改造自己的主观世界，既要同旧的社会制度彻底决裂，同时，又要同旧的观念彻底决裂。用共产主义理想武装起来的、为新生活而进行创造性劳动的人民群众的品格则如尧舜一般高尚，其巨大力量可以改造山河、惊天动地。毛泽东在《七律二首·送瘟神》其二中写道："春风杨柳万千条，六亿神州尽舜尧。天连五岭银锄落，地动三河铁臂摇。红雨随心翻作浪，青山着意化为桥。"在这里，不仅是描绘了一幅人民群众战天斗地、改造山河的风景画，而且也是对人民群众主体潜能的充分发挥、对于自身存在的真正占有以及对于自主活动的全面对象化的确认，是对人民群众实现理想人格的可能性和现实性的充分肯定。

毛泽东所设想、建构和呼唤的理想人格是身心潜能得到充分发挥、德智体全面发展的社会主义、共产主义新人。全面发展，既是作为社会个体的每一个人自身修养的鹄的，也是社会主义、共产主义教育的根本指导思想。毛泽东在

《关于正确处理人民内部矛盾的问题》中明确指出："我们的教育方针，应该使受教育者在德育、智育、体育几方面都得到发展，成为有社会主义觉悟的有文化的劳动者。"① 身体、理性、道德是人类在漫长的自然进化和社会发展中积聚而成的自然能量和社会品质，它们是人格的基本内涵。在私有制社会中，由于人的本质的异化，人的发展是片面的、畸形的、不健全的。在革命年代和建立了社会主义制度以后，就是要消除经济、政治、社会的不平等，使人民重新占有自己的本质，使各种社会关系成为人们能够在其中自由活动和全面发展的条件，而不是束缚人的创造精神、压抑人的个性的桎梏。毛泽东"全面发展"的思想，既是对于新人格的期待，从中也反映了他对于新型的社会关系的构想。

作为社会个体的个人是有生命的自然存在物，人的自然存在是人的社会存在和精神存在的物质载体。人的身体的健康状况是人的素质的一种重要体现，是人格要素的一项重要构件。正因为如此，毛泽东在青年时代就十分重视身体的作用，将身体喻为载知识之车和寓道德之舍，把健康的身体作为养成纯正的道德和获得全面知识的前提条件。新中国成立以后，毛泽东把体育事业看作社会主义事业不可缺少的重要组成部分，视为为人民服务、为人民谋利益的具体表现，视为培养具有健全人格的新人的重要条件。他针对人们对革命和建设热情高、工作学习任务重、忽视休息和睡眠等问题，强调"要保证大家身体好，保证工人、农民、战士、学生、干部都要身体好"②。为了保护青年一代更好地成长，针对青少年学生学习负担过重、身体状况不佳的问题，毛泽东提出要减少课程数量，增加休息时间，"一方面学习，一方面娱乐、休息、睡眠，这两方面要充分兼顾"。"两头都要抓紧，学习工作要抓紧，睡眠休息娱乐也要抓紧。过去只抓紧了一头，另一头抓不紧或者没有抓。现在要搞些娱乐，要有时间，有设备，这一头也要来个抓紧。"③1952 年 6 月，毛泽东为体育工作题词："发展体育运动，增强人民体质"，且身体力行，到江河湖海里游泳，表明他对于健全体魄的重要性和体育对于增益知识、调适情感、锤炼意志的多方面作用的

---

① 《毛泽东文集》第 7 卷，人民出版社 1999 年版，第 226 页。
② 《毛泽东文集》第 6 卷，人民出版社 1999 年版，第 277 页。
③ 《毛泽东文集》第 6 卷，人民出版社 1999 年版，第 277—278 页。

深刻理解。

革命时期的领导者以及社会主义和共产主义社会的新人格，应该是身心潜能得到充分发掘，在德智体诸方面得到全面发展，并在现实的革命和建设实践中自由释放和发挥这种能力的健全的人，是内在价值和现实价值统一的人。对于这种健全的人格，毛泽东在民主革命时期与社会主义革命和建设时期多有论述。他曾针对无产阶级及其政党如何实现对新民主主义革命的领导指出：

> 无产阶级怎样经过它的政党实现对于全国各革命阶级的政治领导呢？首先，是根据历史发展行程提出基本的政治口号，和为了实现这种口号而提出关于每一个发展阶段和每一重大事变中的动员口号。……第二，是按照这种具体目标在全国行动起来时，无产阶级，特别是它的先锋队——共产党，应该提起自己的无限的积极性和忠诚，成为实现这些具体目标的模范。在为抗日民族统一战线和民主共和国的一切任务而奋斗时，共产党员应该作到最有远见，最富于牺牲精神，最坚定，而又最能虚心体会情况，依靠群众的多数，得到群众的拥护。第三，在不失掉确定的政治目标的原则上，建立与同盟者的适当的关系，发展和巩固这个同盟。第四，共产党队伍的发展，思想的统一性，纪律的严格性。①

> 指导伟大的革命，要有伟大的党，要有许多最好的干部。……这些干部和领袖懂得马克思列宁主义，有政治远见，有工作能力，富于牺牲精神，能独立解决问题，在困难中不动摇，忠心耿耿地为民族、为阶级、为党而工作。党依靠着这些人而联系党员和群众，依靠着这些人对于群众的坚强领导而达到打倒敌人之目的。这些人不要自私自利，不要个人英雄主义和风头主义，不要懒惰和消极性，不要自高自大的宗派主义，他们是大公无私的民族的阶级的英雄，这就是共产党员、党的干部、党的领袖应该有的性格和作风。②

> 要造就一大批人，这些人是革命的先锋队。这些人有政治的远见。这些人充满着斗争精神与牺牲精神。这些人是胸怀坦白的、忠诚的、积极的，与正直

---

① 《毛泽东选集》第 1 卷，人民出版社 1991 年版，第 262—263 页。

② 《毛泽东选集》第 1 卷，人民出版社 1991 年版，第 277 页。

的。这些人不谋私利，唯一的为着民族与社会的解放。这些人不怕困难，在困难面前总是坚定的，勇敢向前的。这些人不是狂妄分子，也不是风头主义者，而是脚踏实地富于实际精神的人们。中国要有一大群这样的先进分子，中国革命的任务就能够顺利的解决。①

1964 年 6 月，毛泽东在讲到如何防止出修正主义和培养无产阶级的革命接班人时，提出了接班人的五项条件：即要搞马列主义，不搞修正主义；要为大多数人民谋利益，为中国人民大多数谋利益；要能够团结大多数人，包括从前反对自己反错了的人，不管他是哪个山头的，不要记仇，不能"一朝天子一朝臣"；有事要跟同志们商量，要充分酝酿，要听各种意见，反对的意见也可以让他讲出来，要讲民主，不要"一言堂"；自己有了错误，要做自我批评。

共产党员、党的领导干部是无产阶级的先锋战士，是在经济、政治、社会生活中为人民群众效法的楷模和典范，对其应有的品格和作风的要求，亦是对无产阶级革命运动以及社会主义、共产主义所需要的理想人格的建构、呼唤和要求。毛泽东所构想的社会主义和共产主义新人，具有以下人格特征：1. 具有较高的马克思主义理论水平和坚定的共产主义信念，对于共产主义事业无限忠诚，有政治远见，洞悉社会历史发展规律，善于运用马克思主义的立场、观点和方法观察、分析问题，根据社会历史发展的必然规律和历史发展各个时期、阶段的性质、特点和主要任务，提出适当的战略和策略。这是共产党员、特别是党员干部和领袖人物最可贵的品质之一。因为共产主义是消灭了私有制、阶级差别和阶级剥削，物质文明和精神文明高度发展，人们的身心潜能获得充分而全面发展的社会。为共产主义事业忠诚奋斗，是最广大人民群众乃至全人类的最高利益，与社会历史发展进程和人的本质的发展轨迹相一致。2.克己奉公，襟怀坦白，自觉为广大人民群众谋利益，而不是为个人或小集团谋利益，将符合人民利益作为一切言行的出发点、归宿和最高标准。共产党人除了无产阶级和广大人民群众的利益，没有自己的特殊利益。党的各级干部是人民的公仆，

---

① 为陕北公学成立题词，1937 年 10 月 23 日，《毛泽东年谱（1893—1949）》中卷，中央文献出版社 2013 年版。

应当运用人民赋予的权力为人民服务，决不应该以之谋取私利。3.相信群众，依靠群众，善于教育、组织、领导群众进行胜利的斗争，团结大多数人一道工作，不搞个人英雄主义和风头主义。4.坚持民主集中制原则，有事同群众商量，不搞家长制和一言堂。5.严于解剖自己，勇于自我批评，克服自身的性格弱点，敢于承认和改正工作中的缺点和错误。6.实事求是，坚持真理，富于实际精神，有独立分析问题和解决问题的能力。7.以共产主义的远见卓识和坚定信念，忠心耿耿地为民族、阶级和广大人民群众而工作，不怕困难，积极进取，忠诚正直，英勇牺牲。毛泽东说："共产党员一定要有朝气，一定要有坚强的革命意志，一定要有不怕困难和用百折不挠的意志去克服任何困难的精神。"[①]8.严守纪律，团结奋斗。自由和纪律是一种对立统一关系，党纪、政纪、军纪是无产阶级和广大人民群众的根本利益和统一意志的表现，是无产阶级力量的源泉及革命和建设事业得以成功的保障。只有加强革命纪律，无产阶级才能实现本阶级的团结，并进而把广大人民群众团结在自己周围，在同自然和社会的斗争中获得自由。自由只能在意志统一、纪律严明的社会群体和社会制度下取得，能否遵守铁的纪律，关系到无产阶级革命事业的成败。

在全面进行社会主义建设时期，毛泽东深刻认识到，为了保证我国的社会主义方向，建设现代化的工业基础和农业基础，充分发展社会生产力，巩固社会主义的经济、政治制度，建成社会主义，必须造成既有无产阶级觉悟，又有文化、技术、业务的无产阶级新部队。因此，他提出了政治与业务、红与专统一的人格要求，提出了知识分子革命化、党的干部和管理者知识化专业化的历史任务。又红又专口号的提出，最初的意图是弥合随着人民共和国之经济和政治的发展而出现的知识精英和政治精英价值取向和行为方式的差异与分离，以及二者与广大人民群众的疏远和分离。新中国成立之初，我国从旧社会过来的知识分子有500多万，他们工作在经济、科技、文教、新闻出版、文化艺术各个领域。艰巨的社会主义建设事业，需要尽可能多的知识分子为它服务。在这一庞大的知识分子队伍中，绝大多数是热爱祖国、愿意为社会主义国家服务、

---

① 《建国以来毛泽东文稿》第6册，中央文献出版社1992年版，第547页。

愿意为人民服务的。但从对待马克思主义的态度来看，当时的知识分子状况不容乐观。党员知识分子和同情共产党的党外知识分子，比较熟悉马克思主义，抛弃了资产阶级世界观而树立了无产阶级世界观，站稳了无产阶级立场。这些人虽然占少数，但他们是知识分子的核心，有较强的影响力。多数知识分子想学习马克思主义，并且也学了一点，但是还不熟悉。他们尚未完成世界观的转变，还处于怀疑、犹豫和摇摆状态中。另外还有少数知识分子反对马克思主义，对于马克思主义抱着仇视态度。与此同时，由于思想工作减弱，在一些青年学生中出现了一些偏向，对于政治、祖国前途、人类理想漠不关心。毛泽东认为，共产主义理想、信念、道德和纪律，是人生活动的向导、动力和路标，"没有正确的政治观点，就等于没有灵魂"。[①] 知识分子的政治觉悟不提高，其世界观不转变，就不能很好地为社会主义服务。为此，毛泽东提出，知识分子和青年学生除了学习专业知识之外，还要学习政治，学习马克思主义，在思想上和政治上有所进步。为了使知识分子顺利实现思想改造和世界观转变，首先，党和政府的各级干部必须团结、信任知识分子，改善同知识分子的关系，尊重知识分子的艰辛劳动，使他们得以积极发挥自己的才能，使他们感到在社会主义国家里，自身的创造性本质得到了发展，自身的价值得到了实现，从而增强其对于共产党和社会主义的向心力。与此同时，党要通过宣传教育和典型示范影响知识分子，使知识分子在创造性的工作中和适当的宣传教育以后，逐步懂得比较多的马克思主义。其次，知识分子要注意自我教育和改造。知识分子是脑力劳动者，同时又是教育者。而教育者必须先受教育。在新旧社会制度交替的社会大变动时期，尤其要先受教育。不仅那些基本立场还没有转变过来的人要改造，而且所有的人都应该学习和改造。知识分子如果不把自己头脑中的非马克思主义的东西去掉，就难以担负起教育别人的任务。为此，不仅要向书本学习，还要向生产者学习，向工农学习，向自己教育的对象学习。再次，走与工农相结合的道路。毛泽东认为，知识分子既然要为工农群众服务，就必须懂得工人农民，熟悉他们的生活、工作和思想。为此，就要尽可能地利用各

---

① 《毛泽东著作选读》下册，人民出版社 1986 年版，第 780 页。

种机会去接近工农，或去工厂农村转一转、看一看，"走马观花"；或在工厂农村住几个月，调查研究，广交朋友，"下马观花"；或在工厂农村长期居住，"安家落户"。而一些知识分子本来就住在工厂农村，生活在工人农民之中。学习马克思主义，不但要从书本上学，主要的还要通过阶级斗争、工作实践和接近工农群众，才能真正学到。知识分子只有在同工农相结合的过程中确立、培养共产主义的观点、立场和感情，完成立场和世界观的根本转变。毛泽东说："如果我们的知识分子读了一些马克思主义的书，又在同工农群众的接近中，在自己的工作实践中有所了解，那末，我们大家就有了共同的语言，不仅有爱国主义方面的共同语言，社会主义制度方面的共同语言，而且还可以有共产主义世界观方面的共同语言。如果这样，大家的工作就一定会做得好得多。"①

毛泽东不仅向知识分子提出了学习业务、关心政治、又红又专的任务，而且要求党和政府的各级干部这些新中国的政治精英振奋革命精神，重建革命理想，学习专业技术。人民民主专政国家政权的建立，为我国的经济文化的迅速发展开辟了道路。中国的改革和建设靠忠诚为人民服务、为社会主义事业服务的共产党人的坚强领导。然而，当时在一些党政干部中间，主观主义、官僚主义和宗派主义滋生蔓延。一些人革命意志衰退，革命热情不足，全心全意为人民服务的精神和艰苦奋斗、英勇牺牲精神衰退，闹名誉，闹地位，以权谋私，腐化堕落。一些党政干部不关心经济建设，偏离了社会主义方向，忘记了共产主义大目标。一些人则只注意政治，不学习业务，以外行为荣，以其昏昏，使人昭昭。针对干部队伍的这种状况，毛泽东在继延安整风、解放前夕解放区的整风之后，发动了第三次整风运动，力图通过整风克服官僚主义、主观主义和宗派主义，使广大党员干部做到理论联系实际，密切联系群众，出以公心，团结大多数人一道工作，搞"五湖四海"，不搞山头主义；消除腐败现象，振奋革命精神，重建共产主义远大理想，"保持过去革命战争时期的那么一股劲，那么一股革命热情，那么一种拼命精神，把革命工作做到底"。② 同时，在作

---

① 《毛泽东文稿》第 7 卷，中央文献出版社 1999 年版，第 273 页。
② 《毛泽东文集》第 7 卷，中央文献出版社 1999 年版，第 285 页。

为政治精英的党和国家的各级干部中提倡下苦功学习马列主义、自然科学和技术科学，提高马克思主义理论水平，精通技术和业务，使自己成为内行，做到又红又专。毛泽东不仅提出了知识精英革命化和政治精英专业化的要求，还从理论高度论述了政治与业务、红与专的辩证关系。他认为，红与专、政治与业务是对立统一的，在二者构成的对立统一体中，政治是主要的、第一位的，是统帅和灵魂，是完成经济工作和技术工作的保证。不注意政治，成天忙于业务，就会成为迷失方向的经济家和技术家。必须批判不问政治的倾向，反对迷失方向的实际家；而专搞政治，不懂技术，不懂业务，就无法领导建设和改革事业。不懂业务的"红"是假红，是空头政治家。只专不红或只红不专，都不能适应社会主义建设的需要。只有既精通政治，具有共产主义的理想、信念、道德、纪律，又懂得技术和业务的又红又专的人，才是社会主义革命和建设事业所需要的新人。

在要求知识精英和政治精英"又红又专"的同时，毛泽东认识到，社会主义建设同民主革命和社会主义革命一样，是全体人民的伟大事业。无产阶级在尚未造成自己庞大的技术队伍和理论队伍之前，社会主义是无法建成的。为建成社会主义，无产阶级必须有自己的技术干部队伍，自己的教授、教员、科学家、新闻记者、文学家、艺术家、理论家的队伍，并进一步扩大这个队伍，为逐步由社会主义向共产主义过渡准备必要条件。共产党员、青年团员和全体人民都要懂得这一历史使命，努力学习技术、业务和理论，铸造又红又专的理想人格。"又红又专"的人是主体能力全面发展的理想人格和新人的典范。这种理想人格，是共产主义理想和专业技能的载体，他既有高度的政治觉悟，又通晓各种专业知识，既精通理论，又能付诸实践；既能从事体力劳动，又能胜任科学研究和文化工作；既是现实的社会主义社会的建设者，又是未来共产主义的向往、追求者。在这种理想人格中，实现了内在潜能与外在事功、体力劳动与脑力劳动、理论与实践、理想与现实的统一。毛泽东"又红又专"的人格构想，催人奋发，令人向往，曾激励了一代人按照这种人格模式改造自身，铸造科学的世界观和严整的人生观，并且在极端困难的条件下，学习文化，学习业务，为振兴中国的经济和科学文化事业做出了不可磨灭的贡献。毛泽东号召全体人民都要成为又红又专的人，干部参加劳动，工人参加管理，知识分子工农化，工农群众知识化，也在一定程度上缩小了知识阶层与政治精英同一般群众的差别。

三、自由选择、能动创造的职业理想

生活理想或职业理想是人们对于未来的工作部门、工作类型、生活样式的构想、向往和渴求。生活理想并非自古有之，它是随着生产力的发展与分工的出现而产生的。在草木榛榛、鹿豕狉狉、穴居野处、茹毛饮血的原始社会中，人们只能靠群体的联合及共同的狩猎和采集活动维持最低的生存需要，是无所谓生活或职业的理想和选择的。随着生产力的发展和农耕、畜牧、手工、商业的分工以及体力劳动和脑力劳动的分化，社会上形成了士、农、工、商各业以及从事这些活动的各类人员，才有了职业的考虑和生活样式的选择问题。然而，在剥削阶级占统治地位的私有制社会中，生产资料的拥有者也就是政治和经济上的统治者，他们的需要决定了劳动大众的职业选择。一般劳动者只能奴隶般地服从分工，根本没有自由选择职业的权利，因而也就不能按照自己的意志和本性进行自觉能动的创造性活动。职业的选择受社会制度和历史条件的制约，因而对于理想职业的追求也无不与社会理想、人格理想密切相连。人对理想职业的追求不是一种主观任意的行为，从总的历史发展、从人生理想的总体构架来看，它实际上是从社会理想、人格理想中生发出来的一种生活理想。

毛泽东是怀着一颗崇高而敏感的心灵，怀着创建新社会、铸造新人格、追求新生活的理想，而投身于政治活动和其他社会活动的。他从年轻时代就有感于环境太坏、俦侣太恶而渴望一种全新的生活，并作过若干新生活的尝试。他在成为一个马克思主义者和职业革命家之后，终生追求一种理想社会，也无非是实现一种新的生活，铸造一种新的人格。

在毛泽东看来，理想的职业和生活是人的至性流露，是人的自由创造本质外化的方式和途径，必须有利于人的潜能的充分发挥和健全人格的培养。为了全面理解毛泽东的这一思想，适当追溯其早期的有关思想是必要的。毛泽东的新生活构想最初展露于他早年的新村建设计划中。在新文化运动中，欧美近现代各种思潮在中国大地上交汇激荡，在追求救国救民的一代青年知识分子中间蔓延流传。托尔斯泰的"泛劳动主义"、克鲁泡特金的"社会互助论"、日本武者小路实笃的"新村主义"和"工读主义"对于青年人的影响尤甚。"新村主义"和"工读主义"是在无政府主义影响下而形成的空想社会主义思潮。"新村主义"批判不合人道的社会制度，幻想脱离现存社会，另辟天地，建立无压迫剥削、无等级差别、人人平等幸福的互助友爱的理想社会。"工读主义"则企图通过使知识分子做工并帮助劳动者求学的办法，消除劳心与劳力的差别，使劳心与劳力、教育与职业、求知与谋生结合起来。这些体现着社会、人格、生活理想的"主义"通过新文化运动的一些风云人物介绍给了一代热血青年。李大钊就曾经在1919年2月20日至23日的北京《晨报》上发表题为《青年与农村》的文章。他认为："要想把现代的新文明，从根底输入到社会里面，非把知识阶级与劳工阶级打成一气不可。""我们中国是一个农国，大多数的劳工阶级就是那些农民。"① 使他们获得民主与科学的现代文明，获得解放和人生向上，是青年的使命。他号召青年走出受资本社会恶俗浸染的污秽城市，到农村去与农民一起劳作，自食其力，修学问道。他在文章中满怀激情地写道：

> 在都市里漂泊的青年朋友们呵！你们要晓得：都市上有许多罪恶，乡村里有许多幸福；都市的生活，黑暗一方面多，乡村的生活，光明一方面多；都市上的生活，几乎是鬼的生活，乡村中的活动，全是人的活动；都市的空气污浊，乡村的空气清洁。你们为何不赶紧收拾行装，清结旅债，还归你们的乡土？你们在都市上天天向那虚伪凉薄的社会求点恩惠，万一那点恩惠天幸到手，究竟是幸福，还是苦痛？尚是一个疑问。曾何如早早回到乡里，把自己的生活弄简单些，劳心也好，劳力也好，种菜也好，耕田也好，当小学教师也好，一日把八小时作些与人有益，与己有益的工活，那其余的工夫，都去作开发农村，改善农民生活的事业，一面劳作，一面和劳作的伴侣在笑语间商量人生向上的道理。只要知识阶级加入了劳工团体，那劳工团体就有了光明；只要

----

① 《李大钊文集》第2卷，人民出版社1999年版，第287页。

青年人多多的还了农村，那农村的生活就有改进的希望；只要农村生活有了改进的效果，那社会组织就有进步了，那些掠夺农工，欺骗农民的强盗，就该销声匿迹了。

青年呵！速向农村去吧！日出而作，日入而息，耕田而食，凿井而饮。那些终年在田野工作的父老妇孺，都是你们的同心伴侣，那炊烟锄影，鸡犬相闻的境界，才是你们安身立命的地方呵！①

几乎与李大钊同时，新文化运动的健将之一周作人也在1919年3月的《新青年》上发表文章，介绍日本的"新村主义"。"少年中国学会"发起人之一王光祈也在北京成立"工读互助团"，"人人做工，人人读书，各尽所能，各取所需"，试图从小团体而大联合，创造新的社会和新的生活。毛泽东认为新村主义、工读主义和泛劳动主义与自己的职业——生活理想相契合，早在1918年6月，他就偕同蔡和森、张昆弟等人寄居湖南大学筹备处，试图建立一个工读结合、平等友爱的新村，后来因组织湖南学生赴法勤工俭学，便将此事暂时搁置起来。1919年春夏之间，毛泽东心中再度激荡起追求新生活的热情。他拟定了一个"新村"建设的详尽计划，并将其中《学生之工作》一章发表于《湖南教育月刊》。新村计划的其他内容今人已无从知晓，但从《学生之工作》一文中仍可看出毛泽东追求劳心与劳力、做工与求学、劳动与审美合一，以及学校、家庭、社会一体化的浪漫情趣。私有制是一种剥夺在下者的权利以奉上、在下者绝对服从在上者的社会制度。在这种社会中，人格不能独立，个性不得自由，社会非但不是人格完善和个性发展之地，反而是以个人为社会的牺牲品。社会生活不能改良，只能通过社会制度和家庭制度的改革而创造其新。为此，毛泽东提出了一条集新学校、新家庭、新社会为一体的创造新生活的思路：

学生认学校如其家庭，认所作田园林木等如其私物，由学生各个所有私物之联合，为一公共团体，此团体可名之曰"工读同志会"。会设生产，消费，储蓄诸部。学生出学校，在某期间内不取出会中所存之利益，在某期间外，可

① 《李大钊文集》，人民出版社1999年版，第290—291页。

取去其利益之一部而留存其一部，用此方法可使学生长久与学校有关系。①

　　创造新学校，施行新教育，必与创造新家庭新社会相联。新教育中，以创造新生活为主体。

　　新学校中学生之各个，为创造新家庭之各员，新学校之学生渐多，新家庭之创造亦渐多。

　　合若干之新家庭，即可创造一种新社会。新社会之种类不可尽举，举其著者：公共育儿院，公共蒙养院，公共学校，公共图书馆，公共银行，公共农场，公共工作厂，公共消费社，公共剧院，公共病院，公园，博物馆，自治会。

　　合此等之新学校，新社会，而为一"新村"。②

　　在新村生活中，消除了私有制的社会制度和社会关系对人的个性的压抑、束缚和戕害，人获得了独立的人格、平等的权利和自由选择与创造的机会。毛泽东构想的这种摆脱私有制度、以公有制为基础的新村及其新生活，意在养成独立健全的人格。它既是人生理想得以实现的理想境地，也是未来理想社会的一个雏形和蓝图。毛泽东设想的新村生活超越了理论与实际、劳心与劳力的对立，融工作、学习、创造、审美于一体。在新村中生活的人一扫过去读书人不闻农圃之事、蝇营逐利于市场官场、鄙视劳力与农村的陈腐气息，视劳动为神圣，视空气清新、景色优美的农村为完善主体人格的理想境地。半工半读，一边读书，一边工作，吸农村新鲜之空气，赏农村美丽之景色，过至性流露的生活。在新村生活中，睡眠8小时，游息4小时，自习4小时，教授4小时，工作4小时。在4小时的工作中，取现时学校手工课之"陶冶心思精细，启发守秩序之心，及审美之情"等有益于人格完善的优点，克服其与现实生活和生产活动相分离的缺陷，而从事一种既能启迪真善美的心智、道德、情感又能生产社会财富的创造性劳动。毛泽东列举了种园、种田、种林、畜牧、种桑、鸡鱼等六项工作。各项工作非欲一人做遍，仍使众人分工，一人只做一项，或一

① 《毛泽东早期文稿》，湖南人民出版社1990年版，第456页。
② 《毛泽东早期文稿》，湖南人民出版社1990年版，第454页。

项以上。但每一个人所分做的工作无疑是为了展现自己的本质力量，因而不是被动地服从分工，而是乐而为之；不是出于维持生计的需要而进行的被迫劳动，而是生活和自身完善的本质要求；这种融生产与审美于一体的劳动不会导致人的本质的丧失和人的畸形发展，相反，正是人对自己本质力量的恢复和占有。毛泽东试图通过这样的新村建设，从根本上改革社会的经济制度和政治制度，通过新村中工读结合、劳心劳力统一的生活，"养成有独立健全之人格之人"。① 然而，离开无产阶级革命和无产阶级专政，试图在社会之外，靠一种道德和人格的力量建设世外桃源的"新村"，只能是一种幻想。正如恩格斯所说："这种新的社会制度是一开始就注定要成为空想的，它越是制定得详尽周密，就越是要陷入纯粹的幻想。"② 屈从于被动分工、一专多能的职业理想，在毛泽东的思想行程和现实活动中一再表现出来。他在通过学习马克思主义和总结革命政治斗争实践经验而转变为一个成熟的马克思主义者之后，所怀抱的职业理想当然与在此转变之前的职业理想不可同日而语，但通过社会主体自身的职业活动变革社会制度、培养健全人格的基本精神却是前后贯通、一脉相承的。1939 年 4 月 24 日，毛泽东在抗日军政大学生产运动初步总结大会上所作的题为《自己为自己的劳动是不可限量》的报告中说，你们是工、农、商、学、兵联合起来，读书，叫学；开荒，是农；做鞋子，是工；办合作社，是商；在抗日军政大学，是军。你们是农、工、商、学、兵团结在一个人身上，文武配合，知识与劳动结合，可谓"天下第一"。在人民公社化运动中，毛泽东认为，公社的发展方向，应该逐步地有次序地把工（工业）、农（农业）、商（交换）、学（文化教育）、兵（民兵）组织成为一个大公社，从而构成我国社会的基本单位。在这样的公社里面，工业、农业和交换是人们的物质生活，文化教育是反映这种物质生活的人们的精神生活。③ 如果说在抗日战争的艰苦年月，我们党领导延安大生产运动，要求每一个人均要领会各行各业的技能，从事各行各业的劳动，是为了战胜敌人的经济封锁而被迫采取的行

---

① 《毛泽东早期文稿》，湖南人民出版社 1990 年版，第 453 页。
② 《马克思恩格斯选集》第 3 卷，人民出版社 2012 年版，第 645 页。
③ 参见《在毛泽东同志的旗帜下》，《红旗》杂志 1958 年第 4 期。

动；那么，在新中国成立以后的和平环境中毛泽东仍持此主张，则是其前后一贯的职业——生活理想的具体表现。从《学生之工作》、在"抗大"的报告和关于人民公社发展前途的构想中，我们可以清晰地看到，毛泽东的职业——生活理想是集读书与工作、求知与践行、劳心与劳力、学校与社会于一体的。每一个公社成员在人民公社这种既是培养共产主义新人的学校、又是共产主义新人的产物的政社合一的社会中，不受强制分工的束缚，他既从事体力劳动，又从事脑力劳动。每一个人既是普通的劳动者，又能够成为哲学家、科学家、作家和艺术家。马克思描述在未来共产主义社会中人们可以自由选择职业的那段话，在当时被广泛引用：

> 在共产主义社会里，任何人都没有特殊的活动范围，而是都可以在任何部门内发展，社会调节着整个生产，因而使我有可能随自己的兴趣今天干这事，明天干那事，上午打猎，下午捕鱼，傍晚从事畜牧，晚饭后从事批判，这样就不会使我是一个猎人、渔夫、牧人或批判者。①

毛泽东自由选择与创造的生活——职业理想在 1966 年 5 月 7 日致林彪的信（即"五七指示"）中得到了完备的表述。马克思曾经设想在共产主义社会的高级阶段上，迫使人们奴隶般地服从分工的情形已经消失，脑力劳动和体力劳动的对立也随之消失，劳动已经不仅仅是谋生的手段，而且本身成了生活的第一需要，其中的每一个人都得到了全面发展。毛泽东则根据共产主义的目标和人们的生活职业状况来设计社会主义社会的运行机制和职业构造。"五七指示"要求各行各业、各个单位都要办成亦工、亦农、亦文、亦武的大学校。每一个大学校都以一业为主，兼营他业。每个单位均有工、农、学、兵，自成体系，自给自足。军队要把"军学、军农、军工、军民这几项都兼起来"；"工人以工为主，也要兼学军事、政治、文化。……也要从事农副业生产"；"农民以农为主——（包括林牧副渔），也要兼学军事、政治、文化，在有条件的时候，也要由集体办些小工厂"；"学生也是这样，以学为主，兼学别样，即不但学文，也要学工、学农、学军"，"商业、服务行业、党政机关

---

① 《马克思恩格斯选集》第 1 卷，人民出版社 2012 年版，第 165 页。

工作人员,凡有条件的,也要这样做"。在"大学校"内部的工、农、商、学、兵,不是固定的分工,各种职业机会都为所有的人开放,每个人都亦工亦农,亦文亦武,拿起锤子能做工,拿起锄头犁耙能种田,拿起枪杆子能打敌人,拿起笔杆子能写文章。在这种作为新社会雏形或典范的大学校里,消除了被迫的分工与劳心劳力的分离与对立。然而,在这种分工的被消灭不是建立在生产力高度发展和人的素质(包括思想觉悟和文化修养)全面提高的基础之上,而是以自然经济为基础和前提的。在这种前提下,消灭行业分工和劳心劳力的差别,必然出现工不工、农不农、学不学、兵不兵的现象,导致生产力的停滞和人的素质的下降。此外,马克思曾经认为在作为共产主义第一阶段的社会主义社会没有商品交换,在全社会范围之内实行产品调拨,没有货币,直接实行产品分配。但这一构想是以商品经济充分发展后而实行的产品经济为前提的。毛泽东在"大跃进"和人民公社时期就提出过取消工资制、恢复供给制的主张。在 1975 年关于理论问题的指示中认为八级工资制、按劳分配、货币交换作为资产阶级权力,与旧社会没有多少差别,而这些资产阶级权力消磨人们的革命意志、牺牲精神和理想观念,因而当在破除之列。毛泽东试图以自然经济代替商品经济,并试图以此消除有碍于实现人人平等和全面发展之理想的社会差别,非但不能为人们的全面发展提供良好的社会环境,反而会因为生产力的压抑、破坏和停滞,延缓了社会发展的进程。在生产力水平十分低下的自然经济条件下,人们不得不为生存而辛勤劳动,自由选择与创造的职业理想是无法实现的。毛泽东试图消灭社会分工和商品制度,最终目的是要逐步缩小工农差别、城乡差别以及体力劳动和脑力劳动的差别,消除社会差别和职业上的不平等,使人们在生产劳动、物质生活、文化教育诸方面都享有平等的权利。共产主义无疑是生产力高度发展、三大差别彻底消灭、人们从奴隶般的分工中摆脱出来而从事自由创造活动的时代。然而三大差别基于生产力一定程度的发展而产生,亦随着生产力的高度发展而消失。其产生和消灭均有客观必然性,并不以人们的主观意志为转移。培养全面发展的新人既是人的本质展示的内在要求,也是共产主义社会得以建成和实现的必要前提,这一总体目标无疑是正确的。毛泽东设想在生产力发展水平较低、客观条件还不成熟的情况下，以平均主义的方法而不以致力于发展社会生产力的方法去消灭三大差别。在"大学校"里，每个人都亦工亦农、亦文亦武。毛泽东期望通过人们对所有职业的涉猎和参与，来培养全面发展的新人。然而，在整个社会生产力发展和文化教育总体水平不高的情况下，以自然经济为基础，用平均主义的方法，来消除社会差别，用涉猎和参与所有职业的方法来培养全面发展的人，只能导致社会发展的停滞和人的素质的下降。在"大学校"中的"新人"，貌似平等和全面发展，但这只是高素质向低素质的屈从，而不是低素质向高素质的提升。人只是在平庸和无特性意义上的平等，而不是在提高和发展意义上的平等。这就造成了理想与达于理想之路的背离和内在冲突。

以上文字，是对毛泽东以整个社会群体为思考对象而形成的职业理想的评述。就作为社会个体的每一个人来说，他生活于社会之中，其对于职业的选择无疑要受到各种社会关系及历史条件的制约，绝对自由的选择并不存在。故职业的选择除了要符合社会个体的个性特点，顺应个性发展的需要之外，还必须顾及个体对于他人、对于社会的道德责任和义务，而只有符合社会的需要、与历史发展趋势相一致、能够增益大多数人的幸福的职业选择，才是自由的、有价值的和崇高的。青年马克思曾说：

在选择职业时，我们应该遵循的主要指针是人类的幸福和我们自身的完美。不应认为，这两种利益是敌对的，互相冲突的，一种利益必须消灭另一种的；人类的天性本来就是这样的：人们只有为同时代人的完美、为他们的幸福而工作，才能使自己也达到完美。

如果一个人只为自己劳动，他也许能成为著名学者、大哲人、卓越诗人，然而他永远不能成为完美无疵的伟大人物。

历史承认那些为共同目标劳动因而自己变得高尚的人是伟大人物；经验赞美那些为大多数人带来幸福的人是最幸福的人；宗教本身也教诲我们，人人敬畏的理想人物，就曾为人类牺牲了自己——有谁敢否定这类教诲呢？

如果我们选择了最能为人类福利而劳动的职业，那么，重担就不能把我们压倒，我们所感到的就不是可怜的、有限的、自私的乐趣，我们的幸福将属于

千百万人，我们的事业将默默地、但是永恒发挥作用地存在下去……①

同马克思一样，毛泽东早年也怀着使个人及全人类生活向上的宏图大愿，在悉心探求宇宙人生真谛的同时，审慎地选择、调整自己的职业。他曾热心于教员和新闻记者的工作，做过湖南省立第一师范附小主事，担任过《湘江评论》和《新湖南》主编，期望以文化教育工作发愚启顽，转移世风人心，从精神革命入手，改造中国与世界。但历史大潮和革命斗争实践的需要却推动他走上了职业革命家的生涯。尽管他想成为精神导师的职业梦想在形式上未能实现，但他把马克思主义普遍原理同中国革命的实际相结合，创立了富有中国特色的马克思主义——毛泽东思想，在各个历史转折关头，拨正了中国革命航船的方向，领导中国革命一步步地走向胜利，真正实现了德功言俱立的千年梦想。总之，毛泽东对于个人职业理想的追求和全体人民选择职业理想的要求，有两条基本的原则贯穿其中：一是符合自己的个性特点和生活情趣，使职业成为至性流露、愉悦舒畅、有利于个体身心发展和潜能发挥的自由创造活动；一是有利于全人类的发展和增益社会上大多数人的幸福。一个人的个性有差异，能力有大小，但在人格尊严和社会地位上都是平等的。其所从事的职业只要有利于社会进步和人类发展，只要能够为人民服务，那么，就是值得肯定和从事的。毛泽东总是提倡无私奉献、积极肯干，反对自私自利、消极怠工；提倡干一行、爱一行、专一行的敬业精神，鄙视朝三暮四、见异思迁。他鄙视那些一事当前、先替自己打算、拈轻怕重、夸夸其谈、闹名誉、闹地位、闹待遇的人，对于那些尸位素餐、无视民瘼的官僚主义者和以权谋私、蜕化变质的人更是深恶痛绝。

四、人生理想和人生现实之间的张力

人生理想是作为社会历史主体的人对未来社会、人格、生活之应然状态的构想、渴望与期待；人生现实则是社会、人格与生活的实然状态和现有存在。

---

① 《马克思恩格斯全集》第 40 卷，人民出版社 1982 年版，第 7 页。

科学的人生理想根植于现实的土壤,科学的人生理想的建构以对社会人生之本质和规律的正确把握为前提。而人生理想的构想和实现又是超现实的,是在合规律性和合目的性相统一的创造性活动中对于现实的改造与超越。在理想和现实之间,既存在着一致、统一与契合,又存在着差别、冲突和悖离,二者间存在的差异、矛盾和紧张感是显而易见的。

毛泽东是胸怀远大理想并为之献身的杰出人物,正是这种殉道精神,使他冲出了沉闷闭塞、民风古朴的乡村,来到了外面的大千世界,走上了社会、人生、历史、政治的大舞台,成为具有世界历史影响的伟大人物。同时也由于他善于分析和解决矛盾,对于理想和现实的关系有着特殊的理解和作为,才使他的人生实践异彩纷呈、光照千秋。

理想信念的坚定性与现实运动的分阶段性和灵活性在毛泽东的思想意识和行为方式中有着内在的统一与一致。这种内在统一性在毛泽东关于中国革命的性质、革命发展阶段、革命发展前途、中国共产党的最高纲领和最低纲领的诸多论述中被淋漓尽致地渲染了出来。中国共产党人是高踣远举的理想主义者,他们以实现共产主义、解放全人类为最高纲领。其最后目的,在于力争社会主义社会和共产主义社会的实现。同时,中国共产党人又是脚踏实地的现实主义者,他们善于在社会演进和革命发展的不同阶段,恰当提出革命的任务和奋斗目标,并为实现这些任务和目标积极工作。

在新民主主义革命时期,毛泽东科学分析中国的国情,提出中国是一个半封建、半殖民地的社会,中国革命的敌人主要是帝国主义和封建势力,中国革命的任务是对外推翻帝国主义的压迫,对内推翻封建地主的统治,革命的锋芒是向着帝国主义和封建主义的。因此,革命的性质尚不是无产阶级社会主义的,而是资产阶级民主主义的。但这是一场由无产阶级及其政党领导的彻底反帝反封建的新民主主义革命。在政治上,推翻外来的民族压迫,废止国内封建主义的和法西斯主义的压迫,建立一种联合一切民主阶级的统一战线的政治制度;在经济上,把帝国主义和汉奸反动派的大资本、大企业收归国有,把地主阶级的土地分配给农民所有,保留一般的私人资本企业和富农经济;在文化上,反对帝国主义和封建主义的文化,建立民族的、科学的、大众的文化,确定共产主义思想的指导地位，努力在工人阶级中宣传社会主义和共产主义，并适当地、有步骤地用社会主义教育农民和其他群众，使广大人民群众从封建的经济政治压迫和思想观念束缚下摆脱出来，解放发展自己的个性，养成独立、自由、民主的新人格。新民主主义革命是为了变更殖民地、半殖民地、半封建社会的地位，它一方面替资本主义扫清了道路，有利于资本主义因素的发展；另一方面又为社会主义创造了前提，促进了社会主义因素的发展。这种社会主义的因素就是无产阶级和共产党在全国政治势力中的比重的增长，就是农民、知识分子和城市小资产阶级或者已经或者可能承认无产阶级和共产党的领导，就是民主共和国的国营经济和劳动人民的合作经济。新民主主义革命促进了社会主义因素的增长，同时，由于这一革命处在20世纪30年代和40年代的新的国际环境中，即处在社会主义向上高涨、资本主义向下低落的国际环境中，处在第二次世界大战和革命的时代，其终极的前途不是资本主义的，而是社会主义和共产主义的。毛泽东认为："中国共产党领导的整个中国革命运动，是包括民主主义革命和社会主义革命两个阶段在内的全部革命运动；这是两个性质不同的革命过程，只有完成了前一个革命过程才有可能去完成后一个革命过程。民主主义革命是社会主义革命的必要准备，社会主义革命是民主主义革命的必然趋势。"①"两篇文章，上篇与下篇，只有上篇做好，下篇才能做好。坚决地领导民主革命，是争取社会主义胜利的条件。我们是为着社会主义而斗争，这是和任何革命的三民主义者不相同的。现在的努力是朝着将来的大目标的，失掉这个大目标，就不是共产党员了。然而放松今日的努力，也就不是共产党员。"②毫无疑问，一切共产主义者的最后目的是争取社会主义和共产主义的实现，共产党的名称和马克思主义的宇宙观，明确指出了这个将来的、无限光明、无限美妙的最高理想。"每个共产党员入党的时候，心目中就悬着为现在的新民主主义革命而奋斗和为将来的社会主义和共产主义而奋斗这样两个明确的目标。"③而新民主主义革命阶段"是为了终结殖民地、半殖民地、半

---

① 《毛泽东选集》第2卷，人民出版社1991年版，第651页。
② 《毛泽东选集》第1卷，人民出版社1991年版，第276页。
③ 《毛泽东选集》第3卷，人民出版社1991年版，第1059页。

封建社会和建立社会主义社会之间的一个过渡的阶段，是一个新民主主义的革命过程……中国的社会必须经过这个革命，才能进一步发展到社会主义的社会去"①。有鉴于此，毛泽东号召"一切中国共产党人，一切中国共产主义的同情者，必须为着现阶段的目标而奋斗，为着反对民族压迫和封建压迫，为着使中国人民脱离殖民地、半殖民地、半封建的悲惨命运，和建立一个在无产阶级领导下的以农民解放为主要内容的新民主主义性质的，亦即孙中山先生革命三民主义性质的独立、自由、民主、统一和富强的中国而奋斗"。② 他指出："对于任何一个共产党人及其同情者，如果不为这个目标奋斗，如果看不起这个资产阶级民主革命而对它稍许放松，稍许息工，稍许表现不忠诚、不热情，不准备付出自己的鲜血和生命，而空谈什么社会主义和共产主义，那就是有意无意地、或多或少地背叛了社会主义和共产主义，就不是一个自觉的和忠诚的共产主义者。只有经过民主主义，才能到达社会主义，这是马克思主义的天经地义……没有一个新民主主义的联合统一的国家，没有新民主主义的国家经济的发展，没有私人资本主义经济和合作社经济的发展，没有民族的科学的大众的文化即新民主主义文化的发展，没有几万万人民的个性的解放和个性的发展，一句话，没有一个由共产党领导的新式的资产阶级性质的彻底的民主革命，要想在殖民地半殖民地半封建的废墟上建立起社会主义社会来，那只是完全的空想。"③ 毛泽东认为，共产党人是革命转变论者，既要忠诚地为实现新民主主义革命的任务而奋斗，并准备在一切必要条件具备的时候把它转变到社会主义阶段上去。若以为我们只有现阶段的民主革命的任务，没有在将来阶段的社会主义革命的任务，或者认为现时的革命或土地革命即是社会主义的革命，这是完全错误的。

在整个新民主主义革命时期，毛泽东始终遵循理想、信念的坚定性和实现人生理想而从事的现实革命斗争的阶段性相统一的原则，领导全党和广大人民群众为完成民主革命的任务，谋求中华民族的独立、自由、民主、富强，谋求

---

① 《毛泽东选集》第 2 卷，人民出版社 1991 年版，第 647 页。

② 《毛泽东选集》第 3 卷，人民出版社 1991 年版，第 1059 页。

③ 《毛泽东选集》第 3 卷，人民出版社 1991 年版，第 1059—1060 页。

人民大众的自由、解放与发展，而不懈奋斗。在新中国成立后的最初几年中，毛泽东仍遵循这一原则，领导人民完成了新民主主义革命的遗留任务，恢复和发展国民经济，顺利完成了社会主义改造，开创了全面进行社会主义建设的时期。在社会主义建设过程中，由于毛泽东受急于摆脱贫苦落后面貌的内在冲动驱使，发动了"大跃进"和人民公社化运动，试图通过群众运动的方式发展经济，将社会主义和共产主义两个阶段一度混淆起来，在经济、政治、文化上采取了一些"左"的做法。这非但没有加快理想的实现，反而延缓了社会主义的发展进程。毛泽东在新民主主义革命时期倡导的理想与现实相一致的思想，是留给我们的弥足珍贵的人生理论财富，而在社会主义建设时期的挫折和失败则从反面证实了这一财富的价值。

理想的应然状态和现存的实然状态之间的不一致、不协调和紧张感也折磨着毛泽东敏感的心灵。旧时的中国遭受帝国主义列强的瓜分豆剖和封建主义的严酷统治，积贫累弱，山河破碎；广大人民在帝国主义、封建主义和官僚资本主义的残酷统治下，无经济政治之独立，无民主之权利，无人格之尊严，民智淤塞，民德澌灭，民力荼弱。正是受刺激于这种黑暗否塞的现实，毛泽东等一代以天下为己任的热血青年，悉心探求使中华民族、使广大人民涤旧致新的真理与革命道路，确立了社会主义、共产主义的远大理想。不满于现实，激烈批判现实，使毛泽东的理想信念愈加坚定，追求理想社会与完美人格的心境愈加迫切。他致力于领导新民主主义革命，并不失时机地转向社会主义革命，解放发展人的个性，培养国民之独立、自由、民主的新人格，而对于理想的追求和献身又强化了毛泽东对于现实的不满和激烈批判的情绪。毛泽东也正是在这一批判现实、追求理想的人生旅程中建立了不朽的丰功伟业。同时，理想中的制度和人格的尽善尽美与现实社会人生的不完美性的悖离与冲突却无情地折磨着毛泽东的心灵。在毛泽东的理想世界中，社会主义制度的建立，解放了生产力，并为生产力的发展开辟了广阔的前景，焕发了人民群众的政治热情和劳动积极性，为人民群众自由发挥其聪明才智开辟了广阔的天地，并将进一步激励人民群众的政治理想和热情；同时，社会主义的经济政治制度保证了人民群众真正当家作主的权利，国家的工作人员作为人民的公仆，以全心全意为人民服务的精神，进行创造性的、优异而高效的工作。然而，社会主义作为前无古人的宏伟事业必然要经过艰难曲折，共产主义的实现也并非一蹴而就，人们的政治觉悟和道德水平作为社会主义经济政治状况的反映亦不能超越历史的发展阶段。毛泽东发动"大跃进"运动和人民公社化运动并没有促进生产力的发展，反而导致了生产力的停滞和破坏；人民群众的政治热情和劳动积极性因经济建设的挫折非但没有持续高涨，反而出现消沉；党和政府的一些干部因较多注意了经济建设而政治觉悟下降，政治理想淡漠，使共产主义甚至在一些人那里变成了束之高阁的空洞的政治口号和套语；适应稳定社会秩序、保证社会协调运转而建立的多层制政府机构上下有别、等级森严，使平等融洽的人际关系成为历史的陈迹；人民群众的主人翁地位非但未能得到充分的实现，反而被纳入严格的规定、规范、纪律、制度当中；人民群众由战争时期热心政治转向较多地关心自己的物质生活；官僚主义、主观主义、宗派主义、享乐主义在党和政府部门中滋生蔓延。这种社会现实是毛泽东未曾料到的，也是与他所预期的社会主义相悖离的。为了将现实社会纳入其理想的框架之中，消除社会主义社会中的阴暗面，重振社会主义和共产主义理想，培养共产主义的理想人格，毛泽东采取了许多措施，发动了一系列运动。如"三反"运动、整风运动、社会主义教育运动等等。由于毛泽东对于国内的阶级状况和阶级斗争形势作了不切实际的估计，还发动和领导了"文化大革命"，试图通过政治运动和精神革命的方式巩固和完善社会主义制度，维系和张扬人民的理想、信念和热情。理想和现实之间的不一致、不协调，打破了毛泽东内心的宁静与平衡，使他在理想和现实的两极中痛苦地冲突徘徊。由于实现至德之世的迫切心情的驱使，导致了一些不切实际的方法，又在理想和现实、动机和效果之间形成了一条显而易见的巨壑鸿沟。

　　毛泽东是以矛盾斗争的永恒性和无穷变易性来理解社会——人格理想的。因此，在对于未来理想的思考中又有着非理想性的成分。在毛泽东看来，矛盾、斗争、运动、变化、发展是宇宙的本质和存在状态，亦是人生的需要和渴求；矛盾斗争既是超越现实、指向未来的途径手段，亦是未来社会理想和人格理想的构成部分与显著表征。由现实的社会主义社会向共产主义社会过渡以及由现实的人格向未来新人格飞升的人生之路，坎坷崎岖，荆棘丛生，险象迭至，关山千重。主体只有调动自己的潜在能力，与不利于理想之实现和人格之升华的恶环境、恶势力搏战，才能在进取创造的意义上超越社会人生的不完善和非理想状态而进入理想的境界。在社会主义历史时期，无产阶级和资产阶级、社会主义和资本主义将在各个战场、多个方位上展开较量，且这种较量与斗争长期而复杂。毛泽东的这一思想无疑是具有远见卓识和战略意义的。但引以为憾的是，毛泽东不适当地夸张了这种斗争和危险，并且只注意到了政治的、思想的斗争与较量而相对忽视了经济的发展与繁荣。他希冀通过不断的政治斗争和思想斗争，巩固社会主义制度，洗涤人民思想，与旧的传统观念决裂。在毛泽东未来的社会构想中，生产力高度发展，体力劳动与脑力劳动、城市和乡村、工业与农业的差别最后泯灭，阶级和国家一并消亡。为达此理想，毛泽东采取了工业农业结合、城乡共同发展、教育生产并行、劳心劳力互换互融、人民参与国家管理以及反对主观主义、官僚主义和享乐主义等一系列政策措施，并将它作为实现未来理想的手段。毛泽东非常清醒地认识到，在他的有生之年，甚至在其身后的若干年内，共产主义的新天地以及具有高度共产主义思想意识和高尚共产主义道德观念的全面发展的新人格尚不会到来。但他对这一高远的理想却身体力行，孜孜以求。毛泽东和中国共产党人的追求与奋斗，无疑减少了许多经济、政治、社会、文化的差别与不平等，较为有效地抑制了官僚主义滋生蔓延和特权阶层的形成。在毛泽东对于实现未来社会理想的条件的体认和思考中，共产主义理想信念的确立、新人格的出现以及高度发展的社会生产力，都是共产主义所不可缺少的。因此，在改造客观世界的同时，还要改造人的主观世界，并且主观世界的改造更为重要。所以，毛泽东要求人们转变思想，脱胎换骨，抛弃旧的价值观念和行为方式。同重视改造人的思想相一致，毛泽东认为在经济与道德之间存在二律背反和逆向运动，经济的发展和进步容易引发理想的淡漠和道德的堕落，而经济落后则是革命性和纯洁道德的根源。他主张趁穷过渡，要求人们注重斗争，自我牺牲，自我否定，克己奉公。毛泽东把实现共产主义的手段在一定程度上转换成共产主义的要素内容。精神改造不仅是培养新人、实现共产主义的必要条件，亦是共产主义理想建构的一部分，所有社会成员必须为全面接受和实行既定的集体主义道德价值和社会规范而从事不断的克己的斗争。

毛泽东从矛盾的绝对性、普遍性、永恒性和运动发展的无限性信念出发，认为未来的共产主义社会，也不是呈现出一派完全和谐统一、静止不动的景观，其中也有对立面，也有矛盾和斗争，也有新和旧、先进与落后、正确与错误、革新与保守的冲突，也要经历许多的发展阶段。

过渡时期完结、彻底消灭了阶级以后，单就国内情况来说，政治就完全是人民内部的关系。那时候，人和人之间的思想斗争、政治斗争和革命一定还是会有的，并且不可能没有。对立统一的规律，量变质变的规律，肯定否定的规律，永远地普遍地存在。但是斗争和革命的性质和过去不同，不是阶级斗争，而是人民内部的先进和落后之间的斗争，社会制度的先进和落后之间的斗争，科学技术的先进和落后之间的斗争。由社会主义过渡到共产主义是一场斗争，是一个革命。进到共产主义时代了，又一定会有很多的发展阶段，从这个阶段到那个阶段的关系必然是一种从量变到质变的关系。各种突变、飞跃都是一种革命，都要通过斗争，"无冲突论"是形而上学的。①

任何社会无论今天和将来，都是一分为二，总是由矛盾推动社会发展。在现在，是阶级斗争推动社会前进。

社会是复杂的，一百万年或一千万年以后，还是有正确和错误。社会结构也是分成几百个阶段或几千个阶段前进的。②

毛泽东不仅把现时的矛盾和斗争投射到共产主义的未来，而且在对人类终极命运的思考中，透露出未来构想的非恒定性，表明毛泽东是从整个宇宙生灭成毁变化的宏大背景上来思考人类未来，并非将未来社会与人格的理想凝固化和绝对化。他说：

宇宙也是转化的，不是永久不变的。资本主义要转变到社会主义，社会主义又要转变到共产主义，共产主义社会还是要转化的，也是有始有终的，一定

① 《建国以来毛泽东文稿》，中央文献出版社 1992 年版，第 53—54 页。
② 《毛泽东年谱（1949—1976）》第 5 卷，中央文献出版社 2013 年版，第 313—314 页。

会分阶段，或许要另起个名字。只有量变没有质变，那就违背了辩证法。世界没有什么东西不是经过发生、发展和消灭的。……整个人类最后是要消灭的，它会变成另外一种东西，那时候地球也没有了。地球总要毁灭的，太阳也要冷却的……①

社会主义也要灭亡，不灭亡就不行，就没有共产主义。共产主义至少搞个百把万、千把万年。我就不相信共产主义没有质变，就不分质变的阶段了？我不信。量变质，质变量。完全一种性质，几百万年不变了，我不信！按照辩证法，这是不可设想的……

辩证法的生命就是不断走向反面。人类最后也要到末日。宗教说末日，是悲观主义吓唬人。我们说人类灭亡，是产生比人类更进步的东西。现在人类还很幼稚。②

毛泽东关于社会人生之未来前景的非理想性的观点表明，矛盾、斗争、变化、发展、质变、飞跃是宇宙的根本规律，其既不可避免，又为人类乃至整个宇宙的运动发展所必需。毛泽东的这种无穷变易观赋予作为一种生活样式的挑战、斗争、变革、超越以绝对的规范价值。地球毁灭、太阳冷却和人类灭亡毕竟是遥远将来的事情，处于现实社会和现实宇宙中的人应珍惜时日，创造进取，遵从矛盾、斗争、运动、变化的宇宙和人生本性，在主客两界的改造中追求社会人生的升华与跃迁，而不能坐等未来社会和人类更高级存在状态的到来。再之，未来的社会亦非完全秩序化和静止死寂的超稳态结构，而是充满着诗情画意和生机活力的、开放的、动变不息的、创造进化的社会机体，对于未来理想社会的追求不是出于对安宁、秩序、完美至善的人类最终存在状态的渴望，而是受不可遏止的创造欲望的驱使，去追求人的身心的全面发展和创造性潜能的尽情发挥。在毛泽东丰富而伟大的心灵世界里，充溢着发展创化、斗争进取的激情。毛泽东对于人格升华和社会跃迁的追求是无止境的。

---

① 《毛泽东文集》第七卷，人民出版社 1999 年版，第 375 页。
② 关于哲学问题的谈话，1964 年 8 月 18 日。

第十章 人生目的论

恩格斯曾经说过："在社会历史领域内进行活动的，是具有意识的、经过思虑或凭激情行动的、追求某种目的的人；任何事情的发生都不是没有自觉的意图，没有预期的目的的。"[①] 人是有意识、有目的的存在物，在人生活动中，有支配某一个别活动的具体目标，亦有规定人生基本方向的总体目标，这个总体目标即人生目的。人生目的是人生理论中的根本内容，它决定着人生的取向、态度和道路。确立正确的人生目的，对于人生道路的选择和人生价值的实现关系重大。毛泽东以马克思主义的唯物史观为指导，确认人民群众是历史的创造者，是实践主体和价值主体，将全心全意为人民服务作为根本的人生目的。在他的心目中，人民是主人，是"上帝"。他相信人民，依靠人民，为了人民，教育、组织、领导、依靠人民，为了人民的利益而斗争。人民的安危甘苦，使毛泽东魂牵梦萦，对人民主权的理想社会的追求，耗费了毛泽东毕生的精力。当第一面五星红旗在天安门广场升起，当"毛泽东万岁"和"人民万岁"的心灵呼唤响彻云天，毛泽东和中国共产党人全心全意为人民服务的人生目的，便得到了最有力的确证，领袖与人民的心灵便获得了动人的沟通交融。

---

① 《马克思恩格斯选集》第4卷，人民出版社2012年版，第253页。

一、毛泽东心中的"上帝"

在毛泽东的心灵世界中，人民居于崇高的地位。"人民"是毛泽东的人生哲学乃至整个毛泽东思想的重要范畴。纵览毛泽东一生的思想事业，可以清楚地看出：无限挚爱人民，竭诚为了人民，坚定依靠人民，忠心耿耿地为人民服务，全心全意为最广大人民群众谋利益，是支配毛泽东一生的灵魂，是规范毛泽东思想事业的不变目标。力求使人民摆脱受压迫、受剥削、受奴役的悲惨境地，与人民共跻独立、自由、民主、富强之域，是充溢涌动于毛泽东的心灵空间，导引毛泽东人生实践的巨大驱力。在中国共产党第七次全国代表大会上，毛泽东把人民群众誉为至高无上的"上帝"，号召全党同志以自己艰苦努力的工作，感动全中国人民大众这个"上帝"，与全国人民大众一起，挖掉帝国主义和封建主义这两座大山，解放全国人民，建立独立、自由、民主、富强的新中国。毛泽东胸怀为人民谋幸福、为人类进步文明的崇高人生目的，在艰辛悲壮、波澜壮阔的人生实践中，将一己小我与人民大我、将自身的有限与人类的无限交汇互融起来，使自己的人生获得了永恒的价值和不朽的意义。

毛泽东之所以把全心全意为人民服务作为自己的人生目的，首先是基于对人生本质的深切体会。人的本质在于其自由自觉性，而这种创造性的本质体现于人与自然、人与社会、人与历史的动态发展过程之中，体现在物质的和精神的创造性实践活动之中。人类的创造性实践活动已经历了与自身的存在和发展相契合、肯定自身本质的原始社会以及与自身的存在和发展相抵牾、否定自身本质的私有制社会，并且要向着在更高的基础和全新的意义上肯定自身本质、谋求人的合理生存方式和全面发展的共产主义社会跃迁。在私有制社会中，劳动群众从事着创造性的物质生产活动和精神生产活动。然而，由于他们处于受压迫、受剥削、受奴役的地位，这种创造性活动是被迫的、不自觉的。他们只能按照统治者的需要片面地发展着自己的本质力量。人的创造性本质以一种扭曲的形式表现出来。人的本质力量的客观化非但不能促进人的本质的发展和完善，反而成为统治、奴役人民的异己力量，于是便出现了这样的不合理现象：

劳动者为社会创造了物质财富，却给自己留下了贫穷；为社会创造了精神财富，却导致了自身的闭塞与愚昧；为了争取自身的自由发展而劳作，却使自己沉沦到无权的悲惨地位。"人民"是人的本质的载体，人民的受压迫、受剥削、受奴役，是人的本质的压抑和失落；而人民的解放和自由，则是人的本质的解放、张扬和复归。

"人民"作为一个社会历史范畴，在不同的国家和各个国家的不同历史时期，有着不同的内容。毛泽东在中国革命的不同历史时期，在各种不同的场合，对于人民问题多有论述：

新民主主义的革命，不是任何别的革命，它只能是和必须是无产阶级领导的，人民大众的，反对帝国主义、封建主义和官僚资本主义的革命。这就是说，这个革命不能由任何别的阶级和任何别的政党充当领导者，只能和必须由无产阶级和中国共产党充当领导者。这就是说，由参加这个革命的人们所组成的统一战线是十分广大的，这里包括了工人、农民、独立劳动者、自由职业者、知识分子、民族资产阶级以及从地主阶级分裂出来的一部分开明绅士，这就是我们所说的人民大众。由这个人民大众所建立的国家和政府，就是中华人民共和国和无产阶级领导的各民主阶级联盟的民主联合政府。这个革命所要推翻的敌人，只是和必须是帝国主义、封建主义和官僚资本主义。①

人民是什么？在中国，在现阶段，是工人阶级，农民阶级，城市小资产阶级和民族资产阶级。这些阶级在工人阶级和共产党的领导之下，团结起来，组成自己的国家，选举自己的政府，向着帝国主义的走狗即地主阶级和官僚资产阶级以及代表这些阶级的国民党反动派及其帮凶们实行专政，实行独裁，压迫这些人，只许他们规规矩矩，不许他们乱说乱动。……对于人民内部，则实行民主制度，人民有言论集会结社等项的自由权。②

人民这个概念在不同的国家和各个国家的不同的历史时期，有着不同的内

---

① 《毛泽东选集》第4卷，人民出版社1991年版，第1313页。

② 《毛泽东选集》第4卷，人民出版社1991年版，第1475页。

容。拿我国的情况来说，在抗日战争时期，一切抗日的阶级、阶层和社会集团都属于人民的范围，而日本帝国主义、汉奸、亲日派都是人民的敌人。在解放战争时期，美帝国主义和它的走狗即官僚资产阶级、地主阶级以及代表这些阶级的国民党反动派，都是人民的敌人；一切反对这些敌人的阶级、阶层和社会集团，都属于人民的范围。在现阶段，在建设社会主义的时期，一切赞成、拥护和参加社会主义建设事业的阶级、阶层和社会集团，都属于人民的范围；一切反抗社会主义革命和敌视、破坏社会主义建设的社会势力和社会集团，都是人民的敌人。①

尽管国家有不同，时代有差异，人民作为一个社会群体具有历史性、流变性，其质的规定和量的范围也因时而异、随境而迁。然而，在各个历史时代的人民的个别规定中，蕴含着一般的、普遍的、共同的本质：即人民总是一种与人的本质的确立和升华相一致、与社会历史的发展走向相一致、能够促进人的本质力量发展和社会进步的积极力量。人民群众是由各个历史时期的一切进步的阶级、阶层和社会集团构成的，人民是一个可以分析的概念，人民中的各个构成要素的进步性以及对于历史进步和人类发展的作用也是不一样的。但从事生产活动的劳动人民始终是人民中的大多数，是人民的基本要素和促进社会进步的中坚力量。而"所谓劳动人民，是指一切体力劳动者（如工人、农民、手工业者等）以及和体力劳动者相近的、不剥削人而又受人剥削的脑力劳动者"。② 劳动人民所从事的物质生产和精神生产，直接展示着人的自觉能动的本质。而人民中的其他部分，虽然不直接从事生产劳动，但他们遭受着与劳动人民的共同敌人的压迫，具有反对帝国主义、封建主义和官僚资本主义的革命要求，因而有可能同广大劳动者结成联盟，跟共同的敌人作斗争。他们的社会历史活动，在一定程度上也是有利于人与社会发展的。人民及其历史活动，是人的本质的物质载体和动态展现，而作为人民之对立面的敌人则是压抑、摧残、戕害人的本质的腐朽反动的社会力量。全心全意为人民服务，忠心耿耿地

---

① 《毛泽东著作选读》下册，人民出版社 1986 年版，第 757—758 页。

② 《毛泽东选集》第 4 卷，人民出版社 1991 年版，第 1287 页。

为人民谋利益，领导人民从事解放事业，摆脱帝国主义、封建主义、官僚资本主义的压迫，建设独立、自由、民主、富强的新国家，就是解放人的个性，使人的本质在更高的基础上得以复归和丰富发展。而人民的解放，亦即人的本质的解放。

其次，为人民服务，为人民谋幸福，基于对社会历史发展规律的洞悉入微和对人民大众历史地位的深切体从，是走历史必由之路的明智选择。人类社会按其固有的规律而演进，生产力与生产关系、经济基础与上层建筑的对立统一，构成社会的基本矛盾，而生产力则是社会发展的最终决定力量。劳动人民作为生产实践的主体，是生产力的首要因素。他们在生产过程中，不断积累和总结经验，改进生产技术，创制新的生产工具，促进了生产力的发展。生产工具的改进和生产技术的提高又促进了人们的素质的提高。而生产力中人的因素和物的因素的发展又引起了生产关系和整个社会制度的演进、完善和根本变革。人民创造社会财富的历史活动与社会发展的客观过程是一致的。社会发展的规律与趋势是通过人民的意志、愿望、要求以及创造历史的活动表现出来的。是否顺应了人民的意志和愿望，是能否遵循历史发展的客观规律、能否走历史必由之路的重要标志，亦是决定历史活动成败的关键。毛泽东时常把大势所趋和人心所向同称并提，以之说明历史必然性，并把人心的向背作为判定事情成败利钝的重要尺度。毛泽东认为，历史运动有其客观必然规律，但这种客观规律是通过人民有目的、有意识的自觉能动活动而实现的。人民群众的意志、愿望、要求是历史发展客观规律的反映和表现，人民群众的活动是历史规律形成和实现的形式。1956 年 11 月 15 日，毛泽东在中共八届二中全会上关于社会基本矛盾问题的讲话，便反映了其独特的历史观和人类学见解。他说，将来全世界的帝国主义都打倒了，阶级消灭了，你们讲，那个时候还有没有革命？我看还是要革命的。社会制度还要改革，还会用"革命"这个词。当然，那时革命的性质不同于阶级斗争时代的革命。那个时候还有生产关系同生产力的矛盾，上层建筑同经济基础的矛盾。生产关系搞得不对头，就要把它推翻。上层建筑（其中包括思想、舆论）要是保护人民不喜欢的那种生产关系，人民就要改革它。上层建筑也是一种社会关系。上层建筑是建立在经济基础上的。

所谓经济基础，就是生产关系，主要是所有制。生产力是最革命的因素。生产力发展了，总是要革命的。生产力有两项，一项是人，一项是工具。工具是人创造的。工具要革命，它会通过人来讲话，通过劳动者来讲话，破坏旧的生产关系，破坏旧的社会关系。①

无论在阶级社会中，还是在无阶级社会里，人民群众都是实现社会变革的决定力量。自从人类进入阶级社会以来，生产关系集中表现为阶级关系，表现为剥削者与被剥削者、压迫者与被压迫者两大对抗阶级之间的阶级斗争。当生产力的发展达到使原来的生产关系同它不再适应的程度，就要求变革旧的、过时的生产关系，建立新的生产关系。然而，旧的生产关系不可能自动让位于新的生产关系，只有通过人民群众的革命斗争，推翻反动统治阶级的国家政权，方能变革旧的生产关系，完成旧的社会形态向新的社会形态的过渡，解放和发展社会生产力。即使在未来的无阶级社会中，社会基本矛盾也不会消失，仍然存在着生产关系同生产力、上层建筑同经济基础不相适应的情况，因而仍然需要依靠人民的力量进行社会变革，克服生产关系和上层建筑中同生产力的发展不相适应、阻碍人类发展进步的环节和方面。人民是社会的主体，是历史的创造者。以为人民服务为人生的根本目的，是对人民的社会历史主体地位的确认，同时也是对人类社会发展的规律性与必然性的遵从。

确立全心全意为人民服务的人生目的，基于对无产阶级历史使命的深刻体认。解放全人类，使所有的人们进入大同之域，在身心两方面获得充分发展，是现代无产阶级的历史使命。毛泽东以无产阶级革命领袖的恢宏气度和高屋建瓴的气魄，自觉承担起领导无产阶级和人民群众推翻世界和中国的黑暗面、创造前所未有的光明世界的历史重任。无产阶级不但要解放自己，而且要解放全人类。如果不能解放全人类，无产阶级就不能最后地得到解放。无产阶级身兼解放自身和解放全人类的双重使命。无产阶级能够而且必须自己解放自己。它要解放自己，就必须改变它本身受压迫、受奴役、受剥削的生活条件；而要改变它本身的生活条件，必须"消灭集中表现在它本身处境中的现代社会的一切

---

① 《毛泽东选集》第5卷，人民出版社1977年版，第318—319页。

违反人性的生活条件",① 即必须首先消灭剥削制度。而剥削制度的消灭，就是人类的解放和人性的复归。由此看来，无产阶级自身的解放和人类的解放是一致的。为人民服务，为人民谋利益，谋求人民的独立、自由与解放，是无产阶级自身解放的必要前提，是无产阶级历史使命的题中应有之义。再之，历史的活动是群众的事业，只有全心全意为人民服务，才能启发人民的革命觉悟，使人民把革命视为光荣的旗帜，无产阶级及其政党也才能动员、组织、领导广大群众，为社会进步和人类解放事业而进行胜利的斗争。

确立全心全意为人民服务的人生目的，是毛泽东对中国古代民本思想传统的改造、继承和发展，亦是劳工神圣、主权在民的时代潮流和时代精神的体现。民本思想传统源远流长，它肇源于殷周之际，形成于春秋战国时期，发展于汉唐时代，成形于宋元明清。鸦片战争以来，古老的民本思想与近代民主主义观念交汇互融，在民主思想体系中获得了新的生命。儒、道、墨、法各家都不同程度地主张和倡言以民为本，而以儒家的民本思想意蕴最为宏富，倡之也最为用力。儒家民本思想不仅载于《论语》、《孟子》、《大学》、《中庸》四书和《诗》、《书》、《礼》、《易》、《春秋》五经等经典之中，也见于儒家后学如荀子、董仲舒、王符、柳宗元、朱熹、王夫之、唐甄等人的言论著述中。民本主义作为历代开明思想家和有作为的、进步的政治家历览江山易姓、朝代兴衰的经验教训，反思当朝的政治实践，探求君主、国家与民众的关系而形成的治国安邦的指导思想，理论内涵相当丰富，其要旨如下：

其一，重民轻神，即民见天。重民思想是阶级社会中被统治阶级在为争取自身的权利而同统治阶级进行斗争的过程中，彰显的巨大力量在统治阶级思想意识中的反映。我国第一个奴隶制国家夏王朝的奴隶主贵族为了维护其统治地位，在对奴隶和平民进行武力镇压的同时，又实行思想钳制，制造夏王朝的政权受命于天的神话，标榜"有夏服天命"。② 代夏而兴的商王朝统治者也以地上拥有绝对权威的君主为原型，制造出一个至高无上的"上帝"，并自认为

---

① 《马克思恩格斯全集》第 2 卷，人民出版社 1957 年版，第 45 页。

② 《尚书·召诰》。

上帝的子孙。西周初年的统治者为了加强对被征服的异族、奴隶和平民的统治，既承袭了夏商以来君权神授、祭天祀祖、敬事鬼神的迷信思想传统，又不得不正视奴隶和平民阶层的巨大力量，从而对于天命作出了新的解释。他们认为"天命靡常"①，上天并不将政权永远给予一家一姓，它总是根据情况的变化决定朝代的兴衰和当权者的更换，即"天惟时求民主"②。政权的争夺取决于统治者是否有保民之德，而天视自我民视，天听自我民听，即天通过人民的耳目感官来观察统治者为政的得失，天的意志由民的利益、愿望和要求表现出来。天与民相贯通，并顺从民的欲望，肯认其合理性和正当性，即"民之所欲，天必从之"③。因此，统治者只有以德配天、敬德保民，才能"享天之命"④。西周初年统治者的上述思想补苴了君权神授论的罅漏，论证了夏、商、周依次更替的合理性，同时也初露了重人事而轻天命、重民众而轻鬼神的思想端倪。春秋战国时期，诸侯间攻城略地的战争此起彼伏，杀父弑君的事件时有发生，神权政治观念受到了严重挑战，人民的力量在这天崩地解的时代得以充分显现，重民思想也得到了较大发展。隋国的季梁说："夫民，神之主也，是以圣王先成民而后致力于神。"⑤ 虢国的史嚣也说："吾闻之，国将兴，听于民；将亡，听于神。神聪明正直而壹者也，依人而行。"⑥ 鬼神非但不能支配民，反而受民的支配，并依据民的旨意和愿望行事。统治者只有首先使人民的生活过得去，才有资格侍奉鬼神。是听于民，还是听于神，则是国家之盛衰兴亡的重要表征。春秋以降，历代统治者及其思想家将政治思维的侧重点日益从神转向民，重民轻神蔚成风气，汇聚为一股不可阻挡的思想潮流。清人王夫之将历史发展的客观之理和必然之势合而称之为"天"，并倡言"即民以见天"⑦，从而把古代重民轻神思想推向了新的高度。

---

① 《诗经·大雅·文王》。

② 《尚书·多方》。

③ 《左传·襄公三十一年》引《尚书·泰誓》。

④ 《尚书·多方》。

⑤ 《左传·桓公六年》。

⑥ 《左传·庄公三十二年》。

⑦ 《尚书引义》卷四，《泰誓》中。

　　其二，民惟邦本，民贵君轻。"民"作为与君主国家统治者对称的范畴，指称在专制君主统治下的所有人，但士、农、工、商等下层民众以及奴隶和农奴则是民的基本构成要素，民为邦本，本固邦宁，民是邦国天下中起决定作用的力量，国家的产生、礼乐政教的创制，源于民之生存和发展的需要；民是天下国家得以确立和存续的基础，"君依于国，国依于民"①；民的劳动创造为礼乐政教等国家生活提供物质条件，民心的向背决定国家的安危存亡。西汉初年的政治家贾谊说："民者，国之本，财用所出，安危所系。"② 清人唐甄也指出："封疆，民固之；府库，民充之；朝廷，民尊之；官职，民养之"，"国无民，岂有四政？"③ 古代思想家和政治家对于君民关系的思考，也有许多人民性的见解。他们认为，天降生了民，并为他们降生了君主和师傅。"天之生民，非为君也。天之立君，以为民也。"④ 作为一国之君，只有博施济众、仁爱众生的责任，没有挟天之威暴虐臣民的权力。在作为国家基础的民众、作为国家权力象征的土谷之神和作为国家最高统治者的君主三者的地位问题上，孟子认为"民为贵，社稷次之，君为轻。"⑤ 民贵君轻论并非说民众的价值高于君主的价值，而是说民重于国，国重于君，民众对国家的存续和君权的固削起着决定作用。君主要安国宁邦，巩固权位，就要重民意、行仁政、得民心。荀子后裔、东汉思想家荀悦阐扬了孟子的民贵君轻论，更为明确地道出了重民与保社稷和承天命的关系："人主承天命以养民也，民存则社稷存，民亡则社稷亡。故重民者，所以重社稷而承天命也。"⑥ 明清之际的杰出思想家黄宗羲反映早期市民阶层反对君主专制、争取自身权利的愿望和要求，追思初民社会原始公有制和民主遗风，提出了"天下为主，君为客"⑦ 的著名观点，他把君与民、一家一姓之私利和天下万民之公利作为思维的两极，抨击专制君主"以天下之利尽归于己，

---

① 李世民语，见《资治通鉴·唐纪·高祖武德九年》。
② 《新书·大政》。
③ 《潜书·明鉴》。
④ 《荀子·大略》。
⑤ 《孟子·尽心下》。
⑥ 《申鉴·杂言上》。
⑦ 《明夷待访录·原君》。

以天下之害尽归于人"，"敲剥天下之骨髓，离散天下之子女，以奉我一人之淫乐"①。他向往古代兴天下之利、除天下之害、毕世为天下而经营的君主，并且将天下万民作为目的，把天下之公利和万民之忧乐作为衡量社会治乱与天下兴亡的根本尺度。古代的进步思想家和政治家们还深刻认识到，君以民存，亦以民亡。孔子以心体和舟水之喻来说明君与民的关系："民以君为心，君以民为体；心庄则体舒，心肃则容敬。心好之，身必安之；君好之，民必欲之。心以体全，亦以体伤；君以民存，亦以民亡"。②"君者，舟也；庶人者，水也，水则载舟，水则覆舟。"③孟子把因顺民心、推行德政作为得民心、得天下的决定性条件。他说："桀纣之失天下也，失其民也；失其民者，失其心也。得天下有道：得其民，期得天下矣；得其民有道：得其心，斯得民矣；得其心有道：所欲与之聚之，所恶勿施，尔也。民之归仁也，犹水之就下、兽之走圹也"。④贾谊也告诫统治者民为万世之本，民心不可欺侮，民力不可战胜，治国安民，不可不慎。他说："夫民者，万世之本也，不可欺。凡居于上位者，简士苦民者是谓愚，敬士爱民者是谓智。夫愚智者，士民命之也。故夫民者，大族也，民不可不畏也。故夫民者，多力而不可适也。……与民为敌者，民必胜之。"⑤总之，民为君国之本，民心向背决定国家之兴衰和君主之存亡，这是历代进步思想家和开明政治家的同认共识。

其三，为政以德，安众养民。管子认为："欲修政以干时天下"⑥，必须以爱民之心体恤民情，关心民众的疾苦。孔子要求统治者修己以安人，"修己以安百姓"⑦。以立己立人、达己达人的仁者心怀去治国为政，博施济众。孟子也说："君子之守，修其身而天下平"⑧，呼吁各国诸侯"以不忍人之心，行不忍

① 《明夷待访录·原君》。
② 《礼记·缁衣》。
③ 引自《荀子·哀公》。
④ 《孟子·离娄上》。
⑤ 《新书·大政》。
⑥ 《管子·小匡》。
⑦ 《论语·宪问》。
⑧ 《孟子·尽心下》。

人之政"①。而"君行仁政，斯民亲其上，死其长矣"②。"乐民之乐者，民亦乐其乐；忧民之忧者，民亦忧其忧。乐以天下，忧以天下，然而不王者，未之有也。"③ 政在养民得民，与民同忧共乐，为历史上的开明政治家们所遵奉。北宋范仲淹以"先天下之忧而忧，后天下之乐而乐"为志，则胸襟更广，格调更高。所谓为政以德，政在得民，最根本的就是因民之性，顺民之心，保护人民的生命安全，给人民以适当的物质利益，对人民进行道德教化，使其养生送死而无憾，重生惧罪而不铤而走险和犯上作乱。古代民本思想确认人民在国家和社会生活中的基础地位和重要作用，看到了民众的巨大力量，要求统治者尊重人民的生存权利，实行爱民、利民、养民、得民、教民的统治方略。民本思想的贯彻实行，在一定程度上减轻了人民的负担，弱化了专政暴政，促进了社会的繁荣与进步，这是其人民性因素和进步意义之所在。然而，民本主义毕竟又属于封建主义的思想体系，是专制政治的一种补充。它以君主为本位，非以民为本位，重民、利民、养民、得民只是手段，隆君宁邦、巩固君主的地位和专制政权的统治则是最终目的。历史上的圣君贤相也只是把民作为被动的客体来加以同情、怜悯和恩赐，而不是主张民众作为社会历史活动的主体为争取自身的权益而斗争，因而又阻碍了民主意识的生长和民主政治的进程。这是其落后性和消极性的一面。历史文化传统是不能也无法彻底抛弃和消除殆尽的。进入近代以来，先进的中国人正是以中国古代的民本思想为既定的思维框架来理解和消化由西方传入的民主主义思想，并从新的思想高度来批判、改造传统民本思想的。五四运动前后，李大钊等中国早期马克思主义者反映无产阶级革命的时代精神，树起了劳工神圣、主权在民的鲜明旗帜。毛泽东等中国共产党人批判、继承民本思想中的人民性因素，把握人民革命和人民主权的时代脉搏，洞悉中国社会的发展规律，视人民群众为社会运动的主体和目的，紧紧依靠人民群众，为争取人民群众的经济、政治、文化和社会等各个方面的权利而斗争。以全心全意为人民服务为人生目的，是古老的民本思想与现代民主观念交汇互

---

①　《孟子·尽心下》。
②　《孟子·梁惠王下》。
③　《孟子·梁惠王下》。

融的产物，是中国共产党及其领导下的革命与建设实践经验的结晶。

二、人民是目的与手段的统一体

全心全意为人民服务，是中国共产党的根本宗旨，是以毛泽东为杰出代表的中国共产党人矢志不移的人生目的。对此，毛泽东在各个历史时期均有论述。1944 年，他在《为人民服务》这篇著名演讲中说："我们的共产党和共产党所领导的八路军、新四军，是革命的队伍。我们这个队伍完全是为着解放人民的，是彻底地为人民的利益工作的。"①1945 年，他在讲到人民军队的宗旨时说："这个军队之所以有力量，是因为所有参加这个军队的人，都具有自觉的纪律；他们不是为着少数人的或狭隘集团的私利，而是为着广大人民群众的利益，为着全民族的利益，而结合，而战斗的。紧紧地和中国人民站在一起，全心全意地为中国人民服务，就是这个军队的唯一的宗旨。"②"全心全意地为人民服务，一刻也不脱离群众；一切从人民的利益出发，而不是从个人或小集团的利益出发；向人民负责和向党的领导机关负责的一致性；这些就是我们的出发点。"③1957 年 3 月 19 日，毛泽东在济南党员干部会议上重申："共产党就是要奋斗，就是要全心全意为人民服务，不要半心半意或者三分之二的心三分之二的意为人民服务。革命意志衰退的人，要经过整风重新振作起来。"④ 以毛泽东为代表的中国共产党人将人民群众视为价值主体，将为人民服务作为人生目的，这样，人民群众是目的的承担者；同时，又将人民群众视为实践主体，认为人民群众的利益、权利、福祉只能靠人民群众自己去争取，不能靠圣贤豪杰的恩赐和施与。因此，人民群众又是目的的实现者。目的与手段、目的的承载者和实现者是统一的，一切为了群众和一切依靠群众是一致的。为了牢固树立为人民服务的人生目的，毛泽东要求共产党人要坚持人民群众创造历史的唯物

---

① 《毛泽东选集》第 3 卷，人民出版社 1991 年版，第 1004 页。
② 《毛泽东选集》第 3 卷，人民出版社 1991 年版，第 1039 页。
③ 《毛泽东选集》第 3 卷，人民出版社 1991 年版，第 1094—1095 页。
④ 《毛泽东文集》第 7 卷，人民出版社 1999 年版，第 285 页。

史观，相信群众，尊重群众，宣传群众，组织群众，这就把人生目的置于科学的理论基础之上，并具体化于现实的实践活动之中。

人民群众是社会的中坚，是历史的创造者。人类的物质生产活动是最基本的实践活动，是决定其他一切活动的东西。物质生产、劳动使人类从动物界分化出来而组成人类社会，并提供了使人类社会得以存在、延续和发展的物质基础。而劳动群众是物质生产的主体力量，是物质财富的创造者。社会发展的历史首先是物质资料生产的发展史，同时也是作为物质资料生产者的劳动群众的历史。劳动群众也是精神财富的生产者。劳动群众的物质生产活动为精神文化的创造活动提供了物质前提，劳动群众的物质生产活动和其他社会活动是一切精神财富的活水源头。人类社会的科学文化，是劳动知识分子在人民群众实践经验的基础上概括总结出来的。人民群众不仅创造了各个时代的物质财富和精神财富，其历史活动还决定着社会发展的总趋势。他们作为社会的中坚和历史的主体，决定着社会的和平演进和革命变迁。是否符合人民群众的利益、愿望和要求，能否得到人民的赞成、理解和拥护，决定着一切历史活动的成败。毛泽东正是基于对人民群众社会地位和历史作用的深切体认，指出："历史是人民创造的"，①"人民，只有人民，才是创造世界历史的动力。"②

相信群众、尊重群众。所谓尊重群众，首先要尊重群众的利益，把人民的利益看得高于一切，以人民的利益作为共产党人考虑问题的出发点和落脚点。毛泽东说："应该使每个同志明了，共产党人的一切言论行动，必须以合乎最广大人民群众的最大利益，为最广大人民群众所拥护为最高标准。"③其次，要使一切言行符合人民的利益，必须尊重群众的意见。要把群众的意见与经验作为我们制定政策的基础。因为人民教给我们许许多多事情。我们的任务就是听从他们，学习并了解他们的经验、愿望、批评，确定他们所需要的东西的总和，再作为政策交还给他们。再次，要尊重人民群众的首创精神。毛泽东认

---

① 《毛泽东书信选集》，人民出版社1983年版，第222页。
② 《毛泽东选集》第3卷，人民出版社1991年版，第1031页。
③ 《毛泽东选集》第3卷，人民出版社1991年版，第1096页。

为："群众有伟大的创造力"，①"只要我们依靠人民，坚决地相信人民群众的创造力是无穷无尽的，因而信任人民，和人民打成一片，那就任何困难也能克服，任何敌人也不能压倒我们，而只会被我们所压倒。"②他反复告诫全党同志尊重人民群众的首创精神，坚定地站在人民群众的立场，注意保护和引导人民群众的革命热情与历史主动性，爱护和培养新制度、新思想、新道德和新人格的胚芽。毛泽东诚挚地尊重人民群众的利益、意见和创造精神，是以相信人民群众为思想基础的。他说："我们应当相信群众，我们应当相信党，这是两条根本的原理。如果怀疑这两条原理，那就什么事情也做不成了。"③毛泽东相信群众具有卓越的聪明才智，认为在"中国人民中间，实在有成千成万的'诸葛亮'……我们应该走到群众中间去，向群众学习，把他们的经验综合起来，成为更好的有条理的道理和办法，然后再告诉群众（宣传），并号召群众实行起来，解决群众的问题，使群众得到解放和幸福"④。毛泽东认为人民群众自我意识的形成和发展是一个过程。人民群众在自然和社会的双重压迫下，迷信命运，崇拜偶像，但随着实践的发展和革命运动的深入，他们迟早会挣脱愚昧落后的锁链，认识到自己的阶级利益和社会地位，在革命政党的领导下，在自由解放的道路上猛进。他说："菩萨是农民立起来的，到了一定时期农民会用他们自己的双手丢开这些菩萨，无须旁人过早地代庖丢菩萨。共产党对于这些东西的宣传政策应当是：'引而不发，跃如也。'菩萨要农民自己去丢，烈女祠、节孝坊要农民自己去摧毁，别人代庖是不对的。"⑤毛泽东相信群众有力量，将千百万真心实意地拥护革命的群众誉之为真正的铜墙铁壁，认为若能得到群众的拥护，革命和建设事业将无往而不胜。要尊重群众，必须密切联系群众，搞好党群关系、干群关系和军民关系，与人民甘苦与共，风雨同舟；必须依靠群众，发动群众，让群众起来自己解放自己；必须倾听群众呼声，体察民

---

① 《毛泽东选集》第 3 卷，人民出版社 1991 年版，第 933 页。
② 《毛泽东选集》第 3 卷，人民出版社 1991 年版，第 1096 页。
③ 《毛泽东文集》第 6 卷，人民出版社 1999 年版，第 423 页。
④ 《毛泽东选集》第 3 卷，人民出版社 1991 年版，第 933 页。
⑤ 《毛泽东选集》第 1 卷，人民出版社 1991 年版，第 33 页。

生疾苦，切实为群众谋利益。毛泽东说：要想得到群众的拥护，"就得和群众在一起，就得去发动群众的积极性，就得关心群众的痛痒，就得真心实意地为群众谋利益，解决群众的生产和生活的问题，盐的问题，米的问题，房子的问题，衣的问题，生小孩的问题，解决群众的一切问题。我们是这样做了么，广大群众就必定拥护我们，把革命当作他们的生命，把革命当作他们无上光荣的旗帜"。① 反之，"如果我们做地方工作的同志脱离了群众，不了解群众的情绪，不能够帮助群众组织生产，改善生活，只知道向他们要救国公粮，而不知道首先用百分之九十的精力去帮助群众解决他们'救民私粮'的问题，然后仅用百分之十的精力就可以解决救国公粮的问题，那末，这就是沾染了国民党的作风，沾染了官僚主义的灰尘"。②

依靠群众，领导群众。毛泽东尊重群众的利益，相信群众的力量，认为人民群众要摆脱压迫和专制，获得真正的解放，不能依赖圣人贤人的恩赐，只能依靠自己的力量，进行独立、英勇、自觉的斗争。在国民革命时期，毛泽东赞誉贫苦农民是农村革命的中坚、打倒封建势力的先锋，中国的新民主主义革命实质上是无产阶级及其政党领导下的农民革命。在抗日战争时期，面对日本帝国主义的侵略，毛泽东指出："战争的伟力之最深厚的根源，存在于民众之中"③，真心实意拥护革命的群众是打不破的真正的铜墙铁壁。在社会主义建设时期，他认为群众中蕴藏着极大的社会主义积极性，"只要这些人掌握了自己的命运，又有一条马克思列宁主义的路线，不是回避问题，而是用积极的态度去解决问题，任何人间的困难总是可以解决的"。④ 相信群众能够觉悟到自身的利益，有力量自己解放自己，并不是无原则地崇拜群众的任何自发倾向，迁就群众中的落后情绪。毛泽东十分重视无产阶级政党及其领袖对于群众的政治领导、思想领导和组织领导。他说："指导伟大的革命，要有伟大的党，要有

① 《毛泽东选集》第 1 卷，人民出版社 1991 年版，第 138—139 页。
② 《毛泽东选集》第 3 卷，人民出版社 1991 年版，第 933 页。
③ 《毛泽东选集》第 2 卷，人民出版社 1991 年版，第 511 页。
④ 《毛泽东选集》第 5 卷，人民出版社 1977 年版，第 227 页。

许多最好的干部。"① 无产阶级政党及其领袖人物要在政治上代表最广大的人民群众的根本利益，把人民群众的目前利益和长远利益、局部利益和整体利益有机结合起来，在革命发展的各个历史时期和阶段上恰当地提出任务，制定正确的路线、方针和政策，为群众斗争指明方向；必须创立群众斗争所需要的理论，以之宣传、教育群众，领导群众为实现共同的目标而斗争。群众斗争固然需要领袖的指导，领袖也要依靠群众。因为领袖是群众斗争的产物，领袖只有代表人民群众的利益，才能得到人民的信任、拥护和爱戴。领袖的聪明智慧和卓越才干源于人民群众，他们提出的正确思想和制定的正确路线、方针、政策，是群众的愿望和要求的反映，是群众实践经验的概括和总结。领袖的正确思想也只有为群众所理解、掌握和践行，方能变成改造世界的巨大物质力量。领袖的历史作用，也只有在群众斗争中才能得到充分的发挥和展现。正是基于对领袖和群众这种辩证关系的深刻认识，以毛泽为代表的中国共产党人把一切为了群众和一切依靠群众紧密结合起来，自觉充当人民群众的"工具"，代表人民群众的利益，以其人格魅力和献身精神，将人民群众团结、凝聚在一起，带领人民为争取独立、自由、民主、富强而斗争。在对待群众的态度问题上，毛泽东主张既要反对命令主义，又要反对尾巴主义。群众的一切斗争都必须出于自觉自愿。领导者的责任，就是要深入群众，同群众打成一片，倾听群众的呼声，根据群众的觉悟程度，进行宣传教育工作，在群众出于自愿的原则下，组织、领导群众，开展为当时当地内外环境所许可的一切必要的斗争。当群众尚未觉悟，就要耐心等待，同时要积极进行宣传教育工作，直到群众认识到自己的利益并自愿为争取自身的利益而斗争。"命令主义"是错误的。因为它超过了人民群众的觉悟程度，违反了群众自觉自愿的原则。"尾巴主义"也是错误的。在许多情况下，群众已经跑到了领导者的前头，并迫切要求领导者指引他们更进一步。如果领导者落后于群众的觉悟程度，以为自己尚不了解的事情，群众也一概不了解，甚至将一部分落后分子的意见当作广大群众的意见，做了落后分子的尾巴，这就要犯右的错误。

---

① 《建国以来重要文献选编》第七册，中央文献出版社 1993 年版，第 201 页。

　　人民利益高于一切。毛泽东认为，共产党员不应把个人利益放在第一位，而应以个人利益服从于民族和人民的利益。毛泽东反对争名于朝、逐利于市、闹名利、闹地位、闹待遇的个人主义，主张埋头苦干，克己奉公；反对高踞于群众之上、漠视群众疾苦的官僚主义，要求深入群众，调查研究，反映群众的愿望和要求，自觉为群众谋利益；反对贵族意识和任何形式的特殊化，教育自己的子女和其他亲属消除优越感和特权思想，真正生活在人民之中；反对一事当前先替自己打算的狭隘意识，提倡先忧后乐，吃苦在前，享受在后，把革命、工作、他人放在第一位。毛泽东为中国人民乃至全人类的进步事业做出了无与伦比的贡献，然而他不居功，不自傲，生活简朴，饮食菲薄。毛泽东是超越了一己之小我而融入了人民之大我的人物。他在世时，得到了人民的衷心爱戴；而在他逝世多年后，人民仍然缅怀他的丰功伟绩，追思他的人格风范，并将他作为理想人格的象征和由衷敬佩的偶像。

　　毛泽东作为来自人民的领袖人物，有着丰富的心灵世界，他深深挚爱着人民，对于人民给予无限的关怀，与人民心心相连、呼吸相通。这不仅表现在他领导人民为争取自由、解放而进行的历史活动中，亦体现在平凡的小事上。曾经担任毛泽东秘书的逄先知回忆道：毛泽东非常重视人民来信。他在1951年5月16日转发中共中央办公厅秘书室关于处理群众来信的报告时写道："必须重视人民的通信，要给人民来信以恰当的处理，满足群众的正当要求，要把这件事看成是共产党和人民政府加强和人民联系的一种方法，不要采取掉以轻心置之不理的官僚主义的态度。"① 若不为人民办事，就算不上什么共产党员。毛泽东自述平生最听不得穷苦百姓的哭声，看到他们受苦，就忍不住掉泪。1950年夏，安徽、河南交界连降大雨，淮北地区受灾惨重。毛泽东看到一份电报上说由于水势凶猛，灾民来不及逃走，或攀登树上失足坠水，或在树上被毒蛇咬死，或船小浪大倾覆而死，不禁落泪神伤。毛泽东为了解救人民、发展经济，提出要根治淮河。在20世纪50年代末60年代初国家最困难的日子里，毛泽东与全国人民一起忍受饥寒，规定自己不吃肉，不吃蛋，吃粮不超定量。有时

---

　　① 《毛泽东和他的秘书田家英》，中央文献出版社1989年版，第8页。

工作一天，只吃一盘马齿苋或炒菠菜。毛泽东对劳动人民的深厚感情，为解除人民疾苦的决心，与人民同甘苦的品格，深深地教育了身边的工作人员，也为全党和全体人民树立了学习和效法的榜样。

三、群众路线是实现人生目的的必由之路

毛泽东在深切体认人民群众的主体地位和历史作用的同时，将辩证唯物主义认识论和历史唯物论创造性地应用于领导中国革命和建设实践，创立了"从群众中来，到群众中去"的领导方法和工作方法，为实现为人民服务的人生目的指明了根本的路径：

在我党的一切实际工作中，凡属正确的领导，必须是从群众中来，到群众中去。这就是说，将群众的意见（分散的无系统的意见）集中起来（经过研究，化为集中的系统的意见），又到群众中去作宣传解释，化为群众的意见，使群众坚持下去，见之于行动，并在群众行动中考验这些意见是否正确。然后再从群众中集中起来，再到群众中坚持下去。如此无限循环，一次比一次地更正确、更生动、更丰富。①

人民群众是实践主体和价值主体，领导者则是人民利益的代表者和人民的实际斗争的指导者。领导者只有虚心向群众学习，了解群众的利益、愿望和要求，集中群众的智慧和实践经验，并在此基础上进行分析、综合、加工整理，把分散的无系统的意见变为集中的系统的意见，才能发现问题并提出解决问题的办法，制定指导群众斗争的政策。从群众中来、在民主基础上实行集中而形成的领导意见和方针政策，只有被群众所理解、掌握和接受，变成群众的自觉行动，才能转化成改造世界的物质力量。领导意见是否正确，是否符合人民的利益、也只有在"到群众中去"的过程中，在群众的实际斗争中，得到检验和作出判断。领导者要以对人民高度负责的精神，认真听取群众的意见，倾听实践的呼声，坚持真理，修正错误。由于客观世界的无限丰富性和群众实践的不

---

① 《毛泽东选集》第3卷，人民出版社1991年版，第899页。

断发展，领导者必须顺应客观事物和群众利益的变化，不断地形成新认识，提出新任务，制定新政策，将人民的事业不断推向前进。党的群众观点和群众路线的创立，为党的领导干部和政府工作人员密切联系群众，克服不良作风，提供了最基本的遵循。

为了组织和协调人民群众的历史活动，抵御和镇压反人民的敌对势力，保护人民的利益不受侵犯，毛泽东主张建立主权在民的国家政权，支持人民当家作主，参与管理国家和社会的各种活动，监督党的领导干部和国家工作人员的活动，使他们做好人民的公仆，清正廉洁，忠诚勤奋，全心全意为人民而工作、为人民谋利益。国家政权最鲜明地体现了统治阶级的利益，毛泽东主张建立人民的政权，使广大人民成为统治阶级，这是全心全意为人民服务、竭诚为人民服务的根本要求。中国共产党和毛泽东在土地革命战争时期主张建立工人、农民和城市小资产阶级联合专政的政权；在抗日战争时期，针对由于日本帝国主义的侵略而引起的国内阶级关系的新变化，适应建立抗日民族统一战线、实行全民族抗战的需要，主张建立无产阶级领导下的一切反帝反封建的人们联合专政的新民主主义共和国。在社会主义革命和建设时期，主张建立工人阶级领导的以工农联盟为基础的人民民主专政。在各个历史时期所建立的人民政权中，人民是主体，其功能都是为了保护人民，教育人民，引导人民朝着社会主义、共产主义的大目标前进。毛泽东认为，国家的一切权利属于人民，人民有权管理政治、经济和其他社会活动，有权监督政府工作人员；共产党是为民族、为人民谋利益的政党，它以为人民谋幸福为根本宗旨，除了人民的利益之外，其本身没有任何私利可图。它也应当受到人民的监督，决不能违背人民的利益和意志。能否发扬民主，能否自觉接受人民的监督，关系到共产党和社会主义国家的生死存亡。1945 年 7 月 4 日，毛泽东与为推动国共两党合作飞赴延安访问的国民党参政员黄炎培等人促膝长谈。毛泽东问黄炎培来延安考察几天有什么感想。黄炎培坦诚地说："我生 60 多年，耳闻的不说，所亲眼看到的，真所谓'其兴也浡焉，其亡也忽焉'。① 一人，一家，一团体，一地方，

---

① 语出《左传·庄公十一年》。

乃至一国，不少单位都没有能跳出这周期率的支配力。大凡初时聚精会神，没有一事不用心，没有一人不卖力，也许那时艰难困苦，只有从万死中觅取一生。既而环境渐渐好转了，精神也就渐渐放下了。有的因为历时长久，自然地惰性发作，由少数演为多数，到风气养成，虽有大力，无法扭转，并且无法补救。也有为了区域一步步扩大了，它的扩大，有的出于自然发展，有的为功业欲望所驱使，强求发展，到干部人才渐见竭蹶、艰于应付的时候，环境倒越加复杂起来了，控制力不免趋于薄弱了。一部历史，'政怠宦成'的也有，'人亡政息'的也有，'求荣取辱'的也有。总之没有能跳出这周期率。中共诸君从过去到现在，我略略了解了的，就是希望找出一条新路，来跳出这周期率的支配。"毛泽东对黄炎培的回答之所以充满信心，最根本的一个依据，就是中国共产党没有自己的任何私利，是全心全意为人民服务的。依靠人民民主就能够打破兴浡亡忽的历史周期率。当然，人民民主的实现，兴浡亡忽的历史周期率的打破，是一项长期而艰难的任务。时至今日，黄炎培的耿耿诤言和毛泽东的金石之语，对于我们建设民主政治，整顿党风和清廉为政，仍具有警策和启迪作用。

在毛泽东的思想意识中，人民是历史的主体，是社会、国家的主人，理应在最深刻、最广泛的意义和程度上享受主人的民主自由权利。而共产党和社会主义国家的政府只是人民实现自身的价值、目的和权利的工具或中介。无论在革命时期，或者在和平建设时期，他都十分注意防止工具变为目的、公仆变为权贵。在新中国诞生前夕，他告诫全党同志防止滋长骄傲情绪、以功臣自居的情绪、停顿下来不求进步的情绪以及贪图享乐不愿再过艰苦生活的情绪，谦虚，谨慎，不骄，不躁，艰苦奋斗，继续革命。他严厉批评"打天下者坐天下"的思想，并将这种思想斥责为狭隘的小生产意识。他对于那些依仗权势、贪赃枉法、欺压人民、穷凶极恶的坏分子和蜕化变质分子，要求必须依法严办，以平民愤。在抗战时期，他亲自批准对于逼婚未遂、枪杀陕北公学女学生刘茜的抗大第六队队长黄克功处以极刑；新中国成立初期，党和毛泽东又发动了反贪污、反浪费、反对官僚主义的运动，坚决惩治腐败，并同意对利用职权、盗用公款、倒买倒卖、破坏国家政策、盘剥民工、腐化堕落、拒不悔改的原天津地委书记刘青山和天津专署专员张子善处以死刑。毛泽东对于视自己为英雄、视人民为草芥、漠视民瘼、高高在上的官僚主义者深恶痛绝。他认为，官僚主义作风与人民利益的矛盾属于人民内部矛盾。然而，若官僚主义恶性发展，或对于这种矛盾的处理不恰当，也会变为敌我矛盾。毛泽东将人民视为国家的主体和目的，将党、政府视为人民实现自身利益的工具，是毛泽东思想的精华，这在人类发展史，尤其是在国际共产主义运动史上，具有深远、耐人寻味的理论价值和现实意义。若否定这一思想精华，不是一种渺小卑微的个人主义，就是一种虚伪圆滑的政治专制主义①。值得指出的是，毛泽东把为了群众、联系群众、杜绝官僚主义主要看作是党的领导干部和政府工作人员的思想道德问题，未能充分认识到法制建设和民主制度建设对于保证人民当家作主、维护人民根本利益的极端重要性，试图通过道德反省、伦理自觉以及群众运动来解决官僚主义问题，走入了一系列理论和实践误区。毛泽东毕生追求个体小我与人民大我的统一，为了人民的解放、自由和幸福而殚精竭虑，鞠躬尽瘁，既在半殖民地半封建社会的民族悲剧中导演了民族独立、人民解放的气壮山河的喜剧历史，也在社会主义革命和建设的探寻追求中发生了一些失误，给他所挚爱的人民造成了重大的损失。但这毕竟只是巨人的失足。历史是公正的，人民是宽容的。随着时间的推移，人民已从个体感觉经验的狭小天地里超脱出来，追想毛泽东的高尚人格与丰功伟业，满怀着理解、思念和敬意。

---

① 参见《晚年毛泽东》，春秋出版社 1989 年版，第 68 页。

第十一章　人生价值论

人的价值理论是人生哲学的重要组成部分。毛泽东批判地继承了中国传统人生价值观的优秀成果，学习马克思主义的人生价值理论，总结中国共产党及其领导下的人民群众的道德实践经验，形成了独具特色的人生价值观，对于人生价值的内涵、人生价值的根源和实现途径、衡量人生价值的尺度、影响人生价值之实现的主客观因素诸问题，作了独到的探讨和发挥。尤其是他始终倡导艰苦奋斗、无私奉献的人生价值取向，对于激励共产党和全体人民以高度的道德热情建设社会主义新生活，发挥了巨大的历史作用。毛泽东并没有专论人生价值的著作，但在其言论著述和人生实践中却时时处处显示出对于高尚人生价值取向的理解、追求和献身。毛泽东本人就是一部人格化的人生理论教科书，他给后人留下的关于人生价值的思想启示是丰富、生动而深邃的。

一、人作为价值主体和价值客体的二重性

马克思指出："'价值'这个普遍的概念是从人们对待满足他们需要的外界物的关系中产生的。"① 价值不是实体范畴，而是关系范畴，价值是主体需要和客体属性的统一，它反映了作为需要主体的人对于能否满足其需要的客体事物的认识和评价。当客体具有满足主体需要的属性，那么它对于主体来说就是有

---

① 《马克思恩格斯全集》第19卷，人民出版社1963年版，第406页。

价值的，或者说具有正价值。当客体事物不具有满足主体需要的功能属性，甚至阻碍或危害主体需要的满足和主体的发展，那么它对于主体来说就没有价值，或者具有负价值。

人的价值与物的价值有着很大的不同。从人与物的比较中可以看出，物相对于人来说，是作为具有满足人的某种需要的属性的客体而存在的，而人则是作为价值主体和价值客体之统一的存在物，他的言论行动既能满足他人、社会以及自身的需要，同时又要求从他人、社会和自身的活动中得到满足。作为主体的人，有物质生活和精神生活，因而便有物质需要和精神需要，消费物质生活资料和精神生活资料。然而客观事物仅仅具有满足人的需要的潜在属性，并不能直接满足人的需要。作为主体的人，只有通过自觉能动的实践，进行劳动和创造，改变外部世界的自在状态，使之发生合目的性的变化，才能满足自身的需要。由此看来，人既是目的和主体，又是手段和客体。列宁曾经说过："世界不会满足人，人决心以自己的行动来改变世界。"[1] 毛泽东也提出要"自己动手，丰衣足食"，"发展经济，保障供给"。我们党在社会主义改造和建设过程中号召全体人民树立社会主义劳动观念，实行按劳分配的社会主义原则，改造剥削阶级为自食其力的劳动者，都体现了这种价值主体和价值客体、劳动创造和价值享有相统一的思想。再之，社会性是人最根本的特性，人是处于一定的社会关系之中的存在物。其中的每一个社会成员对于社会和他人承担着一定的责任和义务，他必须以自己的工作为社会和他人服务。从这个意义上说，人是价值的客体。同时，社会又要尊重人，每一个社会成员又随着社会的发展和进步使自身得到发展，获得物质层面和精神层面的满足。

人是价值主体和价值客体、目的与手段的统一体，绝对的价值主体或绝对的价值客体、绝对的目的与绝对的手段都是不正常的。在奴隶社会和封建社会中，奴隶和农奴以其艰辛的劳动创造着社会财富，推动了社会生产力的发展；历史上绵延不绝的奴隶暴动和农民战争，也成为社会变革的决定力量。毫无疑问，奴隶和农奴对于促进人类发展和社会进步的巨大作用和历史价值是不

---

[1] 《列宁全集》第 55 卷，人民出版社 1990 年版，第 183 页。

容抹杀的。但创造价值和享有价值、有价值和充当价值的主体不是一回事。事实上，在奴隶社会和封建社会中，价值主体和价值客体是相分离的，奴隶主和封建主把自己作为价值的主体，把奴隶和农奴视为达到自己目的、满足自己需要的手段。奴隶和农奴则丧失了人的地位和尊严，沦为奴隶主和封建主的工具和手段。他们为剥削者创造了社会财富，却给自己带来了贫困；他们给剥削者提供了从事精神生产和享受精神生活的条件，却给自己带来了精神的贫乏和愚昧；他们给剥削者提供了从事国家和社会活动的物质基础，却使自己丧失了一切经济、政治权利。毛泽东指出："农民被束缚于封建制度之下，没有人身的自由。地主对农民有随意打骂甚至处死之权，农民是没有任何政治权利的。"①中国共产党人和毛泽东领导人民进行革命，所追求的就是消灭剥削制度，克服价值主体和价值客体的分离状态，使广大劳动者成为国家社会生活的主体，使其既是价值的创造者，又是价值的享有者，在为社会为他人同时也是为自己的创造性劳动中实现价值主体和价值客体的契合、统一与一致。

毛泽东的人生价值论极具特色，我们从中既可发现中华民族源远流长的文化传统的深刻影响，也可以看到毛泽东作为一代思想家和革命家的新的创造。

首先，毛泽东认为，人的价值高于物的价值。"价值"一词是近代以后才开始在中国流行的。尽管中国古代无"价值"这一语词，但有关于价值的观念和思想。在中国古代与"价值"意义相当的概念是"贵"。作为中国古代主流文化的儒家学说将人类与其他"物"相比较，来认识和阐发人类的价值，论证人是天地之间的最高存在物。孔子说："天地之性，人为贵"，②"鸟兽不可与同群，吾非斯人之徒与而谁与？"③同天地间的其他事物相比，人是最有价值的存在物，他不能与鸟兽为伍，只能与人合群。孟子认为"人人有贵于己者"，④即人人都拥有其自身的价值，而这种价值在于有认识能力和道德意识。战国末期的荀子也说："水火有气而无生，草木有生而无知，禽兽有知而无义，人有气

---

① 《毛泽东选集》第 2 卷，人民出版社 1991 年版，第 624 页。
② 《孝经》引述孔子语。
③ 《论语·微子》。
④ 《孟子·告子上》。

有生有知，亦且有义，故最为天下贵"。① 物质的高级存在状态和运动形式之所以高级，不仅在于其包括较低级的物质存在状态和运动形式的一切属性，还在于其具有较低级的物质存在状态和运动形式所不具有的属性。在宇宙万物的四个层面——水火、草木、禽兽、人类中，人之所以比其他物高贵，不在于其由元气构成，有活的生命，有感知能力，而是在于人有其他动物所不具有的伦常关系以及反映这种关系的行为规范和道德意识。《周易·系辞下》将人视为与天地并立的宇宙万物的根本："《易》之为书也，广大悉备，有天道焉，有人道焉，有地道焉，兼三才而两之"。西汉大儒家董仲舒称人为协同天生地养而成就万物的最高存在者："天地人，万物之本也。天生之，地养之，人成之。天生之以孝悌，地养之以衣食，人成之以礼乐，三者相为手足，合以成体，不可一无也。"② 在宋代，周敦颐、张载、程颢、程颐、朱熹等理学家，也无不肯定人在宇宙中的崇高地位，确认人之高于其他物的类价值。

　　肯定人在宇宙中高于其他物类的优越地位，即是儒家学说的鲜明特色，也是中国文化的优秀传统。我们在毛泽东关于人类价值的思想中，也可以发现传统文化的深刻影响。毛泽东认为："世间一切事物中，人是第一个可宝贵的。在共产党领导下，只要有了人，什么人间奇迹也可以造出来。"③ 人之所以贵于万物，首先在于人具有自由自觉的能动性质。人作为一种生命存在，有物质和精神、生理和心理的需求，他要维持自己的生命存在，需要与外部世界不断进行物质和能量变换。然而，人类并不是消极地适应自然界，简单地从自然界中索取维持生存发展的物质资料。其需要的满足与能动的自由自觉的创造活动是相生相随的。自然界不能自动地满足人。人在其内在需要的驱动下，自觉地认识世界和改造世界，使外部自然界发生合目的性的变化。人的内在需要正是在这种自由自觉活动中得到满足的。人类在这种自由自觉的创造性劳动中使自己成为有意识、有目的的主体，将自己与作为客体的外部自然界区别开来，并通过进一步的认识和实践活动使主客体统一起来，改变外部自然界的存在状态，

---

① 《荀子·王制》。
② 《春秋繁露·立元神》。
③ 《毛泽东选集》第4卷，人民出版社1991年版，第1512页。

将之纳入主体的系统，从而使自己的需要得到满足，使自己享受价值的主体地位得以实现。人的自由自觉的能动性既是人的本质特点，同时也是具有价值和使人贵于其他事物的根据。人之所以贵于万物，还在于人作为社会的人，具有义务感、责任心和道德意识。毛泽东认为，羞恶之心，人皆有之，人不害羞，事情就难办了。而人之所以贵于万物，还在于人有着创造理想世界的最高价值追求。无论是在民主革命时期，还是在社会主义革命时期，无论是在革命事业顺利发展的时期，还是在革命事业遭受挫折、摧残和失败的危难关头，毛泽东都始终葆有高远的革命理想，并用这种理想去激励中国共产党人和全体人民百折不挠、英勇奋斗。早在青年时代，他就主张寻求一种最容易解决生计的办法，好用全副精力从事理想的事业；在民主革命时期，毛泽东以从理性和实践上批判旧世界的勇敢而彻底的革命精神，领导中国人民创建了一个具有无限生机活力的人民共和国。在社会主义建设时期，毛泽东针对党内安于现状、故步自封、信念动摇、理想淡薄、只追求名利地位和一己私利而忘记远大革命目标和继续革命的思想状况，意味深长地说：解决了吃饭问题，就要搞点共产主义。丧失了共产主义理想，只是为了吃饭而活着，就同狗找点吃的东西没有什么两样。有没有理想，能否为理想的实现而矻矻追求，是关乎人之是否具有价值的大问题。人是创造理想世界的存在物。理想是对美好未来的向往，它源于现实又高于现实。现实是理想的根基，又是为理想所否定、超越的东西。正由于对现实的不满，从而激发人们在观念中建构以现实为依托同时又高于现实的理想前景。而这种理想前景又作为目的或目标而制导、规范着现实的人的一切活动。人类正是在观念地批判现实、向往未来和实际地批判现实和追求理想的活动中，亦即在追求理想价值的过程中，发挥自己的本质力量，显现出对于人类发展和社会进步的最高价值和意义。

其次，社会价值或群体价值高于自我价值或个体价值。儒家主要是从群体意识和等级观念出发来审视和阐释人的价值问题。在儒家学派看来，社会是由人群构成的集合体，每个人只有在群体中才能得以生存和发展。人无群不能为生，群而无分则发生争斗混乱。为此，便有圣人出来，制礼作乐，明分使群，使社会群体内部的各个个体分处不同等级、恪守不同分位、履行不同职责，社会个体失去了绝对独立的意义，而成为群体的有序结构的构成要素。单独的个体是难以显现其自身价值的，他只有在为维护群体的有序和稳定的活动中才能证明自己的存在，并从整体中获得自己的意义。因此，重视等级名分、维系整体的稳定和谐，便成为压倒一切的、甚至以泯灭个性为代价的价值取向。孔子主张君臣父子的等级隶属关系，孟子首倡"父子有亲，君臣有义，夫妇有别，长幼有序，朋友有信"，①将社会中的人际关系分为五个层次，规定各等级的人应尽的义务和必须恪守的行为规范。同时，儒家承袭宗法血缘关系这一原始社会的文化遗存，由修身齐家向外辐射，以至于治国平天下，以德为本，以仁为怀，亲亲尊尊，忠恕爱人，博施济众，仁民爱物。儒家文化的价值取向是以重视整体的和谐稳定、崇尚对于社会群体的维护和奉献为特征的。当然，儒家文化也清楚地表明，在强调整体和谐和奉献价值的同时，非但不否定个体的人格价值，反而着意强调人格的独立及其价值。正是个体的独立人格和自觉的道德意识，才为个体的社会价值奠定了坚实而深厚的思想心理基础和道德情感基础。因此，孔子倡导三军可夺帅、匹夫不可夺志的独立意志和人格，孟子则区别作为"天爵"的人的内在的仁心善性和作为"人爵"的外在的名利禄位，认为前者来自天赋，不可剥夺；后者来自世俗，既可得之，亦可失之。两相比较，"天爵"比"人爵"更为珍贵、更有价值。他说："欲贵者，人之同心也，人人有贵于己者，弗思耳。人之所贵者，非良贵也。"②这就是说，人人都具有自己的价值，这种价值既不可从外面赋予，亦不可用强力夺走。这实际上是一种内心的道德价值和独立不倚的高尚人格的价值。

毛泽东在思考和阐释人的社会价值时，当然不是以先验的人性论和宗法血缘关系作为立论依据，而是以人的社会性和阶级性的立场为出发点，但在重视群体的价值和强调个人对于社会的奉献这两点上，的确与儒家文化的价值取向有相通共同之处。

在社会个体与社会群体的比较中，毛泽东重视群体的作用，高扬群体的意

---

① 《孟子·滕文公上》。
② 《孟子·告子上》。

义和价值。判断人的价值的根本标准或最终尺度，无疑是对生产力发展、社会进步和人类文明幸福所起的作用力的方向以及作用力的大小。而在阶级社会中，不同的阶级、阶层和社会集团，由于其在经济、政治、社会各方面的地位和利益不同，对生产力乃至整个社会发展的态度和所起的作用也就不同。但在不同的社会历史时期，人民则始终是推动生产力发展、创造世界历史的决定性力量。无产阶级政党作为人民的精英和阶级的先锋，是革命和建设事业的领导核心。毛泽东在领导中国新民主主义革命和社会主义革命的过程中，一贯强调重视人民群众的作用，要求共产党人相信、依靠、组织、发动群众，领导群众为他们自身的利益而斗争。如果脱离群众，得不到群众的拥护和支持，将一事无成。在强调群众和政党的群体价值的同时，毛泽东也重视个人的价值，认为具有较高马克思主义理论水平、洞悉社会历史发展规律、富有政治上的远见卓识、有高超的工作能力和领导艺术、具有坚定的政治理想和顽强的斗争意志的领袖人物，对于革命事业的发展和成功关系重大。因此，毛泽东反复强调要注意识别、培养、关心和爱护干部，充分发挥干部在群众斗争中的积极性和创造性。毛泽东本人在青年时代曾一度奉行圣贤创世的英雄史观，偏重强调个体人生的价值。但他在完成了由唯心主义向唯物主义、由革命民主主义向共产主义的转变之后，就自觉摆正了个人与群众的关系，将自己融入群众之中，作为来自人民又与人民呼吸相通的领袖，为中国革命和建设事业做出了无与伦比的贡献。

在社会价值和自我价值的比较中，毛泽东强调个人无私奉献的社会价值，同时也注意社会对于个人的尊重以及个人之生存和发展等自我价值的实现。人的本质属性是其社会性。处于一定社会关系中的人既是主体，又是客体；既是价值的创造者，又是价值的享有者。作为价值的创造者，他具有社会性价值；作为价值的享受者，他又有自我价值。人的社会价值在于对社会的贡献，在于对社会进步发展的推动作用。而人民是社会的主体，是历史的主人。为社会做贡献，满足社会和他人的需要，本质上是对人民有所贡献，为人民谋取利益和幸福。无产阶级作为历史上最先进、最进步和最无私的阶级，其经济地位决定了它没有任何同广大人民群众相对立的特殊利益，其历史使命是消灭私有制和阶级差别，建立没有剥削和压迫、没有阶级差别和社会不公、物质文明和精神文明高度发达的共产主义社会。无产阶级的经济地位和历史使命决定了它能够而且只能把最广大人民的最大利益作为自己行动的出发点和归宿。基于对历史必然性的这种认识，毛泽东要求无产阶级先进分子和共产党人以最广大人民群众的目前利益与将来利益的统一为出发点，以共产主义的实现和全人类的解放为最广最远的目标，以全心全意为人民服务为人生目的和价值取向。毛泽东在《为人民服务》一文中揭示了完全彻底为人民利益而工作、为人民利益而献身的八路军中普通一兵张思德的心灵世界。在《纪念白求恩》一文中赞扬了毫无自私自利之心、对技术精益求精、对同志对人民极端热忱、毫不利己、专门利人、无私无畏、忘我工作的国际主义战士白求恩。在七大闭幕词《愚公移山》中，赋予《列子·汤问》中北山愚公挖山不止、感动上帝的神话以新的意蕴，肯定了愚公为子孙后代造福、为当代后世垂范的可贵品质，并号召全党同志学习愚公移山的精神，努力工作，感动和唤醒人民大众，推翻旧世界，建设新中国。在这些价值观念的人格化身中，透露出毛泽东对于人的社会价值的理解和设定：即忠于信念，坚忍不拔，勤奋俭朴，摩顶放踵，大公无私，积极奉献。这种价值观与动摇怯懦、丧失理想、奢侈腐化、及时行乐、狭隘自私、损人利己、贪婪无度、不思奉献的反社会的价值观是根本对立的。毛泽东的社会价值观，具有殉道精神和苦行特征。它对于社会人生的发展之所以有意义，就在于它本身不是目的，而是服务于更高的目标。其目的是通过这一价值观的实行，激励全体人民在改造客观世界的同时改造主观世界，以期全体人民的人格升华和共产主义理想社会的实现。毛泽东认为，经济发展和社会主义生产关系的完善，并不能自发地导致共产主义的实现。只有使全体人民自觉追求这一目标，并把努力工作、无私奉献的价值观内化为自觉的意识，外化为具体的行动，积极创造物质的和精神的条件，才能保证共产主义理想社会的实现。按照理想的模式改造现实生活需要付出异常艰辛的努力，而为了将来大目标的实现，生活于现实社会中的人们需要付出自己毕生创造性的智慧、才能和力量，甚至需要牺牲自己的生命。然而，由于毛泽东和在他的思想影响下的人民已将克己奉公的价值观与未来的社会理想结合起来，并赋予奉献和牺牲以深广的历史价值和高尚的道德意义，因而并不感到克己奉公的痛苦难耐，反而会以苦为乐，以苦为荣，在奋斗和牺牲中体验到庸人所不可企及的快意，从革命和建设事业的发展和成功中感受到由衷的愉悦和无比的幸福。

毛泽东在高度重视和赞赏人的社会价值的同时，也肯定人的自我价值的合理性。毛泽东早年在读《伦理学原理》写的批注中，抨击封建专制制度和伦理道德对于人的肉体的摧残和心灵的戕害，并且受个性解放和人格独立的近代启蒙思潮的激荡，高扬自我的地位，认为个人有无上之价值，百般之价值依个人而存。这对于冲破封建思想的樊篱，从丧失个性、迷信盲从的无我状态走上自由自觉的人生途程，无疑具有重要意义。然而他过分强调个人价值，忽视了群体、社会和他人的价值，又是具有片面性的。当他成为一个马克思主义者之后，深刻理解了人的社会性本质，确认人既是主体和目的，又是客体和手段。在人的生命途程中，自为和为他、自我价值和社会价值是对立统一的。生活于社会中的人，尤其是共产党人和其他革命者，必须以无私奉献为目的、意义和价值追求。因为社会是人的幸福生活的母体，只有提倡奉献精神，社会才能进步，人类才能发展。无产阶级和广大人民群众作为一个群体的利益以及其中每一个人的利益才能得到保障，人民的需要才能得到满足。但为社会作贡献，为群体而工作、奋斗和献身，最终要落实到每个社会个体需要的满足和利益的实现上。作为价值主体的人的需要的满足和实现，既是社会进步和人类发展的具体表现，同时又为人的社会价值的发挥和现实化准备了潜在的能量和条件。正是基于这样的考虑，毛泽东在民主革命时期和社会主义革命时期，都注意到了自为和为他的一致性，要求党的干部和政府工作人员关心人、尊重人、理解人，为人的全面发展创造适宜的环境条件。毛泽东十分注意满足人的生存、安全、社会、自尊等方面的需要，注意创造条件，期望人的生存价值的实现。毛泽东一生都在为消灭蔑视人、残害人、剥削人、压迫人、侮辱人、践踏人、奴役人的不合理的社会制度，建立人皆平等、人的各种权利都能得到保障、人的多方面的潜在能力能够得到充分发展和发挥的社会制度而斗争。他重视人的生存和安全需要，要求党和政府关心群众生活，给群众以看得见的物质利益，为了广大群众的利益而斗争。即使在严酷的战争环境中，也要求人民军队在力所能及的情况下切实保障人民的生命财产安全。他肯定个性发展的重要性，认为个性发展既是民主革命胜利的条件，也是社会主义革命和建设得以胜利的条件。如果不把千百万农民从封建压迫下解放出来，不把工人和其他劳动者从资本主义的奴役下解放出来，不把人们从旧式的家庭伦理关系下解放出来，以谋求人的全面发展，革命和建设事业的发展和胜利就无从谈起。毛泽东重视人的社会价值和自尊自立自强的人格价值，反复告诫党的干部要克服高高在上的官僚主义，密切联系群众，尊重群众的利益、力量和创造精神，支持人民群众直起腰来、挺起胸来，真正自我主宰、当家作主。毛泽东也十分关心人的自我价值的实现。他在青年时代，主张"自我实现"和"身心并完"。在战争年代，提出党的干部和群众领袖要具有较高的理论水平和文化素养，具有革命家的远见卓识和实际工作者的较强工作能力。新中国成立以后，他又提出又红又专和德、智、体全面发展的人格设计。这一切都表明了毛泽东对人的自我价值的理解和畅想。他同情、理解受压抑的小人物，痛恶尸位素餐、压抑人的个性、埋没人才的官僚主义和苛严的社会环境，试图创造一种既有民主又有集中、既有纪律又有自由、既有统一意志又有个人心情舒畅的生动活泼的政治局面，使自我价值得到实现的社会主义新人层生辈出、健康成长，通过实现人的自我价值而增益其创造社会价值的潜能，为其社会价值的实现准备必要的条件。而人的社会价值的实现又使人生存和发展的环境得以优化，从而又促进了人的自我价值的实现与人的发展。

再次，毛泽东着力提倡人对社会和他人的贡献和牺牲的功利价值，但更强调人的道德价值。他认为人的价值之大小和人格之高下固然要视其对于社会进步和人类发展之贡献的大小，但主体之心性品格、为社会奉献牺牲的自觉意识和义务观念似乎更为本质，更具有决定性意义。在这点上，与儒家的人生主张是相通的。孔子提出"君子义以为上"，[1]"好仁者无以尚之"[2]，肯定在人生价值的系统结构中人格、道德处于最高层面，人的道德价值至高无上，因而值得

---

[1]　《论语·阳货》。
[2]　《论语·里仁》。

人们孜孜以求。为了保全人格，成就这种道德的价值，可以放弃富贵利禄，忍受清贫生活，甚至可以牺牲生命。他说："志士仁人，无求生以害仁，有杀身以成仁"①，"富与贵，是人之所欲也，不以其道得之，不处也。贫与贱，是人之所恶也，不以其道得之，不去也。"②"士志于道，而耻恶衣恶食者，未足与议也。"③"义"可诠释为"宜"，它要求人的言行端正妥当，符合一定的道德原则和道德规范。在孔子的思想观念中，义的本质和核心内容就是仁。能否明澈和践行仁的精神，是区分君子和小人的标志："君子喻于义，小人喻于利。"④孔子并不否定利的价值，他也要求爱民、裕民，"因民之所利而利之"⑤。只是认为义或道德比物质利益价值更高，并要求人们修养道德品行，提高思想境界，视仁义为最高价值，把践行仁义作为目的本身，而不是因为行仁义有利，或为了其他目的而行仁义。人是否有价值以及人格之高下，并不在于其能力之大小，而在于其是否有道德："骥不称其力，称其德也。"⑥孔子肯定生与义、利与义、力与义的价值，但他更强调"义"这一人的内在道德价值。而这一思想对于后世的影响是极为深远的。孟子肯定人人有其固有的内在价值，他称之为"天爵"和"良贵"，这是一种精神需要的满足和道德意识的自觉。人作为肉体和精神的统一体，有物质需要和精神需要，因而对于形与神、小体与大体应当兼爱互养。但道德精神的培养和充实，较之肉体的养护更为重要。满足人的生理需要无疑是必要的，但若仅仅追求口腹之欲的满足，养小体而弃大体，以小体害大体，就是一个没有价值的人。生与义、物质利益和道德精神都是人所追求的，当二者不可兼得，应舍生而取义。孟子也屡屡劝告统治者忧民之忧，乐民之乐，制民之产，解民倒悬，给予老百姓以物质利益。但他反对言必称利，更反对追求私利。孔子和孟子在强调义的价值时，有轻视利的价值的

① 《论语·卫灵公》。
② 《论语·里仁》。
③ 《论语·里仁》。
④ 《论语·里仁》。
⑤ 《论语·尧曰》。
⑥ 《论语·宪问》。

倾向。这种思想倾向被后世的一些儒家学者所发挥。董仲舒提出："天之生人也，使之生义与利。利以养其体，义以养其身。心不得义不能乐，体不得利不能安。义者心之养也，利者体之养也。体莫贵于心，故养莫重于义。"① 这就肯定了道德意识之高于物质利益的价值。宋明理学家绍述孔孟道德价值高于一切的学说，而周敦颐、程颐等人倡之最力。周敦颐说："天地间，至尊者道，至贵者德而已矣。至难得者人，人而至难得者，道德有于身而已矣"。② 程颐说："人人有贵于己者，此其所以人皆可以为尧舜。"③"君子所以异于禽兽者，以有仁义之性也。"④ 在宋明理学家看来，仁义之先天本性和自觉的道德意识，是人之所以异于禽兽的本质特点，是人之所以能够成为圣贤的内在根据。启迪人的道德意识，践履仁义的道德原则和规范，并将这些原则和规范化为自觉的意识和行动，就成为人的最高价值的标志。儒家学派大都强调和珍视人的内在的道德价值，这是弥足珍贵的思想。然而，他们把这种道德意识看成是人的先验本性，并将这种道德价值的实现看成向内修养和自我完善的过程，他们重内省而轻实践，重道德而轻功业。因此，尽管他们中大部分人志向远大，操行坚定，但亦难免大而无当、迂阔不实。

毛泽东继承儒家崇尚仁义、重视道德的合理思想，但又克服了其专注修养、忽视践行的内省倾向，从作为特定价值主体的个人同社会和他人的关系规定人的道德意识和道德价值。一个人之所以具有价值，不仅在于他创造了有利于人民生活和社会发展的物质财富和精神财富，更在于他自觉地意识到了自己对于社会与他人的责任与义务，把人民的利益看得高于一切，有为人民服务的责任心和义务感，并积极主动地为社会和人民做工作。在抗日战争时期，加拿大共产党员、著名医生诺尔曼·白求恩受加拿大共产党和美国共产党的派遣，不远万里来到中国，帮助中国的抗日战争。他发扬国际主义和共产主义精神，把中国人民的解放事业当作自己的事业，毫不利己，专门利人，对工作极端负

---

① 《春秋繁露·身之养莫重于义》。
② 《通书》。
③ 《程氏遗书》卷二十五。
④ 《程氏遗书》卷二十五。

责，对技术精益求精，对同志对人民极端热忱。在晋察冀边区的八路军医务系统中，其牺牲精神、工作热情和责任心义务感，均堪称典范。在一次对伤员施行急救手术时受感染，不幸以身殉职。毛泽东写了《纪念白求恩》一文沉痛悼念他，号召人们学习他。毛泽东说："我们大家要学习他毫无自私自利之心的精神。从这点出发，就可以变为大有利于人民的人。一个人能力有大小，但只要有这点精神，就是一个高尚的人，一个纯粹的人，一个有道德的人，一个脱离了低级趣味的人，一个有益于人民的人。"① 毛泽东清楚地认识到，功利价值和道德价值是紧密相连的。功利价值是道德价值的前提和基础，道德价值最终总要具化为对他人和社会的实际功效。白求恩就是以自己高超的医术，挽救了许多八路军伤病员的生命，为中国的抗日战争做出了无私奉献。同时，道德价值又是功利价值的核心和灵魂。人的能力只是一种潜在的价值，只是为人们创造价值的活动提供了一种可能性。只有具备了为社会为他人奉献的责任心和义务感，充分发挥主观能动性，进行卓有成效的创造价值的活动，这种潜在的价值才能转化为现实的价值。是否具有自觉的道德意识这种内在价值是人格之优劣和境界之高低的标志。如果能力包孕着个体对他人和社会之贡献大小的可能性，那么，为他人和社会无私奉献的精神则规定着人格的高尚和纯粹，决定着由潜在价值向现实价值的转换，决定着自我对于他人和社会的价值的实现。而具有自觉道德意识和较高道德价值的人对于社会人心的典型示范和潜移默化作用更是不可估量的。

二、人生价值的创造性源泉及其现实展现

人何以具有价值，评价人生价值的尺度以及如何实现人生的价值，也是毛泽东思考的重大人生问题。毛泽东把"自觉的能动性"作为人之区别于动物的特点和人之所以为人的内在根据，因而也是人之所以具有价值的内在根据。也就是说，这种自觉的能动性是人生价值的源泉。

---

① 《毛泽东选集》第2卷，人民出版社1991年版，第660页。

首先，从人与物的关系看，自觉的能动性赋予物以价值属性。人作为有生命的存在物，必须不断地与外部世界进行物质和能量的变换。人与物是一种需要与被需要的关系。但是，人并非简单地从外部自然界摄取自己所需要的东西，不是消极被动地适应外部自然界。而外部事物也仅仅具有满足人生需要的潜在属性，尚不是现实的有价值的存在物。在人的主观能动作用参与以前，人和物并没有形成一种现实的价值关系。人只有发挥自己的能动性，按照自身的需要、目的等内在尺度选择、认识和改造外部事物，才能使客观事物由可能的价值存在物变为现实的价值存在物。

其次，从人与自身的关系看，人既是一种物质的生命存在，又是一种精神的生命存在，物质的生命和精神的生命均需要生存发达。物质生命的生存发达是精神生命生存发达的基础，精神生命的生存发达则是肉体的物质生命生存发达的升华。体魄筋骨之强、知识学问之博、思想道德之淳，是作为主体的人对自身发展所期望达到的价值目标。而要达到这一自身完善的价值目标，也需要主体的自动自觉。

再次，从个人与社会的关系看，作为个体的人之所以对社会具有价值，正是因为他自觉地意识到了个人对于社会的责任和义务，发挥自觉的能动性，认识客观事物，改造客观事物，在正确的思想道德导引下，以其智慧和才能进行创造价值的活动，为社会提供物质和精神的财富，并以这种自觉为社会、为他人奉献的品德和人格力量影响其他人，从而在物质和精神、功利和道德多个层面对社会作出贡献。如果一个人失去了主观性灵，全无自我意识和能动精神，愚昧无知，懵懵懂懂，失去了创造性的智慧、才能和力量，那么，他无论对于自身，还是对于他人和社会，都是没有价值的。人既是价值的主体，又是价值的客体；既创造价值，又享有价值，而人的自觉能动性则是使价值主体与价值客体的统一以及创造价值和享有价值的统一成为可能的深刻根源。自觉能动性的发挥既有正确与错误之分，亦有或大或小之别，前者决定着主体活动具有正价值还是负价值以及在价值结构中层次的高下，后者则决定着价值的大小。毛泽东要求无产阶级政党和广大人民群众充分发挥正确的自觉能动性，以创造更多和更大的价值。

当然，人是处于错综复杂的社会关系之网中而从事实践活动的，若离开人的社会性和实践活动，便不能科学解释人的自觉能动性作为价值根源的意义。实际上，自觉能动性、社会性、创造性的实践活动是相互联系的。人受内在需要的驱使，为解决生存问题，结成一定的生产关系和其他社会关系，进行改造自然、满足需要的物质生产活动和其他社会活动；并且在这些活动中逐步认识了人与自然、人与社会以及人与自身的关系，认识了自然、社会和人自身的本质和运动规律，因而也就提高了认识和世界改造世界的主体能力。人的主体潜能、人的自由自觉的创造性力量在社会中、在实践中得以增益、提高和积聚，亦通过在社会关系中进行的实践活动得到发挥和体现。如果说，社会性是人的主体潜能和潜在价值得以产生和发挥的场所和条件，那么，实践则是人积聚和发挥潜能、创造价值的直接现实。实践是人的价值由潜在、可能向实在、现实转化的中介。人的价值正是通过实践而得以铸成和展现的。为人民服务、为社会奉献的实践推动着社会历史的发展，创造着人类的幸福，同时也充分发挥着人的聪明才智，使人的身心潜能向现实转化，并为自我的进一步发展完善创造环境条件。为人民服务的实践是使人的自我价值和社会价值得到统一、使人的价值得到实现的正确路径和根本方式。

按照一定的价值标准对主客体之间的价值关系及其实现状态等价值事实进行评价，是人的价值生活的重要内容。价值评价标准作为主体对自身内在价值尺度的一种自我意识，是一般价值观的重要构件，无疑也是毛泽东人生价值观的有机组成部分。科学的价值评价是在正确认识价值事实的基础上，运用合理的价值尺度，对价值客体的功能和效用、对价值主体与价值客体之间的关系进行恰当的评价。不同的价值主体对于同一价值事实可能会作出不同的甚至截然相反的评价，这种情况之所以会产生，原因在于价值标准的差异性和价值事实的多元性。同一价值事实对于不同的价值主体可能会有不同的甚至相冲突的效用，不同的价值主体由于所处的经济地位、所受教育、文化水平、社会经历和生活目的的不同，因而其价值观念也有所不同。这样，不同的价值主体与同一价值客体可能处于不同的、甚至完全相反的价值关系之中。而不同的价值主体总是从自身的特殊地位和利益出发来认识和评价价值事实。所以，不同的价值主

体对于同一价值事实竟能作出肯定的或否定的价值评价这一现象，就不难理解
了。对于任何一个价值主体来说，若价值客体对于他是有利的，他就会对之作
出肯定的评价。反之，就会作出否定的评价。这是价值评价尺度和价值事实的
性质多元性的表征。不同的价值评价主体总是从自己的立场出发，以自身利益
为价值尺度，审视现实，权衡人生，甚至以自己的价值尺度为是，以他人的价
值尺度为非。如何整合各种价值标准，对价值客体作出科学的价值认知和可以
为大多数人所接受的价值评价，折磨着历代思想家的心灵。毛泽东在价值评价
上的独特之处，在于不是囿于只与价值事实有关联的当事人的一己之利和狭小
的眼界，而是要求超越当事人的利益考虑和褊狭视野，放眼人民大众长远的和
根本的利益，放眼于人类社会历史运动的总体过程，把是否符合最广大人民群
众的根本利益，是否有利于社会进步和人类发展作为最高的价值尺度。而在价
值具体的评价中，毛泽东又将动机和效果结合起来，从二者的统一中认识和评
价人的情感、言论、思想和行为的价值。毛泽东认为，无产阶级的经济地位决
定了它没有同广大人民群众相对立的特殊的阶级利益。它作为新的生产方式的
代表和人类历史上最后一个阶级，其历史使命是建设没有差别、人皆平等的共
产主义社会，它也只有在全人类的解放中才能获得自身的解放。因此，无产阶
级及其政党的价值取向具有广泛的群众性和远大的理想性。也就是说，其价值
观是涵容万民、指向未来的。从共产主义者的心灵世界和主观动机来说，是以
人民群众的根本利益作为行动的出发点和最后归宿。动机尚不是效果，但它
却是价值事实的灵魂。全心全意为人民服务的主观动机要展现为服务于人民的
实践，化为符合人民群众的现实利益和长远利益的效果，化为对社会做出的物
质的、精神的和道德的贡献。若只有良好的动机，没有现实的效果，只停留
于玄想和空谈，那么，作为价值灵魂的良好动机就没有依托，就不能获得实
现。只有把人民的利益作为行动的出发点和归宿，把全心全意为人民服务作为
自觉的道德意识，化为积极诚笃的实际行动，并在实践中产生了于广大人民群
众有利、对人类全面发展和社会历史的进步起到了推动作用的效果，才是有价
值的人生。若没有为社会为人类作贡献的创造价值的自觉意识和创造价值的积
极活动，即使他们行为于社会于人类有利，但终归是一种盲目的活动，因而其

价值和人生是不圆满的。如果只是在口头上夸夸其谈，不愿意做艰苦细致的工作，不愿意做对于社会、对于人民有利的事情，则毫无价值可言。毛泽东说："如果我们共产党员不关心工业，不关心经济，只会做一种抽象的'革命工作'，这种革命家是毫无价值的，我们应该反对这种空头革命家。"①"唯心论者是强调动机否认效果的，机械唯物论者是强调效果否认动机的，我们和这两者相反，我们是辩证唯物主义的动机和效果的统一论者。为大众的动机和被大众欢迎的效果，是分不开的，必须使二者统一起来。为个人的和狭隘集团的动机是不好的，有为大众的动机但无被大众欢迎、对大众有益的效果，也是不好的……社会实践及其效果是检验主观愿望或动机的标准"②。人的道德意识、思想动机是其行为的强大的内驱力，没有崇高理想和道德，没有自觉为社会、为人民服务的思想动机的人，不可能有自觉积极地为社会为人民作贡献的实际活动。因此，毛泽东肯定动机在人的创价活动中的意义和作用。然而，主观动机毕竟还不是现实的价值，它需要展现为实践活动，现实化为效用和结果。因此，毛泽东又主张从现实的实践及其结果中，从主客体交互作用的产物中反观人的动机和愿望，从对于愿望和动机的回溯和对在此动机驱使下的实践活动结果中评判人的价值。总之，毛泽东主张以是否有利于社会进步和人类发展作为衡量人生价值的标准，从动机和效果的统一中观照人生的价值，这就克服了强调动机否认效果的唯心论和强调效果否认动机的机械唯物论，为人生价值的评价确立了宏大深广的参照系统和具体切实的操作方法。

三、影响、制约人生价值实现的主客观因素

影响人生价值的实现，有两类基本因素：其一是社会制度等客观因素，其二是创造意识、价值需要、价值观念、创造潜能等主观因素。毛泽东不仅对此作过深刻思考，而且为创造有利于人生价值之实现的客观环境，提高主体的创

---

① 见1944年5月24日延安《解放日报》。
② 《毛泽东选集》第3卷，人民出版社1991年版，第868页。

造潜能，进行了不断的追求和实践。

影响人们创价活动的客观因素主要是生产资料的所有制形式，人们在社会生产中的地位和相互关系，以及劳动产品的分配方式。在私有制社会中，劳动者与生产资料相分离，在生产过程中处于被压迫、被支配和被奴役的地位，其活动不是自由自觉的。生产资料和劳动过程的异己化必然导致劳动产品的异己化。劳动者所生产的劳动产品非但不是肯定自身的外化物，反而成为压迫、奴役自身的异己力量。"工人生产得越多，他能够消费的越少；他创造价值越多，他自己越没有价值、越低贱"。① 在私有制社会中，劳动者受教育的权利遭到剥夺，劳动者价值实现的方式和程度受到剥削者的需要的限制，劳动者自身的需要得不到合理的满足，其生存欲望和片面发展需要的满足只是供进一步剥削的条件。在私有制社会中，劳动者在经济关系上的地位和价值的丧失，必然导致政治上和社会上的地位和价值的丧失。毛泽东认为，在旧中国，广大农民被束缚于封建制度之下，遭受封建的经济剥削和政治压迫，经济上极端贫困，政治上没有人身自由，没有任何政治权利。中国人民的贫困和不自由程度，是世界上所少见的。在这种社会制度下，人民的尊严和价值几乎丧失殆尽。而在社会主义制度下，劳动者成了生产资料的主人和生产过程的支配者，他们为自己同时也为整个社会而劳动，并在生产过程的结果中确认、展现自己的价值；在为社会创造价值的同时，按照为社会做出的贡献大小领取报酬，满足自己的生存和发展需要，使自己的自我价值得以实现。毛泽东说："社会主义不仅从旧社会解放了劳动者和生产资料，也解放了旧社会所无法利用的广大的自然界。"② 人民民主专政的社会主义制度具有极大的优越性。在此制度之下，人民能够发挥其无穷无尽的力量。社会主义制度的建立消除了劳动资料、劳动过程、劳动产品对于劳动者的异己性质，使劳动者成了创造价值活动和享用价值活动的主体，从而为人的社会价值和自我价值的实现创造了前所未有的条件。充分肯定这一点，并不是说社会主义已尽善尽美了。它无论是在经济领域还是

---

① 《马克思恩格斯选集》第 1 卷，人民出版社 1995 年版，第 42 页。
② 《毛泽东文集》第 6 卷，人民出版社 1999 年版，第 457 页。

在上层建筑领域，许多环节尚不完善，许多关系尚未理顺，因而阻碍了生产力的发展，阻碍了人的价值的顺利实现。为此，毛泽东在 20 世纪 50 年代就提出了改革经济基础和上层建筑领域那些不完善的环节和方面，造成生动活泼的政治局面，支持人民当家作主，管理国家和企业，享有工作、休息、教育权利。这些都可以视为改革社会制度、以期顺利实现人生价值的理论思考和现实实践的表现。

环境的改变和人的活动、改造客观世界和改造主观世界是一致的。人总是在一定的社会环境中进行创造价值的活动，而这种环境又是通过主体的活动创造出来的。在探讨影响人生价值诸因素时，不能不看到环境因素的制约。同时，也必须高度重视主体因素的作用。

首先，毛泽东一贯重视培养和激励自己和广大人民群众的价值意识。价值意识是一种功能、效益和效应意识。强化人生价值意识就是要珍视现实人生，重视人生实践的效率和效益，在有限的人生中期求对社会做出最大的贡献，使自己的身心潜能得到最大限度的发挥。毛泽东终生都在与时间竞赛。他由江水日夜奔流、一去不返，感喟时间的一维性和不可逆性，要求人们珍惜时光，抓住机遇，改造自然，为人类造福；他从宇宙之无穷和人生之短暂的鲜明对比中，慨发"一万年太久，只争朝夕"的宏愿，让有限的人生发出灿烂光华；他感于我国一穷二白的贫穷落后面貌，为了人民幸福和国家富强，要求多快好省地建设社会主义。强烈的价值意识，鲜活的生命跃动，在毛泽东的人生实践中得到了充分体现。

其次，培养、激发高层次的价值追求。价值需要是人从事价值追求活动的内在驱力，亦是价值创造和实现的归宿。人的需要是多层次的，不同层次的需要决定着人们创造价值活动的方式和强度。只有不断提出和创造健康向上的需要，才能将人的社会行为导入价值创造的路向。激发人的价值需要，就是使人们树立高远的人生理想和高尚的人生目的，鼓励和创造积极进取、健康向上的需要，抑制、克服消极落后的需要，并在满足基本生存需要的前提下，不断扩大自我发展、完善和实现的需要，把创造理想人格和理想社会的自觉意识灌注到人的各项活动中。毛泽东在领导中国革命和建设的长期实践过程中，始终注意激发人的价值追求。他不但为解决人民的物质生活问题而斗争，也始终用共产主义理想、信念、道德和纪律教育党员，教育群众，将广大人民群众的人生实践纳入追求理想的轨道。在新中国成立前夕和初期，针对在一些共产党员和党员领导干部中存在的革命意志衰退、理想信念淡薄、骄傲自满、贪图享受的问题，毛泽东告诫全党谦虚谨慎、艰苦奋斗，在解决生活基本需要的前提下莫忘继续革命。人若没有理想，为生存而生存，就与动物没有什么区别。毛泽东本身就是一位终生追求理想价值的艰难跋涉者和无私殉道者。正是由于毛泽东和老一辈革命家注意引导、鼓励广大群众高尚的价值需求，从而激发了人民群众饱满的政治热情、无私的奉献精神以及巨大的历史主动性和创造性，造就了社会主义各项事业蒸蒸日上、社会风气清淳质朴、人民精神面貌奋发向上的令人追思和神往的历史时代。

再次，注意调适人的价值观念。价值观念是人们从事价值认知和价值评价的重要参照系，它制约着人们价值选择和价值追求的方向。调整人的价值观念，就是要根据社会进步和人的全面发展这个总体要求与根本标准，结合不同历史时期的主要任务和社会运动的特点，建立合理、科学、正确的价值评价体系。毛泽东的人生价值观本质上是以集体主义为核心的。在个人与集体、目前与长远、部分与整体、局部与全局的关系问题上，毛泽东主张统筹兼顾，全面安排，既主张个人、局部、部分和目前要服从集体、全局、根本和长远，为了整体、全局和长远的利益，有时要暂时牺牲个人、局部和部分的利益，把社会的总体进步和全人类的发展放在首位，又要在此前提下尽量满足个人、局部、部分和目前的利益。"我们历来提倡艰苦奋斗，反对把个人物质利益看得高于一切，同时我们也历来提倡关心群众生活，反对不关心群众痛痒的官僚主义。"① 在正确地价值取向导引下的创造价值活动，使个人与社会、整体与局部、社会价值与自我价值得到了和谐、统一、一致和同生并长。

复次，提高创价主体的素质，开发人的创价潜能。人是价值的创造者，主体的素质或主体的创造潜能是主客体间的价值关系由可能转化为现实的内在依

① 《毛泽东文集》第7卷，人民出版社1999年版，第28页。

据。人追求价值的活动实际上是认识和改造自然、社会与人自身，提高人的身心能力，超越人的自在自然状态，使人自身主体化和社会化；认识人、自然和社会的本质和规律，并对之加以合目的性的改造，超越人与自然、社会的现实状态，从自然和社会的奴役、压迫下解放出来而获得自由。作为创造价值主体的人，其素质、能力和潜能不是先天就有的，而是后天实践和教育的产物。毛泽东历来反对唯心主义先验论，强调人的正确认识来自社会实践，来自后天的教育、经验、学习和锻炼。在青年时代，他就深入思考和论述身与心、体魄与精神的关系，力倡野蛮其体魄，文明其精神。新中国成立以后，他也十分关心我国的体育事业，倡导"发展体育运动，增强人民体质"；他反复告诫广大党员和人民群众学习自然科学和社会科学，掌握改造自然、社会和人自身而争取自由的武器，在进行经济建设的同时，掀起文化建设的高潮，提高全民族的科学文化水平；他也历来重视培养人们的共产主义理想、信念和道德，把政治素质视为主体能力的实质和精髓，认为"没有正确的政治观点，就等于没有灵魂"①。这一至理名言表明理想、信念和道德意识既是理想人格的重要构成要素，同时也是规定主体创造价值活动方向的重要内在素质。又红又专、德智体全面发展既是新人格的显著表征，亦是对创造价值主体的根本要求。只有不断培养、增益和开发人的主体潜能，才能在现实的实践活动中为社会和为自我创造更高、更大、更多的价值。

毛泽东的人生价值观坚持了社会价值和自我价值、功利价值和道德价值的统一，探寻了人生价值的活水源头，揭示了人的潜在价值的养成及其向现实价值转化的契机和路径，从人类发展和社会进步的深远恢宏的社会历史背景确立了衡量人生价值的尺度，自觉探讨了影响人生价值实现程度的因素，畅想和寻求实现人生价值的方法、方式和途径。由于毛泽东人生价值观的总基调是重社会价值、道德价值和理想价值，因此，其人生价值观又有超越性、批判现实性和浪漫主义理想性。正是在这一人生价值取向的驱动下，毛泽东兼具现实主义的洞悉入微、脚踏实地和浪漫主义的遐思畅想、高蹈远举的双

---

① 《毛泽东文集》第 7 卷，人民出版社 1999 年版，第 226 页。

重人格特征，不断地批判现实、改造现实，不懈地追求心中的理想世界。理想、目标和信仰的峰巅似乎远不可及、高不可攀，然而，正是对理想的追求和对信念的执着，赋予人以强大的、不可阻回的力量和不屈不挠的意志，从而创造出一般人所难以企及的业绩，奉献给社会巨大而高尚的价值。正是这种贡献和价值砌成了通往理想人格和理想社会的阶梯，并使创价活动主体的精神境界得到提高和飞升。毛泽东就是在追求人生价值的最大实现的人生之旅中臻至高尚精神境界的人。

第十二章　人生境界论

　　毛泽东是中国人民卓越的政治领袖和精神导师，也是一位人格完善、情趣高雅和个性丰满的人。其人生追求和精神境界超越了时代和同侪，无论是他作为最高领袖调动了亿万人民的身心活动之时，还是在作古之后功过是非任人评说，都为人们所反复吟咏、回味、神往、叹服。他深知人作为自然和社会之统一的最高存在者，有物质和精神的需求，因而主张给予人民以利益，启发人民的觉悟，但他情愿忍受物质生活的严重匮乏，鄙薄饮食起居，而致力于社会的进步和人民福祉的增进；他深知与道为一、追求和坚持真理的艰险酸辛，但他却终生追求真善美的人生境界，"余心之所善兮，虽九死其犹未悔"，① 这就是伟人毛泽东的精神境界。

一、人的总体性与人的需要的层次性

　　人是总体性的存在物，具有多重属性与多样化的需要。人类满足自身需要的方式不像动物那样依靠本能被动地适应自然而实现，人类必须通过自觉能动的物质生产以及经济、政治、精神交往来实现，靠多领域、多层面、多向度的实践活动来实现。其作为自然与社会、物质与精神的统一体，既生活于物质世界中，又遨游于精神海洋里。在人的生命活动中，时时体验到生理的和心理

---

　　① 屈原：《离骚》。

的、物质的和精神的匮乏状态，感到紧张和焦虑，产生渴望、愿欲和要求。这就是人生的需要，一种本质性力量。需要作为一种内在的动力，驱使人们朝着既定的目标进行对象性活动。追求满足需要的对象活动以及需要的满足，也就是人的本质力量的表现和确证。

人皆有需要，而需要又是分层级的。人作为一种自然的有生命的肉体存在，有物质生活的需要。他必须与外部自然界进行物质和能量变换，才能维持生存。在这一点上，表面上与动物相似，但实质上与动物不同。动物的生存需要是纯自然的，它只能消极被动地适应自然，简单地从自然界中摄取生存资料；而人生需要的满足要靠自身的创造性的劳动来实现。人的自觉能动性和对象性的本质力量就表现为按照内在的需要和尺度去改造外部自然界，并在这种对象性活动中使自身也获得改造。再之，动物对于物质生活资料的摄取仅仅是为了维持肉体的生存，而人追求物质需要满足的直接的目的，无疑是为了维持生存，但生存并不仅仅是为了追求物欲及其满足。人除了有物质需要之外，还有精神的需要，除了物质生活之外，还有精神的生活。这种精神的需要是一种高层次的需要，其中包括求知的需要、道德的需要和审美的需要。与此相适应，也就有了求知的人生、道德的人生和审美的人生。

将人的需要分为物质需要和精神需要，尽管是一种本质的划分，但又是比较粗略的。美国人本主义心理学家马斯洛按照由低到高的顺序，把人的需要依次分为生理需要、安全需要、爱的需要、尊重的需要和自我实现的需要。各种需要的强烈程度不同，越是低级的需要，越是关乎生命机体的生存，对于维护生命机体的生存就越迫切，因而其表现便越强烈。这样，生理需要强于安全需要，安全需要强于爱的需要，爱的需要强于尊重的需要，尊重的需要又强于自我实现的需要。但马斯洛并非是需要还原论者。他并未把人类的各种需要最终归结为生存需要，而是相反。他在肯定低级需要比高级需要强烈的同时，又指出高级需要更有价值，更有利于人的自我实现。高级需要无论是在种系上、进化上或个体成长发育上都是较迟出现的一种需要。高级需要是在低级需要得到满足或基本得到满足的基础上产生的，低级需要的满足是高级需要得以产生的必要条件，但不是充分条件。对于一般人来说，只有在低级需要得到满足之后，才能渴望产生高级需要。但满足了低级需要并不必然会产生高级需要。有的人终其一生停留在饱食快饮、声色男女的需要和追求上，将自己的人生停留在动物的水平上。而有些人在低级需要只得到基本满足，甚至在需要极度匮乏的情况下，却执着追求高级的需要，心甘情愿地为高级需要的满足而牺牲低级的需要，忍受低级需要的抑制或能够满足低级需要之物的丧失。在高级需要和低级需要之间，前者比后者更有价值。高级需要的满足能引起更合意的主观效果，即产生更为深刻的幸福感、宁静感以及内心生活的丰富感。爱的需要的满足之所以比生存需要和安全需要的满足更有价值，是因为生存需要的满足只能平息生理上的紧张和不适感，安全需要的满足只能产生一种如释重负的感觉，而爱的需要的满足则能使人心醉神驰，产生幸福的狂热、宁静和痴迷。高级需要的追求与满足具有有益于公众和社会的效果，低级的需要主要关涉个人，是以自我为满足对象的。而越是高级的需要，自我与他人的界限便越模糊，自私的成分便越稀薄，在满足自身精神需要的同时，也满足了别人的需要，产生了有利于他人和社会的效果。因为要得到别人的爱首先要爱别人，要博得别人的尊重首先要尊重别人，并有功于社会。而在超越性动机驱使之下满足自我实现的需要，则实现了自我与社会、大我与小我、内在价值和存在价值的统一以及内在需要与外在要求的契合，把社会进步、人类发展的责任和使命视为自我本身发展和完善的需要。高级需要的追求与满足可以使人的心灵更为博大丰富，使人的才能更为全面发展，并造就更伟大、更坚强、更真实、更丰富的个性。

马斯洛的需要层级说暗合于中国传统的人生需要理论。《管子·牧民》说："仓廪实则知礼节，衣食足则知荣辱"，明确指出物质需要的满足是精神需要得以产生和实现的前提。孔子也有"庶、富、教"之论，即对于众多的人民，先使他们富起来，解决其物质生活问题；然后再教育他们，使他们懂得礼义廉耻，过有道德的生活。孟子也主张以德临民，制民之产。他认为，没有可赖以生存的固定产业而有安分守己的道德之心，唯士唯能；老百姓则是有恒产方有恒心，无恒产则无恒心。对于一般人来说，必须有了基本的生活保障，才有可能产生较高的需要。有修养的君子则超越了货色的需求，而倾心于体道行仁的高层次追求，这就是君子谋道不谋食，君子忧道不忧贫。小人专注于追求物质乐利以满足肉体生存，君子则倾心于精神乐利、追求精神需要的满足和心灵世界的博大。孟子说："体有贵贱，有大小，无以小害大，无以贱害贵，养其小者为小人，养其大者为大人。"[①] 在儒家那里，重视精神需要的满足，追求精神与道德生活的倾向是非常鲜明的。

　　毛泽东并未专论人生需要的层级，但他确有关于人生需求的精辟见解。在战争年代，毛泽东反复申明，共产党及其领导下的人民军队不是为了少数人或狭隘集团的私利，而是为了广大人民群众的利益，为了全民族的利益而战斗和工作，以全心全意为人民服务作为根本宗旨和出发点。他要求注意群众的情绪，倾听群众的呼声，切实为群众谋利益，认真解决群众的生产、生活以及其他问题。若不了解群众情绪，不能够帮助群众组织生产、改善生活，就失去了教育群众、发动群众、组织领导群众进行革命的基础。只有关心群众生活，以极大的忠诚和热情为群众谋利益，解决群众的生产和生活问题，才能以模范的行动启发群众的觉悟，组织领导群众为推翻封建主义和帝国主义的统治，争取独立、自由、民主而斗争。新中国成立以后，毛泽东和中国共产党领导人民完成了新民主主义革命的遗留任务，开展了土地改革、清匪反霸、镇压反革命运动，进行生产资料私有制的社会主义改造，力求尽快发展经济，提高人民群众的物质生活水平。与此同时，提倡对人民群众进行社会主义和共产主义的理想、信念和道德教育，不但使人民群众拥有富裕的物质生活，还要使人民群众具有高尚的理想和道德，在为社会、为他人、为理想的奋斗中成为人格高尚、个性全面发展和自我实现的人。从毛泽东领导中国革命和建设的理论和实践中，我们可以看出，毛泽东看到了人的需要具有层次性，承认人民群众物质需要和精神需要的合理性，并力图领导人民群众在创造性的实践活动中满足这些需要，使每一个人不但获得物质需要的满足，同时又获得精神需要的满足，成为精神世界的富有者和人格高尚的人。

---

　　① 《孟子·告子上》。

二、人生追求与人生境界

人生需要是多层级的。物质需要和精神需要、低级需要和高级需要、基本需要和超越性需要，均为人生所必需，对于实现完满的人生均有价值，各种需要的满足均有助于人性的完满和人生的幸福，这是其共同之处。而各种需要的不同效用也是显而易见的。尽管高级需要比低级需要、超越性需要比匮乏性需要、精神需要比物质需要迟后产生和发挥效用，但前者较后者更有价值，更有利于人性的发展、充实、丰富和人格的完善。因此，对一个社会个体来说，是滞留在基本的、物质的和匮乏性需要的满足上，还是努力追求高级的、精神的、超越性需要的满足，决定着其人格价值的大小和人生境界的高低。对于一般人来说，在基本需要得到满足的前提下，才能萌生高级的需要。但对于特殊的人来说，由于其个性品格、心理情感、天赋气质的卓异，他们对于高层次的、超越性的需要，如对于真善美，有着特殊的热望、渴求和敏感，并且在对超越性需要的趋赴和追求上，也表现出不同的兴趣中心和侧重之点。

生活于严父慈母家庭氛围以及中西文化交汇互融、民族危机日甚一日的社会大背景中的毛泽东，从他萌发人生、政治意识之日起，就表现出苦求满足高层次超越性需要的鲜明个性特点。他渴求真正的男女恋情，反对包办婚姻，抨击建立在私有制基础上的婚姻制度，对摧残爱情的旧习惯旧势力深恶痛绝，倡言婚姻要以恋爱为中心；他渴求友谊，热切期望结交刻苦耐劳、意志坚定、有救国之心和进取创造精神的朋友；他渴望人皆平等，能够得到社会与他人的理解和尊重。1918年毛泽东从湖南第一师范学校毕业，为了联系和促成湖南学生赴法勤工俭学，首次来到北京。为了解决生计问题，毛泽东经在北京大学任伦理学教授的杨昌济先生举荐，在北京大学图书馆主任李大钊手下任图书馆助理员，每月8元钱的工资。他与其他7人住在北京三眼井的一间小屋子里，隆然高炕，大被同眠，当大家都睡在炕上的时候，挤得几乎透不过气来。这种低下的生活条件已够可怜，而得不到别人的理解和尊重更使毛泽东倍感压抑。为了在北京大学这一当时新文化运动的中心争得自己的一席位置，毛泽东参加了一些学术组织，以争取旁听有关课程和与别人论辩的资格。事过 18 年之后，毛泽东同斯诺谈话时又深情地回忆令人伤感但又万分幸运的首次北京之行：

北京对我来说开销太大。我是向朋友借了钱来首都的，来了之后，非马上就找工作不可。我从前在师范学校的伦理学教员杨昌济，这时是国立北京大学的教授。我请他帮助我找工作，他把我介绍给北大图书馆主任。他就是李大钊，后来成了中国共产党的一位创始人，被张作霖杀害。……

我的职位低微，大家都不理我。我的工作中有一项是登记来图书馆读报的人的姓名，可是对他们大多数人来说，我这个人是不存在的。在那些来阅览的人当中，我认出了一些有名的新文化运动头面人物的名字，如傅斯年、罗家伦等等，我对他们极有兴趣。我打算去和他们攀谈政治和文化问题，可是他们都是些大忙人，没有时间听一个图书馆助理员说南方话。

但是我并不灰心。我参加了哲学会和新闻学会，为的是能够在北大旁听。在新闻学会里，我遇到了别的学生，例如陈公博，他现在在南京当大官了；谭平山，他后来参加了共产党，之后又变成所谓"第三党"的党员；还有邵飘萍。特别是邵飘萍，对我帮助很大。他是新闻学会的讲师，是一个自由主义者，一个有热烈理想和优良品质的人。一九二六年他被张作霖杀害了。①

此次北京之行，物质生活的匮乏和期望被人尊重的需要难以得到满足使毛泽东忧伤，但青春的爱情和古都北京的美景又给了他补偿。在北京，他爱上了杨昌济先生的女儿杨开慧；在公园和故宫的庭院里，他看到了北京的美景：北海上坚冰厚结，洁白的梅花凌寒盛开，倒垂的杨柳枝头冰柱晶莹。他惊叹、赞美北京的冬季，沉浸于唐朝诗人岑参"忽如一夜春风来，千树万树梨花开"②的著名诗句所反映和烘托的隆冬飞雪的意境之中。爱情的琼浆玉液和大自然的美丽景色使他得以排解备受压抑的心绪，其精神也在这爱情之美和自然之美中得到了过滤、醇化和升华。

不仅如此，毛泽东从早年就开始从自我实现的层面审视现实人生，受超越

① 埃德加·斯诺：《西行漫记》，董乐山译，三联书店 1979 年版，第 126—127 页。
② 岑参：《白雪歌送武判官归京》。

性动机的驱使。他感于国家积贫积弱，内政腐败透顶，外交一败如水，国民智力淤塞、道德陈腐、奴相深沉、迷梦不醒，人民生灵涂炭、颠连无告，生发出悲天悯人的情怀和普度众生的拯救意识，视天下兴亡为己责己任，视民众痛苦如己饥己溺，以大气量人自居，立志探求宇宙人生的大本大源，以其改造人心，变革社会，扭转乾坤，使个人及全人类生活向上。这当然是一种唯心的英雄救世史观。但在其意识心海中，大我与小我、自我与社会、世界乃至整个宇宙是合为一体的。心理上的自我已冲破了肉体之我的樊篱，越出了一己之我的界域，涵盖了整个人类、社会和宇宙，内在的自我发展、完善、丰润，实现的动机需求与改造社会人生的历史使命感，内在的意欲与外在的必然要求，内在的价值与外显的价值得到了统一。毛泽东和他的青年同道生活于物质生活极度匮乏的条件之下，内心却充溢涌动着使个人及全人类生活向上的壮志豪情。身无半文而心忧天下，是对当时毛泽东的心态志向的准确表达。毛泽东在跟斯诺谈话时说：

> 我逐渐地团结了一批学生在我的周围，形成了一个核心，后来成为对中国的国事和命运产生广泛影响的一个学会①。这是一小批态度严肃的人，他们不屑于议论身边琐事。他们的一言一行，都一定要有一个目的。……我的朋友和我只愿意谈论大事——人的天性，人类社会，中国，世界，宇宙！②

毛泽东立志探求宇宙人生的本质，将自己的身心贡献给整个人类的事业，这是他在五四运动后期热心关注、了解、审视各种社会思潮，最后选择马克思主义，走上共产主义人生之路的重要心理契机。没有这种思想意识作心理基础，便不可能有对于马克思主义的学习、理解和践行，也就不会有影响了中国现代和当代历史进程、为人类发展和社会进步做出了显赫功业的毛泽东。

谈论人的天性、人类社会、中国、世界和宇宙，是对人与世界的本质和规律的探索，是对道的追求。这个道是人与己、自我与非我、自身的善和普遍的善、内在价值和终极价值的统一。毛泽东执着追求这种统一，但达到这种统

---

① 即新民学会。

② 埃德加·斯诺:《西行漫记》,董乐山译,三联书店 1979 年版,第 123 页。

一，真正做到主观与客观的一致，自我与非我相融汇，内在价值与外在价值相契合，无疑是至艰极难的事情。尽管如此，毛泽东还是义无反顾地从事着这项颇具浪漫情调和悲壮意味的事业。对宇宙人生本质以及达于人性完满的内在玄想沉思和外在躬行践履的结局，是毛泽东告别了早期曾一度奉为圭臬的人道主义历史观以及忠告运动和呼声革命这一改造社会人心的方式，认识到了人的社会本质和存在剥削制度的社会中人的阶级本性，拿起了阶级斗争、暴力革命和无产阶级专政这一改造社会、完善人生的利器。为了把马克思主义卓有成效地运用于中国社会，他深入分析中国的社会性质和阶级状况，将中国革命分为前后相继的新民主主义革命和社会主义革命两个阶段；深入分析中国社会各阶级的经济地位和政治态度，确认中国现代革命的领导者、中坚力量、同盟军以及革命的对象，制定了党的领导、武装斗争和统一战线三位一体的新民主主义革命总体战略。经过第一次国内革命战争、土地革命战争、抗日战争、解放战争艰苦卓绝的革命战争的漫长岁月和几多生死存亡的大革命，同全体人民一道欣喜若狂地迎来了中华人民共和国的灿烂黎明。他在完成了新民主主义革命的遗留任务之后，又不失时机地将中国引向了社会主义改造的道路，建立了社会主义的基本制度和意识形态，为人的本质的充分展露和全体人民高级需要的满足奠定了制度前提和理论基础。在社会主义制度确立之初，他乐观自信地认为，社会主义制度的建立，为人民群众实现崇高理想开辟了广阔的道路，但又告诫全体人民理想的实现不能坐待而来，需要全党和全体人民的艰苦奋斗，需要对自己、对社会、对人生、对自然的改造、革命和超越。

毛泽东的胸襟之宽广和心灵之博大，通过其言论行动彰显出来，并为中外有识之士所参透和肯认。青年时代立志改造中国与世界，希望分处世界各地的新民学会会员取世界主义的态度，促成、帮助、参与各国人民的革命斗争，这一高识睿见意味深长，并影响了毛泽东一生的心路历程。无论是初涉革命的毛泽东，还是成为人民领袖，以其思想、心力、意志、人格影响现代历史进程的毛泽东，其精神大我涵盖了中国的人民大众，人民的苦乐安危无时不刺激着他敏感的心灵。他要求革命队伍的同志关心人民的疾苦，以十二分的忠诚为最广大人民群众的最大利益而奋斗并身体力行。有关毛泽东生活内幕的曝光更使这位人民领袖血肉丰满，从一个独特的方面丰富了人们对于他的个性品格的了解和认识。比如，当得悉淮河流域暴雨成灾，老百姓爬到树上躲避灾难，或遭毒蛇啮咬而丧命，或因困顿而落水，毛泽东与他的秘书田家英深切同情人民的遭遇，默默无语，相对而泣。在20世纪60年代初人民共和国遭受严重经济困难的时刻，毛泽东为了体察民情，让他的警卫战士回乡搞调查。当他得知人民群众生活困苦，口中咀嚼着战士从家乡带来的又黑又硬、粗糙苦涩的糠菜窝头，不禁涕泪交流，为作为人民共和国的领袖未能让老百姓过上好日子而深感歉疚。在全心全意为中国人民谋利益的同时，毛泽东也把心灵的触角、把普遍的善的光芒辐射到整个世界。早在战争年代，毛泽东就从国际和世界的宏观背景上审视中国革命，认识到中国革命的胜利对于世界和平和人类发展的历史意义。新中国成立以后，毛泽东又以中国应当对人类有较大贡献为信条，承担着巨大的民族牺牲，义无反顾地担负起了反对霸权主义、维护世界和平的重任，无私援助了世界许多国家和民族人民的革命和解放事业。1952年美国发动侵朝战争，中国共产党和中国政府应朝鲜民主主义人民共和国之请，毅然出兵抗美援朝；20世纪60年代美国发动侵越战争，中国人民又毫无保留地尽最大努力支援越南人民的抗美正义斗争。此外，中国还在物质上、道义上支持了广大第三世界国家人民的民族民主革命。毛泽东在抗美援朝战争时期，还把自己的爱子毛岸英送到朝鲜战场去经受战火考验，履行国际主义义务。当毛岸英不幸牺牲之后，毛泽东强忍老年丧子的悲恸，安慰回国向他汇报工作并报告毛岸英牺牲经过的志愿军司令员彭德怀：革命战争，总是要付出代价。为了国际共产主义事业，反抗侵略者，中国人民志愿军的英雄儿女，前赴后继，牺牲了成千上万的优秀战士。岸英就是牺牲了的成千上万革命烈士中的一员，一个普通战士。不要因为是我的儿子，就当成大事；不能因为是我、党的主席的儿子，就不应该为中朝人民共同的事业而牺牲，哪有这样的道理呀！这是何等豁达的胸怀；这是何等高尚的国际主义精神！

毛泽东对于低级需要的超越和对于内在价值与外显价值统一契合的理解和把握，达到了物我一体、人己两忘的程度。在他的思想意念中，为人民也就是为自己，追求和实现人民的价值也就是实现自身的价值。社会历史赋予他的责任和使命也就是自身内在道德的要求和想望意欲，忘我学习、工作、奋进、斗争、为人民服务，为社会服务，就成了目的本身，而不是另外什么目的得以实现的工具手段。他反对和痛恶一事当前，先替自己打算，争名誉，夺利益，闹地位的个人主义，殷切期望全党同志保持过去革命战争年代的干劲和精神，看轻物质生活，只要人没有饿死，就要工作，就要奋斗。毛泽东本人已将个人的发展和价值的实现融入为中国人民和世界人民服务的革命生涯中；把自己的幸福欢乐、悲戚忧伤与人民的安危忧乐连为一体。工作与休息、劳动与娱乐的区分在毛泽东那里已失去了意义，他已将后者统一到前者中去，工作即休息，劳动即娱乐。为了人民的解放自由、幸福与发展，在严酷的革命斗争中，毛泽东的六位亲人先后为革命贡献出了生命。毛泽东本人也是忘我工作，奋不顾身。虽然他晚年在社会主义社会的阶级和阶级斗争的理论和实践上偏离了马克思主义的正确轨道，将社会生活中的腐败现象和阴暗面扩大化，以致认为中国社会形成了一个新的贵族阶层，党内形成了一个资产阶级，在社会主义社会翻身做主人的人民已重新沦为奴隶，人民的主人地位已在事实上丧失。为了重新争得人民主权，需要进行一个阶级推翻另一个阶级的政治大革命，打碎现存的经济政治制度，重建人民当家作主的新的社会秩序。为了使人民尽快摆脱贫困窘境，使中国早日跻入强国行列，在国际事务中发挥更大作用，毛泽东脱离国情，发动、支持了经济建设上的"大跃进"和体制上的人民公社化运动。但这些运动并没有达到预期的目的，尤其是"文化大革命"更给毛泽东所挚爱的国家和人民带来了深重的灾难。对此，当然要吸取历史给我们展示的沉痛教训。但是毛泽东那种为了超越性需要和动机的客观化，为了实现心中所憧憬的理想而无私无畏、进取超越的精神，不惜打碎自己亲自参与创建的制度体系甚至在他所发动的狂涛巨澜中埋葬自身的勇气，不能不使人们惊叹不已。自我超越的进程没有尽头，人对于超越性动机或需要的追求是无限的。应该说，毛泽东已达到了人生力量所及的最远地方。"毛泽东重振了一个伟大民族的精神"，[①]"他关于改造我们生存条件的人的意志力量的思想对全世界人民都产生

---

① 美国《华盛顿邮报》社论，见《举世悼念毛泽东主席》，人民出版社 1978 年版，第 429 页。

了影响"，①"他的言论和行动为人类开辟了新的前景"，② 他"是对世界历史进程产生了重大影响的为数不多的几个人之一"。③ 然而，超越性情怀和动机的无限性与人生途程和身心能力的有限性形成反对。对此，毛泽东是有明察洞见的。1972 年 2 月，毛泽东在中南海菊香书屋会见了美国总统尼克松。尼克松说毛泽东作为一位具有深刻思想的哲学家，其思想理论"感动了全国，改变了世界"。毛泽东则说，没有改变世界，只是改变了北京附近的几个地区。这当然是谦逊之词，但从中也道出了时空的无穷和人生的有限、人类整体之终极价值的深远迢遥和人类个体之生死忧患的现实切近。这无疑使毛泽东感到悲凉和无奈，而这种悲凉也是一切超越低级需要、追求自我实现之人生胜境的人所无法开释的思想心理情结。

三、求知、践行与审美的人生

自我实现的人或具有超越性动机和需要的人，其显著表征就是对真善美的人生境界的追求。真善美实质上是对宇宙社会人生的本质规律（"道"）的不同层次、不同形式的把握。"真"是对宇宙、社会、人生之本质规律的理性把握，尚有主观的片面性；"善"是对宇宙、社会、人生之本质规律之现实的、价值的、道德的把握，它克服了主观和客观两方面的片面性，体现为主观与客观、内在需要与外在规律的统一契合；"美"则是对于宇宙、社会、人生之本质规律的情感形式的把握，它超越了主客对立以及由主客统一所带来的功利色彩，是在更高的心理层面体验这种主客统一而在主体心灵中产生的幸福与愉悦的审美感受。

毛泽东对于人生境界的理解和追求继承了源远流长的传统人生哲学思想，

---

① 瑞典首相帕尔梅的谈话，见《举世悼念毛泽东主席》，人民出版社 1978 年版，第 85 页。

② 斯里兰卡统一国家党主席贾雅德纳的谈话，见《举世悼念毛泽东主席》，人民出版社 1978 年版，第 35 页。

③ 澳大利亚总理弗雷泽在议会的讲话，见《举世悼念毛泽东主席》，人民出版社 1978 年版，第 87 页。

但由于他是无产阶级人生观的实践者和中国革命和建设事业的领导者，熔铸了新的时代精神和人生实践体验，因而其人生境界理论又远远超越了传统。尽管如此，简要回溯传统的人生境界学说，对于理解毛泽东的人生境界观并非没有益处。

在传统哲学中，儒家和道家的人生境界论颇具代表性。二者均把体道、为道、与道为一、天人合一作为人生的最高境界，但其对于道的理解与达于道的方法途径却迥然有异。因此，由之造成的精神境界和人格特征也判然有别。

"天人合一"是儒道两家所共同追求的精神境界。道家鼻祖老子以道、天、地、人为"域中四大"，"人法地，地法天，天法道，道法自然"①。人、地、天、道依次相法，最终归结为人法自然。庄子也倡言"天地与我并生，而万物与我为一"②，以与天地万物为一体为理想境界。儒家认为天人一脉、万物一体，也以德合天地、与道为一作为圣人的本质属性和精神境界。孔子言"志于道，据于德，依于仁，游于艺"，③"知天命"，"耳顺"，"从心所欲不逾矩"。④ 孟子言"君子所过者化，所存者神，上下与天地同流"，"仰不愧于天，俯不怍于人"。⑤ 这些言论都有天人相合、与道为一的义蕴。荀子认为，天地以"诚"化育万物，圣人以"诚"参赞化育，故"养心莫善于诚"，"诚心守仁则形，形则神，神则能化"。⑥《中庸》所说的"诚者，天之道也；思诚者，人之道也"，其意义与荀子所言略同。

儒家和道家在人生境界论上的相同之处还在于，二者都认为"天人合一"或与道为一的人生境界，就是对于真善美的追求和把握。孔子曾历述自己一生的生活道路："吾十有五而志于学，三十而立，四十而不惑，五十而知天命，六十而耳顺，七十而从心所欲不逾矩。"⑦ 这是孔子一生的修养过程，也是孔子

---

① 《老子》二十五章。
② 《庄子·齐物论》。
③ 《论语·述而》。
④ 《论语·为政》。
⑤ 《孟子·尽心上》。
⑥ 《荀子·不苟》。
⑦ 《论语·为政》。

对真善美的追求及其人生境界的跃迁过程。如果说自"志于学"到"不惑"是成圣成贤的前期准备阶段，那么，从"知天命"到"从心所欲不逾矩"则是其人格飞升和境界跃迁的过程。"知天命"和"耳顺"是对宇宙人生的本质规律和终极价值的认识和觉解，属于求真的范围，但二者的程度又有所不同。"知天命"是把宇宙人生作为认识的对象并已经认识到了其本质和规律，但尚未达到融会贯通，更没有与天地万物之本体会合为一。"耳顺"则是超越了经验直观和理性逻辑的层面，在理性直觉的层面上获得了对宇宙人生大全之理的认识，这是一种不思而得、周流无碍的理性直觉，但仍属于求真的范围。"七十而从心所欲不逾矩"，则进入了为善和审美的界域了。朱熹注之曰："矩，法度之器，所以为方者也。随其心之所欲，而自不过于法度，安而行之，不勉而中也。"① 当主体洞彻圆融了天地人生的本质和规律，达到了道与心、理与欲、体与用、客观规律与主观需要的契合统一，那么，随所意欲，莫非至理，随心所欲，任意挥洒，也不至于违逆规律，这就是在社会人生的实践中获得了高度自由，达到了善的人生境界。而主体需要与客观规律的现实统一和主体价值的实现是在心理上的反映，是一种幸福、宁静、愉悦的体验，这就是美的境界。美以认知和践行为前提，蕴含于求真和为善的人生活动之中，并伴随着善的实现而转化为审美现实。孟子说："充实之谓美。"②"尽其心者，知其性也。知其性，则知天矣。"③"万物皆备于我，反身而诚，乐莫大焉。"④ 朱熹在为孟子"充实之谓美"一语作注时说："力行其善，至于充满而积实，则美在其中而无待于外矣。"⑤ 人若能体悟到仁心善性为人心所本有，通过操存涵养的功夫使之充分扩展，使仁义礼智之性彰显出来，就达到了知天的程度；若率性而行，将善的本性推及人伦日用和治国为政活动之中，就达到了顺天、同天、与天地同流的境界，因而也就在心理上生发出充实、欢愉和快乐的情感体验。在儒家那

---

① 《论语集注·为政第二》。
② 《孟子·尽心下》。
③ 《孟子·尽心上》。
④ 《孟子·尽心上》。
⑤ 《孟子集注·尽心章句下》。

里，知天、顺天、乐天是人生境界之依次递进和跃迁的三个层面。

道家老子则反对世俗的真善美，倾心追求超世俗的真善美，希求达到"同于道"的人生境界。在他看来，尽管道无色、无声、无形，超绝于感觉经验，却是最真实的事物产生和存在的根据，是社会人事应遵循的最高准则。道的根本特性是自然无为，而世俗的知识、欲望、仁义、道德、礼乐、政教等一切人为的东西都是与道相悖的。只有绝圣弃智、绝仁弃义，抛弃五色、五音、五味，即消除人为的知识、道德和艺术，返璞归真，纯化自然，才能达到与道为一或"同于道"的境界，臻于真正的真善美。追求真善美，从本质上来说，是要从自然和社会中得自由。

道家的另一代表人物庄子也是从人何以能够获得精神的绝对自由这一独特角度来阐扬其人生境界思想的。他认为，大鹏扶摇九万，击水三千，列子御风而飞，日行八百，犹需要广袤的空间和依恃风力，是"有待"的，因而并不是完全自由的。只有破除我执物执，内而丧我，外而无待，才能逍遥游于无穷，获得完全的自由。这就需要忘仁义，忘礼乐，否定世俗的道德观念与规范，进而"堕肢体，黜聪明，离形去知，同于大通"，[①] 消除身体对精神的束缚以及知识对精神的拂扰，超越耳目心意、道德功利、生死感怀、是非对错、好恶美丑的限制，达到与道趋同融合的境界。达到了这种境界的人，便是任其自然无为、于己于物毫无执着和欲求、超越时间和空间限制、放浪逍遥于"无何有之乡"的至人、神人和圣人。达到与道为一、自然无为境界的人，便是具有"真知"的人。庄子说："且有真人而后有真知。"[②] 自然无为、坐忘无己、自由自在、率性而行，使个体人格自然发展，便是最高的德和善。《庄子·刻意》篇说："若夫不刻意而高，无仁义而修，无功名而治，无江海而闲，不导引而寿，无不忘也，无不有也，澹然无极而众美从之。此天地之道，圣人之德也。"而法天贵真、不修饰、不做作、自由表现的真性情是真和善的，因而也是美的。《庄子·渔父》篇说："真者，精神之至也。不精不诚，不能动人"，"功成之美，

---

①　《庄子·大宗师》。

②　《庄子·大宗师》。

无一其迹也。"只有纯朴真挚和朴质无华的东西才是美好而动人心魄的。

儒家和道家均以天人契合、真善美一体为人生精神境界，这是其相同之处。但二者对于道的理解、达于理想境界的途径以及各自追求的理想境界的属性则是迥然异趣的。在求真的层面上，道家认为为道的方法是"日损"，即逐步清除感性欲望，减少具体知识，使内心保持无知无欲、虚静空灵的状态。老子说："为学日益，为道日损。损之又损，以至于无为，无为而无不为。"① 庄子也主张"离形去知，同于大通，"② 人己两忘，物我同泯。而儒家则主张清除与仁义礼智等道德观念相违逆的私欲，但又把为学和为道视为同一人生境界升华过程的两个方面。学习和积累道德知识是手段和途径，进行道德修养，达到与道为一的圣贤境界则是目的，与道的统一契合是通过不断的道德知识学习和道德品行磨炼而达到的。

在践行（善）的层面上，道家具有自然无为的顺世主义和超然世外的出世主义特征。如老子说："我无为而民自化，我好静而民自正，我无事而民自富，我无欲而民自朴。"③ 庄子心目中的圣人是"乘物以游心"④，"游乎尘垢之外"⑤。儒家不同于道家，具有强烈的入世色彩。他们认为天道和人道是一体之仁，圣人境界不仅对于仁这一天地人生的本质属性有明澈的道德自觉，还要经世致用，把这种道德意识外化为现实的活动。如孔子主张修己安人，博施济众；孟子主张将不忍人之心发为不忍人之政；《大学》也把格物、致知、诚意、正心的内在道德修养与齐家、治国、平天下的伦理、政治实践统一起来，把伦理和政治的实践视为道德修养的扩展和延伸。在审美的层面上，道家是以超越人伦、复归自然为指归，以个体的精神自由为快乐，这是一种自然之美；儒家则以人伦道德的体认为指归，以对人伦道德的觉解和践履为乐事，这是一种社会之美。

① 《老子》四十八章。
② 《庄子·大宗师》。
③ 《老子》五十七章。
④ 《庄子·人间世》。
⑤ 《庄子·齐物论》。

儒道两家的人生境界理论有同有异，对立互补。儒家张扬人生境界的社会和伦理意义，提倡博施济众、平治天下的入世和救世态度；道家则提倡自然的、以个体精神自由和超然世事、傲脱万物为特征的出世人格；儒家激励人们修养心性、积极入世、经世致用；道家则使人们在入世无门或在经世致用活动中受阻时从精神上获得解脱和慰藉。儒家与道家一主一辅、对立互补的人生境界理论对中国历代文人士大夫产生了巨大而深远的影响。

毛泽东作为无产阶级的思想家和政治家，批判继承了传统人生境界理论的合理部分，在与道为一的总体追求和求知、践行、审美三个层面上与传统人生境界理论有相同之处，但又赋予了真善美以崭新的内容，因而体现出了超越传统的显著特征。

真是合规律性，是一种认识价值。要变革世界，满足主体的需要，必须对于客体和主体自身的本质、规律有正确的认识。"真"是人类掌握世界的基础，也是达到善与美的人生境界的前提。毛泽东不是把真理解为在自然、社会和人自身之外的客观精神，亦不是把真理解为人头脑中生而具有的主观精神，而是把真理解为自然界、人类社会和人本身的本质和规律性。因此，他的求真的方法就不是体合天理或发明本心，而是将实践引入认识论，以实践为依据来阐释求真的方式途径。毛泽东和中国共产党人在领导中国革命和建设的过程中，面临的是如何把马克思主义基本原理同中国革命和建设的具体实际相结合的问题。教条主义者把马克思主义当成千古不变、可以保证革命永久胜利的教条，不懂得马克思主义来源于实践，并且需要与实践有机结合，在实践中得以运用、丰富和发展。他们既不愿意深刻理解马克思主义的实质，更不愿意深入研究中国革命的实际，只知生搬硬套马克思主义的条条，因而便难于开创符合中国国情的革命和建设道路；经验主义则借口实际和经验，否认马克思主义的普遍适用性和指导意义，把片面的经验当成普遍的真理，用局部的经验指导全局的工作。针对教条主义和经验主义两种错误倾向，毛泽东阐明了认识和实践、感性和理性、直接经验和间接经验的关系以及认识和实践交替流转的反复性和无限性，端正了求知求真的方向。毛泽东指出，实践是认识的来源，人们只有通过实践，才能接触事物的现象，暴露事物的本质。人们正是在生产斗争、阶级斗争、政治斗争以及科学和艺术活动中，了解了自然、社会和人类思维的本质和规律，了解了人与自然、人与社会、人与自身的各种关系。并且随着实践的发展和深入，使人类对自然、社会和人自身的认识日趋深刻、丰富、准确和完善。

在人类认识过程中，有感性认识和理性认识两种形式和两个发展阶段，理性认识依赖于感性认识，感性认识有待于发展到理性认识。感性认识的产生和向理性认识的飞跃都是在实践的基础上进行的，这是一个由现象到本质、由"日益"到"日损"的过程。"人在实践过程中，开始时只是看到过程中各个事物的现象方面，看到各个事物的片面，看到各个事物之间的外部联系……在这个阶段中，人们还不能造成深刻的概念，作出合乎论理（即合乎逻辑）的结论"。① "社会实践的继续，使人们在实践中引起感觉和印象的东西反复了多次，于是在人们的脑子里生起了一个认识过程的突变（即飞跃），产生了概念。概念这种东西已经不是事物的现象，不是事物的各个片面，不是它们的外部联系，而是抓着了事物的本质，事物的全体，事物的内部联系了。概念同感觉，不但是数量上的差别，而且有了性质上的差别。循此继进，使用判断和推理的方法，就可产生出合乎论理的结论来……这个概念、判断和推理的阶段，在人们对于一个事物的整个认识过程中是更重要的阶段，也就是理性认识的阶段。认识的真正任务在于经过感觉而到达于思维，到达于逐步了解客观事物的内部矛盾，了解它的规律性，了解这一过程和那一过程间的内部联系，即到达于论理的认识"。② 感性认识和理性认识作为在实践基础上发生的认识及其过程的两种形式和阶段，其性质是不同的。感性认识是对于事物之片面的、现象的和外部联系的认识，理性认识则是对事物之全体、本质和内部联系的认识。但它们并非相互分离、各自独立，二者在实践的基础上统一了起来。"理性认识依赖于感性认识"。③ 理性认识之所以可靠，正是由于它来源于感性。因此，为了保证理性认识的可靠性，必须参加实践，接触外界事物，充分占有感觉经验

---

① 《毛泽东选集》第 1 卷，人民出版社 1991 年版，第 284—285 页。

② 《毛泽东选集》第 1 卷，人民出版社 1991 年版，第 285—286 页。

③ 《毛泽东选集》第 1 卷，人民出版社 1991 年版，第 290 页。

和材料。只有感觉材料十分丰富而不是零碎不全、符合实际而不是主观臆想，才能据此得出正确的理性认识。若闭目塞听，与客观世界绝缘，就不会产生认识。感性认识是"为学日益"的阶段。感性认识有待于发展到理性认识。感性认识对客观事物的反映是表面的和片面的，尚未反映事物的全体和本质。要完全地反映整个的事物，反映事物的本质，反映事物的内部规律性，就必须经过思考作用，将丰富的感觉材料加以去粗取精、去伪存真、由此及彼、由表及里的改造制作功夫，造成概念和理论的系统，就必须从感性认识跃迁到理性认识。这种改造过的认识，不是更空虚了更不可靠了的认识，相反，只要是在认识过程中根据于实践基础而科学地改造过的东西，正如列宁所说乃是更深刻、更正确、更完全地反映客观事物的东西。理性认识是一个"为道日损"的阶段。在毛泽东看来，人的认识在经历了从感性到理性、从现象到本质、由"日益"到"日损"的转化过程之后，就超越了事物之现象、表面和片面的东西，达到了对自然、社会以及人自身之本质和规律的认识。当然，要超越认识上的狭隘性和片面性，克服认识中的谬见和错误，正确反映事物的本质和规律，不可能一蹴而就，而是一个在实践中不断由相对真理向绝对真理趋近的过程。

毛泽东还把人的知识分为直接经验和间接经验，并据此指出了求知的两条途径。一个人的知识，不外直接经验的和间接经验的两部分。而且在我为间接经验者，在人则仍为直接经验。一切真知都是从直接经验发源的。人的知识尽管有直接经验的知识和间接经验的知识或闻知、说知（由推理所得的知识）和亲知的分别，但最后都归之为直接经验的知识或"亲知"，归之为由亲身实践而获得的知识。即使学习间接经验的知识，也必须以自己亲身实践所获得的经验为基础。毛泽东说："无论何人要认识什么事物，除了同那个事物接触，即生活于（实践于）那个事物的环境中，是没有法子解决的……如果要直接地认识某种或某些事物，便只有亲身参加于变革现实、变革某种或某些事物的实践的斗争中，才能触到那种或那些事物的现象，也只有在亲身参加变革现实的实践的斗争中，才能暴露那种或那些事物的本质而理解它们。"① 亲身实践和直接

---

① 《毛泽东选集》第 1 卷，人民出版社 1991 年版，第 286—287 页。

经验是一切真知的来源，"但人不能事事直接经验，事实上多数的知识都是间接经验的东西，这就是一切古代的和域外的知识"。① 为了求得对自然、社会和人自身的本质和规律性的认识，毛泽东不仅重视直接经验的知识，参加变革现实的实践，向实践学习；还重视获得间接经验的知识，向他人学习，向群众学习，向书本学习。毛泽东终其一生没有脱离中国革命和建设的火热实践，同时也是以书为伴，从书本中吮吸古今中外人类实践的经验积淀和文明成果，以丰富自己的思想内涵，开阔自己的理论视野。毛泽东是博览群书的革命家。他早年为了增长知识，开阔眼界，寻求救国救民的真理，泛观博览古今中外的各种书籍，常常通宵达旦，废寝忘食。后来，在艰苦紧张、戎马倥偬的革命战争年代和工作繁忙、日理万机的社会主义革命和建设时期，毛泽东也从未间断读书。毛泽东读书的范围十分广泛，从社会科学到自然科学，从马列主义著作到西方资产阶级著作，从古代的到近代的，从中国的到外国的，包括哲学、经济、政治、军事、文学、历史、地理、自然科学、技术科学等方面的书籍以及各种杂志，无所不读。毛泽东跟书籍可以说是形影不离。在他的卧室里、办公室里、游泳池休息室里和北京郊外住过的地方，都放着书。每次外出也带着书，在外地还要借一些书。杭州、上海、广州、武汉、成都、庐山等地的图书馆，都留下了毛泽东借书的记载。他在延安的一次演讲中说：有了学问，好比站在山上，可以看到很远很多的东西；没有学问，如在暗沟里走路，摸索不着，那会苦煞人。② 毛泽东之所以能够高瞻远瞩、思路开阔、胸襟博大，成为杰出的革命家、思想家和战略家，学问渊博和知识丰富是一个重要条件。毛泽东酷爱读书，但又不迷信书本，不唯书是从。他提倡读书不盲从，要独立思考，提出自己的见解；读书既要有大胆怀疑、寻根究底的勇气，又要保护、拯救其中一切正确的东西。毛泽东是一个读书不知疲倦的人。他号召党的干部养成读书学习的习惯用看书占领工作之外的时间并身体力行。毛泽东博闻强记，知识渊博，经验丰富，读书效率很高。他读书速度快，记得牢，理解深，能迅

---

① 《毛泽东选集》第 1 卷，人民出版社 1991 年版，第 288 页。
② 见《毛泽东的读书生活》，三联书店 1986 年版，第 9 页。

速而又准确地抓住要点和实质。毛泽东常以"活到老，学到老"这句古话勉己励人。晚年的毛泽东，年老体衰，视力不济，但读书学习、追求知识的欲望丝毫不减。1973年他大病初愈，便同杨振宁谈论物理学中的哲学问题。1975年视力有所恢复，又重读《二十四史》和鲁迅的一些杂文。1976年，又读英国人李约瑟著的《中国科学技术史》（一至三卷），1976年8月26日，他在临近生命尽头的时候，还要读笔记体著作《容斋随笔》一书。

毛泽东重视书本知识，提倡读有字之书；也重视实际知识，提倡读无字之书，向社会学习，向群众学习，向实际学习。陆游曾写有"纸上得来终觉浅，绝知此事要躬行"的诗句，毛泽东也反复强调一个人光有书本知识不行，还必须投身于现实生活，进行调查研究，从社会实际中学习。他一生中做了大量社会调查，力求了解中国的历史和现状，把马克思主义基本原理同中国实际结合起来，以解决中国革命和建设的实际问题。他对于中国社会各阶级的经济地位和政治态度的科学分析，对于中国革命道路的科学构想和独特创造，新中国成立以后在探索社会主义建设道路过程中形成的"十大关系"的科学论述，都是实践经验的总结和调查研究的结晶。毛泽东正是从"有字之书"和"无字之书"中探求宇宙人生的真理，为趋向真理、达到与道为一的精神境界终生奋斗、至老不衰。

善是合目的性，是主体和客体之现实状态的统一。列宁在《黑格尔〈逻辑学〉一书摘要》中写道："'善'是'对外部现实性的要求'，这就是说，'善'被理解为人的实践＝要求（1）和外部现实性（2）。"[1]"实践高于（理论的）认识，因为它不但有普遍性的品格，而且还有直接现实性的品格。"[2] 作为主体的人，根据在实践的基础上对于客观事物的本质和规律的认识以及自身的需要形成了一定的目的要求。当新的实践活动进行以前，主观目的性和外部世界的客观性是分离的。只有通过有目的的实践活动，才能克服目的和要求的主观性的片面性和外部世界的客观性的片面性，使二者达到一致与统一。在实践中，既包括

---

[1] 《列宁全集》第55卷，人民出版社1990年版，第183页。
[2] 《毛泽东选集》第1卷，人民出版社1991年版，第284页。

了对世界的共同本质和普遍规律性的认识，又内含着主体需要的满足，使主体的目的和要求获得了外部现实性的形式。因此，它比人们对世界的客观真理性的认识递进了一个层次，是比"真"的层次更高的人生境界。在中国古代哲学中，就有重视躬行践履的思想传统，重视践行的言论不绝于书。譬如："君子欲讷于言而敏于行"。①"士虽有学，而行为本焉"。②"不闻不若闻之，闻之不若见之，见之不若知之，知之不若行之，学至于行而止矣。行之，明也。明之为圣人。圣人也者，本仁义，当是非，齐言行，不失毫厘，无它道焉，已乎行之矣。故闻之而不见，虽博必谬；见之而不知，虽识必妄；知之而不行，虽敦必困。"③"欲知知之真不真，意之诚不诚，只看做不做。真个如此做底，便是知至意诚。"④明清之际的王夫之认为行先知后，行可兼知而知不可兼行，知行相资以为用，并进而有功。在博学、审问、慎思、明辨、笃行五者中，行处于"第一不容缓"⑤的地位。

中国古代重躬行践履的文化传统和经世致用的优良学风，在毛泽东那里得到了继承和发展。"行"不仅是一种内在的道德修养，而且是外在的感性活动；不仅是个体的道德实践，而且是一种广义的社会活动，是实现主体目的和主客体现实统一的途径。早在 20 世纪 20 年代初，毛泽东就指出："无论什么事有一种'理论'，没有一种'运动'继起，这种理论的目的，是不能实现出来的。"⑥他主张真心求学，实意做事，把改造中国与世界作为自己的社会理想，在实践中探索实际改造的道路，集理论家和实践家于一身。在《实践论》一文中，毛泽东又把重践行的特色和观点上升到了理论的高度。他说："马克思主义的哲学认为十分重要的问题，不在于懂得了客观世界的规律性，因而能够解释世界，而在于拿了这种对于客观规律性的认识去能动地改造世界"。⑦求知是为

---

① 《论语·里仁》。

② 《墨子·尚贤（中）》。

③ 《荀子·儒效》。

④ 《朱子语类》卷十五。

⑤ 《读四书大全说》卷三。

⑥ 《毛泽东早期文稿》，湖南人民出版社 1990 年版，第 517 页。

⑦ 《毛泽东选集》第 1 卷，人民出版社 1991 年版，第 292 页。

了践行，马克思主义之所以看重理论，是因为它能够指导行动。"抓着了世界的规律性的认识，必须把它再回到改造世界的实践中去，再用到生产的实践、革命的阶级斗争和民族斗争的实践以及科学实验的实践中去。"① 只有这样，才能检验和发展理论，才能改造世界，满足需要，确证人的对象性的本质力量，使人生境界跃升到善的层面。与此相反，"如果有了正确的理论，只是把它空谈一阵，束之高阁，并不实行，那么，这种理论再好也是没有意义的"。② 人的认识过程有从感性认识到理性认识、从理性认识到革命实践两次能动的飞跃，而后一次飞跃较前一次飞跃意义更加伟大。

美即合感受性，是人们在把客体对象主体化和主观目的对象化的过程中所产生的一种心理体验。是真与善、合规律性和合目的性相统一的表现。美表明人既在对人有用的价值形式上占有了客体，同时又超越了人同对象间的直接的功利性和目的性，成为对客体对象的一种更为高级的占有形式。美作为人生的一种境界和作为主体的人把握世界的一种方式，是人的自由自觉的创造性本质的表现。人与动物的显著区别在于，动物只是简单地从自然界中索取物质生活资料，只能消极被动地适应自然界，以自身的存在影响自然界，使自然界发生变化。人则具有自由自觉的创造性本质，他不是消极被动地适应自然，而是自觉能动地改造自然，通过改变自然的自在状态，使之满足自己的需要。然而，人类自由自觉的创造性活动并非不受自然的必然性制约的主观任意行为，而是以认识客观规律、认识外部世界的必然性为前提的。人类的自觉能动性表现为由客观到主观（认识世界）和由主观到客观（改造世界）的双向运动。当人们尚未认识客观规律性和必然性时，其行动是盲目的，是不能从事自由自觉的创造性活动的。只有当人们认识了客观规律性，并根据对客观必然性和主体自身需要的体认形成目的，才能主动自觉地改造客体对象，在客体对象上打上自己意志的印记。经过主体的自由自觉活动而被改造过的对象，不仅能够满足主体的需要，具备实用性和功利性，而且表现着人的智慧、意志、目的、勇敢、灵

---

① 《毛泽东选集》第 1 卷，人民出版社 1991 年版，第 292 页。

② 《毛泽东选集》第 1 卷，人民出版社 1991 年版，第 292 页。

巧和力量。作为主体的人在被改造过的对象中获得需要满足的同时，还从中看到自身的目的、理想的实现和自身的智慧、才能和力量的现实化，从而感到自由创造本质之珍贵，从内心生发出快乐、欢欣和幸福的情感体验，这便是审美享受或审美愉悦。毛泽东肯认人具有自觉能动的自由创造本质，认为实践是认识的来源，因而也是美这种把握世界的独特方式的来源。美在人们认识世界和改造世界的实践中产生，并随着实践的深入，在同假恶丑的斗争中而发展，实践和斗争是毛泽东人生理论和实践的特点，也是毛泽东的审美观念和审美实践的特点。

美从性质和内容上可分为优美（阴柔之美）和崇高美（阳刚之美）。优美是主体与客体矛盾双方在相对均衡、和谐统一时的一种状态，优美能给审美主体一种轻松愉快、清静淡泊、赏心悦目的审美享受。崇高美则是主体和客体在尖锐对立和剧烈冲突时而显现的一种状态。主体在与客体的奋争拼斗中，显示出自己的高超智慧、顽强意志、高尚品德和巨大力量。崇高美表现为粗犷、豪放、雄健、伟岸、宏大、壮丽、庄严、浪漫、诡奇，主体在与客体的激烈斗争中，能产生自豪、悲壮、伟大、崇高的审美感受。当人们对于崇高之美进行观照和审视时，也往往是一唱三叹、荡气回肠，其内心世界在受到强烈震撼之余，会变得澄澈、洁净、开阔、博大。

优美和崇高美这两种不同性质的美，被古今中外的人们所苦苦追寻。毛泽东作为领导中国人民进行波澜壮阔、威武雄壮的革命和建设实践的革命家和政治领袖，深深体验、感受和认识到广大人民群众改天换地的巨大力量，既经历了革命征程中的腥风血雨、艰难险阻，目睹了革命者英勇献身、以身殉道的悲情壮举，又同人民共享了革命和建设胜利的喜悦欢欣，前无古人的实践展现了人民的巨大力量，揭示了新与旧、进与退、真善美与假恶丑的尖锐对立和剧烈冲突，同时也赋予毛泽东推重悲壮与崇高的审美理想和审美追求。

毛泽东充分肯定矛盾、对立、冲突、奋争、拼斗的巨大价值，认为主体只有在同强劲有力的对立面的斗争中，方能充分显示自己的智慧、才能、意志和力量，才能超越现实而达于理想之境。在他的心目中，理想与现实的巨大天平是难以恢复平衡的。他不满于现实，胸中充涌着理想激情，并用这种高远的理想衡量现实，而理想的高远又强化了对现实的不满。要使这种心态恢复暂时的宁静和平衡，就必须不断斗争，不断打破现实的固有秩序，重建理想的秩序。因此，毛泽东着意强调矛盾、斗争、对立、冲突，认为只有斗争能够促进社会发展和人格升华。他终其一生都以一个造反者、斗争者的形象，不仅同外部敌人作斗争，亦同党内的错误思想作斗争。毛泽东早在青年时代，就有崇尚运动和斗争的鲜明性格特征和人生情趣，在转变成马克思主义者之后，倡言斗争的绝对性和同一的相对性，认为事物总是通过斗争、沿着波浪式的路径前进的，人类社会就是在大风大浪中发展的。即使在垂暮之年，毛泽东仍然高举斗争的旗帜，认为没有斗争，就没有进步。毛泽东需要强劲有力的斗争对手，钟情于充满竞争抵抗、运动斗争的生活，没有值得斗争的对手，处于死寂的、毫无生气的环境中，他才感到深沉的悲哀。美国的毛泽东研究者、《毛泽东传》一书的作者 R·特里尔曾对毛泽东和刘少奇的历史观作过有趣的对比：在刘少奇看来，历史是向上的扶梯。在毛泽东看来，它是个波涛汹涌的海洋。对刘少奇来说，社会主义是门科学，要以理智的步骤加以追求。对毛泽东来说，社会主义是一种道德，不允许在最后的胜利中被扭曲。

毛泽东热情赞美作为劳动群众盛大节日的革命运动，赞美人民在革命斗争中显示出来的崇高品质、坚强意志和巨大力量。毛泽东在各个历史时期的诗词佳作中从一个独特的方面反映了他对于工农革命的热情礼赞。《采桑子·重阳》："人生易老天难老，岁岁重阳。今又重阳，战地黄花分外香。一年一度秋风劲，不似春光。胜似春光，寥廓江天万里霜。"人生短暂，宇宙无穷，年年都有重阳佳节。尔今的重阳节，革命根据地的野菊开得绚丽芬芳。秋韵不似春光，但霜天万里，红叶烂漫，秋光比春光更为壮丽。这是对在四周白色政权包围中的红色根据地的赞美。《减字木兰花·广昌路上》："漫天皆白，雪里行军情更迫，头上高山，风卷红旗过大关。"这是对工农红军不畏风雪严寒、不怕艰难险阻、夺关斩隘、勇往直前的高度政治觉悟和英勇牺牲精神的称颂。《蝶恋花·从汀州向长沙》："六月天兵征腐恶，万丈长缨要把鲲鹏缚。赣水那边红一角，偏师借重黄公略。百万工农齐踊跃，席卷江西直捣湘和鄂。国际悲歌歌一曲，狂飙为我从天落。"《渔家傲·反第一次大"围剿"》："万木霜天红烂漫，天兵怒气冲霄汉。"《渔家傲·反第二次大"围剿"》:"白云山头云欲立,白云山下呼声急,枯木朽株齐努力。枪林逼,飞将军自重霄入。七百里驱十五日,赣水苍茫闽山碧,横扫千军如卷席。"这些词句表现了根据地军民同仇敌忾、正气凛然、势不可挡的巨大力量。《忆秦娥·娄山关》:"西风烈,长空雁叫霜晨月。霜晨月,马蹄声碎,喇叭声咽。雄关漫道真如铁,而今迈步从头越。从头越,苍山如海,残阳如血。"这首词写于遵义会议和娄山关战役之后,西风凛冽,雁阵长鸣,残月当空,寒霜满地,马蹄得得,军号声声,娄山雄关已克,工农红军将从此踏上胜利的征程。而如瀚海之苍山和似鲜血之夕阳,更增添了工农红军的战斗豪情。在这幅悲壮苍凉的行军图中,人与物、情与景、人物的崇高与大自然的壮美融为一体。《七律·送瘟神》:"春风杨柳万千条,六亿神州尽舜尧。红雨随身翻作浪,青山着意化为桥。天连五岭银锄落,地动三河铁臂摇。借问瘟君欲何往,纸船明烛照天烧。"这是毛泽东对广大人民群众发挥自己的聪明才智,与大自然博斗,创造美好生活的冲天干劲和勤劳品质的礼赞。

毛泽东肯定斗争的价值,赞美主体在严酷的斗争中迸发出的智慧、勇毅和力量。他以斗争为欢乐,在他笔下的人物形象亦无不以斗争为乐事。《七律·长征》:"红军不怕远征难,万水千山只等闲。"工农红军具有革命英雄主义和革命乐观主义的博大情怀,不怕艰难险阻,等闲千山万水,以苦为乐,以苦为荣。《卜算子·咏梅》:"风雨送春归,飞雪迎春到。已是悬崖百丈冰,犹有花枝俏。俏也不争春,只把春来报。待到山花烂漫时,她在丛中笑。"这首词表面上是吟咏迎风斗雪、傲寒吐艳的梅花,而意在赞美马克思主义者坚持真理、不畏强暴、顽强奋斗的精神和谦逊自处、公而忘私的高尚品格,同时也体现了革命者以斗争为快乐的生活感受和审美理想。此外,毛泽东追求崇高之美,还体现在对于永恒的时间和无垠的空间的超越上。在悠长广袤的时空面前,毛泽东一方面持一种旷达、轻松、自信、从容的态度,另一方面又深切体验着时空无限和人生短暂的巨大反差对于心灵的压力,主张发挥自觉能动精神,创造有价值的人生,获得超越时空的人生意义,决不能消极无为,一任时间长河的冲刷磨洗。对于斗争的肯定、赞美与渴望,感于时空的巨大压迫而生发出的超越时空的心态意念,最鲜明地表现了毛泽东的性格气质和对于伟岸与崇高的美学追求。

在审美对象的选择上，毛泽东有追求落拓、豪放、诡奇、浪漫的特殊爱好，对屈原、李白、李商隐、苏轼、辛弃疾等人富有豪放和浪漫情调的诗词歌赋反复吟咏，乐此不疲。在《楚辞》中，毛泽东尤爱屈原的《离骚》。《离骚》是一篇杰出的浪漫主义作品，反映了作者强烈的爱国情怀、对于光明和理想的追求以及不屈不挠、九死未悔的精神。正是这些思想意蕴吸引着毛泽东的心绪，使他每读一遍都"有所领会，心中喜悦。"① 在唐诗中，毛泽东最喜欢李白、李贺和李商隐的作品，尤其喜爱李白气魄宏大、感情充沛、想象神奇和艺术高超的诗作。在宋词中，毛泽东崇尚苏轼和辛弃疾。苏词气势磅礴、奔放豪迈，一扫晚唐纤弱绮靡的文风，开豪放派之先河。辛弃疾继承苏词的豪放风格，又铸入了感慨国事、指斥奸邪、自伤身世、吊古讥时、恢复失地、拯救生民的爱国主义战斗传统和悲壮情怀。他的词"慷慨纵横，有不可一世之概"。② 毛泽东喜爱辛词，经常把《稼轩长短句》放在身边，辛弃疾的《永遇乐·京口北固亭怀古》和《南乡子·登京口北固亭有怀》两词借颂扬孙权战胜北方强敌的武功，讥讽南宋统治集团的昏庸、怯懦和无能，并以廉颇自况，表达其老骥伏枥、壮心不已的情怀和收复中原、统一祖国的理想，是其爱国词篇的代表之作。毛泽东对这两首词多次圈画。三国时吴主孙权曾在京口（原名丹徒）建都。京口亦是南宋镇江府官署所在地。1204 年，辛弃疾曾任镇江知府。有一次，毛泽东乘飞机经过镇江上空，他触景生情，感事抒怀，手书辛弃疾《南乡子·登京口北固亭有怀》一词："何处望神州？满眼风光北固楼。千古兴亡多少事？悠悠，不尽长江滚滚流。年少万兜鍪，坐断东南战未休。天下英雄谁敌手？曹刘。生子当如孙仲谋。"辛弃疾在词中感于时光流逝、北伐中原、收复失地无望，不禁悲从中来；但他歌颂三国时坐断东南、与曹刘三分天下的年少英雄孙权，暗刺南宋朝廷苟且偷安，并以孙仲谋自喻，又明白无误地透出了他老当益壮、雄心不已的豪放之气。毛泽东手书此词，并向身边的工作人员讲解这首词的意义

---

① 转引自《毛泽东的读书生活》，三联书店 1986 年版，第 216 页。

② 《四库全书总目提要》。

和典故。这不是一时兴发，而是表现了毛泽东对辛弃疾词的喜爱以及乐观豪放的审美追求和理想，同时也是借此怀念往昔的战斗岁月，展望未来的革命征程。

毛泽东是集求知、践行、审美三种人生境界于一身的人。求知使他聪明睿智，目光远大，既谙熟历史，洞悉现实，又能科学地预见前无古人、波澜迭生的中国革命的未来，将对中国革命路途的规划和蓝图的勾勒奠基于客观规律与条件之上；而注意躬行践履的精神又使他以异乎寻常的勇敢和意志率领党和人民历尽艰难曲折，上演着威武雄壮的历史活剧，把雄奇瑰丽的理想一个个变为现实，从而使毛泽东功业显赫，彪炳千秋；他所追求的伟大和崇高的审美趣味和审美理想，不仅使他的性格中充满了豪迈奔放、高蹈远举的浪漫情调，使其个性饱满、魅力无穷，而且使中国革命和建设的实践洋溢着画意诗情，从而激起了全体人民为创造新世界和新生活而奋斗的热忱。必须指出，毛泽东现实主义态度和浪漫主义情怀集于一身的个性品格，是他成功地领导崭新的事业、开创全新时代的重要主观因素。然而，浪漫主义的超越情怀只有与现实主义结合，只有奠基于对现实的冷静观察和正确认识之上，才能恰如其分地发挥其激励人心、创造进取、改天换地的力量。否则，就会流于渺茫玄虚的幻想，最终会使人们从炽热幻想的云端跌入严峻冷酷的深谷，这已为新中国成立以后社会主义建设实践的经验所证实。

第十三章　人生态度论

　　人生态度是作为主体的人在学习、教育实践以及自我生活体验的基础上形成的对于人生问题的较为稳定的心理倾向和行为方式。人是能够自觉意识到自身存在的生命体，是具有自我意识、能够进行自由自觉活动的存在物。人生态度作为人的思想与行动、生存与发展的总基调，渗透于人们的思想观念、思维方式、行为方式之中，对于人的生命活动起着规范、制约、调节和控御作用。人生态度是基于对主体、客体及其关系的认识和评价，在人生目的、理想、价值的制约下而形成的一种心理倾向和行为方式。由于主体需要不同，对主客体关系的评价不同，对人生目的、理想、价值的体认与理解不同，因而人生态度就成为一种极富个性的精神样态，并由人生态度的千差万别导致了人的个性品格的丰富多变、异彩纷呈。毛泽东就是一位有独特的人生态度和鲜明个性的伟人。他顺应近现代中国反对帝国主义、封建主义和官僚资本主义的统治，建立独立、自由、民主、富强的新社会这一时代精神，创造性地把马克思主义同中国实际结合起来，力求认识客观规律和现实条件，制定正确的路线、方针、政策，领导中国人民进行艰苦卓绝、举世无双的伟大斗争，并将这种时代精神、斗争经验内化为心性品格，外显为行为特征，形成了实事求是、谦逊诚实，崇尚斗争、乐观豪放，勇敢坚毅、积极进取，与时偕行、开拓创新的人生态度。这种积极向上、昂扬奋进的人生态度，保证了在过去峥嵘岁月里中国革命和建设事业的胜利，又为当前和今后中国社会主义事业的发展留下了一笔丰厚的精神财富。

一、实事求是，谦逊诚实

实事求是，是毛泽东思想的精髓，是毛泽东思想的出发点、根本点，是马克思主义的根本观点和根本方法，也是毛泽东所秉持的根本人生态度。实事求是和主观主义是两种根本对立的观点、方法和态度。毛泽东认为，在人们的思想方法方面，实事求是和主观主义是对立的。主观主义是哲学上的唯心主义在实际工作中的表现。这种思想倾向是从主观出发，而不是从客观实际出发。持这种态度的人或夸大主观愿望、意志、精神的作用，忽视客观规律和客观条件对于主体活动的制约性；或以理论套实际，以理想代现实；或将一时一地的经验普遍化、绝对化。实事求是则是哲学上的辩证唯物主义在思想方法和实际工作中的表现。实事求是的思想态度和科学方法要求从实际出发，理论联系实际，使主观与客观相一致，理论和实践相结合。对于无产阶级革命政党和政治领袖来说，能否有效地防止和克服主观主义，坚持实事求是的原则和态度，关系到革命和建设事业的兴衰成败。

毛泽东作为一位立志改造中国与世界、献身社会主义和共产主义事业的政治领袖，在每一个历史时期，总是把解决思想路线、思想方法和人生态度问题摆在首位，反对主观主义，倡导实事求是。针对党和红军中普遍存在的主观主义思想方法，1929 年 12 月，毛泽东在给红四军第九次党代会写的决议中指出：主观主义在某些党员中浓厚地存在，对于分析政治形势和指导工作都非常不利。因为对于政治形势的主观主义分析和对于工作的主观主义指导，其必然的结果，不是机会主义，就是盲动主义。为此，他主张使党员的思想政治化、科学化，"教育党员用马克思主义的方法去做政治形势的分析和阶级力量的估量，以代替主观主义的分析和估量"。"使党员注意社会经济的调查和研究，由此来决定斗争的策略和工作的方法"。[①]1930 年 5 月，毛泽东写了《调查工作》（即《反对本本主义》）一文，批判唯书唯上的本本主义、照搬照转的形式主义以及

---

① 《毛泽东选集》第 1 卷，人民出版社 1991 年版，第 92 页。

安于现状、不思进取的保守思想，指出马克思主义的本本是要学习的，但是必须同我国的实际情况相结合。我们需要本本，但是一定要纠正脱离实际的本本主义。而为了纠正本本主义，就要践行"共产党人从斗争中创造新局面的思想路线"，向实际做调查，深入了解中国情况，制定正确战略策略，引导中国革命走向胜利。若没有发言权，就没有决策权。1937年7、8月间，毛泽东在延安抗日军政大学讲了《实践论》和《矛盾论》，为端正全党的思想路线，确立实事求是的态度，奠定了坚实的理论基础。1941年，他倡导学习理论和研究哲学应以研究思想方法为主，把主观主义和实事求是这两种态度、两种方法、两条思想路线对立起来。持主观主义态度的人对周围环境不作系统的周密的调查研究，单凭主观热情去工作；割断历史，不懂中国的实际，对于中国的历史一无所知；抽象地无目的地去研究马克思列宁主义理论，不是为了解决中国革命的理论问题和策略问题，不是到马克思主义那里去找立场、观点和方法，而是为了单纯学习理论。马克思主义主张从客观存在着的实际事物出发，从其中引出规律，作为我们行动的向导。为此就要详细地占有材料，并加以科学地分析和综合地研究。但持主观主义态度的做研究工作的人对中国的实际一概无兴趣，只注重脱离实际的空洞"理论"；持主观主义态度的做实际工作的人，不注意客观情况的研究，往往单凭热情，把感想当政策。这两种人都是凭主观办事，忽视客观实际事物的存在。毛泽东指出，主观主义是一种反科学的反马克思列宁主义的态度和方法，是共产党、工人阶级、人民和民族的大敌，是党性不纯的一种表现。而实事求是则是科学的、马克思列宁主义的态度。坚持这种态度，就是要应用马克思列宁主义的理论和方法，对周围环境作系统的周密的调查和研究，了解中国的历史和现状，使马克思列宁主义的理论和中国革命的实际问题结合起来，探寻解决中国革命的理论问题和策略问题的立场、观点和方法。毛泽东指出："'实事'就是客观存在着的一切事物，'是'就是客观事物的内部联系，即规律性，'求'就是我们去研究。我们要从国内外、省内外、县内外、区内外的实际情况出发，从中引出其固有的而不是臆造的规律性，即找出周围事变的内部联系，作为我们行动的向导。而要这样做，就须不凭主观想象，不凭一时的热情，不凭死的书本，而凭客观存在的事实，详细地占有材料，在马克思列宁主义一般原理的指导下，从这些材料中引出正确的结论……这种态度，就是党性的表现，就是理论和实际统一的马克思列宁主义的作风。这是一个共产党员起码应该具备的态度。"① 中国共产党经过1942年开展的以反对主观主义为中心内容的整风运动和1945年召开的党的七大，全党思想统一到了实事求是的思想路线上来。这就为我们党领导中国人民争取抗日战争和解放战争的胜利，进行社会主义革命和建设，准备了极为重要的思想条件。

实事求是作为与主观主义相对立的科学态度，首先要求我们正确处理主观能动性和客观规律性的关系，一切从实际出发，自觉按客观规律办事。人作为能动的主体，其一切活动都是在一定的思想指导下进行的，都是受内在需要驱动的有意识、有目的、有计划的活动。人的主观的思想与客观的活动有正确与错误之分。"一切根据和符合于客观事实的思想是正确的思想，一切根据于正确思想的做或行动是正确的行动。"② 只有在符合客观实际的正确思想指导下的正确行动才能使外部世界发生合目的性的变化，使之符合人的生存和发展的需要。为此，就要在科学理论指导之下，以正确的立场、观点和方法，根据主体的需要，有针对性地去研究客观事物的规律，研究主观和客观两个方面的条件，从客观事物的规律和主客两方面的条件中提炼出目的、愿望和理想，引出实践或行动的规律，找出进行活动、改造事物的方法途径，制定出正确的路线、方针、政策、战略、策略。毛泽东指出："我们讨论问题，应当从实际出发，不是从定义出发……我们是马克思主义者，马克思主义叫我们看问题不要从抽象的定义出发，而要从客观存在的事实出发，从分析这些事实中找出方针、政策、办法来。"③"一切事情是要人做的……做就必须先有人根据客观事实，引出思想、道理、意见，提出计划、方针、政策、战略、战术，方能做得好。"④

---

① 《毛泽东选集》第3卷，人民出版社1991年版，第801页。
② 《毛泽东选集》第2卷，人民出版社1991年版，第477页。
③ 《毛泽东选集》第3卷，人民出版社1991年版，第853页。
④ 《毛泽东选集》第2卷，人民出版社1991年版，第477页。

其次，实事求是的态度要求我们正确处理理论和实践的关系，在实践中创造和发展理论，以正确的理论指导实践。马克思主义确立的理论和实践的统一论，一方面认为理论来自实践，理论随着实践的发展而发展，理论必须接受实践的检验；另一方面，理论又指导实践，为实践指明方向、提供方法。理论只有与实践相结合，才能发挥其认识世界和改造世界的伟大工具的作用，并在实践中得到丰富和发展。而实践只有接受理论的指导，才能避免盲目性，使人们保持清醒的自觉意识，按照客观规律办事，走事物发展和历史演进的必由之路。

毛泽东之所以提倡树立实事求是的态度，首先是因为只有坚持实事求是的态度，才能实现党的正确领导，带领人民完成中国革命和建设的任务。毛泽东认为，政策是革命政党一切实际行动的出发点，并表现为行动的过程和归宿。一个革命政党的任何行动都是为了实行政策。共产党领导机关的基本任务，就是了解情况和掌握政策。而只有以实事求是的态度深入实际调查研究，才能认识事物发展的规律，适时提出革命的政治纲领，并制定正确的路线、方针和政策，领导人民完成革命和建设的任务。毛泽东反复强调要实事求是，使马克思主义同我国的实际情况相结合，使主观指导和客观的实际情况相符合。对于一个战争指挥员来说，只有实事求是，知彼知己，找出指导战争的行动规律，才能做到有勇有谋，智勇双全；对于革命和建设的领导者来说，只有实事求是，了解革命和建设的实际，才能根据事实制定出正确的路线、方针和政策，完成确定的任务。他说："科学的态度是'实事求是'，'自以为是'和'好为人师'那样狂妄的态度是决不能解决问题的。"[1] 其次，坚持实事求是的态度，有利于增强完成工作任务的信心和勇气。一些同志在接受工作任务时缺乏信心和勇气，原因在于他们对这项工作的内容和环境没有规律性的了解。当他们以实事求是的态度详细分析了工作的情况和环境，就觉得比较有了把握，愿意从事这项工作。如果这个人工作了一个时期，取得了这项工作的经验，并虚心体察情况，客观的、全面的、本质地看问题，就能够得出应该怎样做工作的结论，

---

① 《毛泽东选集》第 2 卷，人民出版社 1991 年版，第 662—663 页。

从而大大提高工作的勇气。① 毛泽东在 1958 年 10 月 25 日致周世钊的信中也表达了这样的思想。1957 年 7 月，曾是毛泽东在湖南第一师范的同窗挚友和新民学会会员的周世钊当选为湖南省副省长。他受任新职，感于人事纠纷和复杂心理，致函毛泽东，陈述心迹，并自谦能力不行。毛泽东在复信中说："年年月月日日时时感觉自己能力不行，实则是因为一不甚认识自己；二不甚理解客观事物……此外，自己缺乏从政经验，临事而惧，陈力而后就列，这是好的。这些都是实事，可以理解的。我认为聪明、老实二义，足以解决一切困难问题。这点似乎同你谈过。聪谓多问多思，实谓实事求是。持之以恒，行之有素，总是比较能够做好事情的。你的勇气，看来比过去大有增加。士别三日，应当刮目相看了。"② 毛泽东的这些话，给了周世钊宝贵的启迪和极大的鼓舞。

再次，坚持实事求是的态度，对于党和人民的事业以及对于自己的进步发展都是有利的。因为只有坚持这一科学态度，才能认识真理和坚持真理，按客观规律办事，有功于社会，造福于人民。坚持实事求是，对于人民事业有利，对自己也不吃亏。若以主观主义律己教人和指导革命，就会害己害人害革命。正因为如此，毛泽东提倡确立实事求是之意，破除哗众取宠之心，靠实事求是吃饭，不靠装腔作势吓人吃饭。

为了坚持实事求是的科学态度，首先，要宣传唯物论和辩证法，反对主观主义和形而上学，奠定科学的世界观基础。其次，要调查研究，眼睛向下，客观、全面、深入地了解实际情况，把理论和实践、革命热情和科学精神、上级指示和本单位实际有机结合起来，创造性地开展工作。再次，要坚持群众路线和民主集中制，总结群众实践的经验，集中党的组织和领导一班人的集体智慧，从组织路线和制度上保证实事求是思想路线和科学态度的坚持与贯彻，把握住对于客观事物的认识和路线、方针、政策的正确性。再次，要增强党性，确立全心全意为人民服务的人生目的和共产主义的社会理想。若没有崇高的人生目的和远大的革命理想，热衷于闹名誉和争地位，追逐个人私利，为了局部

---

① 参见《毛泽东选集》第 1 卷，人民出版社 1991 年版，第 289—290 页。
② 《毛泽东书信选集》，人民出版社 1984 年版，第 548 页。

和暂时的利益而不惜危害全局和长远的利益，不可能做到实事求是。只有确立了为人民服务的人生目的和共产主义的远大理想，对自己的利益和地位没有任何顾虑的人，才能够做到实事求是，为追求真理和坚持真理而进行创造性的工作，勇于克服自己的缺点和错误，并且能够为了坚持真理，为了人民的利益，而不惜牺牲自己的一切。

与实事求是密切相关的人生态度是谦逊诚实。首先，革命理想和目标的高远要求确立谦逊诚实的态度。共产党人以解放全人类，实现共产主义，铸造全面、自由而充分发展的人格为社会理想和人生理想。这样的崇高理想需要几代人十几代人甚至几十代人艰苦不懈的努力，需要每一个人的不间断的个性修养和社会实践。过去和现在的每一个成功和每一个进步只是达于理想境界之途的一个环节或一个片断，若因此而骄傲自满、停步不前，不但会显得非常渺小短视，还会给革命事业造成损失。毛泽东曾经指出，我党历史上曾经有过几次表现了大的骄傲，导致了"左"的和右的错误，吃了大亏，遭到了很大的损失。他要求全党同志对于党的历史上的几次骄傲、几次错误引以为戒，从李自成领导的农民起义军因胜利而骄傲、因腐化而失败的历史事实中吸取教训，不要重犯胜利时骄傲的错误。在新中国成立前夕召开的中共七届二中全会上，毛泽东针对因胜利而可能在党内滋长的居功自傲、贪图享乐、停顿不前的情绪，明确指出："夺取全国胜利，这只是万里长征走完了第一步。如果这一步也值得骄傲，那是比较渺小的，更值得骄傲的还在后头。在过了几十年之后来看中国人民民主革命的胜利，就会使人们感觉那好像只是一出长剧的一个短小的序幕。剧是必须从序幕开始的，但序幕还不是高潮。中国的革命是伟大的，但革命以后的路程更长，工作更伟大，更艰苦。这一点现在就必须向党内讲明白，务必使同志们继续地保持谦虚、谨慎、不骄、不躁的作风，务必使同志们继续地保持艰苦奋斗的作风。"[1]

其次，追求和坚持真理必须有谦逊诚实的态度。实践是认识的来源和检验真理的标准，而人民群众是实践的主体，作为担当着认识中国革命和建设规

---

[1] 《毛泽东选集》第4卷，人民出版社1991年版，第1438—1439页。

律、制定正确路线方针政策，领导人民进行革命和建设实践的政治家，要获得对于客观事物的真理性认识，必须向实践学习，向人民群众学习，先做群众的学生，再做群众的先生，集中群众的智慧和群众实践的经验。"知识的问题是一个科学的问题，来不得半点的虚伪和骄傲，决定地需要的倒是其反面——诚实和谦逊的态度。"① 在整个民主革命时期和新中国成立初期，毛泽东总是告诫全党同志虚心向群众学习，向实践学习，力戒自以为是、趾高气扬、傲慢懈怠、盛气凌人的态度。新中国成立前夕，毛泽东在《论人民民主专政》一文中指出，革命战争已取得了基本的胜利，严重的经济建设任务摆在我们面前。过去熟悉的东西将要闲置，而不熟悉的工作又必须去做。为此，"我们必须向一切内行的人们（不管什么人）学经济工作。拜他们做老师，恭恭敬敬地学，老老实实地学，不懂就是不懂，不要装懂，不要摆官架子。钻进去，几个月，一两年，三年五年，总可以学会的"。② 新中国成立以后，毛泽东也一再强调提倡谦逊和学习的精神，悉心探索社会主义革命和建设的道路。毛泽东在整个民主革命时期和新中国成立初期，都坚持了谦逊诚实的科学态度，因而领导民主革命和社会主义改造取得了巨大成功，并对社会主义建设的道路作了许多极为有益的探索。然而，由于毛泽东本人在巨大成功面前逐渐变得不谨慎和骄傲起来，并一度欣赏和接受个人崇拜，听不得不同意见和批评建议，因而走入了经济建设上急躁冒进、政治上阶级斗争扩大化等理论和实践误区。

再次，全心全意为人民服务的人生目的和党的宗旨也要求树立谦逊诚实的态度。毛泽东总是把谦虚、谨慎、戒骄、戒躁作为全心全意为人民服务的心理素质和思想条件。因为只有这样，才能虚心倾听群众的呼声，反映群众的要求，设身处地地为群众着想，制定和执行正确的政策，领导群众完成各个历史时期的任务，诚心诚意地为群众谋利益，并不断把革命和建设事业推向前进。毛泽东认为，树立谦逊诚实的人生态度不仅是必要的，而且是完全可能的。因为无产阶级和共产党人最没有狭隘性和自私自利性，最有远大的政治眼光和最

---

① 《毛泽东选集》第 1 卷，人民出版社 1991 年版，第 287 页。
② 《毛泽东选集》第 4 卷，人民出版社 1991 年版，第 1481 页。

有组织性，他们每一天都是为了保护人民的利益，为了人民的自由、解放、民主、富强而战斗，他们的一切行动都以最广大人民群众的最根本利益为最高标准，因而能够勇于追求真理，坚持真理，纠正错误，忠诚地为人民而工作，虚心地接受世界上先进的无产阶级及其政党的经验而用之于自己的事业。此外，毛泽东还对谦虚作了具体的分析。1958 年 5 月 8 日，他在中共八大二次会议上的讲话中说：有两种谦虚，一种谦虚是庸俗的谦虚，一种谦虚是合乎实际的谦虚。教条主义者照抄外国，不动脑筋，没有独创的风格，就是过分的谦虚。抄是要抄的，要抄的是精神，是本质，而不是皮毛。普遍真理要与中国的具体实践相结合，这是合乎实际的谦虚。毛泽东认为，中国同志与马恩列斯是学生和先生的关系，因而要虚心学习马克思列宁主义。但决不能像教条主义者那样生搬硬套，而是应将马克思列宁主义和我国的具体特点相结合。"马克思列宁主义的伟大力量，就在于它是和各个国家具体的革命实践相联系的。对于中国共产党说来，就是要学会把马克思列宁主义的理论应用于中国的具体的环境……使马克思主义在中国具体化，使之在其每一表现中带着必须有的中国的特性。"[1] 按照中国的特点去创造性地学习和实践马克思列宁主义，并在实际应用过程中丰富、发展马克思列宁主义，这才是正确的谦虚的态度。

二、崇尚斗争，乐观豪放

毛泽东一生崇尚斗争，心中总是充溢涌动着挑战、斗争、奋进的激情。首先，这种斗争激情是以对于宇宙本质的深邃哲学洞见为基础的。他认为："矛盾存在于一切事物的发展过程中"，"每一事物的发展过程中存在着自始至终的矛盾运动"，"没有什么事物是不包含矛盾的，没有矛盾就没有世界"。[2] 正是事物中包含的矛盾方面的相互依赖和相互斗争，决定一切事物的生命，推动一切事物的发展。"自然界的变化，主要地是由于自然界内部矛盾的发展。社会

---

[1]　《毛泽东选集》第 2 卷，人民出版社 1991 年版，第 534 页。
[2]　《毛泽东选集》第 1 卷，人民出版社 1991 年版，第 305 页。

的变化，主要地是由于社会内部矛盾的发展，即生产力和生产关系的矛盾，阶级之间的矛盾，新旧之间的矛盾，由于这些矛盾的发展，推动了社会的前进，推动了新旧社会的代谢"。① 人的主观的思想则是客观事物的反映。"客观矛盾反映人主观的思想，组成了概念的矛盾运动，推动了思想的发展，不断地解决了人们的思想问题。"② 毛泽东将矛盾观点运用于对一切事物、一切问题的分析之中。他不仅用对立统一规律观察自然界，而且用对立统一规律观察社会；不仅承认私有制社会存在矛盾，而且承认社会主义社会也存在矛盾。他说："无论什么世界，当然特别是阶级社会，都是充满着矛盾的。有些人说社会主义社会可以'找到'矛盾，我看这个提法不对。不是什么找到或者找不到矛盾，而是充满着矛盾。没有一处不存在矛盾，没有一个人是不可以加以分析的。"③ 即使到了将来的共产主义社会，消灭了阶级和剥削，仍然有生产关系与生产力的矛盾、上层建筑与经济基础的矛盾以及先进与落后、正确与错误的矛盾。而在矛盾的两种属性——同一性和斗争性中，同一性是相对的、有条件的，斗争性是绝对的、无条件的。事物的静止和平衡、依存和联结是相对的，而事物矛盾双方的相互排斥、否定、斗争、变动、不平衡则是绝对的。事物矛盾双方的斗争性较之同一性更为根本，更具有革命性意义。

其次，毛泽东崇尚斗争，基于对于人生本质的深刻体认。人是有自我意识、有创造潜能的存在物。毫无疑问，人必须生存于自然的和社会的环境中，既与自然发生联系，又与社会中的其他人发生经济的、政治的和思想的关系。同时，人又能够以主动自觉的精神，运用自己的身心能力，超越自然、社会和人自身，即改造自然、社会和人生，使之符合人生存、发展和完善的需要。作为主体的人面对同自己相对立的自然界、社会和不完善的自我，就必须进行斗争，通过斗争克服自然界之自在的、对人来说是异己的状态，消灭阻碍社会发展的旧势力和束缚人的自由全面发展的旧制度，克服束缚人的思想的旧观念。只有通过斗争，才能调整主客体的关系，变革自然，改造社会；只有通过

---

① 《毛泽东选集》第 1 卷，人民出版社 1991 年版，第 302 页。
② 《毛泽东选集》第 1 卷，人民出版社 1991 年版，第 306 页。
③ 《毛泽东文集》第 7 卷，人民出版社 1999 年版，第 498 页。

斗争，才能克服假恶丑，发展、张扬真善美。他说："人们历来不是讲真善美吗？真善美的反面是假恶丑。没有假恶丑就没有真善美。真理是同谬误对立的。在人类社会和自然界，统一体总要分解为不同的部分，只是在不同的具体条件下，内容不同，形式不同罢了。任何时候，总会有错误的东西存在，总会有丑恶的现象存在。任何时候，好同坏，善同恶，美同丑这样的对立，总会有的……有比较才能鉴别。有鉴别，有斗争，才能发展。真理是在同谬误作斗争中间发展起来的。马克思主义就是这样发展起来的。马克思主义在同资产阶级、小资产阶级的思想作斗争中发展起来，而且只有在斗争中才能发展起来。"①

毛泽东确认对立统一规律是宇宙的根本规律，并自觉而一贯地运用这个规律去观察问题和处理问题。他终其一生，是作为一个造反者、斗争者、挑战者的形象而出现的，斗争精神渗透、贯穿于其终生的活动之中。但需要指出的是，毛泽东不仅确认矛盾普遍存在，斗争普遍存在，同时，他又是一个实事求是、脚踏实地分析问题和解决问题的思想家和革命家。他十分重视矛盾特殊性的分析和研究，因而能够根据各种矛盾的性质，根据每一矛盾过程的不同时期、不同阶段的特点，采取正确的斗争策略。毛泽东挑战、斗争的对象，有的是压抑人的本性、阻碍人的发展的旧制度和恶势力；有的是虽然有满足主体需要的可能性，但尚保留着对人来说是异己状态的自在的自然界；有的则是存在于主体的主观领域、影响人的创造性潜能发挥和人生完善的旧思想、旧观念。在新民主主义革命时期，他领导人民同帝国主义、封建主义、官僚资本主义进行斗争，创建了独立、自由、民主的人民共和国；在全面开展社会主义建设的时期，他号召人民向自然开战，向地球开战，向科学进军，解放和发展生产力，并勇敢承认社会主义仍然是充满矛盾的社会，其中有生产关系和生产力的矛盾、上层建筑和经济基础的矛盾、敌我矛盾以及人民内部矛盾等等，号召人们用对立统一观点观察和处理社会主义社会的问题。在思想意识领域，他主张通过批评和自我批评，通过精神革命和道德反思，洗刷唯心主义和形而上学，

---

① 《毛泽东文集》第 7 卷，人民出版社 1999 年版，第 280 页。

破除个人主义，树立辩证唯物主义世界观和集体主义、共产主义道德观念。他主张坚持"惩前毖后，治病救人"的方针、运用"团结——批评——团结"的公式，开展批评和自我批评，进行积极的思想斗争，弄清原则问题和是非问题，彻底肃清错误思想，从团结的愿望出发而进行斗争，通过斗争而求得团结。显而易见，尽管毛泽东崇尚、提倡、热望斗争，但他并不认为斗争就是一切，斗争就是目的，其斗争的目的是实现理想社会和理想人生。毛泽东积极提倡斗争，并不意味着他不承认同一和均衡对于社会与人生的价值，而是表明他深知相对的同一和均衡是通过绝对的斗争而获得的。毛泽东强调斗争的意义，并不表明他没有对社会人生的关切与同情。相反，他总是以对人民至深至切的关怀而从事不倦的斗争，因为他深知人民的权利只有通过斗争才能取得，人民的权利也只有通过斗争才能保卫和巩固。毛泽东在领导中国革命和建设事业的大部分时间里，以其高亢的挑战精神和斗争意志所形成的巨大感召力和凝聚力，团结、激励中国共产党人和中国人民，形成了一股不可战胜的巨大力量，完成了新民主主义革命、社会主义革命这样英雄史诗般的业绩。直到晚年，毛泽东的斗争激情和战斗意志也未曾稍减。在毛泽东的意识中，世界上没有矛盾和斗争是不可想象的。无产阶级和资产阶级、马克思主义和修正主义、社会主义和资本主义、帝国主义和被压迫民族的矛盾并未解决，因而斗争不会停止，战争不可避免。他以对民族独立、国家安全、人民幸福的倾心关注，试图通过不断斗争来巩固和发展革命的成果。这种旺盛的斗争激情和为了人民而不惜在革命的狂涛巨浪中埋葬自身的精神委实令人敬佩。遗憾的是，他在晚年对国内阶级斗争形势作了不切实际的估计，把阶级斗争作为中国社会的主要矛盾，提出了以"阶级斗争为纲"的口号，并发动和领导了"文化大革命"，造成了动机和效果、目的和手段、理想和现实的背离。这无疑是巨人的失足和历史的悲剧。

人生之路由顺逆、苦乐、幸与不幸、成功与失败交织而成，革命者的生涯更是风险迭至、崎岖艰辛、魅力无穷。面对充满艰辛、痛苦的人生之路，有人悲观消沉，落寞沉郁；有人游戏人生，玩世不恭；有人看破红尘，超然物外；有人精神崩溃，自绝于世；而有人则鄙视在生活重压下退避屈服的软弱表现，将巨大的痛苦转换成奋发进击的力量，始终以欢欣、乐观、豪放的心态面对现实人生，在与各种阻碍人生完善势力斗争中发展自身的生命，勇于担当和执着追求崇高的使命。当然，只有具有高尚、坚强的伟大心灵的人能够做到这一点，而毛泽东就是这样的伟大人物。他作为一个献身于人类正义事业的职业革命家，在他的一生中经历了太多的来自革命队伍内部的误解、打击、排挤、报复，来自敌人的攻击、诽谤和暗算，他和其他共产党人所领导的中国革命和建设事业遭到了中外反动派的联合绞杀、破坏、包围和封锁。然而，乐观豪放的人生态度却无时不充溢于他的胸中，并以之感染、鼓舞了全党和全体人民。在土地革命战争时期，面对强大的国内敌人和弱小的工农红军的悬殊对比，有人产生了"红旗到底打得多久"的悲观情绪，毛泽东则详尽地分析、论证了中国红色政权能够存在的理由，得出了"星星之火，可以燎原"的振奋人心的结论。抗日战争时期，日寇大举进犯中国，"亡国论"风靡一时，在中华大地上笼罩着悲观情绪的烟云。毛泽东科学分析了中日战争的性质，分析了中日双方相互矛盾的诸多特点以及政治、经济、军事等方面的力量对比和变化，指出抗日战争要经过战略防御、战略相持、战略反攻三个阶段，抗日战争是持久的，最后胜利是中国的，从而极大地鼓舞了全国人民争取抗日战争胜利的信心。在解放战争时期，国民党反动派企图抢夺中国人民的抗战胜利果实，消灭共产党及其领导下的人民军队，建立一党专政的法西斯统治，在中国面临两种命运、两种前途的抉择的紧要关头，毛泽东和中国共产党人以革命乐观主义精神，领导人民进行了伟大的解放战争，创建了中华人民共和国。在社会主义建设时期，毛泽东和中国共产党人顶住国外敌对势力的压力，以凌寒傲雪的梅花自喻自许，坚持马克思主义原则，独立自主地进行社会主义建设。

毛泽东为什么能够终生保持乐观豪放、奋斗向上的人生态度呢？

首先，来自对于社会发展规律的深刻洞察和对革命事业正义性的坚定信念。中国传统心理结构中的乐观精神基于阴阳对立统一、相承相应、否极泰来、苦尽甘来的牢固信念，使人们在任何艰难否塞的窘境中都能够保持生的旺盛冲动和执着希望。毛泽东也把光明与黑暗、进步与保守、革命与反动作为思维的两极，坚信世界是在进步的，独立、自由、民主、平等是多数人的愿望，是世界历史发展不可逆转的大趋势。由阶级社会向无阶级社会过渡，封建主义、资本主义的经济、政治、思想文化体系的崩溃和没落，社会主义、共产主义社会的实现，是不以人的意志为转移的客观规律。革命必然要消灭反动，光明终究会驱除黑暗，正义必将要战胜邪恶。毛泽东坚信自己和共产党人所从事的事业是正义的、进步的，而进步、正义的事业必胜。一切反动、落后、保守、邪恶的力量尽管一时强大，但由于他们违背社会历史发展规律，违背人民的意志和愿望，得不到人民的支持和拥护，因而注定要归于失败。

其次，来源于人民群众能够自己解放自己、人民群众创造历史的唯物史观。毛泽东认为，人民是创造世界历史的动力。他与中国共产党人以为人民服务为根本宗旨，以是否符合最广大人民群众的根本利益为一切活动的出发点和归宿。也就是说，他们所从事的是全心全意为人民服务的崇高事业，必将得到人民群众的衷心热爱、支持和拥护。中国的事情要靠中国人民自己来办，搞革命和搞建设，都需要发动群众和依靠群众。"只要我们依靠人民，坚决地相信人民群众的创造力是无穷无尽的，因而信任人民，和人民打成一片，那就任何困难也能克服，任何敌人也不能压倒我们，而只会被我们所压倒。"①

再次，来源于对于事物发展道路的正确认识。毛泽东认为，事物是沿着波浪式和螺旋形的曲折道路前进上升的，"新陈代谢是宇宙间普遍的永远不可抵抗的规律。依事物本身的性质和条件，经过不同的飞跃形式，一事物转化为他事物，就是新陈代谢的过程。任何事物的内部都有其新旧两个方面的矛盾，形成一系列的曲折的斗争。斗争的结果，新的方面由小变大，上升为支配的东西；旧的方面则由大变小，变成逐步归于灭亡的东西。而一当新的方面对于旧的方面取得支配地位的时候，旧事物的性质就变化为新事物的性质。"②"世界上总是这样以新的代替旧的，总是这样新陈代谢、除旧布新或推陈出新的"。③波浪式前进和螺旋式上升是事物发展的普遍规律，任何新生事物的成长都要经过艰难曲折，甚至会发生暂时的倒退和逆转。尽管如此，其前进和上升的趋势

① 《毛泽东选集》第3卷，人民出版社1991年版，第1096页。
② 《毛泽东选集》第1卷，人民出版社1991年版，第325页。
③ 《毛泽东选集》第1卷，人民出版社1991年版，第321页。

则是不可逆转的。毛泽东深谙事物曲折前进的辩证法，把艰难困苦、曲折迂回视为达到社会人生之理想境界的必经之路，在任何情况下都不气馁，不动摇，始终以革命乐观主义的精神为实现高远的社会理想与人生理想而奋进斗争。

复次，革命和建设胜利前进的实践经验强化了毛泽东乐观豪放的人生态度。中国共产党刚刚诞生时只有几十个人，显得是那洋渺小。但在短短几十年内就成长壮大起来，领导人民克服了一个个困难，战胜了国内外强大的敌人。因为中国共产党是一种新生力量，拥有正义和真理。"不论在自然界和在社会上，一切新生力量，就其性质来说，从来就是不可战胜的。而一切旧势力，不管它们的数量如何庞大，总是要被消灭的。"① 基于这种历史经验，毛泽东号召共产党人藐视人世遭逢的任何巨大困难，同时又告诫人们将这种乐观的态度和科学的求实精神结合起来，在战术上重视困难，对之持认真态度，创造条件，讲究方法，将它们一个个克服掉。为此，就要"更多地懂得马克思列宁主义，更多地懂得自然科学，一句话，更多地懂得客观世界的规律，少犯主观主义错误"。② 最后，毛泽东的乐观态度还来自对于人心向上和趋向永恒的坚定信念。毛泽东早在 1937 年写的《实践论》中，就向无产阶级和中国共产党人提出了在改造客观世界的同时改造主观世界的任务，期望通过主观世界的改造，确立科学的世界观，提高科学文化水平，培养高尚的道德精神，从而全面提高人的主体素质。作为主体的人只要时时注意提高自己，从事有益于社会和人民的事业，那么，他的心就永远是年轻的，他的青春生命就可以在为人民谋幸福的事业中获得常驻和永恒。这种对于人的青春生命的乐观态度在毛泽东的诗词中得到了很好的体现。古人常感叹战争惨烈和行役之苦，悲感在仆仆征尘中青春消磨人生渐老。即使以乐观豪放名世的辛稼轩、陆放翁，也难逃脱这种悲苦情结的缠绕。辛弃疾在《清平乐·独宿博山王氏庄》一词中咏叹"平生塞北江南，归来华发苍颜"；陆游在《渔家傲·寄仲高》一词中悲叹"行遍天涯真老矣"。毛泽东在戎马倥偬的战争年代却一反旧调，吟出了"踏遍青山人未老"的豪

① 《毛泽东文集》第 6 卷，人民出版社 1999 年版，第 393 页。
② 《毛泽东文集》第 6 卷，人民出版社 1999 年版，第 393 页。

放词篇；在社会主义改造基本完成、全面开展社会主义建设时期到来的时候，毛泽东在《七律·和周世钊同志》中写下："莫叹韶华容易逝，卅年仍到赫曦台。"① 的诗句，表达了他为革命理想的实现而欢欣快慰，不为美好年华的逝去而悲叹的豪放旷达心境。

三、勇敢坚毅，积极进取

毛泽东在讲到自己的性格特征时说，他一半是猴，一半是虎。在他的身上，猴气和虎气、浪漫高远的理想和客观务实的精神、乐观主义的情感倾向和勇敢坚毅的心态意绪是同生并在的。他具有非凡的社会历史洞察力和冷静缜密的理性思维能力，谙熟中国的社会结构和运行机制，了解社会历史发展规律，具备卓越的组织才能和高超的斗争艺术，精通中国传统文化的内在实质，且深受荆楚之地悠远古老的浪漫主义思想传统的熏染，胸怀气势磅礴、目标宏伟、意境瑰丽、摄人心魄的高远理想，并为这一理想激情所驱动、激励和支配，生发、培育和持有一种乐观主义心理倾向和藐视人世间任何巨大困难，为达到理想境界而坚韧不拔、不屈不挠的意志力。在毛泽东的心态意绪、思想观念中，光明的迷人前途和曲折的艰难道路是纠结在一起的。在光明的前途和眼下的现实之间，存在着一段险象环生、艰辛备至、曲折坎坷的途程。革命者为了争取光明的前途，达到理想的境界，就必须正视困难，直面困难，向困难作斗争。要准备走曲折的道路，经过长期而艰苦的斗争，不要存有任何侥幸心理，不要贪图便宜。抗日战争时期，毛泽东在《论持久战》一文中指出："我们的战争是神圣的、正义的，是进步的、求和平的。不但求一国的和平，而且求世界的和平，不但求一时的和平，而且求永久的和平。欲达此目的，便须决一死战，便须准备着一切牺牲，坚持到底，不达目的，决不停止。牺牲虽大，时间虽长，但是永久和平和永久光明的新世界，已经鲜明地摆在我们的前面。我们

---

① 赫曦台，位于湖南省长沙市岳麓山岳麓书院，朱熹曾称岳麓山顶为赫曦，后人因之称此山之台为赫曦台。

从事战争的信念，便建立在这个争取永久和平和永久光明的新中国和新世界的上面。法西斯主义和帝国主义要把战争延长到无尽期，我们则要把战争在一个不很久远的将来给以结束。为了这个目的，人类大多数应该拿出极大的努力。四亿五千万的中国人占了全人类的四分之一，如果能够一齐努力，打倒了日本帝国主义，创造了自由平等的新中国，对于争取全世界永久和平的贡献，无疑地是非常伟大的。这种希望不是空的，全世界社会经济的行程已经接近了这一点，只须加上多数人的努力，几十年工夫一定可以达到目的。"[1] 在抗日战争即将胜利的前夕召开的中共第七次全国代表大会上，毛泽东在题为《愚公移山》的闭幕词中引用《列子·汤问》中北山愚公率子偕孙叩石垦壤，挖山不止，决心搬掉挡在门前的太行、王屋二山，开辟达于豫南、汉阴之通途的寓言故事，号召全党树立必胜信心，坚持斗争，不断工作，感动全中国的人民大众，启发全国广大人民的觉悟，心甘情愿和共产党人一起奋斗，挖掉帝国主义和封建主义这两座大山，争取革命斗争的胜利。从此以后，无论是在革命时期，还是在建设时期，愚公成为中国共产党人和广大人民群众坚韧不拔、锲而不舍的革命意志、毅力的人格象征。毛泽东坚韧不拔的人生态度也体现于其对历史人物的评价之中，而对于项羽的品评就是典型例证。项羽和刘邦都是反抗暴秦的农民起义领袖。灭秦之后，项、刘之间发生了争夺天下的战斗。项羽与刘邦战于垓下，兵败后自刎于乌江。对项羽的人格意志，后代多有评说。总的说来是崇拜其人格，但对其缺乏坚韧耐久的意志力颇有微辞。唐代的杜牧就在《乌江亭》一诗中批评项羽经不起失败的打击，并对项羽不能过江东重整旗鼓、卷土重来，与刘邦作韧性的战斗而深以为憾。杜牧在诗中写道："胜败兵家未可期，包羞忍耻是男儿。江东弟子多才俊，卷土重来未可知。"毛泽东正是以对于历史洞察入微的理性思考、热烈坚定的理想信念、革命的乐观主义精神和坚强的意志所形成的巨大人格魅力，将中华民族的优秀儿女团结、凝聚在自己周围，形成了一股不可战胜的力量，完成了震古烁今、亘古未有的英雄业绩。

　　毛泽东认为，要将理想变为现实，需要共产党人和广大人民群众脚踏实地

---

① 《毛泽东选集》第 2 卷，人民出版社 1991 年版，第 476 页。

的努力，必须发扬艰苦奋斗和英勇牺牲的精神。中国共产党人是无产阶级的
先进部队，是中国革命和建设事业的中流砥柱，担负着领导中国人民战胜黑
暗、贫穷和落后，走向光明、富裕和进步的历史使命。他们以中国最广大人民
的最大利益为出发点，应当在现实的革命斗争实践中提起对于人民的无限忠
诚，脚踏实地，埋头苦干，艰苦奋斗，勤奋努力，英勇斗争，不惜牺牲个人的
一切，随时准备拿出自己的生命去殉人民的正义事业。在毛泽东看来，富于牺
牲精神，在困难面前不动摇、忠心耿耿地为民族、为阶级、为党而工作，不仅
是共产党人应持的正确人生态度，也是指导伟大运动的党的干部所必备的最重
要的素质之一。这种态度和素质，同为战争时期的革命斗争与和平时期的建设
事业所需要。毛泽东在1953年夏季全国财经工作会议上的讲话中提出："要提
倡谦虚、学习和坚忍的精神。"毛泽东所提倡的勇猛无畏的精神，不但体现在
对自然界和社会上异己力量的斗争中，还体现在对主体自我的斗争和超越中。
毛泽东说："共产党人必须随时准备坚持真理，因为任何真理都是符合于人民
利益的；共产党人必须随时准备修正错误，因为任何错误都是不符合于人民利
益的。"[①] 为此，就要经常开展正确的而不是歪曲的、认真的而不是敷衍的批评
和自我批评，知无不言，言无不尽，言者无罪，闻者足戒，有则改之，无则加
勉，丢掉不适合人民需要的思想、观点、意见和办法，不让任何政治灰尘、政
治微生物来沾染我们清洁的面貌和侵蚀我们健全的肌体。而保持马克思主义的
理论、理想、信仰、立场的坚定性和纯洁性，不仅是每一个献身于人民的正义
事业的人永葆革命青春的需要，也是人民的正义事业能够取得胜利和得以延续
的需要。毛泽东始终赞成为了人民的利益而英勇牺牲的精神，肯定以奉献牺牲
的壮举赢得人格升华和新的世界秩序诞生的价值和意义。如他在《七律·到韶
山》一诗中吟道："红旗卷起农奴戟，黑手高悬霸主鞭。为有牺牲多壮志，敢
教日月换新天。"再现了当年农民阶级与地主阶级的尖锐对立冲突和严酷斗争，
歌颂了农民阶级和无数革命先驱者不屈不挠、前赴后继、敢于斗争、敢于胜
利，以自我的牺牲赢得消灭压迫剥削、人民翻身解放当家作主的新世界的崇

---

① 《毛泽东选集》第3卷，人民出版社1991年版，第1095页。

高精神，肯定了革命者的奋斗牺牲对于促进社会进步和人类幸福的巨大历史价值。

在毛泽东求实谦逊、乐观豪放、坚韧不拔的性格特征中，内在地蕴含着一种开放的心态和与时偕行、与世推移、创造进取的精神基因。毛泽东的人生态度同其整体人格和从事的高尚事业一样，是开放的和发展的。从根本上来说，毛泽东的开放心态和与时偕行的辩证态度，来自对客观世界和主观世界之发展动变本质的深切体认。他认为："任何过程，不论是属于自然界的和属于社会的，由于内部的矛盾和斗争，都是向前推移向前发展的，人们的认识运动也应跟着推移和发展。"①"客观过程的发展是充满着矛盾和斗争的发展，人的认识运动的发展也是充满着矛盾和斗争的发展。一切客观世界的辩证法的运动，都或先或后地能够反映到人的认识中来。社会实践中的发生、发展和消灭的过程是无穷的，人的认识的发生、发展和消灭的过程也是无穷的。根据于一定的思想、理论、计划、方案以从事于变革客观现实的实践，一次又一次地向前，人们对于客观现实的认识也就一次又一次地深化。客观现实世界的变化运动永远没有完结，人们在实践中对于真理的认识也就永远没有完结。"②历史赋予无产阶级认识世界和改造世界的任务。作为无产阶级革命运动的指导者，不但要善于纠正思想、理论、计划、方案中的错误，而且要使自己的思想随变化了的客观情况而前进，随客观过程的推移而转变。毛泽东要求共产党人与时偕行，与世推移，在实践中接受新事物，研究新问题，总结新经验，创立新理论，立志改革，开拓创新。他本人就是力求坚持这种态度，批判固守本本的教条主义和偏执一孔之见和一得之功的狭隘经验主义，把马克思主义与中国实际有机结合起来，在实践中运用和发展马克思主义，创立了既与马克思主义一脉相承、又具有鲜明的中国特色的毛泽东思想，制定了武装斗争、党的建设、统一战线三位一体的新民主主义革命的总体战略，走出了一条建立农村根据地，以农村包围城市，最后夺取全国政权的中国革命的道路。新中国成立以后，将列宁用和

---

① 《毛泽东选集》第 1 卷，人民出版社 1991 年版，第 294 页。
② 《毛泽东选集》第 1 卷，人民出版社 1991 年版，第 295—296 页。

平方式赎买资本家财产的设想变成现实，完成了对生产资料私有制的社会主义改造，并且对于中国社会主义建设的道路进行了初步的有益探索。毛泽东在强调外向性的创造进取、向自然和社会作斗争的同时，也十分注意自我改造，使主体自身臻于完善。他终生勤奋学习，追求真理，不断丰富自己的心灵世界，不断超越自我，从毛泽东的心灵世界到毛泽东的现实活动，都透发出一种创造进取的欲求和生命不息、创化不已的精神。这种精神作为毛泽东的人生态度的构成要素，积淀为一种重要的心理定势和性格特征。当然，探索有时也会误入歧途，创造亦非一帆风顺。毛泽东在不懈开拓创新的人生旅途中有成功，也有失败；有胜利的欢欣，也有失败的郁闷。然而，他能够在成功中总结经验，再接再厉；在失败中吸取教训，韧性作战。如果说，不断进取创造的精神，在战争年代和共和国初创时期的艰苦岁月里尤其需要，那么，在如今改革开放的时代，能够继承和发扬开拓创新的精神就更加可贵。

下　篇

毛泽东对人生诸问题的辩证思考

第十四章　交友与处世

交往作为人的社会关系的实现和动态表现，是团聚社会个体和发展社会个体的方式，是促进社会个体自我发展和完善、推动社会文明进步的重要途径。而在交往过程中挚友的获得和友谊的培育对于人生更是弥足珍贵。没有社会交往，得不到挚友和友谊的人是孤独的和不幸的。毛泽东一生中非常推重结交天下之善友，借此增智益能，砥砺品行，同心救世。毛泽东的交友处世观风格独特，堪称楷模。

一、结识同道，自完救世

《诗经·小雅·伐木》曰："伐木丁丁，鸟鸣嘤嘤。出自幽谷，迁于乔木。嘤其鸣矣，求其友声。相彼鸟矣，犹求友声。矧伊人矣，不求友生？神之听之，终和且平。"该诗从铮铮的伐木声联想到鸟儿求友的嘤嘤鸣叫。精诚的鸟儿出自幽谷、迁飞高树，犹能求其友声，不忘尚在幽谷中的同类；人们也不能少感寡情，不去呼唤自己的伙伴和朋友，而应自知戒慎，遵循互相友善的道理，以获得和平与安宁。《伐木》本是燕飨故旧亲朋的诗歌，其中同气相求、同声相和、同道相交的思想却世代流传，嘤鸣求友为历代有理想抱负的人们所仿效。

毛泽东在湖南省立第一师范读书期间，在研究学问、探索救国拯民之道的同时，十分注意结交有志青年为友，与肖子升等人讨论道德学问，纵谈天下大事，往来酬答，相处甚洽。但又时常觉得学校环境太坏，俦侣太恶，交友不博，见识不广，"而少年学问寡成，壮岁事功难立，乃发内宣，所以效嘤鸣而求友声。"①1915 年秋，他以"二十八画生"的名义发出征友启事，邀请有志于爱国工作的青年和他联系，表示要结交能够刻苦耐劳、意志坚定、随时准备为国捐躯的青年做朋友。启事标明"来信由第一师范附属小学陈章甫转交"，并在邮寄启事的信封上写道："请张贴在大家看得见的地方。"当时应征者罗章龙后来回忆说，启事的大意是要征求志同道合的朋友，原文中有"愿嘤鸣以求友，敢步将伯之呼"等语。毛泽东在接到罗章龙的应征信后，立即给罗写信，引用《庄子》中"空谷足音，跫然色喜"的字句来表达自己的喜悦心情，并与罗相约在定王台湖南省立图书馆谈话。由于以启事征友的举动不凡，应者寥若晨星。按毛泽东的话说只有三个半人。尽管征友不顺，但毛泽东在其交友救世的迫切愿望和热忱的驱动下，逐渐团结了一批学生在自己的周围，同许多学生和朋友建立了广泛的通信联系，并认识到建立一个比较严密的组织的必要性，1917 年冬，同肖子升、蔡和森等人发起组织新民学会。1918 年 4 月 14 日，新民学会成立。在毛泽东、蔡和森等人的努力下，新民学会由一个追求向上的进步青年团体，逐步发展成为一个革命组织，学会中的七八十名会员中，后来有许多人成了中国共产主义和中国革命史上的有名人物。

毛泽东在结交挚友问题上，有自己的独特见解。其一，交友可以开阔视野，增益知识。毛泽东在 1915 年 8 月给肖子升的信中说："今夫人者万类之灵，发声以为言，言而后抟其类以为群。夫言以灵而发，群以言而抟，然则言也者，顾不贵欤！尝诵程子之箴，阅曾公之节，上溯周公孔子之训，若曰惟口兴戎，讷言敏行，载在方册，播之千祀。今者子升以默默示我准则，合乎圣贤之旨，敢不拜嘉！虽然，仆则思之，天地道藏之邃窎（diào），古今义蕴之奥窔（yǎo），或蓄变而错综，或散乱而隐约，其为事无域，而人生有程，人获一珠，家藏半璧，欲不互质参观，安由博征而广识哉？夫所谓言以招愆者，以其似矣！虽然，言不能因愆而废，犹食不能因噎而废也。况所言者未必愆，即愆

---

① 《毛泽东早期文稿》，湖南人民出版社 1990 年版，第 28 页。

矣，亦哲人之细事。"① 人作为万物之灵，因有思想意识而发声以为语言，因有语言交流思想情感聚而为群。语言对于团聚个体、构成社会、完善人生是非常珍贵的。尽管古圣先贤认为言语会引起纷争战伐，并告诫人们言语要谨慎迟钝，做事要勤劳敏捷，然而，天地之道和古今义蕴深邃幽远，错综繁杂，散乱隐约，知识无涯而人生有限，若人们各自获得了对于天地之道和古今之理的一定认识而不愿相互交流，就无法博征广识。尽管言语招过，言而有失，但不能因噎而废食。只有通过朋友间的相互交流才能增长见识，使人的思想从片面褊狭走向全面开阔，使人的思维从黑暗混乱走向理智明晰，使人的思绪由纷乱无序走向井井有条。这正如弗兰西斯·培根所说："讨论犹如砺石，思想好比锋刃。两相砥砺将使思想更加锐利。"② 惟其如此，毛泽东表示自己无他长处，"惟守'善与人同''取人为善'二语，故己有得，未尝敢不告于人；人有善，虽千里吾求之。"③ 朋友之间在相互切磋学问、交流知识的过程中，也矫正着各自的思维方法。而正确的思维方法又是认识社会人生的得力工具。罗学瓒在 1920 年 7 月 14 日给毛泽东的信中剖判了人们在认识上和思想方法上的四种错误：第一是感情用事，无论处事接物，都拿感情的好恶来断定事物之是非，可叫做"感情迷"。第二是无普遍的观察，总是由一部推断全体，可叫做"部分迷"。第三是无因果的观察，总是拿一时现象而推断全局，可叫做"一时迷"。第四是不观察对象的事实，每以主观所有去笼罩一切，可叫做"主观迷"。"四种迷"是导致思想混乱的原因，如果不克服这四种错误，就不配求学，就没有求学的资格。④ 毛泽东在 1920 年 11 月 26 日给罗学瓒的回信中说："四种迷，说得最透澈，安得将你的话印刷四万万张，遍中国人每人给一张就好。感情的生活，在人生原是很要紧，但不可拿感情来论事。以部分概全体，是空间的误认。以一时概永久，是时间的误认。以主观概客观，是感情和空间的合同误认。四者通是犯了论理的错误。我近来常和朋友发生激烈的争辩，均

---

① 《毛泽东早期文稿》，湖南人民出版社 1990 年版，第 18 页。

② 弗兰西斯·培根：《人生论》，何新译，湖南文艺出版社 1992 年版，第 127 页。

③ 《毛泽东早期文稿》，湖南人民出版社 1990 年版，第 28 页。

④ 见《新民学会资料》，人民出版社 1980 年版。

不出四者范围。我自信我于后三者的错误尚少，惟感情一项，颇不能免。惟我的感情不是你所指的那些例，乃是对人的问题。我常觉得有站在言论界上的人我不佩服他，或发现他人格上有缺点，他发出来的议论，我便有些不大信用。以人废言，我自知这是我一个短处，日后务要矫正。我于后三者，于说话高兴时或激烈时也常犯错误，不过自己也知道是错误，所谓明知故犯罢了（作文时也有）。"①说话做事以情代理、以偏概全、以一时概永久、以主观概客观，是逻辑上和思想方法上的错误。毛泽东同意罗学瓒对上述四种错误的分析批评，并反思自己思想方法上的问题，对于确立理性态度，坚持观察的客观性，用全面的和发展的眼光看问题，无疑具有积极意义。毛泽东唯物而辩证的思维方法就是在革命实践中以及与朋友的切磋琢磨、诘难辩驳的过程中而逐步确立起来的。

其二，交友有益于砥砺品行，催人奋进。毛泽东在 1915 年 9 月 27 日给肖子升的信中直抒胸臆，坦诚流露自己求友的动机："吾人立言，当以身心之修养、学问之研求为主，辅之政事时务，不贵文而贵质，彩必遗弃，惟取其神。……此日如金，甚可爱惜！仆自克之力甚薄，欲借外界以为策励，故求友之心甚热。"②道德学问惟有在与他人的交往中形成。与具有共同的目标、兴致、学识、情感的人们之间会形成强烈的情绪共鸣、心理相容和道德浸润习染；人们在交往中能够将自身与他人比较，既能发现别人的长处而取人之长，亦能发现自己的短处而克己之短。此即孔子所说的："见贤而思齐焉，见不贤而内自省也。"③朋友间的逆耳忠言和诚恳劝诫有利于人格的健全和自我完善。而这种高尚纯真的交往和友谊所形成的道德上相互竞赛激励和奋发向上的环境更为人的人格升华和自我完善创造了不可多得的条件。我们从毛泽东早年发起新民学会的缘由、学会宗旨、学员入会的条件和必须遵守的规范、学会和会友的态度以及学会的长处和会友的优点均可以体察到交友对于完善人生的意义。

---

① 《毛泽东早期文稿》，湖南人民出版社 1990 年版，第 566 页。

② 《毛泽东早期文稿》，湖南人民出版社 1990 年版，第 28 页。

③ 《论语·里仁》。

毛泽东在《新民学会会务报告》第一号中讲到新民学会发起的原因时说，他和肖子升、蔡和森等人从 1915 年就开始讨论"个人及全人类生活向上"和"如何使个人及全人类生活向上"的问题。到了 1917 年冬才得出"集合同志，创造新环境，为共同的活动"的结论，于是乃有组织学会的提议并得到了大家的一致赞同。"这时候发起诸人的意思至简单，只觉得自己品性要改造，学问要进步，因此求友互助之心热切到十分。——这实在是学会发起的第一个根本原因。"其二，"这时候国内的新思想和新文学已经发起了，旧思想、旧伦理和旧文学，在诸人眼中，已一扫而空，顿觉静的生活与孤独的生活之非，一个翻转而为动的生活与团体的生活之追求——这也是学会发起的一个原因"。其三，"还有一个原因，则诸人大都系杨怀中先生的学生。与闻杨怀中先生的绪论，作成一种奋斗的向上的人生观"。①1918 年 4 月 17 日新民学会召开成立大会，确定"以革新学术、砥砺品行，改良人心风俗为宗旨"，规定会员必须遵守五项纪律，即"一、不虚伪；二、不懒惰；三、不浪费；四、不赌博；五、不狎妓"。1920 年春夏之际，毛泽东等旅沪会员和即将赴法勤工俭学的会员，在上海半淞园举行送别会并进行讨论，确认学会的态度是"潜在切实，不务虚荣，不出风头"。新会友入会需符合纯洁、诚恳、奋斗、服从真理四项条件。会友应取的态度是"宜有真意；宜恳切；宜互相规过；勿漠视会友之过失与苦痛而不顾；宜虚心容纳别人的劝诫；宜努力求学"。毛泽东在历述新民学会的发展过程之后，还从总体上归结了学会的优点和会友的长处。他认为，学会的优点在于"不标榜"、"不张扬"、"不求急效"和"不依赖旧势力"。会友间少面誉和自满，多勉励和自谦；少急功而近利，多沉潜而致远；少因袭和守旧，多创造和进取。学会会友的好处主要有三："第一是头脑清新，多数会友没有陈腐气，能容纳新思想。第二是富有奋斗精神，多数会友大概都有一点奋斗力，积极方面，联合好人，做成好事；消极方面，排斥恶人，消减恶事。于改革生活，进修学问，向外进取各点，均能看出会友的奋斗精神。第三是互助及牺牲的精神，会友间大概是能够互助，并且有一种牺牲的精神的。"新民学会要求自己

_____

① 见《新民学会资料》。

的会员潜在求实、诚恳光明、奋斗进取，从而创造了一种催人奋进的环境，会员之间生活上相互关照，学术上相互切磋，道德上相互砥砺规劝，不断追求真理，净化心灵。正因为如此，学会由一个不满现状、追求进步的青年团体，演进为一个对中国现代历史发展进程产生了巨大影响的革命组织，并孕育了毛泽东、蔡和森、何叔衡等一大批信仰坚定、意志顽强、光彩照人的无产阶级革命家。

其三，交友有助于聚集力量，救世拯民。毛泽东说："来日之中国，艰难百倍于昔，非有奇杰不足言救济。"而"人非圣贤，不能孑然有所成就，亲师而外，取友为急"。正是基于这种思想，他在 1915 年秋的征友启事中热切期望结交艰苦耐劳、意志坚定、随时准备为国捐躯的青年为友。他希望新民学会的会员注意广泛联络同志。他在给蔡和森等人的信中说："这项极为紧要，我以为我们七十几个会员，要以至诚恳切的心，分在各方面随时联络各人接近的同志，以携手共上于世界改造的道路。不分男，女，老，少，士，农，工，商，只要他心意诚恳，人格光明，思想向上，能得互助互勉之益，无不可与之联络，结为同心。……我觉得创造特别环境，改造中国与世界的大业，断不是少数人可以包办的，希望我们七十几个人，人人注意及此。"① 新民学会会员经过悉心探索和热烈讨论，最后确定以"改造中国和世界"作为学会的目的，并确认以暴力革命和无产阶级专政作为达到这个目的的方式和途径。毛泽东之所以能够选择共产主义的人生之路，除了他自身的学习和实践之外，亦得益于李大钊、陈独秀、蔡和森等良师益友的引导、规劝和思想启迪。在毛泽东成为一个马克思主义者之后，他的交友观逸出了个人自我完善的狭隘天地。他以阶级观点和阶级分析方法分析中国社会各阶级的经济地位和政治态度，以确认革命的领导阶级和同盟力量，力求根据革命形势的发展和阶级关系的变动状况，建立最广泛的革命统一战线，团结一切可以团结的力量，为中国革命服务，为社会主义建设服务。然而，他交结八方友朋、共谋世界大同的精诚之心则是始终一贯的。

① 《毛泽东书信选集》，人民出版社 1983 年版，第 10 页。

二、做事论理，交友论情

　　交友可以使人们博闻广识、开阔视野、进德修行、完善人格、共谋宏图、建功立业。但如何交结友朋，获得交友之益呢？也就是说，应以什么原则结交朋友和处理与朋友的关系呢？在毛泽东看来，朋友关系尽管错综复杂，但从本质上看，不外乎"理"、"情"二字。"理"可理解为主义、原则和规范；"情"可以理解为情感、意志和态度。志同道合、情意相投是朋友间思想情感的聚合力和精神支柱，而正确理解"理"和"情"对于交友的意义，并以这种认识规范与朋友的交往活动，则是广交朋友并深受交友之益的关键。

　　1920年5月22日，欧阳泽在给毛泽东的信中将新民学会的精神归结为四点：其一，对于本会要尽力栽培、灌溉和爱惜，务必使之充分发展；其二，本会对于个人和个人对于本会，必须负完全的责任；其三，会员对于会员要在学术上有互助的责任，在行为上有互相劝勉的责任；其四，会员对于会员，需要有理性的爱，感情的爱是靠不住的。感情的爱是暂时的、部分的，理性的爱才是普遍的、永久的，才能维持一个团体，不至于忽尔涣散。① 毛泽东在回信中表示对共同的精神四项样样赞同，并认为在学会尚未深固之时，"宜注意于固有同志之联络砥砺，以道义为中心，互相劝勉谅解，使人人如亲生的兄弟姊妹一样"。② 他在1920年11月25日给罗章龙的信中更明确地指出："中国坏空气太深太厚，吾们诚哉要造成一种有势力的新空气，才可以将它斲换过来。我想这种空气，固然要有一班刻苦励志的'人'，尤其要有一种为大家共同信守的'主义'，没有主义，是造不成空气的。我想我们学会，不可徒然做人的聚集、感情的结合，要变为主义的结合才好。主义譬如一面旗子，旗子立起了，大家才有所指望，才知所趋赴。"③ 结交朋友不仅是一种感情的凝聚，更是一种理性的结合。只有确立大家共同理解和信仰的理论、主义、原则、指导思想，才能

---

① 见《新民学会资料》。
② 《毛泽东早期文稿》，湖南人民出版社1990年版，第550页。
③ 《毛泽东早期文稿》，湖南人民出版社1990年版，第554页。

够获得团结奋进的共同思想基础，明确追求的目标和前进的方向。并在此基础上建立牢不可破的友谊，而不至于遽尔而聚，率尔而散。

毛泽东处理日常人际关系的基本特色是以真情交友，按原则做事。在新民学会会员中，彭璜和易礼容曾经发生矛盾，彼此有成见。彭、易二人都是新民学会的骨干会员，同为文化书社和湖南俄罗斯研究会的发起、创办人。鉴于彭璜对于易礼容的态度过于刻薄，非交友所宜取，毛泽东在 1921 年 1 月两次致信彭璜，对其加以劝诫。在前一封信中，毛泽东颇不满意彭璜对待朋友的态度，认为他"对易礼容似失忠厚之道，"大违其"平日恢恢之度"。① 在后一封信中，毛泽东直陈彭璜的各种缺点，阐扬处世交友之道，推己及人，娓娓而论，坦坦荡荡，至性流露，感情真挚，言之凿凿：

日前论及待人态度，意犹未尽。弟为不愿与恶人共事之人，谅兄所深知，但疾恶如仇，弟亦不为。恶人自己不认为恶，一也；吾人恶之，未必无蔽，二也；恶在究竟，仍不为恶，三也；一个人，才有长有短，性情习惯有恶点亦有善点，不可执一而弃其一，四也。第三第四两点，兄亦时作此言。第一点属客观，第二点属主观，为观人所不可忽。弟两年半以来，几尽将修养工夫破坏：论理执极端，论人喜苛评，而深刻的自省工夫几乎全废。今欲悔而返乎两年半以前，有此志，病未能也。于吾兄久欲陈其拙愚，而未得机会，今愿一言，倘获垂听，有荣幸焉。吾兄高志有勇，体力坚强，朋辈中所少。而有数缺点：一、言语欠爽快，态度欠明决，谦恭过多而真面过少。二、感情及意气用事而理智无权。三、时起猜疑，又不愿明释。四、观察批判，一以主观的而少客观的。五、略有不服善之处。六、略有虚荣心。七、略有骄气。八、少自省，明于责人而暗于责己。九、少条理而多大言。十、自视过高，看事过易。弟常常觉得一个人总有缺点，君子只是能改过，断无生而无过。兄之缺点，弟观察未必的当。然除一、三两条及第五条弟自信所犯不多外，其余第一概都有。吾人有心救世，而于自己修治未到，根本未立，枝叶安茂？工具未善，工作奚当？弟有一最大缺点而不好意思向人公开者，即意弱是也。兄常谓我意志强，实则

____

① 见《新民学会资料》。

我有自知之明：知最弱莫如我之意志！我平日态度不对，向人总是断断，讨人嫌恶，兄或谓为意强，实则正是我弱的表现。天下惟至柔者至刚，久知此理，而自己没有这等本领，故明知故犯，不惜反其道而行之，思之悚栗！略可自慰者，立志真实（有此志而已），自己说的话自己负责，自己做的事自己负责，不愿牺牲真我，不愿自己以自己做傀儡。待朋友：做事以事论，私交以私交论，做事论理论法，私交论情。兄于礼容，我觉未免过当，立意不十分诚，泄忿之意多，而与人为善之意少。兄说待我要反抗，兄看我为何如人？如以同某人款待我，则尽可"不答应"，何"反抗"是云。至说对某某及礼容要"征服"，则过矣过矣！人哪能有可以征服者，征服必用"力"，力只可用于法，用于法则有效；力不可用于私人之交谊，用于私人之交谊则绝对无效。岂惟无效，反动随之矣。我觉得吾人惟有主义之争，而无私人之争，主义之争，出于不得不争，所争者主义，非私人也。私人之争，世亦多有，则大概是可以相让的。其原多出于"占据的冲动"与"意力之受拂"。兄与礼容之争，吾谓乃属于后者。（此情形弟亦常经过，并常以此施诸他人。）意力受拂，最不好过，修养未纯如吾人，一遇此情形，鲜有不勃然奋起者，此则惟有所谓"眼界宽"与"肚量大"者能受之，兄以为何如？①

毛泽东的这封信是对于彭璜交友的缺点有感而发，但从中也明白无误地表露了他交友待人的原则和态度。其一，立意真诚，与人为善。对朋友要真诚相待，胸怀坦荡，人格光明，语言爽快，态度明决，而不要虚情假意，心胸褊狭，言语遮遮掩掩，态度暧昧不明，甚至过于谦恭乃至虚伪，话留半句而口不应心；对朋友要诚实无欺，既要取信于人，又能相信别人，不能无端猜忌，平添隔阂；要爱人如己，尊重人，同情人，爱护人，不可与人为恶，动辄言"征服"言"反抗"；当与他人发生矛盾冲突时，要多加自省自责，持与人为善的态度，消除争端，而不能感情用事，发泄私愤。其二，从善如流，改过不吝。要克服虚荣和骄气，见贤思齐，有过则改，不可自视过高，讳疾忌医，养痈为患。其三，既要明于知人，更要严于律己。在交往活动中，明确人我两方面的

---

① 参见《毛泽东书信选集》，人民出版社1983年版，第17—19页。

思想、品格、情感、意向等素质，对于寻求挚友、取长补短、性格互补是极为重要的。但正确认识自己和他人殊非易事。许多人明于责人而暗于责己，只看到别人的短处而看不到别人的长处，只看到自己的优点而看不到自己的不足。毛泽东认为在知人论世时要坚持观察的客观性和全面性原则，杜绝以主观的好恶、带着褊狭的成见去观察人和评价人，不能以主观的想当然代替客观的事实。一个人"才有长有短，性情习惯有恶点亦有善点"，不可以偏概全或执一而弃其一。若论人喜苛评，废于内自省，是己而诽人，那么，在实际行动上必然会对己宽而待人严，心常戚戚，斤斤计较，一味苛求别人，荒于自我修养和完善。果如此，便既失去了朋友，也丧失了进德修学的勇气和内在驱力。毛泽东本人是非常善于自省自责的。他在信中列举了彭璜的10条缺点之后接着说，除了欠爽快率直、时起猜疑和不服善三条自信所犯不多外，其余缺点一概都有。认为自己意志最弱，平日争强好胜，讨人嫌恶，便是意志薄弱的表现。但他又对于自己立志真实、永葆真我而感到欣慰。其三，做事论理论法，交友论情。做事和私交性质有异，态度亦应有所不同。做事应以一定的思想、理论做指导，坚持真理和原则，不可销理于情，以情代理代法。私交则要以情感人、以情动人。私交不可违逆理法或因徇私情而悖理枉法，理是暗含于私交之中的，但理并不能代替情。理是制约私交的一个基本要素，只有在追求真理、服从真理、以道义为重的前提下，私交才是弥足珍贵和牢不可破的。但理并不是衡量私交的惟一尺度。朋友之间尽管所坚持的主义、所持有的信仰不同，但可以在国家、民族乃至人类进步的趋势和大义下结合起来。毛泽东说："吾人惟有主义之争，所争者主义，非私人也。私人之争，世亦多有，则大概是可以相让的。"① 这是他交友处世思想的精髓，也是他终生坚持的交友原则。为人处世，应立志高远，在主义和原则面前，必须旗帜鲜明，同一切错误的思想、观念和行为作斗争。因为这事关人类社会发展进步，事关人生的理想、信仰、境界、品格，至于一己之私利则大可不必计较。私人之间的成见和抵牾，则应克服和捐弃。既不能为了私人的情感而放弃原则，亦不能为了原则之争而影响私

① 《毛泽东书信选集》，人民出版社1983年版，第19页。

人情感。情理交纠，互渗互溶。要恰如其分地摆正情与理在交友处世中的位置，的确是人生的一大难题。但毛泽东还是义无反顾地践履着做事论理、交友论情的原则。

肖子升曾是毛泽东青年时代的挚友。毛泽东 1910 年求学于湘乡东山高等小学堂时与肖子升相识。1913 年，毛泽东考进湖南第四师范，次年转入第一师范，与肖子升同学两年。此后过从甚密，相与探讨学问，纵论时局，游学湖南 5 县，发起成立新民学会，促成湖南学生赴法勤工俭学。他们都是以改造中国与世界为己任的，但在改造的方式途径问题上发生重大分歧。毛泽东在十月革命影响和五四运动推动下，自觉学习马克思主义，吸取、接受现实政治实践的经验教训，由激进的革命民主主义者转变为共产主义者，主张实行阶级斗争和无产阶级专政，走十月革命的道路。而肖子升的思想则停留在无政府主义的水平上，主张温和的、以教育为工具的革命，以工会合社为改革方法，反对马克思主义和走十月革命的道路。中国共产党成立之后，毛泽东主张解散新民学会，先进青年可以加入中国共产党和社会主义青年团，而肖子升却力主保存新民学会，并以无政府主义为指导思想。毛泽东与肖子升之间产生了原则分歧并最后分道扬镳。肖子升 1924 年由法回国，曾任国民党北平市党务指导委员、国民党政府农矿部次长等职。中华人民共和国成立前夕，随国民党政府去了台湾。1952 年去南美乌拉圭，此后终生从事教育事业。毛泽东尽管与肖子升有主义之争和政见之异，但从未忘怀早年与肖子升的友谊。新中国成立以后，毛泽东曾嘱托新民学会故旧致信肖子升，要他回国工作，但被回绝。毛泽东与陈独秀的交往也体现了做事论理交友论情的原则。陈独秀是新文化运动的领袖人物和中国共产党的创始人之一。毛泽东 1918 年和 1919 年为湖南学生赴法勤工俭学事宜和驱张运动两次赴北京，分别在北京和上海拜见陈独秀。陈独秀对社会问题的精辟见解使毛泽东十分佩服，他对马克思主义的理解和信仰对于毛泽东世界观的转变也发生了深刻影响。1920 年 8 月，陈独秀、李汉俊、李达等在上海成立中国共产党早期组织后，立即函请毛泽东在湖南建党。他信任、器重毛泽东，高度赞扬毛泽东领导的湖南建党工作。1923 年 5 月，毛泽东奉调到上海。在中共三大上，陈独秀为中央局委员长，毛泽东为中央局秘书。毛泽东在协助陈独秀主持党中央的工作期间，根据中共三大制定的路线、方针和政策，重点进行国共合作工作。此时的毛泽东与陈独秀关系密切、思想接近，并在工作中建立了深厚友谊。1925年底之后，毛泽东与陈独秀在中国革命领导权和农民问题上发生分歧。毛泽东认为中国无产阶级是中国革命的领导力量，农民是中国革命的基本力量。而陈独秀则认为中国无产阶级人数少，不易形成强大力量；中国农民落后保守，不能成为革命的基本力量，因而放弃无产阶级的领导权，否认党领导农民运动的必要性。他拒绝在党的报刊上发表毛泽东的《湖南农民运动考察报告》，在中共"五大"上，又压制了毛泽东的正确意见。毛泽东与陈独秀的分歧是主义之争而非私人之争。大革命失败后，中共召开了"八七"会议，结束了陈独秀的右倾路线。但此后的陈独秀从未发表过诋毁毛泽东的言论，还赞扬毛泽东开创的建立农村革命根据地、以农村包围城市、最后夺取全国政权的道路是中国共产党排除帝国主义在中国的势力和没收地主的土地给农民的见证。1937年8月，陈独秀从南京国民党的监狱获释后，表示拥护毛泽东倡导的抗日民族统一战线政策，并愿意在中国共产党的领导下工作。毛泽东尽管曾与陈独秀有原则分歧，但他从未忘记陈独秀对他的影响和对中国革命的贡献。1936年，他对埃德加·斯诺说，陈独秀对他的影响"超过其他任何人"。[①] 陈独秀出狱之后，毛泽东曾派叶剑英找他谈话，邀请他到延安工作。但由于康生从中作梗，诬蔑陈独秀是日本特务，并责令他交代自己的所谓托派罪行。这对于秉性耿直、宁折不弯的陈独秀来说，等于绝了其重新为革命工作之路。1945年毛泽东主持起草《关于若干历史问题的决议》，充分肯定了陈独秀对建党的巨大贡献，肯定了他在大革命初期和中期的工作。毛泽东在中共"七大"预备会议上，作了关于七大工作方针的报告，称赞陈独秀"是'五四'运动时期的总司令"，"整个运动实际上是他领导的，他与周围的一群人，如李大钊同志等，是起了大作用的"。"五四运动替中国共产党准备了干部。那个时候有《新青年》杂志，是陈独秀主编的。被这个杂志和五四运动警醒起来的人，后来有一部分进了共产党，这些人受陈独秀和他周围一群人的影

---

① 埃德加·斯诺：《西行漫记》，董乐山译，三联书店1979年版，第130页。

响很大，可以说是由他们集合起来，这才成立了党"。陈独秀"创造了党，有功劳"。① 这既体现了毛泽东品评人物论理论情、实事求是的坚定原则性，也表明不因主义、原则之争而影响私人情谊的博大胸怀。毛泽东的这种交友处世态度日后发展成为处理革命队伍内部特别是党内同志之间关系的基本准则。毛泽东认为，党的团结统一是革命和建设事业胜利前进的基本保证。而党的团结是有原则的，是在马克思主义和正确的政治、思想、组织路线基础上的团结。由于社会上的阶级矛盾和新旧事物的矛盾会在党内有所反映，革命队伍内部和党内同志由于思想觉悟、知识结构、实践经验、认识能力不尽相同，对问题的态度、认识和处理也不相同。所以，党内矛盾和斗争便不可避免。党的团结和统一不是无原则的，而是围绕原则和主义展开斗争，并通过斗争获得的。为了正确开展党内斗争，毛泽东提出了"团结——批评——团结"的著名公式，即从团结的愿望出发，以与人为善的态度，开展批评和自我批评，对待认识有偏差和犯错误的同志动之以情、晓之以理，使之提高认识、改正错误，从而将党内和革命队伍内部同志的思想统一到正确轨道上来，在新的基础上达到新的团结。党内批评和斗争既要坚持原则，弄清思想，又要以诚相待，团结同志。应是"惩前毖后，治病救人"，而不是搞残酷斗争、无情打击，把人置于死地。中国共产党正是在党内斗争中坚持了情与理结合，原则性和灵活性统一，以斗争求团结、为团结而斗争的处理党内关系的方针，从而有效维护了党的团结和统一。纵观毛泽东的一生，他曾经与各种错误思潮进行了不懈地斗争。在开展党内和革命队伍内部斗争的时候，毛泽东也犯过错误，有过失误。但他所进行的斗争都是（或自认是）主义和原则之争，而不是谋求个人利益的私人之争。惟其如此，尽管毛泽东犯了一些错误，但党和人民能够谅解他、尊重他。即便是一些受到毛泽东错误批判和处理的人亦是如此。他们认为毛泽东犯的错误是历史性悲剧，是巨人的失足，不能将他所犯的错误归咎于所谓的权力之争和道德品格原因，对恶意诋毁、中伤毛泽东，否定毛泽东丰功伟绩和高大人格的行为深感愤慨。"文化大革命"结束之后，邓小平反复强调和申明要正确评价毛

---

① 《毛泽东在七大的报告和讲话集》，中央文献出版社1995年版，第9页。

泽东的历史地位，完整、准确地理解和掌握毛泽东思想。毛泽东在晚年犯了错误，但其功绩是第一位的，错误是第二位的。毛泽东为我们党、国家和人民建树的不朽功勋不可磨灭，毛泽东思想作为中国共产党集体智慧的结晶，永远是全党、全军和全国各族人民的宝贵精神财富。1980 年 11 月，黄克诚在中纪委的会议上也畅谈了对毛泽东的评价和对毛泽东思想的态度问题。他在回顾了毛泽东对中国革命的巨大贡献后指出，对毛泽东的错误应该有一个正确态度。如果把新中国成立以来党所犯的错误都算在毛泽东身上，让他一个人承担责任，这样不符合历史事实。过去解放全中国，建设新中国，我们这些老共产党员都尽了一份责任，功劳大家有份。现在如果把错误都算在一个人身上，好像我们没有份，这是不公平的。我们大家来分担应有的责任，那才符合历史事实，符合唯物主义。有些同志对毛主席说了许多极端的话，有的人甚至把他说得一无是处。我认为这是不对的，这样做不但根本违反事实，而且对我们党和人民都非常不利。有些同志，特别是那些曾受过打击和迫害的同志有些愤激情绪，这是可以理解的。大家知道，在毛泽东晚年时，我也吃了些苦头。但我觉得对于这样关系重大的问题，决不能感情用事、意气用事。杜甫有一首诗写道："王杨卢骆当时体，轻薄为文哂未休。尔曹身与名俱裂，不废江河万古流。"毛泽东的人格、思想、事业不可诋毁，那些图泄一时之愤，全盘否定毛泽东的轻薄之论必将遭到历史的嘲讽。黄克诚这位在 1959 年庐山会议上受到毛泽东错误批判和处理、受到"左"倾错误长期迫害的老共产党人，仍然高度评价毛泽东的历史功绩，检查了自己在 1957 年反右扩大化问题上的错误并承担责任，不以事理之争而积私怨，更不以私怨而悖事理，光明磊落，心胸坦荡。他的讲话后来整理成文章发表，使许多人看后深受感动。那些感情用事、发泄私愤的人也应深感惭愧。

三、至性流露，永葆真我

毛泽东在给彭璜的信中说自己"立志真实"，"不愿牺牲真我，不愿自己以自己做傀儡。"这种心口如一、率性而行、不辱没真情实感、不拂逆思想意志、保持自身人格真实和完整的处世态度，渗透于其日常生活和交友活动的各个方面。

毛泽东喜欢言语爽快率直，不遮遮掩掩，不话留半句。在革命队伍内部，特别是在党内斗争中，他提倡勇于开展批评和自我批评，闻过则喜、有过则改，知无不言、言无不尽，有则改之、无则加勉。对于党外友好人士也以与人为善的态度，坦诚发表自己对问题的看法，使其提高觉悟，加深认识。毛泽东与萧军的交往就是明证。萧军是在鲁迅身边成长、战斗过的文学青年、中篇小说《八月的乡村》的作者。1938年初，他应李公朴之邀离开汉口去山西临汾民族革命大学任文艺指导。受民族义愤和爱国热情驱使，他决定投笔从戎，取道延安去五台山参加游击战争。因从延安去五台山的路上有战事，此行未果。在延安滞留期间，毛泽东亲自到住处看望他。毛泽东平易近人、和蔼可亲、礼贤下士、谦恭友好的态度使萧军深受感动。萧军受"西北战地服务团"负责人丁玲的鼓动，打消了去五台山的念头，同年4月中旬，离开延安赴西安做文艺宣传工作。1940年6月，萧军第二次到延安。他与大家团结合作，尽心工作，对延安文艺的发展繁荣起了促进作用。但不久他就同一些同志产生了矛盾和意见分歧，经再三考虑决定回重庆去。当他到毛泽东那里辞行时，毛泽东感到意外，并希望他坦露离开延安的原因以及对延安或他个人的意见。萧军看到毛泽东态度诚恳热情，便直言不讳地谈了延安的一些不良现象和宗派作风，并建议制定文艺政策，统一思想，加强革命文艺队伍的团结。毛泽东赞成萧军的建议并诚恳挽留他。1940年8月2日，毛泽东又在给萧军的信中说：

我因过去同你少接触，缺乏了解，有些意见想同你说，又怕交浅言深，无益于你，反引起隔阂，故没有即说。延安有无数的坏现象，你对我说的，都值得注意，都应改正。但我劝你同时注意自己方面的某些毛病，不要绝对地看问题，要有耐心，要注意调理人我关系，要故意地强制地省察自己的弱点，方有出路，方能"安心立命"。否则天天不安心，痛苦甚大。你是极坦白豪爽的人，我觉得我同你谈得来，故提议如上。如得你同意，愿同你再谈一回。①

---

① 参见《毛泽东书信选集》，人民出版社1984年版，第174页。

　　毛泽东的这封信写得流利畅达，既有批评也有自我批评，既肯定了萧军的优点，同时也批评了他急躁、偏激和不善处理人际关系的缺点，推心置腹，坦率诚恳，表达了团结爱护帮助朋友的良好愿望和最亲切的朋友情谊，使萧军深受感动。此后，坦白豪爽、富于进取精神的萧军，经过与毛泽东的多次交往、延安文艺座谈会的学习以及 5 年多延安生活的洗礼，政治素养和思想水平有了新的提高，对中国共产党领导的人民革命事业倍加信赖。在以后的人生旅途中，尽管遭到了"左"的错误批判和处理，但他不气馁不消沉，一如既往地为人民的文化事业努力工作。

　　孔子曾说："惟仁者能好人，能恶人。"① 这就是说，只有仁人才能够喜爱某人，厌恶某人。毛泽东作为挚爱人民、终生为人民谋幸福的政治领袖，也从不掩饰自己的好恶情感，总是爱其所爱，憎其所憎。他对人民怀有深沉的同情和爱意，倡导全心全意为人民服务，像鲁迅那样俯首甘为人民大众的"牛"；他憎恶压迫剥削劳动群众、阻碍社会发展进步的黑暗势力，申明决不能怜悯像毒蛇一样的恶人，要稳准狠地打击敌人，彻底革命，穷寇宜追。这种爱憎分明的态度不仅体现在其政治生涯和现实生活中，且体现在其审美活动中。曾经在毛泽东身边工作 15 年的李银桥披露过一个耐人寻味的生活细节：1958 年，毛泽东来到上海，市委招待他观看《白蛇传》，毛泽东很快入戏，睁大眼看，全身一动不动，只有脸上的表情在不断变化。他的目光时而明媚照人，时而热情洋溢，时而情思悠悠。他理解、认同、赞扬许仙和白娘子的爱情，对热情正直、聪明勇敢的小青更是怀着极大的敬意。然而，这毕竟是一出悲剧。当老和尚法海出场，许仙和白娘子的爱情受阻，毛泽东脸色阴沉，甚至浮现出一种紧张和恐慌。毛泽东完全沉浸在这个古老而感人的神话故事之中，他鼻翼翕动，泪眼扑朔，鼻子因堵塞嘶嘶有声。当法海将白娘子镇压在雷峰塔下，毛泽东悲愤至极，拍案而起，大喊："不革命行吗？不造反行吗？"演出结束后，毛泽东大步走上舞台，用两只手同"青蛇"握手，用一只手同"许仙"和"白蛇"握手，他没有理睬那个倒霉的老和尚"法海"。毛泽东不掩饰自己好恶的纯真性

———————
　　① 《论语·里仁》。

格由此可见一斑。

在日常生活中，毛泽东追求本真，不拘小节，天然成趣，对于束缚个性、泯灭本色的繁文缛节表示轻视和排斥。国外许多人对毛泽东这种性格均有描述。美国学者R.特里尔说："毛认为自己不能受任何形式的约束。""这位特殊的人物之所以违反纪律，因为他发现遵守纪律是太难了。他这样做，因为他有一种天职感，这种天职感把一切纪律排除在外。纪律是一根拐杖，他发现自己有足够的力量可以不用这根拐杖，不理这些清规戒律。"① 从生活习惯和外表形象上看，毛泽东落拓不羁，质朴自然。他从来不穿新鞋，一双新鞋拿来，总是先让警卫员或卫士代穿一阵，等穿旧了再要回来自己穿。他说年轻人穿新的精神，我岁数大了穿旧的舒服。历史为毛泽东留下了许多穿补丁衣服的形象，而他穿的内衣内裤更是千补百衲。毛泽东只是要求外衣的补丁颜色相近、形状规整，认为外衣要给人看，太刺眼了对人不礼貌，内衣的补丁则是千姿百态，不成方圆。毛泽东工作不分钟点，用餐时对饭菜从不讲究。毛泽东的书法永远不会把字老老实实写在格子里，而是信笔写来，不落俗套，不拘成规，潇洒飘逸，变化无穷。毛泽东与党内同志交往，不拘礼节，不搞送往迎来。他有意约束自己，尽量不同某一个或几个重要的党政军负责人发展超出同志和战友关系的私人情谊，以免使其他同志感到有亲疏之别。他与党内同志没有过多过深的私交，除工作关系，基本上无来往。彭德怀和陈毅是两个例外。彭德怀与毛泽东的交往带有浓厚的朋友味道。说话举止真诚、随便、豪放。他与毛泽东谈话时常是手势翻飞，声震屋宇。毛泽东也谈兴勃发，眉飞色舞。1959年庐山会议彭德怀受到错误批判后，再见到毛泽东便变得沉默寡言，甚至是拘谨了。陈毅与毛泽东有诗词交往唱和，他生性豪放，嗓门粗大，带有诗人那种特有的冲动和热烈气质，说到高兴处便手舞足蹈，开怀大笑。只要陈毅一来，毛泽东的屋子便热闹起来。

毛泽东在交友处世中有质朴纯真、落拓不羁的个性特点，同时，由于他是富有涵养、造诣很深、睿智机敏、情趣高雅的知识分子，是目光远大、阅历丰

---

① R.特里尔：《毛泽东传》，河北人民出版社1989年版，第188页。

富、胸襟博大的政治家，因而在与他人的交往中，能够充分调动他的知识储备，巧妙运用他的聪明才智，很快抓住问题的实质，含而不露地切中问题的要害，从而能够在质朴中显出生动，在严实中显出含蓄，在随和中蕴含高深，从而使他的整个身心发散出诱人的魅力。有一次，毛泽东神情严肃地听日本客人谈美国占领者如何歧视日本人。当客人讲完，他机敏地说："他们很看得起有色金属，却看不起有色人种。"① 一句话便将帝国主义的拜金主义和种族歧视揭露无遗。1972 年，毛泽东会见美国总统尼克松时说，我们熟悉的老朋友蒋介石总裁不会高兴，我们与他的友谊历史比你们的友谊历史长得多。这种隐喻的、省略式的风格，表面上漫不经心，实际上敏锐、老练。

毛泽东既是一位功名显赫的政治领袖，又是一位心灵敏感、极富感情的平常人。当我们不惟看到他的政治实践，而且了解了他待人处世的态度和风格后，便觉得他在伟大中透露出纯真和平实，既可敬，又可爱。

---

① 转引自陈晋：《毛泽东的文化性格》，中国青年出版社 1991 年版，第 277 页。

第十五章　道义与功利

义利关系是社会生活中最常见和最基本的关系，渗透于人类社会的众多领域和方面。与此相适应，义与利的关系也是人生哲学需要解决的重要课题。毛泽东以马克思主义理论为指导，以中国共产党及其领导下的人民群众的道德实践为基础，总结无产阶级和广大人民群众的道德实践经验，批判地吸取了历史上义利之辩的积极思想成果，形成了指导中国共产党人和广大人民群众进行自觉的道德实践的义利观，对于处理党内革命队伍内、社会生活中的利益关系发挥了积极的作用。由于受传统重义轻利价值取向的消极影响，毛泽东在晚年不适当地强调道德精神的作用，忽视了物质利益原则的作用，在义利观上出现了一些失误和偏差，对社会主义建设的实践产生了一定的不利影响。

一、义利之辩与革命功利主义

"义"原意为礼仪之"仪"，后假借为适宜、合宜，并指称公正、合理、应当的事情或行为。当"义"这个词被引入理论领域，则表示调节、指导人们道德行为和其他社会行为的规范和原则。"利"的本义是锋利，引申为利益和好处，在人生哲学或伦理学中指称物质利益或现实功利。义利之辩就是道德原则、道德规范与物质利益、实际功利的关系问题。义利之辩主要包括两个方面的内容：其一是义与利在人类生存发展中的地位、作用和价值问题。其二为公利与私利、个人利益与社会利益的关系问题。在中国人生理论发展历史上，法家主张崇利简义，道家主张义利双弃，墨家主张兼重义利，而在儒家学派中则或重义轻利，或崇义非利，或义利并重。儒墨两家的义利观最有代表性，对中国古今人生实践的影响也特别深巨。

儒家的孔子、孟子、荀子等是义利兼重、义以率利、先义后利论者。在孔子看来，追求物质利益是人的天性，"富而可求也，虽执鞭之士，吾亦为之"①。好的政治是先富后教，即首先使天下人得到物质利益，然后用仁义道德教育他们。一个人若能"博施于民而能济众"，就不仅是践行了仁的原则，必定是圣人者流了。他赞扬子产整顿田地，发展生产，物丰民富，"其养民也惠，其使民也义"。②孔子推重天下人民之大利，能够谋求天下大利，使人民广被其泽，也就是义了。孔子也承认个人利益或私利的正当性，但强调应以正当手段来获取，要符合道义，先义后利，义以率利。他说"富与贵，是人之所欲也；不以其道得之，不处也。贫与贱，是人所恶也；不以其道得之，不去也"③。君子应"见得思义"④，"见利思义"，"义然后取"⑤，不能为追求私利而损害他人与社会的利益，亦不能为追求眼前小利而损害天下人民长远根本之大利。"无欲速，无见小利。欲速，则不达；见小利，则大事不成。"⑥他把利欲熏心、不择手段攫取私利的为政者斥为器识狭小的"斗筲之人"。⑦他的弟子冉有帮助季氏搜刮民财，他便号召门徒"鸣鼓而攻之"。⑧义与利（这里指正当利益）为人生发展和完善所不可或缺，但对于某一社会个体来说，是崇尚道义、以义率利，还是重利轻义，甚至为追逐私利而不择手段、背弃道义，是判断人格境界之高低的标准。孔子是义利兼顾论者，他要求为政者博施济众，给予天下人民一定的物质利益，但他又要求有较高人格境界的君子将能为天下人民带来利益

① 《论语·述而》。
② 《论语·公冶长》。
③ 《论语·里仁》。
④ 《论语·季氏》。
⑤ 《论语·宪问》。
⑥ 《论语·子路》。
⑦ 《论语·子路》。
⑧ 《论语·先进》。

的义放在首位。他说:"君子义以为质,礼以行之,孙以出之,信以成之。君子哉!"①"君子义以为上。君子有勇而无义为乱,小人有勇而无义为盗。"②"君子喻于义,小人喻于利。"③ 君子以义为言行的规范准则,遇事只问其是否合义,而不问其是否有利。在孔子的观念中,天下人民之利是蕴含于义之中的,一件合义的事情,可能对行为主体而言无利甚至有害,但对于天下人民则是有利的。若"放于利而行,多怨"。④ 孔子"罕言利"⑤,并不表明他重义而轻利,只是鉴于当时统治者人欲横流、争财夺产、贪得无厌的社会风气,出于补偏救弊的目的,而不得不高扬仁义的道德精神。

孟子亦主张义与利的统一,把利作为义的基础。他认为无恒产而有恒心,唯士为能。对于一般老百姓来说,没有一定的产业,就不会有一定的道德观念和信仰,也根本谈不上遵守礼义制度。王道政治的开端就是给老百姓固定的产业,足以使他们能够仰事俯畜,安居乐业,"养生丧死无憾"。⑥ 在此基础上,才能申孝悌、讲礼义,培养民众的道德观念和信仰。孟子既重视物质利益在社会稳定和道德养成过程中的基础地位,又非常强调义的统率和指导作用。无论是与利于民或取利于民,都应当按照义的原则、标准和规范行事。他说,"义,人之正路也"⑦,"非其义也,非其道也,一介不以与人,一介不以取人"。⑧ 义是手段或途径,天下人民之大利则是归宿和目的。"由仁义行,非行仁义也。"孟子在拜见梁惠王时说:"王何必曰利? 亦有仁义而已矣! 王曰何以利吾国,大夫曰何以利吾家,士庶人曰何以利吾身,上下交征利,而国危矣。"⑨ 如果各级统治者不讲道义而只追求利,势必造成争杀篡夺的社会动乱,故利益中有不

---

① 《论语·卫灵公》。
② 《论语·阳货》。
③ 《论语·里仁》。
④ 《论语·里仁》。
⑤ 《论语·子罕》。
⑥ 《孟子·梁惠王上》。
⑦ 《孟子·离娄上》。
⑧ 《孟子·万章上》。
⑨ 《孟子·梁惠王上》。

利的祸患；若上下均以道德相崇尚、相标榜，道义中便有利益之实。只以利相追逐，义利皆失；以义相约束，则义中有利，义利皆存。

荀子继承孔孟先义后利、以义制利的义利统一观，认为"义与利者，人之所两有也，虽尧舜不能去民之欲利"①，"饥而欲食，寒而欲暖，劳而欲息"，"好荣恶辱，好利恶害，是君子小人之所同也；若其所以求之之道则异矣。"②人皆有物质欲望和好利恶害之心，但求之之道不同。君子能以义制利，先义后利，"义之所在，不倾于权，不顾其利，重死而持义不挠"。③小人则"不学问，无正义，以富利为隆"④，"为事利，争货财，唯利之见"，见利忘义，甚至为了追求一己私利的满足而不择手段。荀子承认义利并重，但主张以义率利，"使其欲利不克其好义。"⑤

西汉董仲舒认为义与利为人生所必需，"利以养其体，义以养其心。心不得义不能乐，体不得利不能安。义者心之养也，利者体之养也。体莫贵于心，故养莫重于义。义之养生人，大于利。……夫人有义者，虽贫能自乐也；而大无义者，虽富莫能自存"。⑥心贵于身，义以养其心，利以养其体，故义重于利。这里的利是个人的私利。董仲舒提出义重于利，并不意味着重义轻利，而是要求人们在追求满足个人物质需求时应见利思义，不可忘义徇利，否则贼身祸家之殃必至。如果说董仲舒在谈到义与个人利益的关系时，重道而大义，给人一种重义轻利的误解与错觉，那么他在张扬天下公利时则鲜明体现了利以义正、义以功显的义利兼重统一的思想。圣人以积聚众善为功，这种善即为天下兴利除害，统治者应以兼利天下、彰显道义为意，而不可汲汲物欲，与民争利。他说："天道积聚众精以为光，圣人积聚众善以为功。……不能致功，虽有贤名，不予之赏。"⑦统治者应当效法以爱利为意、以养长为事的天，爱利天

---

① 《荀子·大略》。
② 《荀子·荣辱》。
③ 《荀子·荣辱》。
④ 《荀子·儒效》。
⑤ 《荀子·大略》。
⑥ 《春秋繁露·身之养莫重于义》。
⑦ 《春秋繁露·考功名》。

下，安乐一世。兼利天下即义，否则就是不义。董仲舒在《对胶西王越大夫不得为仁篇》中说："仁人者，正其道不谋其利，修其理不急其功。"正人君子以践履兼济天下、谋取天下人民的长远根本之大利的道义为务，而不谋取私利，不急功近利。董仲舒的义利观是比较正确的。《汉书·董仲舒传》中载董仲舒对江都王问时说："夫仁者，正其谊不谋其利，明其道不计其功。"这是一种重义轻利甚至是重义非利的义利观。这句话虽然对后世产生了很大影响，但并非董仲舒的原话，而是经班固修改而成，故不足为据。在汉以后的儒家后学中，分化相当明显，一部分继承了孔、孟、荀、董义利兼顾、以义率利的思想传统，在个人私利与道义的关系问题上，重义而轻利，如傅玄说"丈夫重义如泰山，轻利如鸿毛，可谓仁义也"；① 在义与天下之利的关系问题上，主张义利统一，如张载说"义公天下之利"②，程颐讲"义与利，只是个公与私也。"③ 这种思想的极端发展是严于义利之辩，用天理释道义，用人欲释私利，用公利否定私利，用天理灭绝人欲，主张以义为利，只讲义理，绝灭利欲，从而走上了禁欲主义的道路。一部分人则主张义与利、个人私利与天下公利的统一。北宋李觏认为，利为人生所必需，欲是人之性情，故利欲不可不讲。若漠视利益，则人之生活需要就不能满足。只不过讲利益要以礼义为准绳，防止流于贪婪荒淫。因此，孔子言足食足兵，贤圣之君和经济之士也以富其国家为首务。贵义而贱利，非道德教化则不言，否定物利，压抑人的正当情欲，是不对的。南宋时的陈亮和叶适兼重义利，强调事功。认为如果没有功利，道义就成了无用的虚语空话。古人之求道义时并不排斥功利，道义即寓于事功之中，只是为天下谋利而不自私其利，计天下之功而不自居其功。义利兼重的思想，到清代颜元而臻于完成。他反对重义轻利之存理灭欲的思想逆流，主张正谊谋利、明道计功，肯定义中之利、合义之利，他说："以义为利，圣贤平正道理也。尧舜利用，《书》明与正德厚生并为三事；利用安身，利用刑人，无不利，利者义之和也，《易》之言利更多。孟子极驳利字，恶夫掊克聚敛者耳，其实义中之利，

---

① 《傅子》。
② 《正蒙·大易》。
③ 《语录》十七。

君子所贵也。后儒乃云其正谊不谋其利，过矣；宋儒喜道之，以文其空虚无用之学。予尝矫其偏，改云：正其谊以谋其利，明其道而计其功。"① 儒家义利兼顾、以义率利以及义利兼重的思想，外发为统治者的政治实践，便是养民惠民、平治天下；其体现在人格发展和道德培养方面，则是造成了一代代杀身成仁、舍生取义的志士仁人，为中华民族的存续繁衍和保持独立特出的品格，发挥了巨大的历史作用。

墨家是义利统一兼重论者。墨子贵义，认为"天下莫贵于义"②，"天下有义则治，无义则乱"③，并以利释义。其后学明确说："义，利也。"④ 但这里的利不是指一人之私利，而是天下之公利。墨子认为判断一种理论是否正确的最重要的、根本的标准，就是"发以为刑政，观其中国家百姓人民之利"。⑤ 墨家后学以指腕喻公利与私利的关系；主张断指存腕，牺牲小利、近利和私利，谋求大利、远利和公利。《大取篇》说："断指以存腕，利之中取大，害之中取小也。害之中取小，非取害也，取利也。其所取者，人之所执也。遇盗人谋求而断指以免身，利也；其遇盗人，害也。……利之中取大，非不得已也；害之中取小，不得已也。所未有而取焉，是利之中取大也；于所即有而弃焉，是害之中取小焉。"墨家学派以利释义，讲求天下人民的根本大利，怀着悲天悯人的忧患心态和拯救意识，为谋求人民之利，日夜不休，摩顶放踵，以自苦为极。其寄心天下的人格境界，艰苦卓绝的殉道精神，为一般人所不能望其项背；其严格的纪律约束和艰苦的生活，为一般人所不堪忍受；其政治主张也不合当时统治者的需要。秦汉以后，墨道中绝，但其以利释义、志在天下的救世精神，却深深积淀在下层民众的心理结构之中，成为隐而不显、持续发挥作用的心理定势。这种精神在中国近代的显文化层次上得到复兴，我们在毛泽东等中国共产党人身上也能够一再看到经过辩证否定的墨家精神的再现和发扬。

---

① 《四书正误》。

② 《墨子·贵义》。

③ 《墨子·天志下》。

④ 《墨经》上。

⑤ 《墨子·非命上》。

对于中国古代的义利观，毛泽东并不采取一概否定和拒斥的态度，而是对它进行改造翻新，并增加新的内容，使之变成革命的、为人民服务的、指导无产阶级和广大人民群众人生实践的科学理论。

首先，毛泽东继承中国思想史上义中有利、利中见义的义利观，肯定道德功利性的普遍意义，认为没有超越功利的道德。人们在社会生活的实践中结成各种社会关系，其中最基本的是与物质生产活动相联系的经济关系。在这一基础上形成的是人们的政治关系和思想关系。人们的经济、政治关系以经济利益和政治利益的形式表现出来。"义"作为社会思想上层建筑的道德，就是人们的经济、政治关系以及经济、政治利益在道德层面的反映，是人们处理经济、政治利益关系的方法、途径和行为方式的道德理性选择。义反映人们的利益关系，并为协调各种利益关系、谋求和维系某种利益关系服务。在毛泽东看来，道德具有功利性，而功利也内涵道德的义蕴。正是基于这一思想，他指出："唯物主义者并不一般地反对功利主义，但是反对封建阶级的、资产阶级的、小资产阶级的功利主义，反对那种口头上反对功利主义、实际上抱着最自私最短视的功利主义的伪善者。"①

其次，毛泽东揭示了功利与道德的阶级性。恩格斯曾经指出："人们自觉地或不自觉地，归根到底总是从他们阶级地位所依据的实际关系中——从他们进行生产和交换的经济关系中，获得自己的伦理观念。"② 人们的经济、政治地位与利益决定其道德精神，作为物质利益、社会功利与道德规范、行为模式之结合形式的功利主义观念，则是人们在经济的、政治的社会关系中所处的地位及社会利益的反映，是一种历史的发展的东西，具有社会历史性，在阶级社会中则具有阶级性。毛泽东承认功利主义的合理因素，但抛弃了历史上功利观的抽象空泛之论和虚伪欺骗性质，明确指出："在阶级社会里，不是这一阶级的功利主义，就是那一阶级的功利主义。"③ 这就把功利观奠基于坚实的经济、政治、社会基础之上，使之能够获得真实而丰富的理论内涵，并化为现实的社会

---

① 《毛泽东选集》第 3 卷，人民出版社 1991 年版，第 864 页。
② 《马克思恩格斯选集》第 3 卷，人民出版社 1995 年版，第 434 页。
③ 《毛泽东选集》第 3 卷，人民出版社 1991 年版，第 864 页。

道德实践的本质力量。

再次，提出了义与利、道德和功利相统一的"无产阶级的功利主义"观念。毛泽东说："我们是无产阶级的革命的功利主义者，我们是以占全人口百分之九十以上的最广大群众的目前利益和将来利益的统一为出发点的，所以我们是以最广和最远为目标的革命的功利主义者，而不是只看到局部和目前的狭隘的功利主义者。"①"无产阶级的革命的功利主义"确认了"功利"的合理性，而这种"功利"是"无产阶级的""革命的""最广大群众的"，具体表现为追求人民群众广大长远的根本大利，鄙薄为攫取短浅虚浮的狭隘私利而损害广大长远之根本大利的行为。它以最广大人民群众的根本利益为出发点和落脚点，强调个人利益服从集体利益，局部利益服从全局利益。它坚持了最广大人民群众的目前利益和长远利益的统一。一方面，毛泽东认为"任何一种东西，必须能使人民群众得到真实的利益，才是好的东西"②。主张忠诚勤恳地为广大人民群众谋幸福，给他们切切实实的物质利益，反对只进行空洞的政治宣传和道德说教、不为群众办实事、不管人民群众生活疾苦的官僚主义者；另一方面，毛泽东主张在切切实实为人民谋利益的前提下，启发人民的政治觉悟，激发人民的道德理想，领导人民为长远的和根本的利益而斗争。既要反对只顾眼前利益而不顾长远利益的短视行为，也要反对片面强调长远利益而忽视、否定眼前利益的空洞说教。"无产阶级的革命的功利主义"要求个人利益服从集体利益，局部利益服从全局利益，目前利益服从长远利益，体现了人民至上、集体为重的无产阶级道德原则。"无产阶级的革命的功利主义"就是无产阶级和广大人民群众的义与利的有机统一的理论反映。

二、个人利益与社会利益

个人利益和社会利益的关系是义利之辩的一个重要方面。如何解释、回答

---

① 《毛泽东选集》第3卷，人民出版社1991年版，第864页。
② 《毛泽东选集》第3卷，人民出版社1991年版，第864—865页。

和处理二者的关系，反映着一个人所遵奉的道德体系原则、道德评价标准以及他的道德活动方向。毛泽东在承认个人利益和集体利益的一致性的前提下，主张以个人利益服从集体利益的原则去处理二者的关系。

马克思主义是个人利益和集体利益的统一论者。"个人和集体之间、个人利益和集体利益之间没有而且也不应当有不可调和的对立。因为集体主义、社会主义并不否认个人利益，而是把个人利益和集体利益结合起来。社会主义是不能撇开个人利益的，只有社会主义才能给这种个人利益以最充分的保证。"① 毛泽东"提倡以集体利益和个人利益相结合的原则为一切言论行动的标准的社会主义精神"②，要求必须兼顾国家利益、集体利益和个人利益，经常注意调节其中的矛盾。人民群众的个人利益和社会整体利益的一致性首先表现为个人利益以社会整体利益为基础。离开无产阶级和劳动人民的整体利益，就不可能获得和保障劳动者的个人利益。整体利益中包含着个人利益，全体根本之大利中蕴含着个人的正当利益；而整体利益也不能脱离个人利益，它只能以个人利益为归宿并通过整体中的各个成员的利益而表现出来。整体由个人构成，没有个人就没有整体，离开劳动者的个人利益，无产阶级和劳动人民的整体利益就要落空，就成为毫无实际内容和意义的东西，所谓的无产阶级的集体主义原则和其他道德劝诫就会成为抽象、空洞、浮泛的说教。无产阶级和劳动人民的整体利益最终总要具化为劳动者个人的利益。毛泽东指出，革命的目的就是"为了使中华民族得到解放，为了实现人民的统治，为了使人民得到经济的幸福"③，使广大人民群众都成为享受文明幸福的人。而在革命胜利后建立的社会主义国家中，无产阶级和广大劳动群众成了生产资料的主人和国家的主人，社会主义生产的目的是为了满足广大人民群众日益增长的物质文化生活需要，社会主义的国家政权是为了维护、保障和增进劳动者的各项权益，社会主义的意识形态为协调劳动者的物质利益关系和其他各种社会关系提供了理论基础和指导思想。无产阶级和劳动群众的整体利

① 《斯大林文集（1934—1952）》，人民出版社1985年版，第13页。
② 《毛泽东文集》第6卷，人民出版社1999年版，第450页。
③ 《毛泽东文集》第1卷，人民出版社1993年版，第21页。

益和个人利益的一致性要求在坚持社会整体利益的前提下，充分注意个人的正当利益，满足个人对物质利益和其他利益的正当要求。毛泽东说："我们历来提倡艰苦奋斗，反对把个人物质利益看得高于一切，同时我们也历来提倡关心群众生活，反对不关心群众痛痒的官僚主义。"① 要随着劳动生产率的提高和生产发展，逐步改善人民群众的生存条件，提高人民群众的物质文化生活水平。

在如何处理个人利益与集体利益的关系问题上，毛泽东提出了个人利益服从集体利益的原则。个人利益与集体利益是一种对立统一关系，其中的统一、一致是主要的、根本的、经常的。因此，毛泽东主张兼顾国家、集体和个人三者的利益，在保证作为广大人民群众长远、根本和整体利益之表现的国家利益与民族利益的基础上，关心人民群众正当的个人利益。当个人利益和集体利益以及集体利益和国家利益发生矛盾时，则要求个人利益服从集体利益，集体利益服从国家利益，甚至还要为集体利益而勇于牺牲个人利益，为了国家和民族的利益而牺牲集体利益。共产党人应当成为践履这个道德原则的模范，并以自己的模范行为影响、带动其他社会公众，使这一原则随着生产发展、社会进步和全体人民道德觉悟的提高，逐步成为被普遍接受和实行的道德原则。作为无产阶级先进分子和阶级菁华的共产党人无论何时何地都不应将个人利益放在第一位，而应以个人利益服从民族的和人民群众的利益，把无产阶级和劳动人民的整体利益放在首位。这是无产阶级的根本利益之所在，也是无产阶级的崇高道德精神的集中表现。为了贯彻无产阶级和广大人民群众的整体利益至高无上、个人利益服从集体利益的原则，毛泽东对于全体共产党人提出了许多具体要求。譬如：反对争名夺利、自私自利的个人主义，提倡廉洁奉公、不用私人、多做工作、少取报酬、积极努力、埋头苦干、鞠躬尽瘁、死而后已；反对只看见局部利益，看不见全体利益，只注意小团体利益，不注意整体利益的宗派主义、个人本位主义和狭隘的团体主义，提倡顾全大局，"每一个党员，每一种局部工作，每一项言论或行动，都必须以全党利益为出发点，绝对不许可

---

① 《毛泽东文集》第 7 卷，人民出版社 1999 年版，第 28 页。

违反这个原则";① 要富于自我牺牲精神，勇于舍弃个人利益而谋求集体利益，勇于舍弃局部利益而谋求全党和全体人民的整体利益，为党和人民积极工作，反对利用党和人民的力量破坏党和人民的利益而达到个人和宗派的目的。决不允许假公营私，借着党的工作去达到私人的某种目的，或借口党的利益和原则问题发泄私愤、打击报复。毛泽东在 1937 年 9 月 7 日写的《反对自由主义》一文中，在列举了自由主义的诸种表现之后，指出自由主义来源于小资产阶级的自私自利性，其特点是把个人利益放在第一位，把革命利益放在第二位。自由主义是一种腐蚀剂，使革命队伍团结涣散、关系松懈、工作消极、意见分歧，失掉严密的组织和纪律，使党的政策不能贯彻到底，使党的组织和党所领导的群众发生隔离。鉴于自由主义所引起的严重后果，毛泽东号召共产党人要用马克思主义的积极精神，克服消极的自由主义，"应该是襟怀坦白，忠实，积极，以革命利益为第一生命，以个人利益服从革命利益；无论何时何地，坚持正确的原则，同一切不正确的思想和行为作不疲倦的斗争，用以巩固党的集体生活，巩固党和群众的联系；关心党和群众比关心个人为重，关心他人比关心自己为重"②，以无愧于共产党员的称号。综上所述，兼顾个人利益和集体利益，以个人、局部利益服从社会整体、全局利益，为最广大人民群众之长远、根本的利益勇于牺牲个人利益，是毛泽东对个人利益和集体利益之关系的根本见解，也是共产党人所奉行的根本的道义和原则。

三、物质利益和道德精神

　　中国古代儒家中的孔孟一派认为，义以养人之心，利以养人之体。义与利皆为人生所必需，但义与利对于人生完善与升华的作用和价值是不一样的。体是心的生理基础，故人生不可不注意养生，不可无物质利益；心是体的主宰和灵魂，故人生不可不注意养心，不可不注意道德的追求。心贵于体，故义重于

---

① 《毛泽东选集》第 3 卷，人民出版社 1991 年版，第 821 页。
② 《毛泽东选集》第 2 卷，人民出版社 1991 年版，第 361 页。

利。孔孟儒家虽然都肯定义和利对于人生的必要性和价值，主张给百姓一定的物质利益，使其养生丧死而无憾，并以之作为王道政治的开端，但他们更重视仁义，高扬道德的价值，把养其小体还是养其大体、汲汲于利还是好仁务义作为判断小人与君子的根本尺度。这种重精神、崇道义的思想影响了一代代政治家和思想家，规范着他们的思维方式和价值取向。

在物质利益和道德理想的关系问题上，毛泽东肯定经济、物质利益对于思想、道德的基础地位和决定作用。这主要表现在以下几个方面：首先，注意群众的物质生活和对于物质利益的要求。在战争年代，他反复强调和要求党的干部要关心群众生活，忠心耿耿地为群众谋幸福，给群众切切实实的物质利益。并在此基础上对群众进行教育，启发群众的觉悟，不能让群众饿着肚子去正谊明道。在社会主义建设时期，毛泽东也多次强调要关心群众的生活，随着劳动生产率的提高，改善工人的劳动条件，提高工人工资，工业产品和农业产品要等价交换，不能剥夺农民。他在《论十大关系》中说："我们历来提倡艰苦奋斗，反对把个人物质利益看得高于一切，同时我们也历来提倡关心群众生活，反对不关心群众痛痒的官僚主义。"① 其次，重视经济发展，把发展生产力和繁荣经济作为党和国家的重要任务。在新中国成立前夕召开的党的七届二中全会上，毛泽东就提出党的工作重点将由农村转向城市，在城市工作中要紧紧依靠工人阶级，要以生产建设为中心。在 1956 年 1 月召开的最高国务会议上，他指出"社会主义革命的目的是为了解放生产力"。② 在 1957 年 2 月召开的最高国务会议第十一次会议上，他又指出："我们的根本任务，已经由解放生产力变为在新的生产关系下面保护和发展生产力。"③ 毛泽东认为社会主义的根本任务是发展生产力，从一个侧面表明他对人民的物质利益的重视。因为只有发展生产力，提高劳动生产率，才能创造更多的物质财富，以满足人民群众日益增长的物质需求。遗憾的是，毛泽东实现工作重点转移的决心不够坚定，在经济建设推动出现问题的情况下，思想出现了徘徊动摇，最终在治国思路上发生

① 《毛泽东文集》第 7 卷，人民出版社 1999 年版，第 28 页。
② 转引自石仲泉：《毛泽东的艰辛开拓》，中央党史资料出版社 1990 年版，第 22 页。
③ 《毛泽东文集》第 7 卷，人民出版社 1999 年版，第 1 页。

逆转。在党的八届十中全会以后，他把主要注意力重新放在阶级斗争上，直到"文化大革命"的产生。再次，重视价值规律，实行等价交换。在1958年的大跃进和人民公社化运动中，出现了一股平均主义、无偿调拨的所谓"共产风"，损害了群众的物质利益，挫伤了干部群众的生产积极性。1959年2月，毛泽东在郑州召开的政治局扩大会议上批评了"共产风"，并且强调说：价值法则是客观存在的经济法则。我们对于社会产品，只能实行等价交换，不能实行无偿占有；在公社与生产队、生产队与生产队以及公社与国家之间，在经济上只能是买卖关系，必须遵守等价交换的原则。而一平、二调、三收款，就是根本否定价值法则和等价交换。在同年3月召开的上海会议上，毛泽东又进一步指出：价值规律是一个伟大的学校，只有利用它，才有可能教会我们几千万干部和几万万人民，才有可能建设我们的社会主义和共产主义。1962年2月，七千人大会期间，他在刘少奇《在扩大的中央工作会议上的报告》2月15日修改本第14页上亲笔加了这样的话："按劳分配和等价交换这样两个原则，是在建设社会主义阶段内人们决不能不严格地遵守的马克思列宁主义的两个基本原则。"①毛泽东称按劳分配和等价交换是在社会主义阶段必须遵循的客观法则，实际上承认了劳动者关心和争取自己由劳动所得的物质利益的合理性。

毛泽东肯定物质利益对于人们生存和发展的意义，注意满足人民群众的物质利益需要，同时又强调人的主观精神、政治觉悟和道德理想的作用，认为共产主义的理想信念和道德是争取民主革命胜利、建设社会主义并向共产主义过渡的精神条件，是促进社会经济政治发展的巨大精神力量。早在抗日战争时期，他就以无产阶级政治家、战略家的远见卓识，主张用共产主义思想和道德观察问题、教育干部。他说："在现时，毫无疑义，应该扩大共产主义思想的宣传，加紧马克思列宁主义的学习，没有这种宣传和学习，不但不能引导中国革命到将来的社会主义阶段上去，而且也不能指导现时的民主革命达到胜利。但是我们既应把对于共产主义的思想体系和社会制度的宣传，同对于新民主主义的行动纲领的实践区别开来；又应把作为观察问题、研究学问、处理工

---

① 《建国以来毛泽东文稿》第10册，中央文献出版社1996年版，第8页。

作、训练干部的共产主义的理论和方法，同作为整个国民文化的新民主主义的方针区别开来。"①新中国成立以后，毛泽东又着力提倡国民应遵守爱祖国、爱人民、爱劳动、爱科学、爱护公共财物等社会公德，提倡用共产主义理想教育人民，发扬集体主义的道德精神，将共产主义的理想、信念、道德、纪律逐步内化为全体人民的内在品质，并进而外化为自觉行动，使全体人民具有高度的政治觉悟、坚定的理想信念、明确的道德意识和清醒的道德自觉，为了人民，为了集体、社会和人类的整体利益，为了子孙后代的幸福，勇于舍弃个人的、暂时的、局部的利益，以饱满的政治热情和积极主动的精神，进行创造性的劳动。

应当指出，人们总是从其所处时代的经济政治关系中吸取自己的道德观念。在社会主义条件下，由于生产力发展水平不高，生产资料公有制的程度高低不一，因而还存在着国家、集体和个人三者在利益上的差别。在计划经济条件下，社会产品实行按劳分配。在社会主义市场经济条件下，社会产品则采取按劳分配和按生产要素分配相结合的方式。人们关心自己的物质利益，要求按贡献参与分配。而公而忘私、毫不利己、专门利人作为共产主义的道德观念，是对于共产党人的道德要求。它对于社会公众来说，还只是一种道德发展方向，尚不是全社会都能够遵守和践履的道德。毛泽东本人曾多次表示，在物质生活上以饿不死人为原则，只要能够生存，就要干社会主义和共产主义，就要追求共产主义理想。他菲薄饮食，忘我工作，热爱人民，为了人民的幸福和社会进步终生奋斗，因而赢得了人民由衷的敬仰和爱戴。但在他的晚年，把在现阶段只能要求共产党人信守的道德观念推向整个社会，对于共产主义理想、道德、制度的宣传同现实社会主义的实践没有很好地加以区别，因而过分夸大了理想、道德的作用，相对忽视了物质利益对于人生的意义以及对人的创造精神和劳动热情的激励作用。这种重精神道德、轻物质利益的倾向主要表现在以下几个方面：

其一，夸大政治觉悟、道德理想在社会发展中的作用，认为"穷是动力"，

---

① 《毛泽东选集》第2卷，人民出版社1991年版，第706页。

主张"趁穷过渡"。在生产资料私有制的社会主义改造过程中，毛泽东试图通过变革生产关系而促进生产力发展，忽视了生产力的现实状况和发展要求，使合作化运动搞得过快过急。超前的生产关系并没有促进生产力发展，且由于它没有较高的生产力水平为坚实基础，其本身也无法巩固。对此，毛泽东并不认为生产关系超越了生产力的现实要求，而是将农民退社和合作社垮台归之于没有重视思想政治工作。他在《中国农村的社会主义高潮》一书的按语中认为，要建立、巩固合作社，必须经过严重的思想斗争和政治斗争，"反对自私自利的资本主义的自发倾向，提倡以集体利益和个人利益相结合的原则为一切言论行动的标准的社会主义精神，是使分散的小农经济逐步地过渡到大规模合作化经济的思想的和政治的保证。"① 在 1956 年 4 月 25 日中央政治局扩大会议上，毛泽东在谈到中国国情时说："我们一为'穷'，二为'白'。就是没有多少工业，农业也不发达。就是一张白纸，文化水平、科学水平都不高。从发展的观点看，这并不坏。穷就要革命，富的革命就困难。"②"穷则变，变则通，通则久"③ 是中华民族古老的生活信念，遭受穷困的压抑、迫逼而发愤图强，艰苦奋斗，改变现状，是一般人共有的心理欲求。但毛泽东的话，后来被推向了极端，变成了"越穷越革命""富了难革命"。以至有人主张趁穷过渡，由集体所有制跃迁到全民所有制。当时的外国评论认为"穷是中国跃进的动力"。毛泽东对之赞赏，认为这句话讲得对。因为穷就要干革命，就要不断革命。"富了，事情就不妙了。中国现在不富，将来富了，也一定会发生问题。"④ 毛泽东一方面希望人民尽快富裕起来，一方面又担心富裕之后造成革命意志衰竭和道德理想滑坡，因而希望趁穷过渡，并把人的思想觉悟、道德水平视为完成过渡的动力，作为巩固更高程度的公有制的精神保证。

其二，尽管毛泽东承认物质鼓励和精神鼓励都是社会主义的重要原则，但其主导倾向是轻视物质鼓励，推重精神鼓励的作用。这一思想倾向在他读苏

① 《毛泽东文集》第 7 卷，人民出版社 1999 年版，第 43 页。
② 《中国通史》第 1 卷，人民出版社 2009 年版，第 171 页。
③ 《易传·系辞传》。
④ 转引自石仲泉：《毛泽东的艰辛开拓》，第 188 页。

联《政治经济学教科书》下册所发表的评论中有所表现。苏联《政治经济学教科书》的编写者根据列宁提出的物质利益原则，强调在社会主义阶段要重视物质鼓励（即"物质刺激"）对于调动劳动者积极性和发展社会主义生产的作用。该书写道：

社会主义生产的目的，是不断提高社会全体成员的福利并使他们全面发展，这使劳动者密切关心大力提高生产，使工作人员从物质上关心自己劳动的成果，这是社会主义生产力增长的强大动力。同时，社会主义生产的发展是不断改善劳动者福利的物质基础。①

社会主义产生了比资本主义更强大的提高劳动生产率的刺激力和动力。这是广大群众深刻地关怀社会主义生产发展的结果。社会主义生产服从于不断提高全体人民物质福利的目的，这是提高劳动生产率和改进生产的取之不尽的泉源。

在社会主义制度下，根据劳动的数量和质量分配消费品，以保证个人的物质利益。这种分配方法使劳动者个人物质福利的提高同他们的劳动成果和劳动生产率的提高直接联系起来。因此，按劳分配就成了发展生产的强大力量。

按劳分配可以刺激每个工作者充分利用工作时间，提高自己的熟练程度，改进劳动的方式方法，以便不断地增加产量。②

按劳分配对于社会主义竞赛的发展起着巨大的作用。按劳分配使工作者的报酬取决于他的劳动数量和质量，从而刺激群众在生产过程中发挥创造主动性。③

按劳分配可以使每个工作者从个人物质利益上去关心自己的劳动结果，所以是推动生产发展的强大力量。按劳分配刺激劳动生产率的提高，同时也促使劳动者福利的增长。按劳分配使每个工作者在社会劳动产品中取得的份额直接以他参加社会生产的程度为转移，从而把工作者的个人利益和整个国家的利益

---

① 苏联科学院经济研究所：《政治经济学教科书》下册，人民出版社 1959 年版，第 456 页。
② 苏联科学院经济研究所：《政治经济学教科书》下册，人民出版社 1959 年版，第 501 页。
③ 苏联科学院经济研究所：《政治经济学教科书》下册，人民出版社 1959 年版，第 501—502 页。

联系起来。①

《政治经济学教科书》的以上论述，肯定了物质利益原则和按劳分配原则是社会主义时期必须采取的重要原则，揭示了实行物质利益和按劳分配原则对于激发劳动者的主动创造精神、促进社会主义生产发展的强大作用，符合社会主义时期的生产力发展水平以及人民群众的政治觉悟和道德水平，因而基本上是正确的。毛泽东在读该书时评论说：好像群众的创造性活动是要靠物质利益鼓励出来的，好像不靠物质鼓励，就没有别的办法了。各尽所能，按劳分配，前半句是说要尽最大努力来生产。为什么要把这两句话分开，总是片面地讲物质鼓励呢？像这样把个人对物质利益的关心绝对化起来，只会带来发展个人主义的危险。我们党是连续打了20多年仗的党，长期实行供给制。一直到解放初期，大致过的是平均主义的生活，工作都很努力，打仗都很勇敢，完全不是靠什么物质刺激，而是靠革命精神的鼓励。我们认为，苏联《教科书》确有夸大物质鼓励的作用、忽视精神鼓励作用的倾向。毛泽东指出其偏颇之处是对的，但他又忽视物质利益和物质鼓励，并且用战争年代的经验来观照社会主义社会，没有认识到物质利益原则为社会主义社会所不可或缺，物质利益原则的贯彻实行能够激发、调动人民群众的生产积极性，提高劳动生产率，促进社会主义经济的发展。片面夸大精神鼓励的作用，这就由一种片面性走向了另一种片面性。

其三，过分强调整体利益和长远利益，忽视个人利益和目前利益。毛泽东在读《政治经济学教科书》的谈话中说，要使人民有觉悟。"教科书对于为前途、为后代总不强调，只强调个人物质利益。常常把物质利益的原则，一下子变成个人物质利益的原则，有一点偷天换日的味道。他们不讲全体人民的利益解决了，个人利益也就解决了，他们所强调的物质利益，实际上是最近视的个人主义。这种倾向，是资本主义时期无产阶级队伍中的经济主义、工团主义在社会主义建设时期的表现。"②毛泽东的这些话是针对教科书对个人物质利益的

---

① 苏联科学院经济研究所：《政治经济学教科书》下册，人民出版社1959年版，第525页。

② 《毛泽东文集》第8卷，人民出版社1999年版，第134页。

强调有感而发的。教科书主张让劳动者从物质利益上关心生产，肯定通过向社会提供劳动而获取物质利益的正当性，并且用物质鼓励的方法激发人们的劳动热情，这种观点是无可厚非的。按劳分配的原则实际上体现了社会整体利益与个人利益的统一，并且物质利益原则只有具体化为个人的物质利益才能避免流于空洞疏阔。对于历史上任何一代人的活动来说，若急功近利，为了眼前和暂时的利益而不惜损害人类长远发展的利益，当然是一种应该受到谴责的不道德行为；但每一代人都有自己的生存发展权利和生活价值，因而不能片面强调长远利益而否定一代人或几代人目前的和暂时的利益。在为争取社会的整体利益和长远利益的过程中，有许多英雄人物要牺牲自己的物质利益，甚至付出自己的生命。而这种个人的牺牲正是为了整个阶级乃至全人类的幸福。个人利益与社会整体利益、目前利益和长远利益应统筹兼顾，不可强调一方面而否定另一方面。只追求个人的、暂时的利益而不惜抛弃、忘记、损害社会整体的和长远的利益的思想行为是不道德的；在社会主义历史阶段，片面强调整体和长远利益以及奉献和牺牲，而忽视个人的和现实的正当利益，也是不恰当的。

毛泽东的义利观具有积极和消极的二重性。毛泽东是义利统一论者，他肯定义与利、物质利益与道德精神、个人利益与整体利益、目前利益与长远利益对于人类生存和发展的价值。但在构成上述各个矛盾体的两个方面中，他更崇尚道义、道德精神、整体利益和长远利益。当这种义利观贯彻于毛泽东本人的人生实践时，体现了他兼济天下、奋斗忘我、全心全意为人民大众谋福利的博大胸怀和崇高境界；当这种义利观影响现时实践，渗入党和国家的路线、方针、政策时，有时会超越生产力和社会经济发展水平，超越一般人的思想觉悟和道德水平，成为"左"倾政策和实践产生的诱因之一。

第十六章　顺境与逆境

　　人是具有自由创造本质的社会存在物，他既以其主动自觉的活动创造了社会历史，改变了他所生活的自然与社会环境，又受自然与社会环境的影响和制约。在社会发展的每一个历史阶段，都存在着各种不同的发展趋势和可能性，人们可以认识社会发展的规律和可能的发展趋势，根据自己生存发展的需要作出判断和抉择。大道多歧，人生实难。在人生旅途上有许多岔路口，因而也就需要经常审时度势，尽量作出恰当的选择。而能否作出正确的选择，对于人的生存发展至为重要。这种自觉选择能力表现了人类自由创造的特性。但是，人的选择必须有一定的客观基础，并不是随心所欲的任意行为。这就是说，社会环境对于人发生着不可避免的影响和制约作用。毛泽东认为，总的来说，人所生活的社会环境和人的生活经历有顺与逆两种境遇，人生总是顺逆交织，苦乐并至。从人的生存发展来看，顺境固然可喜，逆境亦非无益。问题的关键在于应在顺境或逆境中保持清醒的头脑和旺盛的斗志，张扬克制和坚韧的战斗精神，以修养德行、增益才干、磨砺意志。

一、顺逆交替互织的人生途程

　　顺境与逆境是人生的两种境遇。顺境是指人生所经历的成功和顺利，所享有的健康、荣誉和高位，所体验的幸福、欢乐等志得意遂之事，以及人生所处的安宁平和的生活环境；逆境则是指人生所遭逢的失败、挫折与坎坷，所忍受的疾病、耻辱和压抑，所经受的不幸和痛苦以及所处的不利于人性发展的险恶生活环境。顺逆两境如形影相随，如声响相应，共同构成了人生活动的总体背景。

人生之旅苦乐并存、顺逆交织，根源于宇宙万物和人生的本质。毛泽东早年曾经认为，宇宙中的一切事物，如阴阳、上下、大小、高卑、人己、好恶、正反、洁污、美丑、明暗等，都是因差别比较而显现的。事物因差别而有对待，由对待而生矛盾，由既相依共存又竞争抵抗的矛盾而引起了事物的变动和演进。竞争抵抗和运动变化是宇宙人生的总体特征，竞争抵抗是宇宙人生之最深刻的本质。只有通过对立和斗争、作用和反作用、压抑和抵抗，事物才能获得动源，人生方能向上发展。德国哲学家泡尔生在《伦理学原理》一书中说："无抵抗则无动力，无障碍则无幸福。纯粹之幸福，为纯粹之真理然，有之者其为神乎。"毛泽东对此深为赞赏，认为是"至真之理，至澈之言"。① 由此看来，逆境的存在不仅是一种客观事实，亦适合人的本性和人生发展向上的需要。纯粹的安逸宁静、平和顺畅的生活境遇是人生所无法忍受的，人们必然要从这平和宁静之境中生出竞争抵抗的波澜来。不平等、不自由、大战争当与天地终古，永世不绝。因此，顺逆两境必然相对待而存在，并与人生相伴随，与人类社会共始终。顺与逆、幸与不幸互依互渗互转，共同构成人类之真正的幸福。泡尔生说："确实之幸福，必合幸与不幸而成立之。所谓际遇佳运之人，必非终身逸乐之谓，正谓其迭处于幸与不幸之间，而比例适得其当。如欢乐与苦痛、成功与失败、满足与缺乏、争斗与平和、劳力与休息互相调剂而适得其平者，是也。吾人之精神，幸与不幸，不可以偏废，犹植物之繁茂，不能偏废雨旸然。彼夫一生沈滞者，或迫而为厌世之思想；然终生处顺者，果遂可以为幸福乎？纵使彼幸而不流于暴慢，然于人生最大之事变，未能阅历，则其最大之材干，亦无由而发展。常胜之将，无练其韬略之机会；全福之人，亦无展其精神界一切能力之机会。"泡尔生由此断言："实际之生涯，必适于人性实之需要，大抵幸与不幸交迭而经验之。人之多得幸福者，固不必引以为大戚；而多

---

① 《毛泽东早期文稿》，湖南人民出版社1990年版，第182页。

际不幸者，亦无所庸其怨尤焉。"① 幸与不幸的交替轮回无歇绝之时，二者共同存在于人生旅程之中。而二者比例适当、恰当配置，则是人生之真正幸福的源泉。为了说明不幸之境遇为人生所必需而不可缺少，泡尔生进而举例说："世盖有不满于现在世界，而驰想于其他之极乐世界者，无论其想象之无据也，即使果如其所想，别有天地，而容彼居之，恐彼转记忆其素所嫌忌之世界，而以为较胜矣。……今之持厌世论者亦然，苟使彼暂离大地，居于星界，其思慕故土之思，将油然而生，而悔其持论之不衷矣。"毛泽东在阅读这段文字时批道："吾人平昔即有此情形。"② 可见，他对泡尔生人生之路由顺与逆、幸与不幸交织而成的观点是持认同态度的。

毛泽东在接受和掌握了唯物辩证法的宇宙观之后，对于顺和逆的理解便上升到一个更高的层面，对于顺逆关系的理解便更为深透和科学。他在《矛盾论》一文中说："唯物辩证法的宇宙观主张从事物的内部、从一事物对他事物的关系去研究事物的发展，即把事物的发展看做是事物内部的必然的自己的运动，而每一事物的运动都和它的周围其他事物互相联系着和互相影响着。事物发展的根本原因，不是在事物的外部而是在事物的内部，在于事物内部的矛盾性。任何事物内部都有这种矛盾性，因此引起了事物的运动和发展。事物内部的这种矛盾性是事物发展的根本原因，一事物和他事物的互相联系和互相影响则是事物发展的第二位的原因。"③ 顺和逆作为人生旅途中的两种性质不同的境遇，也是人生主体与人生客体交互作用的产物。对于某一社会个体或社会团体来说，当其欣逢顺境，或因其力量强大，认识真实，判断明决，意志坚强，路向正确，行动果敢；或因其所处的社会环境良好，有利于人的生存和发展；当其身处逆境，或因其力量弱小，认识失误，人生路向发生偏差；或因其处于不公正、不平等的社会环境，限制了其主体能力的增益和发挥。人生中既有顺利或顺境，也有困难或逆境，不能只看到困难的一面而看不到顺利的一面，亦不能只看到顺利的一面而看不到困难的一面。顺与逆作为构成人生境遇这一矛

---

① 泡尔生：《伦理学原理》，蔡元培译，商务印书馆 1909 年版，第 173—174 页。
② 《毛泽东早期文稿》，湖南人民出版社 1990 年版，第 258 页。
③ 《毛泽东选集》第 1 卷，人民出版社 1991 年版，第 301 页。

盾统一体的两个方面，既相互排斥、斗争、对立、否定，又相互联结、贯通、渗透、依赖。其相互联结表现为二者中的任何一方都不能孤立存在，若没有和它相对峙的另一方，它自己这一方就失去了存在的条件和根据。正如生死、上下、祸福互依共存一样，"没有顺利，无所谓困难；没有困难，也无所谓顺利。"① 在逆境、困难之中孕育着顺利、顺境的胚芽，在顺境中也有可能埋藏着挫折、困难、逆境的种子。顺境与逆境、顺利与困难都为人生所必需必历，但二者并非配置均匀，平分人生之秋色。尽管会出现顺逆大体相当的时候，但这是一种暂时的、相对的平衡，二者的不平衡、不相称、不相当则是永恒的、绝对的。因此，在人生的途程中就会出现这样的景观：有时顺境、顺利是主要的方面，有时逆境、困难是主要的方面。顺逆的主次地位并非天经地义、固定不变，二者经常处于变动之中，也就是说二者在一定条件下是可以各向自己相反的方向转化的。"革命斗争中的某些时候，困难条件超过顺利条件，在这种时候，困难是矛盾的主要方面，顺利是其次要方面。然而由于革命党人的努力，能够逐步地克服困难，开展顺利的新局面，困难的局面让位于顺利的局面……在相反的情形之下，顺利也能转化为困难，如果是革命党人犯了错误的话。"② 顺逆在主观条件和客观环境的交互作用下互依互转，从而使人生活动和社会运动呈现出波浪式前进和螺旋式上升的轨迹。成功与失败、前进与后退、顺利与曲折对立互依，相承相应。在成功、胜利的顺境中不谨慎、不进取，就会导致失败和挫折；在逆境中总结经验、审时度势、多谋善断、奋发进取，终究会克服困难，走向顺利发展和成功之路。社会和人生的前进、发展和向上是一个总的趋势，但不会一帆风顺、径情直遂。世界上的一切新生事物运动的轨迹总是曲折的，有进有退，主要的还是进，但不是直线前进，而是波浪式地前进。鉴于社会运动和人生实践之进退并存、顺逆交织，毛泽东反复告诫全党同志和全国人民前途光明、道路曲折，要在困境中看到成绩和光明，提高信心和勇气；在顺境中要看到现实的困难和可能出现的不利情况，保持清醒的头脑和谨慎的

---

① 《毛泽东选集》第 1 卷，人民出版社 1991 年版，第 328 页。
② 《毛泽东选集》第 1 卷，人民出版社 1991 年版，第 324—325 页。

工作、生活态度。

二、逆境对于完善人生的意义

　　顺与逆作为人生的两种境遇，皆为人生所必然经历，并为人生所必需。顺境能够使人体验生活的欣喜和乐趣，培育对于生命活动的兴趣和进取向上的信心力量；而逆境则能够激励逼迫人们在为生存和发展而进行的奋争拼斗中发挥自己的最大潜能，使自己的智慧和意志得到最充分的调动和磨炼。毛泽东是富有斗争、挑战和冒险精神的政治家，在顺逆二者之间，他更强调、推重逆境对于人生向上的意义。

　　逆境固然是人生的不幸际遇，但可以激发自尊，逼迫人们自立自强，被压迫者、受压抑者具有天然的反抗意识、斗争锐气和创造精神。这无论对于某一社会群体来说，还是对于某一社会个体来说，都是适应的。历史上奴隶阶级反对奴隶主的斗争、农民阶级反对封建地主的斗争以及无产阶级反对资产阶级的斗争，都是由于他们遭受残酷的经济剥削和政治压迫，自身的物质利益和生存权利遭到侵害乃至剥夺，自己生存和发展的意志遇到阻碍，自己的人格尊严遭到侵害，因而感到屈辱、痛苦和对于现存社会状态的绝望。而有作用必有反弹，有压迫必有反抗。为了摆脱受奴役、遭剥削的苦难境地，争取生的希望以及做人的尊严和平等权利，于是逐渐积聚了不满现存的不合理的社会制度的叛逆意识和反抗精神，发起了历史上一次次威武雄壮、有声有色的大起义、大战争。毛泽东对于中国无产阶级的阶级地位和政治意识的论述是压抑导致自尊和反抗的观点的极为典型的证明。在《中国社会各阶级的分析》一文中，毛泽东运用马克思主义的阶级分析方法对于中国社会各阶级的经济状况、政治态度以及在中国革命中的地位作了鞭辟入里的分析。在讲到无产阶级时，他指出，由于无产阶级经济地位低下，"失了生产手段，剩下两手，绝了发财的望，又受着帝国主义、军阀、资产阶级的极残酷的待遇，所以他们特别能战斗。"[①] 在

---

　　① 《毛泽东选集》第 1 卷，人民出版社 1991 年版，第 8 页。

《中国革命和中国共产党》一文中，毛泽东指出中国无产阶级除了具有一般无产阶级的基本优点，即与最先进的经济形式相联系、富于组织性纪律性、没有私人占有的生产资料，还有其特出的优点。其一，"中国无产阶级身受三种压迫（帝国主义的压迫、资产阶级的压迫、封建势力的压迫），而这些压迫的严重性和残酷性，是世界各民族中少见的；因此，他们在革命斗争中，比任何别的阶级来得坚决和彻底。在殖民地半殖民地的中国，没有欧洲那样的社会改良主义的经济基础，所以除极少数的工贼之外，整个阶级都是最革命的"。其二，"中国无产阶级开始走上革命的舞台，就在本阶级的革命政党——中国共产党领导之下，成为中国社会里比较最有觉悟的阶级"。其三，"由于从破产农民出身的成分占多数，中国无产阶级和广大的农民有一种天然的联系，便利于他们和农民结成亲密的联盟"。① 正由于中国无产阶级具有上述特点，尤其是受剥削受压迫最为深重的经济社会地位赋予它强烈的反抗意识和彻底的革命精神，使它拥有了胸怀博大、高瞻远瞩、代表全人类利益、将革命运动贯彻到底的阶级品格，从而成为中国革命的领导阶级。

从宏观的角度看，某一被压抑的阶级会形成阶级的反抗意识，进而引发推翻现存社会制度、争取阶级解放和自由的现实运动。从微观的角度来看，某一受压抑的社会阶层或社会个体为了摆脱地位低下、身份卑贱的窘境，能够全力调动自己的身心潜能，做出常人所难以企及的业绩，并通过自己创造性的活动和自由自觉本质的外化，赢得社会的承认和尊敬。1958 年 5 月 8 日，毛泽东在中国共产党八大二次会议上的第一次讲话中说，从古以来，发明家，创立新学派的，在开始时，都是年轻的，学问比较少的，被人看不起的，被压迫的。这些发明家在后来才变成壮年、老年，变成有学问的人。这是不是一个普遍规律，不能肯定，还要调查研究。但是可以说，多数是如此。他一连举出近 40 位古今中外的政治、军事、科学、文化方面的杰出人物，来说明有发明和创造的人，一开始或者是受压迫、受凌辱、被人看不起的人，或者是虽出身贵族，但没有什么声望，没有被名利所累的人。

---

①　《毛泽东选集》第 2 卷，人民出版社 1991 年版，第 644 页。

大约在 1958 年之后，60 年代之前，毛泽东在读王勃《秋日楚州郝司户宅饯崔使君序》一文时，作了千余字的批注。他在考证了王勃的身世之后，分析了他的作品："这个人高才博学，为文光昌流丽，反映当时封建盛世的社会动态，很可以读。这个人一生倒霉，到处受惩，在虢州几乎死掉一条命。所以他的为文，光昌流丽之外，还有牢骚满腹一方。杜甫说，'王杨卢骆当时体，……不废江河万古流'，是说的对的。为文尚骈，但是唐初王勃等人独创的新骈、活骈，同六朝的旧骈、死骈，相差十万八千里。他是七世纪的人物，千余年来，多数文人都是拥护初唐四杰的，反对的只有少数。以一个二十八岁的人，写了十六卷诗文作品，与王弼的哲学（主观唯心主义），贾谊的历史学和政治学，可以媲美。都是少年英发，贾谊死时三十几，王弼死时二十四。还有李贺死时二十七，夏完淳死时十七，都是英俊天才，惜乎死得太早了。"①毛泽东在赞扬之余，又有感而发："青年人比老年人强，贫人、贱人、被人看不起的人、地位低的人，大部分发明创造，占百分之七十以上都是他们干的。百分之三十的中老年而有干劲的，也有发明创造。这种三七开的比例，为什么如此，值得大家深深地想一想。结论就是因为他们贫贱低微，生力旺盛，迷信较少，顾虑少，天不怕，地不怕，敢想敢说敢干。"②在毛泽东看来，那些被剥削、被压迫的人，出身贫贱、地位低下的，默默无闻、被人瞧不起的人，身处逆境、备受压抑的人，具有天然的反抗意识和追求身份平等的渴望，因而具有旺盛的生命活力和积极的进取创新精神。贫贱忧戚与生力旺盛、压抑凌辱与奋斗创新有着必然联系。而那些家温用足、身居高位的人，为利禄名位所累，则贪图安逸，不思进取。这样，压迫、剥削者与被压迫、被剥削者，身居高位、显名广誉的人与身份低下，一文不名、默默无闻的人，各自的利益不同，生命感受不同，生活态度不同，其心性品格也不同。被压抑者为摆脱压抑，追求平等与自由而奋斗、拼搏、创造，因而具有顽强、旺盛和鲜活的生命力；而压迫者和统治者为了维护自己的既得利益而不思进取，因循守旧，力图将现存的政治、经济、

---

① 转引自张贻玖：《晚年毛泽东与中国古典诗词》，《晚年毛泽东》，春秋出版社 1989 年版。
② 《毛泽东读文史古籍批语集》，中央文献出版社 1993 年版，第 11—12 页。

社会秩序和思想、文化、道德观念永恒化、固定化，并且在新旧两种社会力量的斗争日趋激烈时，难以顺天应人，与时偕行，革故鼎新，从而最终走向反动。这样，卑贱者的聪明智慧、才华崭露和高贵者的昏聩平庸、碌碌无为，卑贱者的勃勃生机和进取锐气与高贵者的老气横秋和暮气深沉，便鲜明地凸现出来。而在新与旧、高贵与卑贱两种社会力量的斗争较量中，下层的、卑贱者的力量始之弱小，但其中却孕育着坚强、雄健和伟大；高贵的、压迫者的力量貌似强大，但其本质上是保守、衰颓、腐朽的。卑贱者在为争取身份和社会地位平等的斗争中，会使自己变得强大、充实和富有价值，并最终摆脱压迫和奴役而成为自己与社会的主人。压抑导致自尊，自尊导致自强，自尊自强的内在精神必然引发创新进取的客观物质活动。人生主体便在这压抑——创新的规律性运动中得以充实和完美。

身处逆境固然是人生的不幸，但幸与不幸是辩证统一的。逆境不利于人的正常发展，故而给人生平添了诸多痛苦和忧戚。但历史上和现实中的雄才伟器大都特生异出于逆境之中，并在与逆境的搏战中领略上天入地、斗争征服的大欢乐、大欣喜。逆境可以增益人的知识才干，磨炼意志品格，提高精神境界，这早已为古圣先贤所认识。孟子曾说："舜发于畎亩之中，傅说举于版筑之间，胶鬲举于鱼盐之中，管夷吾举于士，孙叔敖举于海，百里奚举于市。故天将降大任于斯人也，必先苦其心志，劳其筋骨，饿其体肤，空乏其身，行拂乱其所为，所以动心忍性，增益其所不能。人恒过，然后能改；困于心，衡于虑，而后作；徵于色，发于声，而后喻。入则无法家拂士，出则无敌国外患者，国恒亡。然后知生于忧患而死于安乐也。"[①] 舜、傅说、胶鬲、管仲、孙叔敖、百里奚等古代明君贤相能臣，都崛起提举于下层民众之中。天将要把重大任务赋予某人，必定先要苦痛其心意，劳动其筋骨，饥饿其肠胃，穷困其身体，使其每一行为总是不能如意。这样，就可以震动其心意，坚韧其性情，增益其能力。一个人，错误常常发生，才能改正错误；心意困苦，思虑阻塞，才能有所发愤创造；思想情感表现在面色上，吐发在言语中，

---

① 《孟子·告子下》。

才能被人了解。一个国家，国内缺少有法度的大臣和足为辅弼的士子，国外没有相与抗衡的邻国和外患的忧惧，经常容易灭亡。由此可知忧患足以使人生存，安乐足以使人死亡的道理了。宋儒张载在《正蒙·乾称篇》中说："富贵福泽，将厚吾之生也；贫贱忧戚，庸玉汝于成也。"他认为人是天地所生，禀受天地之性，所以必须能与天地合德，才不愧为人。天既给人以富贵福泽，亦给人以贫贱忧戚。二者作为人生中的两种境遇，性质截然相反，但对于人生都有意义。人在富贵福泽中可以享受生活的充裕和乐趣；而在贫贱忧患中则可以经受锻炼，达到最高的成就。

贫贱忧戚、玉汝于成的见解也同样为西方思想家所持有。德人泡尔生在论及幸福与逆境对人的性格的影响时说：

幸福与成功，常易使人自足，而流于骄慢。享幸福者虽尚明于评人，而常昧于自知，自夸其功，而视他人之沉滞坎坷，则以为无能。于是见他人之勤力而不之重，见他人之困厄而不之怜，日肆其骄侈，而遂为神人所共愤。凡战胜而骄者，常轻蔑邻国，凌其弱者，虐其所败者，自以为安全无患，而一旦复亡随之矣。[1]

幸福者衰亡之媒，其证据如此矣。而不幸之境遇，若失败，若坎坷，乃适以训练吾人，而使得强大纯粹之效果。盖吾人既逢不幸，则抵抗压制之弹力，流变不渝之气节，皆得藉以研炼。故意志益以强固，而忍耐之力，谦让之德，亦由是养成焉。……最高尚之道德，非遭际至大之艰苦，殆未有能完成者。[2]

当人身处幸福与成功、鲜花与荣誉的顺境之中，常易生自我满足、不思进取之心，呈骄侈傲慢、懈怠懒惰之态，生力日减，终至衰亡。而当人身罹不幸、失败迭至、坎坷沉滞，则能够养成坚毅、忍耐、谦让的高尚道德。毛泽东对于泡尔生的这一论点极为赞赏。在阅读该部分时，挥笔写上了"振聋发聩之言"6个字。

毛泽东在各个历史时期和各种场合，不止一次讲过逆境可以锻炼意志、获

---

① 泡尔生：《伦理学原理》，蔡元培译，商务印书馆1909年版，第171页。
② 泡尔生：《伦理学原理》，蔡元培译，商务印书馆1909年版，第172页。

得知识的道理。他在读苏联《政治经济学教科书》的谈话中说，聪明人往往出在地位低、被人看不起又受过侮辱而且年轻的人中。社会主义社会也不例外。大厂设备好、技术高，因此往往架子大，安于现状不求进取，他们的创造性就往往不如小厂多。知识是经过困难得到的，屈原如果继续做官，他的文章就没有了。但是因为丢了官，才有可能接近社会生活，才有可能产生像《离骚》这样好的文学作品。孔子也是因为在许多国家受到了挫折，才转过来搞学问。他团结了一批"失业者"，想到处出卖劳动力，可是人家不要，一直不得志，没有办法了，只好收集民歌（《诗经》），整理史料（《春秋》）。

　　1962 年 1 月，毛泽东在扩大的中央工作会议上的讲话中说，一个人不可只能上升不能下降，一个人或因为自己犯了错误，经过同志们的批评和上级鉴定，作出正确处理，因而下降或者调动工作；或者上级领导对他作了错误处理，因而降职或调动，蒙受冤屈。但"这种下降或者调动，不论正确与否，都是有益处的，可以锻炼革命意志，可以调查和研究许多新鲜情况，增加有益的知识。我自己就有这一方面的经验，得到很大的益处。不信，你们不妨试试看"①。为了证明这一论点，他随口吟诵司马迁《报任少卿书》中的一段话："文王拘而演《周易》；仲尼厄而作《春秋》；屈原放逐，乃赋《离骚》；左丘失明，厥有《国语》；孙子膑脚，兵法修列；不违迁蜀，世传《吕览》；韩非囚秦，《说难》、《孤愤》；《诗》三百篇，大抵贤圣发愤之所为作也。"毛泽东引用这段话，用意在于以上述卓异特殊之人在逆境中备受压抑、心意郁结之时，追求理想的心情并未稍减，尚能追思既往，寄心来世，发愤而作，实现自己的价值，教育党的干部在逆境中，在挫折、失误中振作精神，奋发有为。毛泽东并不提倡对干部、对同志、对任何人可以不分青红皂白，作出错误处理，像古代人拘文王、厄孔子、放逐屈原、去掉孙膑的膝盖骨那样。毛泽东本人也不喜欢遭受或让别人受到错误处理等不公正待遇。他的意思是说，在"人类社会的各个历史阶段，总是有这样处理错误的事实。在阶级社会，这样的事实多得很。在社会主义社会，也在所难免。不论在正确路线领导的时期，还是在错误路线领导的

---

① 《毛泽东文集》第 8 卷，人民出版社 1999 年版，第 291 页。

时期，都在所难免"。① 因此，对于逆境和冤屈，应有正确的认识，即不能从此消极，很气愤，不满意，而应当把它当作一种有益的教育，当作一种锻炼。毛泽东本人在蒙受冤屈、身处逆境时，也总是豁达大度，革命热情和政治信仰未曾稍减和动摇，其意志和智慧反而得到了磨炼和增益。他曾经在三次"左"倾路线时期蒙受包括开除党籍、撤销政治局候补委员、赶出红军在内的处分和打击达 20 次。当他的正确意见得不到大多数同志的赞同，心里的滋味也很不好受。但作为一名党员，意见保留，忍住委屈，组织决定仍然服从，在执行过程中再对同志做耐心细致的说服工作，并认定不利的境况对于革命者来说是一种难得的考验。

三、在顺逆两境中成就壮美人生

古罗马政治家、哲学家、悲剧作家、雄辩家、新斯多葛主义的代表人物塞尼卡曾说："幸运固然令人羡慕，但战胜逆境则令人敬佩。"英国哲学家弗兰西斯·培根在《论逆境》一文中引证这一名言后说："幸运所需要的美德是节制，而逆境所需要的美德是坚忍，后者比前者更为难能。"② 毛泽东也一贯对于顺境和逆境持节制和坚忍的态度，提倡谦虚、学习和坚忍的精神。

首先，毛泽东主张在顺境中，在成功和荣誉面前，要谦虚节制，戒骄戒躁，继续前进。在中国共产党七届二中全会上，毛泽东针对因为胜利而可能在党内生长的居功自傲、停顿不前和贪图享乐的情绪，告诫全党同志谦虚谨慎，戒骄戒躁，克己节制，艰苦奋斗。他说："夺取全国胜利，这只是万里长征走完了第一步。如果这一步也值得骄傲，那是比较渺小的，更值得骄傲的还在后头。在过了几十年之后来看中国人民民主革命的胜利，就会使人们感觉那好像只是一出长剧的一个短小的序幕。剧是必须从序幕开始的，但序幕还不是高潮。中国的革命是伟大的，但革命以后的路程更长，工作更伟大，更艰苦。这

---

① 《毛泽东文集》第 8 卷，人民出版社 1999 年版，第 292 页。

② 弗兰西斯·培根：《人生论》，湖南文艺出版社 1992 年版，第 41 页。

一点现在就必须向党内讲明白，务必使同志们继续地保持谦虚、谨慎、不骄、不躁的作风，务必使同志们继续地保持艰苦奋斗的作风。"① 为了防止共产党员，尤其是高级领导干部滋生骄傲自满情绪，防止个人崇拜和迷信，七届二中全会还作了不做寿、不送礼、少敬酒、少拍掌，不以人名作地名，不要把中国同志和马、恩、列、斯平列的规定。新中国成立以后，党内一部分同志革命意志有些衰退，革命热情有些不足，全心全意为人民服务的精神少了，过去跟敌人打仗时的那种拼命精神少了，而争名逐利的东西多了。针对这些消极现象，毛泽东谆谆告诫全党同志"要保持过去革命战争时期的那么一股劲，那么一股革命热情，那么一种拼命精神，把革命工作做到底"。② 并且希望通过整风运动，把艰苦奋斗的传统好好发扬起来。

其次，毛泽东主张在逆境中乐观坚毅，不屈不挠。这具体表现在三个方面：其一，要在艰难困苦、黑暗险恶的逆境中看到光明的前程。他认为，无产阶级作为一种新生的社会力量，掌握了自然界、人类社会的发展规律，从事着与人类社会发展趋势相一致的进步、正义的事业。就其性质来说，是不可战胜的。其开始尽管力量渺小软弱，但终究会发展壮大起来。而一切旧势力，尽管一时还很强大，但总是要被消灭的。因此，我们可以藐视而且必须藐视人世遭逢的任何巨大的困难，把它们放在"不在话下"的位置。在总的方面，在战略方面，我们要藐视困难，增强斗争勇气，坚定胜利信心。但从战术上，从具体问题的解决上，我们必须重视一切困难，认真对待，创造条件，讲究方法，以克服困难。1927 年，蒋介石背叛革命，将共产党人投入腥风血雨的险恶境地，毛泽东"把酒酹滔滔，心潮逐浪高"，悲悼革命英烈，胸中仍然涌动着革命的烈焰豪情，提出政权由枪杆子取得的著名论断，走上了进行军事斗争、发动武装起义、建立农村革命根据地、以农村包围城市、最后夺取全国政权的中国革命的独特道路，作出了"星星之火，可以燎原"的著名论断；当日寇大举入侵中国、亡国论调甚嚣尘上之时，他精辟分析国内外形势，揭示了日本侵略战争

① 《毛泽东选集》第 4 卷，人民出版社 1991 年版，第 1438—1439 页。
② 《毛泽东文集》第 7 卷，人民出版社 1999 年版，第 285 页。

的野蛮、退步和非正义性以及中国抗日战争的进步性和正义性，得出了抗日战争是持久的、最后胜利是中国的这一科学结论，领导中国人民胜利地进行了艰苦卓绝的抗日战争。此后，又同国民党反动派展开了决定中国前途和命运的大决战。在长期的战争中，毛泽东总是充满必胜信念，其远大的政治眼光、高超的斗争艺术和卓越的军事指挥才能得到淋漓尽致的展现。其二，在逆境中保持乐观豪放的精神。在旷古未有、举世闻名的二万五千里长征中，毛泽东和工农红军面临敌军的围追堵截、雪山草地、饥饿寒冷，承受着死亡的威胁，追求着革命的希望，始终保持坚韧不拔的革命乐观主义精神。毛泽东在长征途中留下的一组脍炙人口的诗词，就是对这种乐观精神的礼赞。"雄关漫道真如铁，而今迈步从头越"，是那样坚定自信，气韵沉雄；"红军不怕远征难，万水千山只等闲"，"更喜岷山千里雪，三军过后尽开颜"是那样藐视困难，以苦为乐；"今日长缨在手，何时缚住苍龙？"又是那样的期盼执着，豪迈雄壮。毛泽东终生都葆有革命乐观主义和浪漫主义情怀，而这种乐观浪漫情怀又是与现实主义的务实精神相联系、相结合的。其三，在逆境中独立不惧，处变不惊。新中国成立之后，西方国家对我国实行经济上的封锁、政治上的孤立和军事上的讹诈和颠覆。从 50 年代后半期，中国共产党同苏共在对待战争与和平、和平过渡、和平竞赛以及社会主义道路等重大问题上发生分歧和争论。苏共在致中共中央的通知书和连续发表的数百篇文章中，全面攻击中共的内外政策。许多兄弟党也发表决议、声明或文章指责中国共产党。由于各国历史条件和现实特点不同，各国共产党采取的方针和政策不同，在思想认识上有差异，这本是正常现象。但习惯于以老子党和革命中心自居的苏共领导人，却将中苏两党在意识形态方面的分歧扩大到国家关系上，单方面撕毁合同，撤走专家，停止对我国的经济技术援助和重要设备供应。在第二次世界大战之后，国际共产主义运动经过了一段辉煌发展，进入 20 世纪 60 年代之后，却出现了曲折迂回的困难局面。再之，由于我们工作失误和自然灾害，国民经济出现了严重困难。当时的国际国内形势，真可谓雪压冬云，万花纷谢。值此国际斗争的大变局，以毛泽东为首的中国共产党人顶住了西方国家的威胁和大国沙文主义的压力，发扬独立自主、自力更生的精神，探索符合中国国情的社会主义建设道路，纠正工作中的缺点错误，维护了中国共产党的独立地位和中华民族的尊严，并使我国的国民经济得到了恢复和发展。毛泽东在这一时期写的诗词中吟咏的乱云飞渡仍从容、镇定、泰然自若的"劲松"，迎风斗雪、傲寒怒放的"红梅"，勇驱虎豹熊罴的英雄豪杰，就是他和中国共产党人临危不惧、处变不惊的人格特征的真实写照。毛泽东认为人生之路顺逆交织，苦乐并至，逆境对于人生的完善较之顺境更有价值，因而主张顺境中的节制和逆境中的坚忍，号召人们经风雨、见世面，在大风大浪中锻炼成长。他本人的人生实践和特殊卓异的人格特征正是这一人生见解的现实演示和典型范例。

第十七章　爱情与婚姻

　　爱情与婚姻是人生面对的两大课题。爱情与婚姻既可以给予人们明朗的欢乐，又可以给人们带来深巨的痛苦。古往今来，有人用世界上所有的美好语言赞美爱情；有人则抱怨甚至诅咒爱情。有人用全身心的投入和牺牲为爱情增光添彩；也有人用粗鄙、庸俗之心来理解爱情，甚至不择手段地践踏戕害人类的这种最美好的感情。人们对于爱情和婚姻的理解恰如一面镜子或一扇窗口，可以映照、显露出一个人的心灵世界。毛泽东作为一代伟人，也有自己的肉体生命和精神世界，也有自己跌宕起伏、一波三折的感情经历。他反抗、抨击旧的婚姻制度，追求以意志自由为基础和以爱情为中心的婚姻。他以其旺盛的血气灵性苦苦追寻着爱情这种人类最美好感情的本质底蕴。有获得、充实和慰藉，也有失落、虚无和折磨；有感情的辜负，更有几经磨难后对飘逝的爱情的无望追悔；有追求的执着，也有彷徨和困惑。透过毛泽东的爱情和婚姻生活，会使我们能够更全面更深入地了解毛泽东，了解毛泽东的心灵世界和人格特征。

一、革命理想激情与儿女情愫

　　爱情作为在男女之间产生的一种精神和肉体的强烈的倾慕之情，激荡着一代代人的敏感心灵，渗透于一代代人的物质生活和情感经历之中。艺术家用美好的语言赞颂她，用各种艺术形式表现她，而思想家们则对其丰富内涵和本质属性进行着哲理的沉思和探索。古希腊哲学家柏拉图在《饮宴篇》中描写了关于爱情本质的一场辩论，借苏格拉底之口表达自己的爱情观：爱情是爱一切的善，是永存的欲望，是必死之物通过生存繁衍达到生命永生的欲望。而灵魂之美比形体之美更圣洁，理智的产儿比肉体的产儿更崇高。柏拉图把男女恋情归结于精神、灵魂之爱，并进而把人世间的男女恋情最后归结于天上的爱神。这种失去生理基础、没有男女性爱的精神之爱，只能是一种虚构的爱情。

18 世纪英国思想家休谟在哲学上是一个唯心主义的不可知论者，但其爱情观却是颇有见地的。他认为两性之间的爱情由美貌发生的愉快感觉、肉体上的生殖欲望以及浓厚的好感善意这三种不同的印象或情感的结合而发生。休谟同时注意到了引发爱情的生理因素和心理因素，而不是单纯地将爱情的发生归结为肉体之爱或灵魂之爱。然而，他尚未涉及多少爱情的本质问题。19 世纪德国古典哲学家黑格尔说："爱情确实有一种高尚的品质，因为它不只停留在性欲上，而且显出一种本身丰富的高尚优美的心灵，要求以生动活泼、勇敢和牺牲的精神和另一个人达到统一。"①"在这种情况下，对方就只在我身上生活着，我也就只在对方身上生活着；双方在这个充实的统一体里才实现各自的自为存在，双方都把各自的整个灵魂和世界纳入到这种统一里。"② 爱情是以性欲为自然基础的，没有性欲作基础就没有爱情，但爱情又不能单纯归结为性欲，它既内在地包含着性欲，又超越了性欲，而追求高尚优美的心灵世界的契合沟通。男女双方中每一个人最摄人心魄的、生动活泼的行为方式以及忘我的勇敢和牺牲精神，与另一个人达到统一，并在这种统一中体认到自己的自由存在。黑格尔把爱情理解为男女双方在性爱基础上的心灵之爱，是一种超越了各自的片面性的、摆脱了外在束缚的、自由自觉的、纯粹高尚的精神之恋。这对于接近爱情的本质无疑前进了一大步，但他并未揭示出爱情的社会本质。恩格斯从现实的社会关系出发，指出了爱情的社会性和历史性。他认为，爱情是"人们彼此间以相互倾慕为基础的关系"③，而这种关系是人类社会发展到一定阶段的产物。爱情以男女双方的互爱为前提，以与对方结合的强烈愿望为表征。它既

---

① 黑格尔:《美学》第 2 卷，第 326 页。

② 黑格尔:《美学》第 2 卷，第 332 页。

③《马克思恩格斯选集》第 4 卷，人民出版社 1995 年版，第 234 页。

不同于单纯的性欲，也不同于仅仅作为义务和婚姻附属物的古代的爱。

毛泽东对于爱情的理解，既与以往的爱情理论衔接相通，又有其独特卓异之处。毛泽东说："所谓性的欲望，所谓恋爱，不仅只有生理的肉欲满足，尚有精神的及社交的高尚欲望的满足。"① 爱情是产生于男女之间的在肉体和精神两方面对异性的倾慕和渴求，爱情所追求的是肉体的生理欲望和精神的心理欲望的满足，故爱情又称为性爱。在性爱的内涵中，肉体欲望的实现给恋爱双方带来了肉体的快乐，并保证了人类的再生产和种的繁衍。肉体之爱，是爱情或性爱的重要内容，但不能把爱情简单归结为肉体之爱以及肉体欲望的满足和快乐。人的本质特征是其社会性。人类的男女异性之爱不是以自然的方式，而是以社会的方式进行的。爱情是通过社会交往和精神的沟通而产生的一种美好感情，是心灵的沟通和牢固的结合，她需要男女双方两下心知、交厚情深、自由配合、生死相依。毛泽东所理解的爱情是存在于男女之间的、通过社会交往而产生的、旨在满足肉体和精神欲望的强烈倾慕和渴求之情。爱情应包括生理的肉体之爱和心理的精神之爱，但肉体之爱不是下等的、动物般的肉欲生活，它已被高尚的精神之爱净化和陶冶，因此具有社会意义，而精神之爱较之肉体之爱则更为高尚、更有价值。

毛泽东不但阐明了爱情的深刻内涵，而且论述了爱情生活的道德要求，尤其是阐述了作为儿女衷愫的爱情与理想、事业的关系。

首先，爱情产生于两心相知、两情相悦。相知和相悦，实际上是爱情生活中的理性和情感问题。男女爱情是需要理智的审视和判断的，如果没有理智的参与，只凭本能的直觉选择恋爱的对象，让本能的冲动左右性爱，甚至只考虑情感和肉体上的吸引交融，把人生的其他要义都忘却了，那么，男女双方就会在这种不健全的感情之火中被烧成灰烬。然而，理性的参与又不是或主要不是对经济、物质方面的狭隘而庸俗的考虑，而是恋爱中的每一方对于对方理想、志向、品行、性格等心理素质的了解，是对男女双方和谐统一的可能性的一种判断，这种判断可增大爱情成功的系数。而一见钟情、不求甚解的爱情往往是

---

① 《毛泽东早期文稿》，湖南出版社1990年版，第437页。

翩然而至，忽然而逝，难得成功和持久。然而，爱情又不是理性的判断。一个人若被理性的判断支配了，而不能用心去爱，那就是心理不健全的人。在他的眼中心头，便没有爱情，没有爱的对象，只有清冷的理性判断、粗俗的利益盘算以及能否给他带来利益的考虑。爱情不拒斥理智，爱情需要理智，但理智不是爱情。爱情实际上是产生于理智的了解之上的真挚感情。正因为如此，毛泽东对男女隔绝、授受不亲、人为设防的陈规陋习极为不满，提倡男女通过交往达到心知情深，在理性了解的基础上，进而孕育和培养真挚的感情。毛泽东与杨开慧的结合就经历了一个由相知到相爱的过程。他早年在湖南第一师范学习期间，经常与肖子升、蔡和森、陈昌等同学到"板仓杨寓"向杨昌济先生请教，讨论哲学、社会、人生各种问题，认识了随父居住长沙的杨开慧。毛泽东的学识抱负深深吸引激励着杨开慧，而杨开慧的聪颖好学和超凡脱俗的个性也给毛泽东留下了深刻的印象。1918年夏，杨昌济应蔡元培的延聘任北京大学教授，杨开慧随父居住北京。毛泽东为组织湖南学生赴法勤工俭学和驱除湖南军阀张敬尧曾两次到京，与杨开慧在北平相遇并有了进一步的了解。身处异地的少女杨开慧遇同乡知己，情愫暗生。1920年初，杨昌济病逝，杨开慧回到长沙，进福湘女校学习，宣传反帝爱国主张，并应毛泽东之邀担任湖南学生联合会的宣传工作，还动员母亲拿出父亲生前在北京大学的同事捐助的奠仪费作为学生工作的活动经费。毛泽东和杨开慧在共同理想和志向的基础上建立了深厚的友谊和爱情。1920年，热恋中的毛泽东写了《虞美人·枕上》一词送给杨开慧：

堆来枕上愁何状，江海翻波浪。

夜长天色总难明，无奈披衣起坐薄寒中。

晓来百念皆灰烬，倦极身无凭。

一勾残月向西流，对此不抛眼泪也无由。

毛泽东对杨开慧的思念之情，<u>丝丝缕缕</u>，无由排解，辗转反侧，难以成眠。苦长夜漫漫，独坐薄寒，心里想象着见到自己的恋人当如何向她倾诉衷肠。但当长夜将尽、天色平明之时，一夜积聚的勇气消失殆尽，又不好意思向她诉说，只好对半天残月，清泪闲抛。这首词写得缠绵悱恻，情真意切，道出了毛泽东对杨开慧由相知到相爱而产生的强烈的思念倾慕以及无由表白心曲的难耐心情。杨开慧也曾经自述她大约到了十七八岁时，对于结婚开始有了自己的见解，反对一切用仪式的结婚，且认为若有心去求爱，就会失掉真挚神圣、不可思议、最高级最美丽无比的爱。她对婚姻的态度是追求完美："不完全则宁无"。自从她听到了毛泽东的许多事，看了他许多的日记文章，就深深地爱上了毛泽东。但她并未表白，只是把这种爱藏在心底。当她收到毛泽东许多表示爱意的信，从毛泽东的许多朋友那里了解到毛泽东为她的不动声色非常烦闷时，完全了解了毛泽东对于她的真意，从而产生了一个新意识。她说，我觉得我为母亲而生之外，是为他而生的。我想象着，假如一天他死去了，我的母亲也不在了，我一定要跟着他死！假如被人捉着去杀，我一定同他去共一个运命。1920年冬，这对两心相知、两情相悦的恋人勇敢地向封建礼教挑战，自由恋爱结婚。

其次，意志自由，男女平等。爱情作为男女双方互相吸引和强烈倾慕的感情，以男女双方的意志自由、人格独立、身份平等为前提。强制性的婚姻或买卖婚姻是完全可能的，但爱情不能强制、不能买卖。因为"恋爱是神圣的，是绝对不能代办，不能威迫，不能利诱的！"[1] 爱情与人格的不独立、意志的不自由势不两立，爱情与经济上的不平等以及男尊女卑、夫为妻纲的身份地位上的不平等是截然对立的两种事物。要争取获得真正的爱情，必须冲破由家庭和社会交织而成的、束缚人的个性意志的铁网，从与社会和家庭的斗争中赢得意志自由和人格独立；必须破除男尊女卑观念，争取妇女在经济上以及工作、参政和交际上与男子平等的权利。

再次，执着爱情，忠于事业。弗兰西斯·培根曾说："一切真正伟大的人物（无论是古人、今人，只要是其英名永铭于人类记忆的），没有一个是因爱情而发狂的人。这说明伟大的精神和伟大的事业可以摒除过度的激情。"[2]"有一些人，即使心中有了爱，仍能约束它，使它不妨碍重大的事业。因为爱情一旦干扰事业，就会阻碍人坚定地奔向既定的目标。"[3] 培根将爱情和事业两分对

---

① 《毛泽东早期文稿》，湖南出版社1990年版，第419页。

② 弗兰西斯·培根：《人生论》，湖南文艺出版社1992年版，第59页。

③ 弗兰西斯·培根：《人生论》，湖南文艺出版社1992年版，第61页。

立的观点不足为训，但他告诫人们不要因沉溺于男女恋情而忘记了理想、事业等人生要义，则是应当肯定的。爱情是人类的美好感情，爱情生活值得追求、向往和回味，而无产阶级的远大理想和事业则更为崇高伟大。爱情只有诞生于共同的理想、信念和追求之上，才真挚可靠。"恋爱、婚姻问题是整个社会革命问题的附属部分"①，它只有与无产阶级的理想事业结合起来，才能显示出摄人心魄的魅力和崇高的社会意义。毛泽东在青年时代，为了探讨使个人及全人类生活向上的真理和道路，同他的朋友没有时间谈情说爱，"只愿意谈论大事——人的天性，人类社会，中国，世界，宇宙！"②当他与杨开慧在共同的理想、志向、信仰、事业基础上的爱情悄然发生并自由恋爱结婚后，既执着于纯洁真挚的爱情，又忠诚于事业，使爱情服从事业，将爱情融合于革命事业之中。他与杨开慧在共同的事业中培养、更新爱情，为了革命事业又离妻别子、慨然远行。一首《贺新郎·别友》，便糅进了毛泽东高昂的革命激情和凄恻缠绵的儿女衷愫，体现了毛泽东革命与恋情统一融合的见解和态度：

挥手从兹去。更那堪凄然相向，苦情重诉。眼角眉梢都似恨，热泪欲零还住。知误会前番书语。过眼滔滔云共雾，算人间知己吾和汝。人有病，天知否？

今朝霜重东门路，照横塘半天残月，凄清如许。汽笛一声肠已断，从此天涯孤旅。凭割断愁丝恨缕。要似昆仑崩绝壁，又恰像台风扫寰宇。重比翼，和云翥。

吟咏男女聚首之欢和离别之苦的诗词佳作，历代皆有，但多是凄恻缠绵、阴柔无力、香艳浓丽之作，缺乏深刻的社会意义和思想内涵。如唐代柳永在《雨霖铃》一词中写道："寒蝉凄切，对长亭晚，骤雨初歇。都门帐饮无绪，留恋处，兰舟催发。执手相看泪眼，竟无语凝噎。念去去，千里烟波，暮霭沉沉楚天阔。多情自古伤离别，更那堪、冷落清秋节！今宵酒醒何处？杨柳岸，晓风残月。此去经年，应是良辰好景虚设。便纵有千种风情，更与何人说。"而

---

①　列宁语，转引自蔡特金：《列宁印象记》，三联书店 1979 年版，第 71—72 页。
②　埃德加·斯诺：《西行漫记》，董乐山译，三联书店 1979 年版，第 123 页。

毛泽东的《贺新郎·别友》一词则是融社会意义与男女恋情、革命理想与儿女衷愫于一体的。毛泽东与杨开慧从相知到相爱、相伴，至此已有 10 多个年头。他们互助互勉，情深意笃，在动荡巨变的社会和人世间的滔滔云雾中，彼此引为知己。其间经历了诸多离别相思之苦，也有聚首互慰之欢。而今在短暂的相聚之后，又要匆匆分别，怎不叫人引以为恨、依依难舍？又怎么忍心去重诉离情呢？而离别之后相思之苦，天能知道吗？天尚且不知，况于人乎？天将近拂晓、残月照横塘、霜重东门路的凄清氛围更增添了离别的凄苦。毛泽东与杨开慧的苦苦恋情至此可谓表现得淋漓尽致了。而汽笛一声，天涯孤旅，人生到此，不免断肠。然而，毛泽东并未被这深深的恋情所羁縻，而是强忍感情的苦楚，割断恨缕愁丝，慨然挥手远行，投身革命事业，并与杨开慧相约在未来的革命斗争中并肩战斗，如大鹏展翅，比翼搏击于革命的风涛云海之中。在这首词中，昂扬奋发的革命激情和凄恻缠绵的儿女衷愫浑然交织、相得益彰，执着的爱情与崇高的理想融为一体。毛泽东是一个恋爱自由和婚姻自由主义者，他既高举反对腐朽婚姻制度的旗帜，提倡恋爱自由和婚姻以恋爱为中心，同时又主张过组织拒婚同盟，摆脱世俗婚姻制度的束缚。他苦苦追求真正的爱情，认真考虑自己所追求的爱情的意义。他曾问史沫特莱是否爱过男人，为什么爱，爱对她意味着什么。毛泽东对杨开慧的爱——这是他的初恋——是刻骨铭心的。特别是后来与江青感情不和，更增加了他对杨开慧的怀念。1927 年，毛泽东率秋收起义部队上了井冈山，从此与杨开慧音讯断绝。1930 年，杨开慧被捕入狱，敌人对她严刑拷打，威逼利诱，要她声明与毛泽东脱离夫妻关系。而杨开慧只有一句话作答："死不足惜，但愿润之革命早日成功。"她以自己的青春生命和一腔热血证明了对于革命事业的忠诚和对于毛泽东的挚爱。毛泽东听到杨开慧牺牲的消息后沉痛地说："开慧之死，百身莫赎。"他在《蝶恋花·答李淑一》一词中称颂杨开慧是"骄杨"。当毛岸青、邵华要求毛泽东把这首词写给他们时，他又把"骄杨"写成了"杨花"，这无疑表达了毛泽东对杨开慧的赞美和亲近之情。

二、婚姻要"以恋爱为中心"

　　爱情与婚姻既相区别又相联系。爱情是男女双方相互吸引、强烈倾慕的感情，婚姻则是由一定时代的社会制度和法律制度确认的社会关系，是男女结合的一种社会形式。人类的婚姻从两性结合的社会形式上来看，迄今已经历了群婚制、对偶婚制和一夫一妻制三种基本形式。"群婚制是与蒙昧时代相适应的。"[1] 由于人类刚刚从动物界分化出来，对于自然界、人类社会以及人类自身的认识水平相当低下，对自身的婚姻问题尚无清晰的认识，男女结合主要是生理本能的需要和自然行为，男女双方并不为对方承担社会责任。"对偶婚制是与野蛮时代相适应的。"[2] 在这种婚姻中，父子辈之间和兄弟姐妹之间的婚姻关系被废止。"专偶制之于文明时代相一样。"[3]这种婚制是随着生产力发展，男子在经济活动中的主导地位得以确立，出现了剩余产品和私有观念，为解决财产继承问题而产生的。恩格斯说："当父权制和专偶制随着私有财产的分量超过共同财产以及随着对继承权的关切而占了统治地位的时候，结婚便更加依经济上的考虑为转移了。"[4] 在奴隶社会和封建社会中的一夫一妻制的婚姻，一开始就只是对妇女而不是对于男子的一夫一妻制，并且这种婚姻是以对女子的公开买卖的方式进行的。"在整个古代，婚姻都是由父母为当事人缔结的，当事人则安心顺从。古代所仅有的那一点夫妇之爱，并不是主观的爱好，而是客观的义务；不是婚姻的基础，而是婚姻的附加物。"[5] 在资本主义时代，"买卖婚姻的形式正在消失，但它的实质却在越来越大的范围内实现，以致不仅对妇女，而且对男子都规定了价格，而且不是根据他们的个人品质，而是根据他们的财

① 《马克思恩格斯选集》第4卷，人民出版社1995年版，第73页。
② 《马克思恩格斯选集》第4卷，人民出版社1995年版，第73页。
③ 《马克思恩格斯选集》第4卷，人民出版社1995年版，第73页。
④ 《马克思恩格斯选集》第4卷，人民出版社1995年版，第77页。
⑤ 《马克思恩格斯选集》第4卷，人民出版社1995年版，第74—75页。

产来规定价格。"① 在剥削阶级占统治地位的社会中，爱情并不是婚姻的基础，相反，只是婚姻的附属物。正如恩格斯所说："当事人双方的相互爱慕应当高于其他一切而成为婚姻基础的事情，在统治阶级的实践中是自古以来都没有的。至多只是在浪漫故事中，或者在不受重视的被压迫阶级中，才有这样的事情。"② 恩格斯认为婚姻自由、平等和以爱情为基础，是婚姻的基本道德。而这些道德的真正实现，只有在消灭了私有制、女子在经济和身份方面获得与男子平等的权利之后才能实现。"结婚的充分自由，只有在消灭了资本主义生产和它所造成的财产关系，从而把今日对选择配偶还有巨大影响的一切附加的经济考虑消除以后，才能普遍实现。到那时，除了相互的爱慕以外，就再也不会有别的动机了。"男子一生中将永远不会用金钱或其他社会权力手段买得妇女的献身；而妇女除了真正的爱情以外，也永远不会再出于某种考虑而委身于男子，或者担心经济后果而拒绝委身于她所爱的男子。恩格斯指出："如果说只有以爱情为基础的婚姻才是合乎道德的，那么也只有继续保持爱情的婚姻才合乎道德。"③ 在恩格斯看来，爱情是衡量和判断男女结合及其婚姻持续是否合乎道德的基本尺度。

毛泽东是在近现代中国思想启蒙和个性解放的时代潮流中成长起来的知识分子和革命家，其婚姻观也带有追求独立、自由、平等和个性解放的时代特点。他反对以经济关系为中心的买卖婚姻，在这一点上，与恩格斯的上述思想一脉相承。

首先，毛泽东主张婚姻必须以恋爱为中心，爱情既是两性结合的基础，又是维系有道德的婚姻的纽带。他在 1919 年 11 月发表的一系列文章中反复申明和强调了这一观点："男女的关系，依现代主张，应以'恋爱'为中心，恋爱以外，不能被支配于'经济'。所以现代的主张是，'经济各自独立，恋爱的儿公共'。现代以前则不然，都不知有所谓'恋爱神圣'的道理，男女之间，恋

---

① 《马克思恩格斯选集》第 4 卷，人民出版社 1995 年版，第 77 页。
② 《马克思恩格斯选集》第 4 卷，人民出版社 1995 年版，第 77 页。
③ 《马克思恩格斯选集》第 4 卷，人民出版社 1995 年版，第 80、81 页。

爱只算附属，中心关系，还在经济，就是为资本主义所支配。"①"原来夫妇关系，完全是要以恋爱为中心，余事种种都系附属。"②"婚姻的中心在恋爱，人生恋爱的要求，其势力比任何要求要大，非有特别势力，决不是能挡得住的。恋爱既是人生极重大的要求，他的势力又非常之大，那么人人便应该各如所求，婚姻成立之后，夫妇之间便应该充满了恋爱。"③ 以爱情为基础的婚姻是道德的。若婚姻不以恋爱为重，那么，男子讨亲除了迫使女子做烧茶煮饭等奴隶工作外，便只有那下等的肉欲生活。男子用金钱可以买得女子的献身，但难以买到真正的爱情。因为爱情是男女在平等自由的前提下产生的一种互爱情感。没有爱情的婚姻只是男子对女子的占有和下等肉欲生活的合法形式，男子在剥夺了女子的自由意志并占有女子的同时，也使自己降到了动物的层次。没有爱情的婚姻是不道德的，只有符合"恋爱中心主义"、使男女双方"真正得到恋爱幸福"④ 的婚姻才是道德的。

其次，毛泽东指出，意志自由是产生有道德的婚姻的前提条件。毛泽东这一思想是由发生于长沙的赵五贞自杀事件而引出的。赵五贞是湖南长沙人，生于 1896 年，知书识礼，友善乡邻。后由媒婆撮合，父母包办，许配品古斋老板吴凤林为继室。她不愿"填房"，且嫌吴年老貌丑，要求改变婚期。但父母及夫家以"择吉已定"为由不允。1919 年 11 月 14 日，她用剃刀自杀于花轿内。毛泽东就此事在长沙《大公报》《女界钟》上连续发表 10 篇评论文章，抨击腐败婚制，倡言恋爱婚姻自由。他指出，赵五贞自杀"这事件背后，是婚姻制度的腐败，社会制度的黑暗，意想的不能独立，恋爱不能自由"。⑤ 赵五贞父母、夫家以及社会构成三面铁网，其父母逼着她恋爱自己不愿意恋爱的人，她不愿上轿，她父亲竟掌她一个嘴巴；她提出改变婚期，吴家兄嫂竟有权可以"固拒不允"；社会上没有婚姻自由的强大舆论，反而以为争取婚姻自由的逃亡栖存

① 《毛泽东早期文稿》，湖南人民出版社 1990 年版，第 422 页。
② 《毛泽东早期文稿》，湖南人民出版社 1990 年版，第 437 页。
③ 《毛泽东早期文稿》，湖南人民出版社 1990 年版，第 443 页。
④ 《毛泽东早期文稿》，湖南人民出版社 1990 年版，第 437 页。
⑤ 《毛泽东早期文稿》，湖南人民出版社 1990 年版，第 414 页。

为不名誉的行为。在三面铁网的包围下，赵五贞没有自由意志，因而也就没有独立人格。她非但不能按照自己的意志爱其所爱，反而被逼迫嫁给自己不爱的人，她求生不成，只有一死。没有自由意志和独立人格，就决没有以爱情为基础的婚姻。为此，毛泽东号召全中国的青年男女，从这一惨事中彻底觉悟，争取婚姻的自由自主。

再次，毛泽东指出，男女平等是缔结以爱情为中心的有道德的婚姻的重要条件。为此，就要消除夫权思想和男尊女卑观念，使女子在人格上获得与男子平等的权利；提倡女子参政、交际，使女子在社会生活中获得平等权利。男女双方共同承担赡养老人和抚育子女的工作，使女子在家庭生活中获得平等权利，男女双方都应对爱情忠贞专一，反对只要求女子坚守贞操的片面行为。毛泽东呼吁女子觉醒过来、联合起来，扫荡破坏女子身体和精神自由的恶魔，争取恋爱自由和婚姻自主。毛泽东进一步指出，女子得不到与男子平等的地位，于不得幸福之外，还领受许多不人道的虐待，根本在于经济上的不独立不平等。女子只有在经济上自立，不依赖于男子，才能以平等的身份和独立的人格与男子建立和培养爱情，建立以爱情为基础的婚姻关系。为此，毛泽东提出了女子自立的三个基本条件：一是女子在身体未长成时绝不要结婚；二是女子在结婚以前，需预备足够自己生活的知识和技能；三是女子需自己预备产后的生活费。① 可以看出，毛泽东这时虽然看到了经济平等是身份、人格和社会平等的决定因素，但尚未认识到根本变革私有制经济制度的必要性。当他接受了马克思主义的唯物史观之后，才深刻认识到了只有改变私有制，才能为男女平等和婚姻自由奠定坚实的物质与制度前提。他在领导中国革命的过程中，把实现婚姻自由和女子解放作为革命胜利的重要标志之一。他指出，在封建社会和资本主义社会中，女子是"男子经济（封建经济以至初期资本主义经济）的附属品。……她们没有政治地位，没有人身自由，她们的痛苦比一切人大"。② 经济解放是女子解放的前提，因而也

---

① 《毛泽东早期文稿》，湖南人民出版社1990年版，第423页。

② 《毛泽东农村调查文集》，人民出版社1982年版，第177—178页。

是婚姻自由的前提。1931 年 12 月 1 日，当选为中华苏维埃共和国中央执行委员会主席的毛泽东亲自签署公布了《中华苏维埃共和国婚姻条例》，并在关于这个条例的决议中指出，只有工农革命胜利，男女从经济上得到第一次解放，男女婚姻才随着变更而得到自由。目前在苏区的男女婚姻，已取得自由的基础，应确定婚姻以自由为原则，而废除一切封建的包办、强迫与买卖的婚姻制度。这就阐明了经济平等对于实现男女平等和婚姻自由的决定性意义。

三、改革婚姻制度，提倡婚姻自由

爱情和婚姻应是最有个性色彩的甜蜜事业，男女双方的恋爱和结合，是人的内在要求，是个性发展和自我实现的需要。然而旧的婚姻制度以金钱关系为中心，以父母包办、媒人说合、迷信禁锢为形式，压抑了人的个性发展，剥夺了男女双方的自由意志，摧折了爱的胚芽，葬送了无数青年男女的青春生命。毛泽东说："以资本主义做基础的婚姻制度，是一件绝对要不得的事。在理论上，是以法律保护最不合理的强奸，而禁止最合理的自由恋爱；在事实上，天下无数男女的怨声，乃均发现于这种婚姻制度的下面。"因此，腐败婚姻制必须改革，"务使全人类对于婚姻制度都得解放"。[1] 而要改革腐败的婚姻制度，应从三个方面着手：

第一，打破父母代办政策。毛泽东认为："老人于种种事情总是和少年立在反对地位。从吃饭穿衣等日常生活，以及对社会国家的感想，世界人类的态度，他总是萧瑟的、枯燥的、退缩的、静止的。他的见解总是卑下，他的主张总是消极。"[2] 少年人看重恋爱和爱情，渴望建立有爱情的婚姻。老年人则视爱情为无足轻重。从男方的父母来说，讨媳妇是为了替他们做奴隶的工作。《礼记·内则》云："子甚宜其妻，父母不说（悦），出；子不宜其妻，父

---

① 《毛泽东早期文稿》，湖南人民出版社 1990 年版，第 566—567 页。

② 《毛泽东早期文稿》，湖南人民出版社 1990 年版，第 435 页。

母曰是善事我，子行夫妇之礼焉，没身不衰。"意思是说，儿子很喜欢他的妻子，与他的妻子情投意合、和睦相处，但父母不喜欢，做儿子的也要离弃妻子；儿子不喜欢他的妻子，父母却说这个媳妇对我好，儿子也只能和这个妻子厮守终生。《孔雀东南飞》中焦仲卿与刘兰芝和现实生活中陆游与唐婉的爱情悲剧，就是遵从父母之命而牺牲爱情婚姻的血泪证明。从女方的父母来说，有女嫁人，他不说为女择夫，而是说他选"快婿"。只图他"快"，至于他的女儿快否，是不问的，有的甚至多索聘金。毛泽东指出，资本主义和老年人与恋爱是立于冲突地位的。因此，"子女的婚姻，父母绝对不能干涉。在子女方面，对于父母干涉自己的婚姻，应为绝对的拒绝。必要做到这点，然后资本主义的婚姻才可废止，恋爱中心主义的婚姻才可成立，真正得到恋爱幸福的夫妇才可出现。"①

第二，打破媒人制度。在中国对婚姻有决定实权的是媒人。他们以拉合成功为根本主义，信口开河，造作言语，务使两边父母听着都能快意。当亲事构成，结婚之后往往驴唇不对马嘴，甚至变换新郎，或更易新妇，还说这是神及"八字"所赐福，将责任诿卸到冥冥之中。男女当事人也只能怨自己前生有过，只好将错就错。"媒人既是坏到这样，以后要想婚姻改良，便须急将媒制打破。……新式婚姻的成立，便只要男女两下的心知，到了交厚情深，尽可自由配合。"②而媒人制度之所以能够产生和延续，是由于男女界限太深。因此，要想废除媒人制度，首先要彻底撤开男女大防，使男女自由交往，增进了解。

第三，破除"婚姻命定"等迷信观念。毛泽东认为，旧式婚姻之所以还能够维持，是由于有一种极大的迷信。人生恋爱的要求，其势力极大，非有特别势力，是决不能阻挡住的。然而，为什么父母之命、媒妁之言竟可以把这种势力轻轻挡住呢？毛泽东不同意将这个原因归之于中国的礼教。文化可以分为有文的文化和无文的文化以及规范性文化和非规范性文化。礼教作为有文的、规

---

① 《毛泽东早期文稿》，湖南人民出版社 1990 年版，第 437 页。

② 《毛泽东早期文稿》，湖南人民出版社 1990 年版，第 441 页。

范性文化，只为少数读书人或上层社会所理解和掌握，而中国的农民、工人、商人认不得几个字，难以接受礼教这种规范性的和有文的文化的影响。因此，支配其精神界的不是礼教，而是迷信。正是这种非规范性的、无文的文化，成了父母之命和媒妁之言的大护法，并挡住了男女恋爱要求的横海潮流。其中最大的迷信是"婚姻命定说"。由于这种迷信的作祟，婚姻当事人认为反正已经前定，对婚姻持消极态度，自己不去议婚，一听父母和媒妁来处理。等婚姻已办，夫妇团圆，除开挡不住恋爱势力的人或毁弃一切、大闹起来，或桑间濮上、秘密恋爱，其他所谓和睦的好夫妇，脑子里装着"婚姻命定"四字，信奉"十世修来同船渡，百世修来共枕眠"。① 尽管没有什么爱情，但仍然吃饭睡觉，生儿育女。在"婚姻命定说"这一总迷信下，还有"合八字""订庚""择吉""发轿""迎喜神""拜堂"等小迷信。这些迷信都是为了束缚婚姻双方当事人的思想，使他们恋爱不得自由，婚姻不得自主。毛泽东指出："我们倡言改革婚制，这些关于婚姻的迷信应该首先打破，最要紧是'婚姻命定说'的打破。此说一破，父母代办政策便顿失了护符，社会上立时就会发生'夫妇的不安'。夫妇一发生了不安，家庭革命军便会如麻而起，而婚姻自由、恋爱自由的大潮，接着便将泛滥于中国大陆，乘潮打桨的新夫妇，便会完全成立在恋爱主义的上面。"②

　　本章对于毛泽东爱情婚姻观的研究，主要是以其早期著作为依据的。其中有些观点有片面与偏激之处，如把女子未成年不能结婚、女子在婚前备足生活知识和技能、女子预备产后生活费作为经济平等的实现和人格独立的条件，尚未从根本上触动私有制的经济制度，把打破婚姻迷信作为对父母包办政策和媒人制度更为根本的东西，尚未将婚姻解放与他所主张的经济、政治解放很好地结合起来。然而，毛泽东破除腐败婚制、提倡恋爱自由和婚姻自主，变以经济为中心为以恋爱为中心，使人生对于爱情的要求在恋爱和婚姻中得到实现和延续，这些思想基本上是正确的。建立有道德的婚姻并不仅仅是一个道德问题，

---

① 《增广贤文》。
② 《毛泽东早期文稿》，湖南人民出版社1990年版，第447页。

只有随着经济社会的发展进步，男女双方在经济、政治、人格、社会生活、家庭生活中完全处于平等地位，男女双方以相互倾慕和渴望结成终身伴侣的感情为基础的有道德的婚姻，才能够充分得以实现，以爱情为中心才能成为婚姻中的普遍的准则和基本的婚姻道德。

第十八章 生死感怀

生与死是人生所经历的两大事变，生死观作为对于生死的态度和行为的评价，是关于人生目的、人生理想和认识价值的理论在生死问题上的具化和展开。而对生与死这两大事变所作出的反应和回答，最能体现人的胸襟、气度、风貌和情操。毛泽东视生死为事物发展的必然规律，重生而不贪生，哀死而不惧死；他重视生死的内在价值和社会价值，倡言为人格、为人民、为社会而生活、奋斗、牺牲；他感天地之悠悠和人生之短暂，力图超越有限而追求无限，超越瞬间而趋向永恒。毛泽东的生死观展现了他作为杰出的思想家、政治家和巨夫伟人的博大情怀。

一、生与死的对立统一

毛泽东是唯物辩证法的大师，对于任何事物和现象都主张用对立统一规律来审视和观照。他认为任何一种事物中都存在着两种对立的东西。生与死就是任何生物有机体中既相对立又相依存，并贯穿于生物有机体活动始终的两个对立方面，也是构成人生经历的两大要件。从自然的、生理的属性来看，生即生物有机体的产生、成长和延续，死即生物有机体的衰落、中止、断绝和死灭。从社会属性上来看，生即生命的社会价值和意义的创造和延续，死则是社会价值和意义的丧失及其生命的反价值作用，亦指人的理想与信念、生活的欢乐与情趣的断灭，生犹未生，虽生已死。在毛泽东看来，生与死对立互补、相依共

365

存。二者作为矛盾着的两个方面，不能孤立存在和显现，"没有生，死就不见；没有死，生也不见"。①没有产生和开始，也就无所谓死亡和终结。反之，如果没有死，没有细胞组织的分裂、死灭和代谢，生物有机体就不能发展，死为生开辟了道路。从生成发展、创造日新这个意义上来说，死就是生的创造、开始和必要条件。毛泽东在中国共产党八届六中全会上的讲话中说，死亡有利于生长，如果没有死亡，人类就不能生存，没有分裂，就不利于发展。通过生而显现死，通过死而促进生，生与死相依共存，无论对于人类个体乃至整个人类社会都是适应的。正是由于有了死，人类才能世代相继，不断发展，若人自有生以来就不灭亡，就不得了。现有的人类在若干年之后，也会随着地球和太阳系的毁灭而灭亡。但这不是宇宙和人类的末日，在现有的人类死灭之后，必然会生出更高级的人类。

生与死互摄互涵，相依互转。毛泽东以质量互变的辩证法来观照人生途程中生与死的关系。他在读苏联《政治经济学教科书》时说：宇宙间、地球上的一切事物，都是不断发生、发展和死亡。人在从生到死这个过程中，经过童年、少年、青年、壮年这些不同的发展阶段。人从出生到死是一个量变过程，同时也是一个不断地进行部分质变的过程。难道能够说，从小到大、从大到老只有量的增加，没有质的变化？在人的机体里，细胞不断地分裂，不断有旧的细胞死亡，新的细胞生长，人死了就达到整个的质变，这个质变是通过以往不断的量变，通过量变中不断的部分质变而完成的。量变和质变是对立的统一，量变中有部分的质变，不能说量变中没有质变；质变中有量变，不能说质变中没有量变。生与死是构成人生的两种异质因素和状态。对于生来说，死并非异在的东西，并非无根无缘、突然而至，人类个体从诞生到死亡之前这段时间是一个总的量变过程，是一个总的生长、发育和延续过程。而在这一过程中，就包含着生的因素和死的因素的斗争与转化，包含着细胞的分裂、生长和代谢，包含着部分的质变和死亡。也就是说，在生中蕴藏、包含着死。生与死是不可分离的对立面，死是生不可避免和抛弃的伴随物和归宿。正是由于旧质因素、

---

① 《毛泽东选集》第1卷，人民出版社1991年版，第228页。

旧的细胞的死亡和摒除，才为新质因素、新的细胞的生成发育创造了条件。而生与死的互依并存，既促进了事物和人的生命有机体的生长，同时总的量变中的部分质变、总的生命途程中的死亡因素的累积，最终导致生命有机体的质变——死亡的来临。人生中的生与死，同其他事物的质变与量变一样，是互为基础、互相蕴含的。正如量变中有部分质变、质变中有量变一样，生中有死，死中亦有生。在生命个体的活动途程中，生与死相即不离，互摄互涵。当一个生命个体的最终质变——死亡来临时，作为特定个体的生命毁灭了，这无疑是人生的一大质变，但这一事变本身就是新陈代谢这一事物发展规律的体现。

　　既然生与死相依共存，互摄互涵，总的生命活动过程中包含着部分死的因素，而部分质变、部分死的因素的积累最终导致人的质变——死亡的降临，那么，由生而死、有生必死就是必然的不可避免的规律。生与死的问题为古今中外的思想家所普遍关注和思考。中国思想史上的儒家学派认为生与死是自然变化的正常现象，生则有死，正如始则有终，是自然变化的必然之理。《易传》曰："原始反终，故知死生之说。"① 汉代扬雄说："有生者必有死，有始者必有终，自然之道也。"② 人应当明于生死变化的道理，生当积极有为，死则泰然不惧。道家学派中的庄子对于生死问题论之最详。他说："死生，命也，其有夜旦之常，天也；人之有所不得与，皆物之情也。"③ "夫大块载我以形，劳我以生，佚我以老，息我以死。故善我生者，乃所以善吾死也。"④ "察其始，而本无生；非徒无生也，而本无气。杂乎芒芴之间，变而有气，气变而有形，形变而有生；今又变而之死，是相与为春秋冬夏四时行也。"⑤ "生之来不能却，其去不能止。"⑥ "生也死之徒，死也生之始，孰知其纪？人之生，气之聚也。聚则为生，散则为死。若死生之徒，吾又何患？故万物一也。"⑦ "死生有待耶？

①　《周易·系辞上》。
②　《法言·君子》。
③　《庄子·大宗师》。
④　《庄子·大宗师》。
⑤　《庄子·至乐》。
⑥　《庄子·达生》。
⑦　《庄子·知北游》。

皆有其一体。"①"明乎坦途，故生而不悦，死而不祸，知终始之不可故也。"②庄子从自然论的观点来看待人的生死巨变。人本来没有生命，不仅没有生命，而且还没有形体，不仅没有形体，而且还没有气。在隐约有无之间变而有气，气变而成形，形变而成生命，生又变而为死。生与死只是气的聚散，气之聚散不已，生死流转无穷。生与死都是自然变化，不得不然。人的生命来时不可阻挡，去时不能挽留。生死一体，本无区别，故没有理由悦生而恶死。他假借孔子之口说："死生存亡，穷达富贵，贤与不肖毁誉，饥渴寒暑，是事之变，命之行也；日夜相代乎前，而知不能规乎其始者也。故不足以滑和，不可入于灵府。"③死生、得失、穷达、贫富、贤不肖、毁誉、饥渴、寒暑都是事物之变和运命流行，恰如昼夜轮转交替一样。只要了解了这一点，就不会让生死巨变扰乱了本性的平和，不致让它们浸入自己的心灵。庄子认为生与死都是自然的变化，人之生不可阻却，人之死不可避脱，这种见解是正确的。但因生与死皆为自然变化，生与死皆不可避免，而否定生死之别，进而否定悦生乐生，则失之偏颇。儒家后学张载主张"存，吾顺事；没，吾宁也"④，则是一种比较允当的态度。

毛泽东在生死关系问题上主张生死自然，有生必死，显露出儒道思想影响的痕迹。他晚年曾冷静思考和反复谈论死亡这一人生重大课题。1958年12月9日，毛泽东在中国共产党八届六中全会上的讲话中说："人生七十古来稀"，总是要灭亡的，活不到一万年，人要随时准备后事。我讲的都是丧气话。人皆有死，个别的人总是要死的，而整个人类总是要发展下去的。两种可能都谈，没有坏处。要死就死，至于社会主义，我还想再干它几年，最好超美之后，我们好去报告马克思。几位老同志不怕死？我是不愿意死的，争取活下去，但一定要死就拉倒。1964年8月23日，毛泽东在接见参加北京科学讨论会的各国代表团团长时说："一切个别的、特殊的东西都有它的发生、发展与灭亡。每

① 《庄子·秋水》。
② 《庄子·知北游》。
③ 《庄子·德充符》。
④ 《正蒙·乾称》。

一个人都要死，因为他是发生出来的。人类是发生出来的，因此人类也会灭亡。地球是发生出来的，地球也会灭亡。不过，我们说的人类灭亡、地球灭亡，同基督教讲的世界末日不一样。我们说人类灭亡、地球灭亡，是说有比人类更进步的东西来代替人类，是事物发展到更高阶段。"① 在毛泽东的思想中，道家对生死巨变的达观的态度以及儒家对生命的勤勉执着精神是纠结在一起的。毛泽东认为人皆有死，肯定了死的必然性和普遍性，因此他对于死持一种顺其自然、不忧不惧的态度。他不惧怕死亡，但也不向往死亡和赞美无谓的死亡。他执着于生命，热爱生活，并将自己的生命活动与远大的理想联系起来，珍惜生命，勤勉奋斗，力图在有生之年，将自己所追求的理想化为现实，至少是将自己的理想在力所能及的范围内化为现实。

二、生的意义和死的价值

生与死是人生不可超越、不可逃避的两大事变。但人们对于生死之意义和价值的理解是不同的。历史上一切剥削阶级以个人主义、自私自利作为自己人生观的核心和考虑生死问题的立足点。他们认为人之生似水流年，如白驹过隙，是非常短暂的；而人之死便万事皆休，无论是道德高尚的人还是品行恶劣的人，一旦其生命途程结束，就是一堆朽土腐骨，再没有什么区别。因此，他们对于生与死所持的态度和见解是消极的、悲观的。他们或消极无为，死生由命；或恣情纵欲，及时行乐；或看破红尘，遁迹沙门；或泯灭差别，死生两忘。这样的人生观，或将生的意义理解为追求物质欲望的满足而沉湎于声色犬马，追求浮名俗利而不择手段；或根本否认生与死的意义和价值，断灭人的生机活力。当然，历史上也有一些杰出人物，怀着关心社会发展和人类命运的敏感、博大的心灵，持积极进取、奋发有为的人生态度，在德行、功业和言论著述各方面做出了为一般人所不可企及的贡献，其思想道德经受住了历史的消磨、淘洗和积淀，成为人类共同的精神财富。

---

① 《毛泽东文集》第8卷，人民出版社1999年版，第399页。

毛泽东是中国人民的政治领袖和精神导师，同时又是民族精神的化身。在他身上集中了中国共产党人的优秀品格和中国传统精神的精华。无产阶级作为新的生产力和生产关系的代表，是人类历史上最进步、最革命、最伟大的阶级。他以消灭一切剥削制度，建立社会主义和共产主义为根本目的。这就决定了其人生观是以集体主义为核心的。在中国传统文化中，也有万物一体、推己及人、视人如己、博施广济的思想传统。毛泽东正是将由无产阶级所体现、代表的时代精神和源远流长的中国优秀文化传统有机结合起来，从个人与民族、国家、人民利益、人类解放的关系中去探究、理解、规定人之生与死的意义和价值，张扬生当为人民奋斗、死当为人民献身的高尚的生死观。

毛泽东对于生的意义的思考是同他的人生目的论相联互通的。无产阶级、共产党人的人生目的在于全心全意为人民服务，为了人民的利益，为了人民的自由解放而工作、而奋斗。基于这一人生目的，毛泽东要求共产党员和革命队伍里的每一个人都要以人民的利益为第一生命，个人利益服从革命利益，艰苦奋斗，廉洁奉公，革命第一，他人第一，一辈子做好事，不做坏事，一贯地有益于革命和人民，做人民的勤务员，甘做人民大众的"牛"，能上能下，能官能民，密切联系群众，关心群众疾苦，倾听群众呼声，尊重人民的历史主动性和首创精神；舍己为人，克己奉公，吃苦在前，享受在后，勇挑重担，认真负责，一丝不苟，精益求精；坚持真理，修正错误；反对个人主义、宗派主义、自由主义以及自私自利、损人利己、损公肥私、消极怠工、贪污腐化现象，永葆共产主义理想、道德和行为的纯洁性。共产党人以为人民服务为目的，因此，人生活动只有以这一崇高目的为指导，以最广大人民群众的最根本利益为最高标准，才是有价值的。人生只有为民族独立、国家富强、人民幸福、社会进步而自强不息，积极奋斗，才是有意义的。

人作为有生命的社会个体，以其体力、智力和道德精神来创造有价值的人生，创造有价值的生活。而人的体力和智慧、道德等精神力量又以肉体生命为承担者。肉体生命是人的智慧、道德得以生成和发展的生理基础，也是创造有价值的人生的前提条件。因此，重视人生的价值创造，必然珍惜生命，热爱生活。毛泽东深深懂得这一点。他在1917年4月1日发表于《新青年》的《体育之研究》中说："体者，为知识之载而为道德之寓者也，其载知识也如车，其寓道德也如舍。体者，载知识之车而寓道德之舍也。"① 毛泽东珍视肉体生命的生存发达，反对只顾学问之求索和道德之进修、戕害肉体生命、"以身为殉而不悔"的错误态度，注意能够"养乎吾生乐乎吾心"的体能锻炼，养成了健康的体魄，从而为学问道德的进修创造了良好的条件，为日后进行艰苦卓绝的革命斗争准备了强健的体魄。他在 1936 年同斯诺谈话时说，青年时代的体育锻炼"对于增强我的体格大概很有帮助，我后来在华南多次往返行军中，从江西到西北的长征中，特别需要这样的体格"②。毛泽东爱好登山、远足和游泳。1956 年，他首次畅游长江，写下了"万里长江横渡，极目楚天舒。不管风吹浪打，胜似闲庭信步，今日得宽余"的诗句，展示了他不畏风狂浪恶、娴熟御水漂流的从容之态，流露了他在与长江的搏战和融合中身心舒畅的无限喜悦。此后，毛泽东又多次畅游长江。甚至直到晚年，他还坚持游泳，从中领略人生的乐趣。

毛泽东向来强调德、智、体三育并重，他把体育作为培养社会主义劳动者和共产主义新人的教育方针的重要内容。1952 年 6 月 10 日，毛泽东为新中国的体育工作题词："发展体育运动，增强人民体质"；他关心人民群众的身体健康，要求医疗卫生工作要坚持为人民服务的方向；他对青年人寄予厚望，希望青年人身体好、学习好、工作好。毛泽东在许多谈话、书信中都讲到要注意身体、珍惜生命。例如，他的长子毛岸英在朝鲜战场英勇牺牲，大儿媳刘松林精神上遭受着沉重的打击和痛苦的折磨，过分的悲痛损害了她的健康。为了换换环境，毛泽东同意她去苏联留学。远在异国他乡，她又重病不断，后又转学国内。在此期间，毛泽东多次给刘松林写信，关心她的健康，希望她注意身体，不使生病，好好学习，"要立雄心壮志，注意政治、理论。要争一口气，为死者，为父亲，为人民，也为那些轻视、仇视的人们争这口气"。③ 我们从中既可看到毛泽东对儿女的父爱，也可以体味出他珍视生命、掌握本领、为国家为

①　《毛泽东早期文稿》，湖南人民出版社 1990 年版，第 67 页。

②　埃德加·斯诺：《西行漫记》，董乐山译，三联书店 1979 年版，第 123—124 页。

③　转引自《毛泽东的儿女们》，中国文化出版公司 1989 版，第 88—89 页。

人民效力的人生见解。

毛泽东对生的意义的深邃思考和生死感怀也表现在他对中国古典文学作品的阅读、欣赏和评价活动中。毛泽东喜读屈原的作品，对《离骚》尤为喜爱。早在湖南省立第一师范读书时，他就在自己的课堂笔记《讲堂录》中用工整的笔迹抄录了《离骚》和《九歌》的全文，在《离骚》正文的上面写有各节的提要。1957年，他又请人搜集各种版本的《楚辞》以及有关《楚辞》和屈原的研究著作50余种，对于屈原的《离骚》三温四复，精心阅读。屈原感于时不吾与、四时代序、草木凋零、丽人迟暮、人生多艰、老之将至、壮志难酬、修名不立，渴望延续生命，得到君主的知遇重用，为他所挚爱的国家和人民建功立业。然而却横遭谗诟，不得不离乡去国，在悲愤之下苦吟出了《离骚》这一千古名篇。"汩余若将不及兮，恐年岁之不吾与。朝搴阰之木兰兮，夕揽洲之宿莽。日月忽其不淹兮，春与秋其代序。唯草木之零落兮，恐美人之迟暮。……忽驰骛之追逐兮，非余心之所急。老冉冉其将至兮，恐修名之不立。……长叹息以掩涕兮，哀民生之多艰。余虽好修姱以鞿羁兮，謇朝谇而夕替。……怨灵修之浩荡兮，终不察夫民心。众女嫉余之娥眉兮，谣诼谓余之善淫。……朝发轫于苍梧兮，夕余至乎县圃。……吾令羲和弭节兮，望崦嵫而勿迫。路漫漫其修远兮，吾将上下而求索。……陟升皇之赫戏兮，忽临睨夫旧乡。仆夫悲余马怀兮，蜷局顾而不行。"毛泽东在读以上段落时，每句末都作了圈断。

毛泽东也非常喜爱魏武帝曹操的诗文。有一次，他在同子女谈论诗词时说："曹操的文章诗词，极为本色，直抒胸臆，豁达通脱，应当学习。"[1] 曹操是中国古代杰出的政治家、军事家和文学家。他曾镇压过东汉末年黄巾军农民起义，但他又平定了割据势力，统一北中国，打击豪强，抑制兼并，广行屯田，对于中原地区的经济发展和中国的统一，起了进步作用。他生当动乱之世，志在统一天下。其诗文气韵沉雄，思想积极，慷慨悲凉。他在《短歌行》一诗中写道：

---

① 转引自《晚年毛泽东》，春秋出版社1989年版，第358页。

对酒当歌，人生几何？譬如朝露，去日苦多。慨当以慷，幽思难忘。何以解忧，唯有杜康。青青子衿，悠悠我心。但为君故，沉吟至今，呦呦鹿鸣，食野之苹。我有嘉宾，鼓瑟吹笙。明明如月，何时可掇？忧从中来，不可断绝。越陌度阡，枉用相存。契阔谈宴，心念旧思。月明星稀，乌鹊南飞，绕树三匝，何枝可依？山不厌高，海不厌深。周公吐哺，天下归心。

曹操在此诗开头叹人生短暂，如清晨之露，如过隙白驹，去日多而来日短，不由悲从中来，情调低沉苍凉。此后渐趋高亢，忧乱世，慕贤达，渴望广揽人才，统一中国。最后四句直抒胸臆，抑扬顿挫，激昂慷慨，体现了积极有为、奋发进取的精神。而在《龟虽寿》一诗中，曹操直接否定方术之士的种种妄谈，一扫当时社会上流行的浮生若梦、及时行乐的消极颓废风气，主张保持身心安静愉快，表现了他不畏天命、重视养生、老当益壮、自强不息、积极进取、建功立业的豪迈气概。他在诗中写道：

神龟虽寿，犹有竟时。腾蛇乘雾，终为土灰。老骥伏枥，志在千里；烈士暮年，壮心不已。盈缩之期，不独在天；养怡之福，可得永年。

从毛泽东故居藏书中四种版本的《古诗源》和一本《魏武帝魏文帝诗注》可以看出，毛泽东曾对曹操的《短歌行》《观沧海》《土不同》《龟虽寿》《薤露行》《蒿里行》《苦寒行》《却东西门行》等诗篇作了多次圈画，对《短歌行》全诗作了圈点，并在"对酒当歌，人生几何？譬如朝露，去日苦多"等诗句旁加了密圈。他喜读《观沧海》和《龟虽寿》，曾手书这两首诗的全篇。他欣赏"盈缩之期，不独在天；养怡之福，可得永年"这两句诗，并在一封信中说《龟虽寿》"此诗可读"。毛泽东之所以倾心于曹操的诗文，一个重要原因是受曹操叹人生短暂、慕天下英才、求国家统一、刚健进取的生命意识和思想格调的吸引，并在思想上、情感上思接千载，与这位古人发生了精神上的共鸣。

毛泽东珍惜生命的价值，哀伤生命的毁灭。当毛岸英在朝鲜战场牺牲，毛泽东作为一位父亲，也同平凡的人一样，独自默默地忍受着老年丧子的悲痛。然而，他珍生哀死而不惧死患死。他冷静地看待死亡，把死作为人生必经的事件和不可避免的归宿。人总是要死的，但死有正常死亡和非正常死亡两类。在物质生活水平提高和科学昌明的现时代，人的寿命可以越来越长，但永远不会长生不老。对于正常死亡来说，死是辩证法的胜利。为了革命事业，为了人民的利益而牺牲献身，这是属于非正常死亡。这种死亡虽然中断了个体的生命途程，但对于整个革命事业来说是不可避免的。因为为了人民的解放和幸福需要努力奋斗，而要奋斗就会有牺牲。对于为了追求和践行真理，为了人民的利益而奋斗的无产者来说，珍视生命是为了发展生命，而其生命的发展是与无产阶级和广大人民群众的利益紧密联系在一起的。无论是在战争时期，还是在和平建设时期，都会有为发展生命而抛却生命、为人民利益而牺牲奉献的情况，作为生命个体的人也在这种牺牲中实现了自己生命的圆满和生命的价值。在中国思想史上，孔子有"杀身成仁"之说，孟子有"舍生取义"之论。革命先驱李大钊曾说："人生的目的，在发展自己的生命，可是也有为发展生命必须牺牲生命的时候。因为平凡的发展，有时不如壮烈的牺牲足以延长生命的音响和光华。绝美的风景，多在奇险的山川。绝壮的音乐，多是悲凉的韵调。高尚的生活，常在壮烈的牺牲中。"① 毛泽东在中国革命和建设的各个历史时期，也号召共产党人直面生死，不怕牺牲。他在中国共产党七大的政治报告中指出，以中国最广大人民群众的最大利益为出发点的中国共产党人，相信自己的事业是完全合乎正义的，而正义的事业是必定要胜利的。所以不惜牺牲个人的一切，随时准备拿出自己的生命去殉我们的事业。不论在任何艰难困苦的场合，只要还有一个人，这个人就要继续战斗下去。至于死的价值，毛泽东在张思德追悼会上讲演中的一段话是经典性的："人总是要死的，但死的意义有不同。中国古时候有个文学家叫做司马迁的说过'人固有一死，或重于泰山，或轻于鸿毛'。为人民利益而死，就比泰山还重；替法西斯卖力，替剥削人民和压迫人民的人去死，就比鸿毛还轻。"② 为人民而死重于泰山，死得其所，虽死犹荣。

　　毛泽东对于生与死所持的见解是深刻而全面的。他主张珍视生命，创造有价值、有意义的人生，又反对贪生怕死、变节投降、丧失气节人格、苟活人世。他赞成一不怕苦、二不怕死的口号，提倡为了人民的利益无私奉献，英勇

---

　　① 《李大钊文集》第 3 卷，人民出版社 1999 年版，第 84 页。
　　② 《毛泽东选集》第 3 卷，人民出版社 1991 年版，第 1004 页。

献身；为了坚持真理，不怕撤职，不怕开除党籍，不怕离婚，不怕坐牢，不怕
杀头①。但他又反对鲁莽从事，提倡善于斗争，以最小的代价换取最大的胜利，
尽量减少不必要的牺牲；他承认自杀对于保全人格、伸张志气的相对价值，对
于因难以承受恶势力的压迫，断灭生的希望而自杀的人寄予深切的同情，但又
不赞成自杀，主张鼓起生活的勇气，下与恶势力殊死搏斗的决心，通过奋斗而
争取生的希望，即使求生不成，奋斗被杀，也最大限度地发挥了自己的身心潜
能，而悲剧之性质也足以印人脑腑。毛泽东本人就是一位珍生务义、奋斗不
息、冷眼死亡、视死如归、将自身的生命发展到极致的人。

三、超越有限、追求永恒的生命意识

人是能够清醒地认识到生命会在时间长河中消磨衰竭并最终走向死亡的社
会存在物。死亡使人感到生命的无常和虚无，并促使人们去追求有限之外的无
限和瞬间之外的永恒，渴求死灭之外的不朽。那么，这不朽的东西是灵魂？是
长视久生的形体？还是社会意义上的道德、功业和思想？

灵魂不朽是长期支配西方文化的基本观念。灵魂最初被理解为与形体相异
的精神实体。它在人出生时就早已存在，人出生后寄居于人的形体，人死后便
离开形体到另一个未知的世界中去。而随着文明的发展和社会的进步，灵魂不
仅具有人所幻想的精神实体的意思，还有精神、智慧、德行的义蕴。并且随着
社会的发展，后一种意义日益被强调和彰显。古希腊哲学家毕达哥拉斯认为灵
魂不朽，它可以在人死后按照命运的安排，从一个人类个体转移到另一个人类
个体。苏格拉底和柏拉图既把灵魂理解为精灵，又赋予灵魂以精神、品质和智
慧的属性。他们认为人由肉体和灵魂构成，灵魂既先在于人出生以前，又继在
于人死之后，灵魂通过对永恒不朽的事物的探求和研究而使自身具有不朽的属
性。欧洲中世纪神学家托马斯·阿奎那认为灵魂由上帝创造，是一种非物质的
存在者，德性、智慧和意志等精神因素构成了灵魂的本质。灵魂是不朽的，在

---

① 《我眼中的毛泽东》，河北人民出版社 1990 年版，第 96—97 页。

肉体解体之后，它仍然存在。法国近代思想家认为灵魂即良心。"灵魂深处生来就有一种正义和道德的原则……我把这个原则称为良心。"① 灵魂是不死的，一个人只有等到"肉体死亡的时候，他才开始过灵魂的生活"②。德国哲学家康德认为灵魂是至善的追求者。实践理性要求道德与幸福统一，但现实生活的经验无法提供二者之间的必然联系。因此不能期望"幸福与德行在尘世上必然地结合起来，合乎我们的至善"。③ 幸福不在此岸而在彼岸。故只有灵魂不朽，"才能希望有一天依照自己努力修德的程度来分享幸福"。④ 德行与幸福的统一是"至善"，至善是以对最高的善即道德的圆满的追求为前提的。而道德不可穷尽，对道德的追求永无止境。因此，追求最高的善的德行和享受彼岸幸福的需要决定了灵魂的不朽。在康德之后的人本主义哲学家费尔巴哈从人的自然本性出发，抛弃了灵魂不朽的观念，认为人的生存在于人的自然本体，没有肉体生命的生存是幻想出来的、捏造的、虚假的生存。人所应当争取的不是死后灵魂是否进天堂，而是现实人生的充实，人应关注现实生活的幸福。他否定灵魂不死的观念，但不否定人对不死和永恒的追求。只是人不应幻想灵魂的不朽，而应通过自己的道德完善、历史活动以及业绩成就而达到不朽。灵魂不朽观念所追求的不朽是个体得救，而费尔巴哈所追求的不朽则是现实生活中道德的完善和有利于社会和个体人生的事业的成功和成绩的取得。

中国传统文化所追求的主要是现实世界之生存中的不朽。其一是追求肉体的不朽，超越死亡对于肉体存在的否定，长视久生，羽化登仙。这是中国道教的人生祈向，它对于一般中国人的影响并不深刻。其二是注重人的道德功业、言论著述对现实与历史的贡献与影响，从人生的社会意义上理解和追求人的不朽，这是对中国人影响深远的尤其是中国士大夫阶层所执着的不朽观。春秋战国时期，鲁国大夫叔孙豹在回答范宣子问什么是死而不朽时说："豹闻之，'太

① 卢梭：《爱弥儿》，上海人民出版社 1986 年版，第 414 页。
② 卢梭：《爱弥儿》，上海人民出版社 1986 年版，第 405 页。
③ 康德：《实践理性批判》，商务印书馆 1960 年版，第 117 页。
④ 康德：《实践理性批判》，商务印书馆 1960 年版，第 132 页。

上有立德，其次有立功，其次有立言'。虽久不废，此之谓三不朽。"① 孔子没有明确谈过自己的不朽观，但他称赞伯夷、叔齐之清德，肯定管仲辅佐齐桓公九合诸侯、一匡天下、止息战争、施泽百姓的功业，他亲自整理六经，讲学授徒，并以无德而称为人生之憾事。从中可看出，他也是以三不朽为人生祈向的。孟子也把不能死而不朽作为终身之忧，希望像舜那样，"为法于天下，可传于后世"②，给后人留下好的品德和名望，能够创业垂统，对社会有所贡献。能以德、功、言传世，就是死而不朽的圣贤之人了。生而必死，圣贤与众人无异；但死而不朽，与天地同悠，与日月共耀，则只有圣贤能够达到。中国传统文化中这种立足现实生活追求无限和永恒的不朽观，激励一代代有志气、有作为的政治家和知识分子奋发有为，刚健进取。

毛泽东也上承中国传统文化的余脉，反映无产阶级革命的时代精神，形成了极富中国传统特色和时代特点的不朽观。宇宙悠远广袤，人生渺小短暂。这对人的生命意识和心灵世界的冲撞压抑和刺激是沉重而强烈的。古往今来，人们面对无限的宇宙和有限的人生，不知生发了多少生死感怀。文武兼具的魏武帝曹操曾横槊赋诗，发"对酒当歌，人生几何"的慨叹；唐代陈子昂登幽州古台，仰观俯察，瞻前思后，备感宇宙之无穷和人生之短暂，凄苦悲凉的心情油然而生，在《登幽州台歌》中咏叹"前不见古人，后不见来者，念天地之悠悠，独怆然而涕下"。就连豁达豪放的诗仙李白也说"天地者，万物之逆旅，光阴者，百代之过客，而浮生若梦，为欢几何"，进而肯定古人"秉烛夜游，良有以也"③。人生苦短，宇宙无疆，这强烈的对比反差使多少人在回味人生时而怀疑人生、否定人生，认为人生荒诞、虚假、不真实、无意义，人生本来就是一场误会、一个错误。因而或厌世，或混世，或游戏人生。然而伟大而坚强的心灵是不可能被时空的悠长宏大以及生的短暂和死的必至压扁碾碎的。毛泽东眼中笔端的空间形象巨大、巍峨、沉毅、坚定、飞动、寥廓、烂漫、多彩，既为人类及其他生物提供了广阔的活动场所，又险恶、严酷，时时都在压抑、摧

① 《左传·襄公二十四年》。
② 《孟子·离娄上》。
③ 李白：《春夜宴桃李园序》。

377

折、吞噬着生命，诸如横流沧海、苍茫大地、烂漫霜天、如海苍山、似血残阳、逶迤之五岭、磅礴之乌蒙、路隘林深苔滑的行军途、漫天皆白风雪迷漫的长征路、倒海翻江刺破青天的高山、横亘长空超出人世的昆仑、冰封雪飘长城蜿蜒黄河九曲的北国风光。毛泽东的时间意象是纵深幽远、悠悠漫长的，又是稍纵即逝、时不我待的，如"人生易老天难老"，"逝者如斯夫"，"多少事，从来急，天地转，光阴迫"。面对宇宙大时空和人生小世界的巨大反差，毛泽东确有视大为小、视久为暂，敢于调动控御时空的超然态度和浪漫情怀，力图在有限中把握无限，在瞬间中追求永恒，以积极、奋争的人生态度超越生死，超越时空，追求永恒与不朽。作为无产阶级政治领袖的毛泽东与历史上的匆匆过客不同，他不是去追求那种天人合一、物我一体、上下与宇宙同流的精神幻象，亦非向往外生死、泯物我、万物齐一、物我两忘的心斋坐忘境界，更不是祈求被理解为精神实体的灵魂的得救不朽。毛泽东追求永恒的心境是浪漫的，但追求具有永恒与不朽价值的目标与途径则是现实的；其所追求的具有不朽意义的目标是社会主义、共产主义道德的完善、事业的成功以及思想理论的纯洁和永恒。他所追求永恒与不朽的运动、斗争、实践，是认识世界和改造世界，是对主观世界和客观世界的双重超越，是力图将自己的身心能力融入人类认识必然争得自由的永恒发展进步的洪流之中。他追求永恒与不朽的心境是急切的："东方欲晓，莫道君行早，踏遍青山人未老"，"一万年太久，只争朝夕"。毛泽东对永恒与不朽的追求是成功的：他进德修业，勇于同自我挑战，铸成了可奉为人生风范楷模的高尚人格；他领导党和人民以"为有牺牲多壮志，敢教日月换新天"的奋斗精神取得了中国革命的伟大成功和社会主义建设的巨大成就，构想了中国社会未来发展的蓝图与路向；他批判继承传统文化，学习、实践马克思主义，总结中国革命和建设的实践经验，创立了毛泽东思想，从而在宇宙与人类发展的历史上深深地镌刻下了自己意志的印记。正如埃德加·斯诺在《同毛泽东主席的谈话》一文中所说："在中国所有长长的年代记中，我可没法想得起出身农村微贱的人，不仅领导了一场成功的社会革命，而且写了革命的历史，构想了革命的军事胜利的战略，有系统地阐述了一种思想学说，这种思想学说改变了中国的传统思想，然后在一种新的文明中，以全世界的广泛含义实行他的哲学。"① 斯诺在文中还写道，毛泽东在谈到社会发展的未来时说，将来的事会由后代人解决，并且按照我们没有预见的条件来解决。从长远观点看问题，后代人应当比我们更加有知识。他们的见识占有优势，而不是我们的见识占有优势。今天的青年和继其后的青年，会按照他们自己的社会准则评价革命工作。这个地球上的人类状况，正加速地发生变化。从现在起一千年，我们每个人，甚至马克思、恩格斯和列宁，大概会显得有点可笑。

毛泽东以刚强进取、积极有为的精神，把有限的个体人生与人类进步发展事业、把生命的短暂瞬间与宇宙之流的无尽无垠联系起来，热望在有生之年立德立言，创业垂统，使有限的个体人生的活动在人类世代延续和宇宙永恒发展中获得永恒的意义和价值，在实践中超越主客两界，超越秦皇汉武、唐宗宋祖、成吉思汗，甚至主张超越马克思。他认为不如马克思，不是马克思主义者；等于马克思，也不是马克思主义者；只有超过马克思，才是马克思主义者②。更为可贵的是，他为而不恃，功成不居，从大宇宙的视野来看待自己的事业，看待人类社会的发展，承认一切历史人物的思想、意志和创造性实践活动所无法摆脱的局限性。虽立足现实而又倾心未来，将自己的事业让后人评判，将来的事由后代人解决。毛泽东超越了时空，在其意识的流向中也超越了自我，这是对于"超越"的超越，这就是巨人毛泽东的博大胸怀。

---

① 《我眼中的毛泽东》，河北人民出版社 1990 年版，第 221 页。

② 王任重：《实事求是的典范——纪念毛泽东诞辰八十五周年》，《中国青年》1978 年第 4 期。

后　记

　　毛泽东，一位世纪伟人，思想深邃的理论家，高瞻远瞩的战略家，雄才大略的军事家，功绩卓著的政治领袖，前所未有的民族英雄，他以深刻的思想、崇高的理想、坚强的意志、过人的胆略，领导中国人民进行了波澜壮阔的新民主主义革命、社会主义革命和社会主义建设，振兴了一个民族，开创了一个时代，影响了整个世界。

　　毛泽东去世已 38 年，以毛泽东为象征的时代已经过去，中国与世界发生了巨大变化。但毛泽东的巨大影响并未被时光磨洗、被后人遗忘。他对于宇宙、社会、人生的深刻洞见，已成为中国共产党人和中国人民观察变动不居的世界、透视纷繁复杂的社会、谋划生存发展道路的思维方式和价值取向；他对于人生目的、人生理想、人生价值、人生境界的畅想和追求，昭示了建构新社会新人格的坐标祈向；他所倡导的经世致用、实事求是、知行统一、与时偕行的人生态度，心系百姓、关心民瘼、清正廉洁、鞠躬尽瘁的为政风范，崇尚动变、创造进取、奋斗向上、推旧致新的发展意识，处变不惊、独立不惧、自我主宰、不屈不挠的民族精神，高蹈远扬、追求理想、放眼世界、志在天下的浪漫情怀，对于时人和后世提供了深刻的人生启迪；他以浪漫主义的理想追求和现实主义的洞悉入微所形成的人格魅力和巨大感召力，领导党和人民走上了民族独立、人民解放、国家富强的道路。毛泽东作为终生为国家、为民族、为人民而奋斗不息的政治领袖，他的思想、人格和事业与人类社会发展规律、与中华民族历史走势交汇融合，他的理想追求与价值取向同广大人民的利益、愿望

380

与福祉契合互动。习近平在纪念毛泽东诞辰 120 周年座谈会上的讲话中说，毛泽东"为中国新民主主义革命的胜利、社会主义革命的成功、社会主义建设的全面展开，为实现中华民族独立和振兴、中国人民解放和幸福，作出了彪炳史册的贡献。毛泽东同志毕生最突出最伟大的贡献，就是领导我们党和人民找到了新民主主义革命的正确道路，完成了反帝反封建的任务，建立了中华人民共和国，确立了社会主义基本制度，取得了社会主义建设的基础性成就，并为我们探索建设中国特色社会主义的道路积累了经验和提供了条件，为我们党和人民事业胜利发展、为中华民族阔步赶上时代发展潮流创造了根本前提，奠定了坚实的理论和实践基础"。"在为中国人民不懈奋斗的光辉一生中，毛泽东同志表现出一个伟大革命领袖高瞻远瞩的政治远见、坚定不移的革命信念、勇于开拓的非凡魄力、炉火纯青的斗争艺术、杰出高超的领导才能。他思想博大深邃、胸怀坦荡宽广，文韬武略兼备、领导艺术高超，心系人民群众、终生艰苦奋斗，为中华民族和中国人民建立了不朽功勋。"[①]

伟人已经仙逝，功过自有评说。毛泽东逝世后，在社会上一度泛起了一股全盘否定毛泽东的历史虚无主义思潮。有人攻击毛泽东是专制君主、偏执狂；有人认为毛泽东只是由于权力斗争的需要和个人品质的原因发动了"文化大革命"；有人出于个人恩怨和狭隘偏见，否定、诋毁毛泽东。但毛泽东的思想、事业与人格，毛泽东对于中国人民和中华民族的历史贡献，如日月经天、江河行地，是不容否定和抹煞的。那些恶意污蔑和诋毁毛泽东和毛泽东思想的人，到头来却是自取其辱，被历史嘲弄，被人民唾弃。

1981 年 6 月，中共十一届六中全会作出的《关于建国以来党的若干历史问题的决议》，对于毛泽东的历史功过进行了全面评价，充分肯定了毛泽东的历史功绩和毛泽东思想的指导地位。20 世纪 80 年代后期以来，中国涌起了重新寻找、重新发现、重新研究、重新评价毛泽东的热潮。在社会转型时期，社会变革、利益调整超出人们的承受程度，官僚主义严重、贪污腐败泛滥，收入

---

① 习近平：《在纪念毛泽东同志诞辰 120 周年座谈会上的讲话》(2013 年 12 月 26 日)，见《人民日报》2013 年 12 月 27 日第二版。

分配不公、贫富两极分化，理想信念动摇、社会道德失范。人们在困惑迷茫之余，怀恋毛泽东时代的社会公平和淳朴民风，并从毛泽东的思想、观点、主张中寻求问题的答案和精神的支撑。而随着中国社会的发展进步和时代的变迁，随着社会主义市场经济体制的建立完善以及民主法治建设的推进，整个社会逐步摆脱了僵化模式和体制的束缚，逐步从无序走向有序；随着人们的科学精神、民主意识的增强以及思想道德境界提升，人们对于毛泽东的认识和评价也逐步走向客观、理性、真实、公允。人们把毛泽东的思想、人格、功业置于人类历史的大时空中来研究，上升到理性的高度来思考，联系当代中国社会的发展来定位，以发现毛泽东的思想之巨大而深远的现实意义和历史价值。

毛泽东是一位世界主义者，同时又是一位民族主义者。他从青年时代就立下了改造中国与世界的宏大志愿，胸怀宽广，目标远大，并以自己的雄才大略、深邃思想、卓越智慧、坚强意志影响了中国乃至世界的历史进程。毛泽东是一位具有钢铁般的意志和坚定原则性的人，同时又是一位具有万般柔肠和博大同情心的人，他孜孜追求社会平等，深切关注国事民瘼，面对人民的苦难他会伤心落泪，但对于人民的敌人则是冷酷异常、毫不留情，对于高高在上、尸位素餐、作威作福、称王称霸、鱼肉人民、贪赃枉法、腐化堕落者深恶痛绝、严惩不贷，这对于官僚体制、社会不公、权力腐败，具有强有力的冲击性和颠覆性。毛泽东作为社会正义的化身和人民的代言人，对于广大人民来说，他是救星，是希望，是弥足珍贵的永恒记忆；而对于另一些人来说，他则是思想上和政治上的永恒挑战。毛泽东是一位理想和现实、理论和实际、知和行的统一论者，他坚定信仰马克思主义，执着追求崇高理想，一贯坚持理论和实际、认识和实践有机统一，坚决反对、无情抨击知行分离、言行不一的空谈家、伪君子、两面派。毛泽东是一位心底无私、胸怀坦荡的人，他把个人价值统一于群体价值，把个人幸福统一于人民幸福，把个人完满实现统一于人民的生存发展，公而忘私，奋不顾身，苦战奋斗，始终不渝。毛泽东是一位气韵沉雄、意趣高远的人，他终生倾心于求知、践行、审美，追求真善美的人生境界，鄙薄那些蝇营狗苟、追名逐利、饱食快饮、庸碌无为之人。毛泽东是既立足现实又面向未来的创造着、实践着的思想家，终生崇尚进取创造，既敢于超越前人，又勇于超越自我。毛泽东，不仅以其政治家的气魄、思想家的深邃、实践家的务实、道德家的崇高，创立了中国化的马克思主义——毛泽东思想，开辟了中国新民主主义革命和社会主义革命的独特道路，艰辛探索社会主义建设的规律，领导人民成就了民族独立、人民解放的伟大事业，实现了中国历史上最伟大深刻的社会变革，建立了社会主义基本制度，建立了独立的比较完整的工业体系和国民经济体系，为当代中国一切发展进步奠定了根本的政治前提以及制度体制与物质技术基础，而且以其气质、品行、道德、人格、境界、精神，为中国共产党人，为中国人民，树立了高山仰止、景行行止的人生典范。毛泽东的人格风范不会因时光的流逝和社会的变迁而与人民、与国家、与民族渐行渐远，而是已经融入中华民族和中国人民的血脉之中，在中国人民的心灵记忆和中国社会的进步发展中获得了永生。在中国社会发生巨大变迁、社会主义市场经济体制日趋完善、社会整体文明全面推进的历史条件下，我们仍然可以从毛泽东的思想、人格与事业中不断获得启迪和教益。

物换星移，光阴荏苒，人类历史进入了新的纪元。全球化浪潮汹涌澎湃，多元文化碰撞交融，当代中国社会发生巨大变迁，中国共产党领导人民踏上了全面建成小康社会、加快推进社会主义现代化、实现中华民族伟大复兴中国梦的新征程。这是一个挑战与机遇并存的时代，这是一个需要大智慧大气魄大视野大战略的时代，这是一个消解专制权威和旧有秩序而崇尚人的尊严和价值的时代，这是一个既需要民主法治意识又需要崇高道德精神的时代，这是一个既充分展示又严格检验中国共产党人的执政能力、领导水平、价值取向、道德人格的时代。中国共产党人、中国人民既要与时偕行，从变化了的时代、变迁了的社会、前进着的实践中汲取提炼自己的价值与道德观念，同时也要学习自己的思想先驱、伟大领袖的思想境界、精神气质和道德人格。研究、阐扬、学习、践行毛泽东的人生哲学，不仅有益于当代中国社会主义核心价值观的建构以及社会与人的全面发展，而且还具有有益于后世的性质。

毛泽东的心灵世界和人生哲学是一座意蕴宏富的精神宝库。深入研究毛泽东，是值得终生从事的工作。1993年，在毛泽东诞辰100周年之际，我撰写并在陕西人民出版社出版的《毛泽东的人生哲学》一书，得到了有关专家学者的好评和广大读者的肯定。《毛泽东思想研究》《毛泽东思想论坛》《东岳论丛》等刊物对该书作了评介，《中国哲学年鉴（1994）》在《新书评介》栏目中对该书作了介绍。在一些图书馆中，该书在同类著作中保持着较高的借阅率。该书还获得了山东大学社会科学优秀成果一等奖（1994）、山东省社会科学优秀成果二等奖（1995）、山东省教委哲学社会科学优秀成果二等奖（1994）。《毛泽东人生之旅的哲学诠释》一书，是在《毛泽东的人生哲学》的基础上修订补充而成的。愿本书能够得到读者的喜爱，并请读者批评指正。

杨信礼

2013 年 12 月于中共中央党校

组　　稿：张振明
责任编辑：郑牧野
封面设计：石笑梦

图书在版编目（CIP）数据

毛泽东人生之旅的哲学诠释/杨信礼 著 .—北京：
　人民出版社，2017.4（2018.12 重印）
ISBN 978－7－01－016986－6

I.①毛…　II.①杨…　III.①毛泽东（1893—1976）–人生哲学–研究
　IV.① A841.63

中国版本图书馆 CIP 数据核字（2017）第 030745 号

毛泽东人生之旅的哲学诠释
MAOZEDONG RENSHENG ZHILÜ DE ZHEXUE QUANSHI

杨信礼　著

人民出版社 出版发行
（100706　北京市东城区隆福寺街 99 号）

北京中科印刷有限公司印刷　新华书店经销

2017 年 4 月第 1 版　2018 年 12 月北京第 2 次印刷
开本：710 毫米 ×1000 毫米 1/16　印张：24.75
字数：375 千字

ISBN 978－7－01－016986－6　定价：49.00 元

邮购地址 100706　北京市东城区隆福寺街 99 号
人民东方图书销售中心　电话：（010）65250042　65289539